李宗江　王慧兰　著

汉语新虚词

第二版

HANYU XIN XUCI

上海教育出版社
SHANGHAI EDUCATIONAL
PUBLISHING HOUSE

第二版前言

十年前,写这本书的时候,想法比较简单,就是想在近些年来有关虚词或类虚词研究取得较大进展的学术背景下,对当时学界关于汉语新的虚词或类虚词现象的研究做一个概述,把我自己发现的和别人研究中涉及的实例集中起来,分门别类地做出解释,试图展示一个汉语新虚词的大致面貌。尽管是一个较为粗糙的东西,但是出版以后,得到了学界的广泛关注,有的学者提出了批评和建议,有的年轻教师和研究生对其中的部分词语进行了展开式的研究,取得了不少新的成果;我自己也对其中某些问题进行了深入的探讨,获得了一些新的认识。同时在同行的研究中也不断有本书所没有涉及的新的事实被发掘出来。另外,这十年间,汉语语料库的建设也取得了很大的成绩,更多的大型语料库可以在线查询,特别是口语和自媒体方面的语料库,为发现新的语言事实提供了更好的条件。在此背景下,借再版的机会,我们对全书进行了一次全面的修订,除了对每一类的概述部分进行少量改动和增补,增加了部分参考文献外,本次主要修订了"词典"部分,其变化主要如下。

一、增减词条和变体

第二版共增加新词条(含变体)402 个,其中语篇关联语 264 个,副词 47 个,介词 6 个,情态词 72 个,唯补词 4 个,语气词 6 个,助词 3 个。比第一版减少的词条和变体共 257 个,其中语篇关联语

83个,副词25个,介词1个,情态词129个,唯补词3个,语气词6个,助词10个。经增减后,第二版共有词条(含变体)1 532个,其中语篇关联语949个,副词226个,介词44个,情态词151个,唯补词68个,语气词48个,助词46个。在修订中,我们更加严格地贯彻"从新"原则,凡是在《现代汉语词典》(第7版,下文简称"《现汉》")中已收的词语,一律删除。在第一版中考虑到《现汉》的词类标注系统和释义方式与本书不一致,所以有些《现汉》已收的词语也收入其中,特别是情态词部分收入较多。在第二版中,只要《现汉》列出了某个词语,并在解释或例句中涉及本书第一版中收入的相关内容,则在第二版中全部删除,如"不意、不料、怪不得"等。减少的变体主要是包含有语气词的成分。第一版中,特别是语篇关联语部分,很多词条都将加上语气词后的形式列作一个变体,在第二版中将"X+语气词"的变体删除,将其放在例句中体现。其中主要是后加"吧""呢""吗""啊"的部分变体,如"好比说吧""然后呢""这不是吗""你想啊"等。这是因为据方梅(1994)的研究,很多虚词,特别是篇章连接成分后都可以加上语气词,这时的语气词不是词内成分,而是主位标记,因而算作变体是不合适的。同时作为各个类的变化,还包括有的词语调整了类别,如"没说的""没的说"原在语篇关联语部分,现在调整到情态词部分。在减少的词条中,除了删除的部分外,还包括将一些词条及其变体进行合并,如原来有的词条两个变体只差一个字,这种情况中部分合并为一个词条,如将"没事(没事的)"合并为"没事(的)",将"撑死(撑死了)"合并为"撑死(了)",即由原来的两个词条合并为一个。

二、增减义项

有的词语,第二版增加了义项,如语篇关联语中的"没办法",第一版只有一个义项,第二版中增加了一个义项,具体表述为:上

文描写了说话者或某人在某方面的突出表现,然后用"没办法"引出一句正面评价。如:

(1)可能我很擅长发掘生活中细小的快乐,哈哈哈,对,**没办法**,我就是这么的优秀!

另有的词语在第一版有某个义项,但在第二版中删除了,如"好像",其表示不太准确的记忆的用法,因《现汉》收了(注为副词),所以删除了,但保留了句际比喻用法。

三、改进对词语意义和用法的描写

这包括四项内容:一是修改解释语。对原来的解释语进行重拟,使其更加通俗、准确(当然是我自己觉得准确了)。有的部分全部改写,如唯补词的第一小节,由原来的表示可能改为表示情态,并对每个词语都从这个角度进行了重新解释。二是改变义项顺序。按照语义虚化程度的不同,重新调整了个别词语义项的排列顺序。三是调整例句。包括对原来较长的例句进行删节,修正原例句中的错误,改换部分例句。四是合并或拆分词条和义项。如在语篇关联语中原有"那$_1$""那$_2$"2条,其中"那$_1$"跟"那个"作为一个词条的两个变体,"那$_2$"作为"那么"的一个变体,现将"那么、那个、那"合并为一条,作为"那么"的变体。以上四项内容所涉及的词语占到词典部分收词总数的百分之六十。

四、删去例句出处

按照中国社会科学院语言研究所编《现代汉语词典》《现代汉语八百词》的做法,为节省篇幅,将第一版中现代汉语例句的具体出处大部删除,只保留取自历史文献的例句出处。

在此次修订完成之后,对第二版的内容,我心里仍有很多不太踏实的地方,最突出的是三点,现也记在这里,为了今后的思考,也为了请大家指教:一是变体的简化问题。此次修订中,对语篇关联语部分的词语变体进行了一定的简化,这是因为有些词语变体可以有很多,如果都收,过于繁琐,字数会大大增加。比如"我跟你说",在第二版中另外列出了"你听我跟你说""我跟你讲"等两个变体,其实同样的功能,还可以有"跟你说、跟你讲、听我跟你说、听我跟你讲、你听我跟你讲、我跟你说呀、我跟你讲啊、跟你说吧"等等不同的说法,构成一个变体集合。我想对汉语读者来说,列出典型变体就可以了,但是对学习汉语的读者来说,是否还是穷尽列举更好。二是类别归属问题。确定词语的类别,应该根据形式和意义相结合的原则。但实际上,二者常常是不统一的,比如意义相同的形式上未必相同,突出的是情态词一类,如果就意义上来说,表示情态的成分除了本书所列"情态词"一类之外,有一些归为语气词、唯补词中的一部分词语也有情态功能,也就是说,同样表情态意义的,却分在了不同的类别里。我们的归类做法是:一个表示情态的词语,如果前置于另一个直接成分,或者置于句尾,但其前可以有停顿,则归入情态词,如:

(2) 征兵的消息已经传开,**说不定**场子里明天就接到通知。

(3) 现在还很年轻,哪天自己消失了,无所牵挂的妈妈就可以去找爸爸,展开全新的生活**也说不定**。

以上两例中的"说不定""也说不定"都表示可能,前者只能前置,后者只能后置,且后置的"也说不定"前面可以有停顿,也就是说它不是黏附性的,所以我们将这两个词语看作一个情态词的两个条件变体。同样是表示情态的词语,如果只作补语,我们将其看作唯补词,如"来得了""来不了"中的"得了"和"不了";如果是只用于句末,且是黏附性的,则看作语气词,如"还是你去的好"中的"的好"。

三是构式入典问题。对语篇关联语来说,有的并不是一个词项,而是一个结构。如"重要的是、可惜的是、奇怪的是、糟糕的是、值得注意的是"等等,可以抽象为"X的是",其中的X可以用不同的词语来代入;再比如"往X里说"("往大里说""往小里说")、"说得X点"("说得好听点""说得难听点")等等,都是这一类。从构式的角度说,就是实体性构式和图式性构式的区别。本书词典部分是以词项为主,即主要收实体性构式,而对如上的图式构式形式的语篇关联语采用如下的处理办法:如果是一个相对封闭的图式构式,如"X的是",常用的X不多,则将其拆分成若干典型实例,分别收入。如果是一个相对比较开放的图式构式,如"往X里说""说得X点"等,因其可以代入X的成分较多,不便一一拆分,所以本书对这类图式构式形式的语篇关联语只举其中的个别典型实例,作为这个构式的代表。

无论是第一版还是第二版,对收入其中的词语,我们都给出一个语义或功能的表述,其中有的表述我们可以有把握地说,至少就目前的知识系统来说,书中所做的定位是准确的。但也坦率地告诉大家,对某些词语语义或功能的解释,我们并无把握,以我们目前的学识,找不到准确的语义或功能坐标来加以定位,例如口语中,特别是年轻人的口语中常可以听见一个"这样子",如:

(4)脱发日益严重,现在只能靠戴帽子勉强敷衍一下**这样子**,厦门哪里有植发的?

这里的"这样子"是什么意思?干什么用的?我们百思未得其解。对于这类成分,我们也收入书中,并给出一个解释,就像挂一个悬案放在这儿,期待着有慧眼的读者通过研究得出自己的结论。所以我们希望读者对书中的所有书写,都带着怀疑和批判的眼光来看待,能够从中发现问题,展开讨论,得出真知。

十多年来,有不少学者与我不约而同,在自己的论文或书中讨论到了本书词典部分所涉及的某些词语,也有青年学者和研究生对本书中的某些词语进行了展开式的研究,这些成果我基本都看到了,且在修订中采纳了部分学者的意见,因此我要感谢他们。不过出于各种考虑,并不是每位学者的正确意见都采纳了;包括我自己,在这十年中也对书中提到的部分词语进行了细化研究,发现原书在词语归类、词条分合、义项分析等方面都存在不少问题,但在修订中也没有完全改变原来的处理,如很多连接词,特别是表示举例的连接成分前都可加上"你",如"你像""你比如""你好比说"等,我们在第一版中都将其列为变体,这就等于将其中的"你"看作一个词内成分,而据我们的研究(李宗江 2018d),其中的"你"是个互动标记,是说话现场插入的,并不是词内成分。如果改变第一版的做法,将"你"单独抽出来作为一个词条,只举两个例句来说明,则无法全面反映其插入的条件,因而在第二版中,我们还是一仍其旧,将"你 X"和"X"作为一个词条的变体来处理。

多年来,我有一个追求,希望写出的东西能够好读易懂,尽量减少读者的艰涩感。在这次修订中,对于书中的叙述语和词典解释语的修改,也体现了如上的追求,即便是浅陋,我也愿意明明白白地呈现在大家面前,而不想深奥到让人看不懂。当然,把学术性的文章或著作写得通俗易懂,并非易事,那是需要吕叔湘先生这样的大家才能完全做到的,但我愿意朝着这个方向前进,希望第二版在这方面的努力也能够得到读者的关注和认同。

以上是此次修订的一些想法和做法,就作为第二版的前言吧。期待着再版后的《汉语新虚词》继续得到学界同仁的关注和指点,也希望这本小书能为汉语相关问题的研究贡献一点微薄的力量。

李宗江
2022 年秋于上海新江湾城

第一版前言

近十多年来,我一直进行汉语词汇演变的研究,其中主要是研究虚词的来源和演变,这就和现在比较热门的语法化问题沾上了边儿。前些年,我的研究所及包括古代和近代的虚词,但研究古代的演变现象,只能靠书面语料,对文献的要求比较高,而恰恰我自己的文献功夫和历史语料的分析能力又不够,因而做起来总是战战兢兢的,生怕在语料上闹了笑话。于是近几年,我开始侧重于自明清以来,特别是现代以来的一些语法演变现象的研究,主要是通过个案的分析,来发现一些规律性的演变现象。这种研究不用担心语料问题,遇到一些很模糊的语义和用法可以借助语感来判断。事情的感受真是这样:你想发现什么就会有什么! 当我把目光投向现代或一直延续到现代的语法演变现象的时候,就发现实际的情况并非如有些书本上所说的那样:语法是最稳固难变的部分,其实从语法化的角度来观察,新的构式和新的虚词演变现象不断在发生,只是没有引起我们的足够注意而已。恰好,近些年来现代汉语语法化现象的研究也逐渐地多起来,研究成果陆续发表。在这样的背景下,我就想把网撒得大一些,企图在大家研究的基础上,做一个汉语新虚词的全景式的勾勒。于是我做了一个选题计划,申报了国家社科基金项目。作为这个项目的成果,就有了这本小书。

如果用传统的虚词定义来看本书中的这些词语,有些大家会觉得不大像个虚词,争议较多的可能是在语篇关联语部分。对于这一部分,无论是称为语用标记(pragmatic marker)还是话语标记

(discourse marker),国内外的研究中对这一新的功能语类的界定都比较模糊,难以给出一个让大家都接受的定义。我们在收词上采取从宽的原则,一个词语只要是具有一定的习语性,部分或全部离开了原来的语义,具有将所在语句与相邻语句或语境相关联的作用,我们就将它收进来。正因为可能有争议,才能通过这些边际现象的讨论使问题深入起来,这也是我们所希望的。

这本书不到三十万字,在这样的篇幅里,要把本书所收列词语的新的意义和用法都说清楚显然是不可能的。其中很多词语,一个就可以单独写成上万字的论文。因而这本小书显然是个很粗略的东西,其中的每一个词语,就像是海上的冰山,我顶多是发现和描写了偶尔露出海面的那一部分,而且由于条件和个人能力的限制,就是这一部分也未必看得清楚,说得正确,还有更多的东西需要去发现发掘,这就不是一两个人在一个项目里能够完成的了。我期待着同道们的批评和指教,也盼望有更深入全面的研究成果问世!

在这项课题的研究过程中,曾得到很多学者的帮助,无法一一列举,比较多的如吴福祥、洪波、方梅、杨荣祥、张谊生、董秀芳、史金生和朱冠明等。还有很多学者我可能没有见过面,但或者他们的研究成果为本书所吸收,或者他们的研究方法给了我们启发。我要向以上所有为本课题的研究给过直接或间接助益的学者表达我的谢意!解放军总参某部吴国华部长,解放军外国语学院李绍山院长、训练部程工部长、科研部王松亭部长都非常关心本课题的研究工作,对本书的写作和出版给与了很多支持,我也要对他们表达谢意!我教过的研究生,如孙慧妍、刘春霞、戴祎瑶、王宏、龚杰、艾青、朱琳等,他们的学位论文都是关于虚词或话语标记研究的,他们的研究成果也被本书所吸收,所以也要谢谢他们。同时还要感谢上海教育出版社,由于上海教育出版社的支持,本书才得以很快地与读者见面。

李宗江
2010年冬于洛阳谷水西

目 录

上 卷

总论 …………………………………… 003
语篇关联语概述 ………………………… 022
副词概述 ………………………………… 047
介词概述 ………………………………… 062
情态词概述 ……………………………… 071
唯补词概述 ……………………………… 084
语气词概述 ……………………………… 093
助词概述 ………………………………… 103

下 卷

语篇关联语词典 ………………………… 115
副词词典 ………………………………… 351
介词词典 ………………………………… 411
情态词词典 ……………………………… 424
唯补词词典 ……………………………… 459
语气词词典 ……………………………… 477
助词词典 ………………………………… 489
总词表 …………………………………… 506

上　卷

总 论

一、研究动机

关于现代汉语虚词的研究,无论是专题的著作和辞书,还是研究论文,其主要研究对象都是在现代汉语普通话(特别是书面语)中已经通行开来的典型的虚词,这个虚词系统是在近代汉语中形成的,有些甚至是从中古或上古沿用下来的。对于这个虚词系统的描写和来源、演变的研究都较为充分。但近年来许多国内外学者的研究表明,从清代以来,现代汉语特别是作为现代汉语方言基础的北方话口语中产生或正在产生一批虚词或类似虚词功能的词语,这些词语涵盖虚词的各个类别,从语义和语用功能上来说,也涉及各种语义和语用关系,因而是一种成系统的语法和词汇演变现象。这些新的虚词有的已经相当活跃,并开始进入共同语系统;对这种新的虚词用法和来源的研究,近年来在语法化和词汇化研究的背景下受到了一定的关注,但主要是比较零散的个案研究,还没有一部全面系统地描写这个新的虚词体系的专著或辞书。对于本书要讨论的这些虚词的绝大部分,现有的语法著作和工具书还没有提及。目前关于汉语语法化和词汇化的研究,主要对象也是集中在古代汉语或近代汉语中发生的语法和词汇演变现象上,而对正在发生的活的词汇化和语法化现象的研究还相当薄弱。

因而本书的研究，对于深入认识现代汉语虚词系统的发展，以及与此相关的词汇化和语法化现象具有重要意义；特别是对汉语虚词工具书的编撰，对汉语语法教学包括对外汉语教学都具有应用价值。

本书以清代以来汉语北方话中产生的虚词以及以前产生的虚词在现代汉语中的新用法为主要研究对象，整个虚词体系分为以下七个类别：副词、介词、助词、语气词、语篇关联语、情态词和唯补词等。其中前四个虚词类别，如副词、介词、助词和语气词一般比较熟悉，但后三个类别如语篇关联语、情态词和唯补词中的大部分词语，还没有人明确地将其收入虚词辞书中。我们之所以要将这三类词看作虚词并加以描写，是考虑到这几类词所表达的意义与一般的实词不同，它们的功能也有独特之处，或者说它们的意义和用法在性质上都和前几类虚词比较接近，而且近年来在语法化研究中也较多地进入到国内外研究者的视野。关于这三个虚词类的具体情况，我们放到相应的词类部分去详细说明。

二、收词特点

本书名字叫《汉语新虚词》，其"新"主要体现在以下几个方面：

第一，体系有所不同。上文讲到，本书虚词体系包括七个类别，其中的语篇关联语、情态词和唯补词三个词类是其他人所没有明确列为虚词的。所谓"语篇关联语"的名称，是仿照廖秋忠(1986)的"篇章连接成分"而起的。我们将一般所说的连接分句或句子的连接词放入此类，但不收一般辞书上都收的那一部分，只收新发现的连接词或旧连接词的新用法。这个类别从范围上讲和国外所讲的语用标记(pragmatic marker)类似。情态词主要是吸取了近年来国内外关于情态研究的成果，包括情态动词(一般叫助动词或能愿动词，如"可能、必须、应该"等)和情态副词(一般收入副词,如"大概、恐怕、必定"等)。情态动词从语法分布上来说不是虚词,所以一般也不将其列为虚词;情态副词的大部分是其他书上也收的,但在词义和用法的说明上我们不采用一般的同义词解说法,而是按照它所表示的情态意义来定位。唯补词包括两类,一类是只能作补语而表示情态的词语,如:"得了(liǎo,去得了)、不了(liǎo,去不了)、得(去得)、不得(去不得)"等;另一类是只能作补语但表示述语程度的词语,如"死、要命、不行、不得了、透顶"等。从语法化的角度来说,我们以为汉语的虚词体系中还应该包括方位名词和个体量词,但考虑到这两个类封闭性强,新词少,所以不专列一类,只收这两类中进一步虚化的个案,按照功能收到相应的类别中去,如方位词"下"进一步虚化为与"在"搭配表示条件时,作为助词收录(如:在大家的帮助下);"个"虚化为补语标记和无定标记时也收进助词一类。

第二,就收词范围来说,主要收新产生的虚词。就前面四类虚词来说,包括连接词在内,都是一般辞书讲得很多的,对于一般书上都收的虚词本书不再收列,只收没有被其他多数权威辞书收列进来的。这里面包括以下三种情况:

一是在有的权威辞书上收了,但是按实词收的,没有注意到虚词用法,如"使劲",《现汉》标为动词,解释为"用力",其实如果只有用力的意思,就仍是一个词组,没必要收入辞书。其真正词化的用法是副词,如以下例中的"使劲":

(1)孟明听得入神了,他细细地听着,**使劲**地听着。

(2)同行的男生中,一个浙江籍的小白脸对星子发生了兴趣,一路**使劲**地给星子拍照。

这两个例子中的"使劲"显然不是用力的意思。我们收了"使劲"的副词用法,列有两个义项:类似例(1)的意义解释为"集中精力地";类似例(2)的意义解释为"尽可能多地"。

二是某些词语的语法化过程已经完结,但还较少有人注意到,如"我看还是你去得了(好了/算了)"中的语气词(有的书上称为语气助词)"得了""好了""算了"在以下六部辞书中收列的情况是("+"代表收了,"-"代表未收):

	得了	好了	算了
《现代汉语词典》(第7版)	+	-	-
《现代汉语八百词》	+	-	-
《现代汉语虚词词典》(朱本)	+	-	-
《现代汉语虚词词典》(张本)	+	+	+
《现代汉语虚词词典》(侯本)	-	-	-
《现代汉语虚词例释》(北大)	-	-	-

这个表上的情况说明,"得了"的虚词地位被多数学者认可,但"好了"和"算了"还没有被多数辞书承认。所以本书收"好了"和"算了",不收"得了"。

三是某些词语的语法化过程已经开始,其作用已经类似一个虚词,但词汇化的过程还没有完成,人们还没有认可它们的虚词地位。如"就完了、就成了、就行了、就中了、就结了"等,它们和"得了""好了"等语气词的意义和用法是相同的,但是演变还没有完成,如上的辞书都没有收列,这类成分我们也收入书中。

第三,有的词语其他书上虽然收过,但在现代汉语中有了新的意义或用法,而这种新的意义或用法在其他的书上查不到。如"拼命"的副词用法,有的书收了,但只列了一个义项,如:

《现代汉语词典》(第7版):尽最大的力量,极度地。

《现代汉语虚词词典》(朱本):尽最大力量不顾一切地(做事)。

这两部书的解释不能说明以下例句中的用法,因为"哆嗦"是非自主动词,"绿"是形容词,都不能用表示"尽最大的力量"的词语去修饰:

(1)我的两条腿**拼命**哆嗦,心想他这次就是两只眼睛全闭错,也会一枪把我送上西天。

(2)大概在干旱的戈壁上,凡能发绿的植物,都罄其生命,**拼命**地绿。

因而我们收入"拼命"的副词用法,并列有两个义项,上面两例中的意义我们用表示程度高来解释。

再如《现汉》和《现代汉语虚词词典》(张本)对"之后"这个词,收了它关联小句或句子表示时间关系的用法,但对"之前"却没有指出这种关联用法,我们在语篇关联语中收了"之前",而不收"之后"。

第四,有的虚词词义虽然没有变化,但搭配成分有所变化。如副词"险些",《现汉》解释为:"差一点(发生不如意的事)",《现代汉语虚词词典》(朱本、张本)都收了这个副词,解释和《现汉》相同,都强调"险些"修饰的动词短语所代表的事情只能是不如意的。从近些年来的语料中发现,这种情况有所改变,如:

(1)张老师想到这儿,忍不住对谢惠敏开口分辩道:"这本《牛虻》可不能说成是黄书……"谢惠敏的两撇眉毛**险些**飞出脑门,她瞪圆了双眼望着张老师,激烈地质问说:"怎么?不是黄书?!这号书不是黄书什么是黄书?"

(2)深夜,大山里的虫鸣、像猿似的长啼、飞动的萤火,都加强了我心底幸福的感觉。我有时会重返当年一个人在大山里流浪的那种情景,觉得这潺潺水流、这白沙大河之畔的篝火,就像当年一样。不同的是身边有了一个甜甜睡去的姑娘,她美丽无比!那时我幸福得**险些**溢满泪水,不得不一次次仰脸去看天空的星星,它们多么亮,多么密,它们是童话孕育的,童话是星星的母亲……

以上例中"险些"后面的动词短语很难说是表示不如意的事情,这说明"险些"的搭配范围在扩大,我们收了"险些",并在释义中反映了这种变化,解释为:"差一点发生某事,多指不如意的事。"

第五,有的词语其他辞书也有收列,但只是指出了其理性意义,而没有说明其附加色彩。如副词"成天、成天价、整天、整天价、成年累月、一天到晚"等,其他书上只是指出了其时间意义,而实际上,其中心语所代表的事件或状态多为不好的或说话者不认同的,也就是说,这些词除了客观的时间义外,还有主观评价义,这类词我们将其收入,并指出其主观义。

三、研究方法

本书的研究主要利用共时归纳描写的方法。我们力求及时反映近年来汉语相关问题个案研究的成果,包括语法化研究、词汇化研究、话语标记研究、情态研究等方面的新观点新成果,同时更多的是利用电子语料库的便利,分析词语在实际语言使用中的新的变化,并试图通过对这些词语的收列和说解,反映汉语词汇有规律的变化。如下列句中的"转身""回头"等词语:

(1) 她问我,夏天是不是爱游泳?我说是,她说游泳可以,别顶着日头去。我嘴里嗯嗯答应,说明年夏天注意,**转身**就把她给我的衣物摆到一旁。

(2) 他又跟我开玩笑:"你也离了得了,**回头**再劝肖超英也离了,咱们几个光棍住在一起多乐儿。"

(3) 耿玉京黑着脸喝了半碗清汤,**扭头**就走。

(4) 吃了一抹嘴,**转脸**不认账,你真行,我服了你。

以上例中的"转身"等加粗的词语,原本都是表示身体动作的动宾词组,但在以上的句子中,并不是表示身体动作,而是表示时间概念,相当于"然后""随后"等时间词语表达的意义,可以称为后时连接成分,我们在书中收入了这个新的意义。这个新义的产生反映了表示身体动作的词语在一定语境下的演变规律,请看以下的例句:

(5) 陈玉英满不在乎地接了钞票,冲大家一笑,"拜拜!"**扭身**走了。

(6) 贺玉梅笑道:"别不说实话,你和老赵都想让老吕早点滚下台呢。其实,老吕也是瞎操心,要是换上我,就不为这么个半死不活的破厂操心,谁们家的啊,还让别人暗着解气。"说完,**掉身**就走。

(7) 柳生吃罢薄饼,**起身**步出茶亭,在街市里信步闲走。

(8) 钱康双臂一撑,**抬身**下床,站在地上提裤子重新系皮带。

(9) 他定了定神,猛然间想出个主意,**转头**吩咐那个小司机……

(10) 慧芳倏转身,**掉头**往回跑。

(11) 于德利干笑一声,**抬头**向李冬宝眉飞色舞地说:"嘿,中国队又输了。"

(12) 她只敢躲在外国话里命令鸿渐吻自己。鸿渐没法推避,**回脸**吻她。

(13) 掌柜立刻把钱揣起来,**扭脸**一迭声喊:"一壶高沫儿。"

(14) 李白玲一笑,**掉脸**和老邱握手:"一路顺风老邱。"

(15) 张莉躲了躲我,四处望望,**低头**呆了会儿,抬脸冲我一笑。

(16) 于观看了眼丁小鲁,**抬腿**走了。

(17) 两个端着枪的日本兵走上去,**抬脚**踹开了屋门。

(18) 呼喊数声,无人答应,**举手**叩门,手感冰凉,细抚原是一巨大顽石。

(19) 秀秀正坐在灶前煮豆浆,**抬眼**看了看他,没有吱声。

以上例中加粗的词语都是表示身体状态变化的,在这些例子中,它们还有身体某一部分状态改变的意思,但就整个句子来说,这个意义是多余的,因为去掉它们,句子的意义没有改变,它们在这些句子中所发挥的主要不是概念功能,而是语篇功能。只是它们的语篇连接功能还没有固定下来,它们的演变还没有完成。

四、研究背景

近年来,汉语实词虚化的研究掀起了热潮,借助国外语法化的理论,发表了大量的成果,无论是研究的广度和深度都是前所未有的。和以前的虚词探源的研究相比,这些研究体现了以下一些特点。

1. 研究的系统性

着眼于语言演变规律的探索,人们更加注意将相关的现象联系起来分析,将以前人们分开来研究的现象联系起来,追索这些现象的共同来源。如洪波(2000)讨论了词语的平行虚化问题。石毓智在几本书中都强调研究语言的演变必须考虑到整个语法系统甚至语言系统的影响和制约。李宗江(2004a)讨论了完成动词的内部语义差异和虚化方向之间的联系,证明了具有相同语义特征的完成动词,其演变的方向也比较一致。李宗江(2008)描写了近代以来汉语中一些动词结构共同演变为句末语气词性成分的过程。

2. 关注语言共性

传统的研究一般只是就汉语来谈汉语,缺少语言共性的眼光。借助国外语法化理论进行的研究,更加关注语言的共性规律,从语言类型学的角度来观察问题,如胡壮麟(2003)在介绍国外语法化理论和研究的同时,联系汉语的类似现象,说明了语法化的一些共性表现,如"要"和"去"表示将来时与英语的 want、go 类似。吴福祥(2003)描写了汉语中"和、跟、同、与、及、将、共"这类由伴随动词到伴随介词再到并列连词的共同演变路径,联系汉语方言和其他语言的类似现象,认为它代表了 SVO 语言中伴随介词的一种重要的演变类型。刘丹青(2002)等也都是从这样的角度进行的研究。

3. 注重演变的连续性

有的词语不是演变到虚词就结束了,还可能继续虚化,这种连续的演变受到关注。如方梅(2000)研究了汉语一些连接词进一步演变为话语标记的现象,石毓智、雷玉梅(2004)谈到了量词"个"继续演变为宾语标记的现象。另外还有由副词演变为连词,由介词演变为连词等。张谊生(2004)讨论了"白、再、更、通"等几个副词的再虚化。类似的现象还有限制副词"但、只是、不过"向转折连词的演变,"共、及、与、和、跟、同"等由伴随介词向并列连接词的虚化(吴福祥2003),"不成"由副词向句末语气词的演变(钟兆华1991、徐时仪1993),"同时"由时间副词向并列连词的演变等(李宗江2009)。

4. 打破演变方向的词类界限

传统上,讨论实词的虚化一般是从一个词汇成分的类别到另一个语法成分的类别,比如从动词到介词,这就涉及有些在演变过程中的成分不好定性的问题。以前有些不好定性的成分一般归入助词,这就使得助词成了一个大杂烩,其中的成分无论就表示的语法意义来说,还是实现的语法功能来说,内部一致性很差,所以得再加定语来限定,如结构助词、时态助词、语气助词等。可是有些语法化来的成分似乎不好加定语,如标记话题的成分,另如现在被称作话语标记的那些成分。所以人们打破了这种传统的词类界限,重在探讨语法形式所表达的语义和语用功能。

5. 注意词义演变过程中说话人的介入

国外称之为"主观性"(subjectivity)和"主观化"(subjectification)。一个实词一般在语言中实现的是客观的命题(propositional)功能,而当它虚化之后,就往往伴随着主观化,即表现说话人的视角、情感和认识。这方面的研究比较集中地体现在关于情态的研究、关于话语标记的研究、关于语气副词和语气词的研究上。

6. 重视词汇化问题的研究

过去的研究更多的是讨论单音词的虚化问题,近年来人们越来越多地开始注意到多音节成分的虚化,这往往涉及词组的词汇化问题。董秀芳(2002)第一次全面系统地讨论了汉语历史上发生的词汇化现象,从理论上探讨了汉语词汇双音化的发生和发展的机制问题。董秀芳(2009)深入讨论了句法演变和词汇化的关系问题。王灿龙(2005)借助个案探讨了词汇化和语法化的关系。从现代汉语中正在进行的虚化现象看,一些新的类虚词性成分多由多音节的实词或词组演变而来,这种演变过程都伴随有词汇化。

7. 更加注重虚词在篇章和语境中的作用

受结构主义直接成分的影响,人们过去讨论一个虚词的作用,更多的是从直接成分或从小句或句子的角度来观察分析它们的功能。而实际上,很多虚词的作用只有联系更大的语言段落或特定的语言情境才能得到准确的说明。比如一部分副词的语义功能和篇章功能、结构助词和时态助词的篇章功能、介词的篇章功能等(屈承熹 1991、2006,陈昌来 2002)。

8. 注意描写和解释相结合

这是指更加注意把演变过程的描写和演变动因与机制的探索有机地结合起来。解释就是探求虚化或语法化发生的原因,找到演变现象与相关现象的内在联系。这种解释分为宏观的和微观的两种。所谓宏观的,是指整个的语法系统和语法结构类型等语法全局对汉语语法化格局发生的影响。如 P. J. Hopper 和 Traugott(2003)说明了 OV 和 VO 这两大词序与语法化的关系。石毓智(2001,6 页;2006,321 页)认为汉语所以是非形态语言,形态标记相对简单,是因为汉语是 SVO 型语言。再如吴福祥(2005)认为汉语语法化的结果没有走完"语法化斜坡",在虚词之后变成词内成分,而不是屈折形式,根本原因是,汉语是非形态语言。所谓微观的,就是指一个具体的语法化现象与相关现象之间的关系,如刘坚、曹广顺、吴福祥(1995)讨论了诱发汉语词汇语法化的若干因素,沈家煊(1998)介绍了国外关于实词虚化机制的研究,李讷、石毓智(1997),石毓智(1995、2001),洪波(1998),张谊生(2000),孙锡信(2002)都讨论了汉语实词虚化的影响因素和演变机制问题。

9. 关注共时演变现象的研究

以前的研究一般以已经演变完成而收入词典的虚词的来源为主。而近几年来,人们开始关注现代汉语中正在经历的演变现象,如方梅(2002、2005),董秀芳(2003),李宗江(2004b、2006),高增霞(2004a、2004b),方环海、刘继磊(2005),石毓智(2006,56—73页)等都对正在经历的虚化个案进行了描写和解释。

10. 注意口语语料和口语现象的研究

以往的研究主要是书面语虚词的研究,而对当代汉语中活的语言材料和口语中虚词现象的研究注意不够。这种情况近年来有了变化。如方梅的系列研究,再如《现代汉语虚词词典》(张本)和《现代汉语虚词词典》(朱本)都开始注意收录一些口语虚词,在一定程度上反映了当代汉语口语中虚词的变化。如张本收录了口语递进连词"不说""不要说",并指出了和其他同义连词的区别,如它们可以后置于所在小句。但这种词的诸多口语变体形式,仍然没有反映,如"甭说、不消说、不用说"等。再如收录了口语转折连词"别看",副词"顶好"(你顶好快点)、"怕是",语气词"好了""算了"(你去好了/算了),介词"距""距离"等。

五、所用语料

本书所举例句出自:

1. 北京大学 CCL 语料库;
2. 北京语言大学 BCC 语料库;

3. 朱冠明电子语料库(本书主要利用了其中的相声部分和中小学生作文获奖作品);

4. 作者听录的当代长篇电视连续剧,包括:《渴望》《金婚》《潜伏》《大宅门》《闯关东》《走西口》《龙须沟》《欢乐农家》《乡村爱情》《我爱我家》《临时家庭》《圣水湖畔》《闲人马大姐》《贫嘴张大民的幸福生活》《炊事班的故事》《大女当嫁》;

5. 作者听录的赵本山电视小品;

6. 解放军外国语学院英语系马继红博士帮助听录的香港卫视2007年《锵锵三人行》和《时事辩论会》的材料;

7. 相关研究论文转引;

8. 人民网相关内容。

六、凡例

1. 体例

本书的总体结构安排包括总论、语篇关联语、副词、介词、情态词、唯补词、语气词、助词等八个部分,每个词类部分又分为相关词类概述(如:副词概述)和词典(如:副词词典)两个部分;在编排上,统一将概述部分收入上卷,词典部分收入下卷。各个词类概述部分包括"关于××词"(如:关于介词)和"关于××词研究"(如:关于介词研究)两个小节。前者介绍本书相应词类的收词范围和收词依据,后者介绍相应词类或相关范畴的研究情况,特别是与本书有关的近年来的一些新进展。在各类的词典中对所收词条进行释义和举例。词典和书后总词表中的词条主要按首字音序排列,首字相同者相邻排列。其中唯补词部分先分出表示情态和表示程度两类,每一类再按音序排列。在全书总论和"关于××词研究"部分的末尾都有"参考文献"一栏,其中所列文献以近三十年的汉语文献为主,都是作者研究时参考过的,同时也希望为读者提供一个研究相关问题的资料线索。参考文献按作者姓名音序排列,同一作者的文献按发表或出版年份的先后顺序排列,同一作者同一年份的文献后用英语小写字母相区别。在全书最后有汇集全书所收词语的总词表,并有页码索引,以便于读者查检。

2. 词条收列

本书第二版的词典部分共收词条(含变体)1 532 个,其中语篇关联语 949 个,副词 226 个,介词 44 个,情态词 151 个,唯补词 68 个,语气词 48 个,助词 46 个。有的同形不同类的词条分列在不同的词类部分,算作不同的词条;也有的同形词例虽然同类但不同义,本书以 X_1、X_2 的形式相邻排列。有变体的词条主要是在语篇关联语部分,变体在词条后的括号中列出。代表词条的变体形式按照常用或便于区别的原则确定。所谓便于区别是指选择不与其他词条同形的变体,如"看你"这一条下有个变体"你看",但因为在同类虚词里还有个不同义的词条"你看",为了相区别,将前一个词条的代表变体选为"看你"而不选"你看"。

3. 注音

由于本书中口语词较多,而且有的词具有方言色彩,不便用汉语拼音来注音;另外有的词条有几个变体形式,如都注音会使注音部分过长,所以原则上不用汉语拼音逐字注音。在以下两种情况下,以相应的方式指出语音特征:一是多音节词有重读音节的,在重读音节下加黑点表示,如"怎么说呢""怎么说话呢"。二是有的字在特定词中读音有变化,如副词"正经"中的"经",《现汉》及其他辞书都注为轻声,但在普通话中一般读为上声,本书按照实际读音为这个字用汉语拼音注音,注音直接放在被注字的后面。三是有的词在不同的意义上用,读音的轻重或声调会有变化,如"啊",这种情况在释义部分用文字说明它读音的变化。四是如果某个字在一个词语内必须读儿化音,那么就在这个字后用"儿"标识,如"玩儿命"。以上的标注重音和儿化只在词条中标注,在释义的例句中照抄原作者的写法,不一定体现语音特征。

4. 释义

本书的词典释义本着简单通俗的原则,尽量不用或少用专业术语,以便于非专业人士阅读,也便于教学。释义包括解释词义和列举例句两部分。如果一个词条有两个或两个以上的义项,义项用阿拉伯数字来排序。两个义项的顺序原则上按照虚化的程度来排列,如副词"一定",《现汉》只列有一个副词义项,释为"坚决或确定;必定"。近年来情态研究中把情态分为道义情态和认识情态,而且一般是后者由前者演变而来。据此我们将"一定"的义项分为如下两个:1.坚决要做某事或坚决要求别人做某事;2.推测某事必定发生。义项1代表道义情态,义项2代表认识情态。也有的词两个义项间的虚化程度较难确定,因而排列顺序也不一定代表虚化程度的不同。每个义项下原则上举两个例句,有的词条变体超过2个,因为例句要反映变体情况,所以也可能超过两个。由于本书内容以新词或新用法为主,因而所举例句都有明确出处,包括作品、研究论文、网站等。但除了特殊需要,如历史文献外,依照《现汉》和《现代汉语八百词》的做法,在第二版省去例句出处。为节省篇幅,对所举例句进行必要的删略,特别是语篇关联语部分,不一定将一个词例的管界范围引全,只要能说明用法就可以,删略的部分用省略号代替。

七、参考文献

白云.论常用动词虚化程度的等级性——以"吃""打""看""听""走"的虚化为例[J].语文研究,2007(3).

储泽祥,谢晓明.汉语语法化研究中应重视的若干问题[J].世界汉语教学,2002(2).

丁加勇.现代汉语数名结构的篇章功能[J].语言研究,2005(1).

董秀芳.论句法结构的词汇化[J].语言研究,2002(3).
董秀芳.北京话名词短语前阳平"一"的语法化倾向[M]//沈家煊,吴福祥,马贝加.语法化与语法研究(二).北京:商务印书馆,2003.
董秀芳.汉语的句法演变与词汇化[J].中国语文,2009(5).
董秀芳.词汇化:汉语双音词的衍生和发展(修订本)[M].北京:商务印书馆,2011.
方环海,刘继磊."完了"的虚化与性质[J].语言科学,2005(4).
方梅.汉语对比焦点的句法表现手段[J].中国语文,1995(4).
方梅.自然口语中弱化连词的话语标记功能[J].中国语文,2000(5).
方梅.指示词"这"和"那"在北京话中的语法化[J].中国语文,2000(4).
方梅.从空间范畴到时间范畴——说北京话中的"动词+里"[M]//吴福祥,洪波.语法化与语法研究(一).北京:商务印书馆,2003.
方梅.疑问标记"是不是"的虚化[M]//沈家煊,吴福祥,马贝加.语法化与语法研究(二).北京:商务印书馆,2005.
方梅.浮现语法——基于汉语口语和书面语的研究[M].北京:商务印书馆,2018.
冯春田.近代汉语语法研究[M].济南:山东教育出版社,2000.
冯光武.语用标记语和语义/语用界面[J].外语学刊,2005(3).
冯光武.语言的主观性及其相关研究[J].山东外语教学,2006(5).
高增霞.自然口语中的话语标记"完了"[J].语文研究,2004a(4).
高增霞.自然口语中的话语标记"回头"[J].中国社会科学院研究生院学报,2004b(1).
顾之川.明代汉语词汇研究[M].开封:河南大学出版社,2000.
洪波.论汉语实词虚化的机制[M]//郭锡良.古汉语语法论集.北京:语文出版社,1998.
洪波.台语和汉语的平行虚化现象及其成因[M]//洪波.坚果集——汉台语锥指.天津:南开大学出版社,1999.

洪波.论平行虚化[M]//汉语史研究集刊(第二辑).成都：巴蜀书社,2000.

侯学超.现代汉语虚词词典(简称"侯本")[M].北京：北京大学出版社,1998.

胡壮麟.语法化研究的若干问题[J].现代外语,2003(1).

江蓝生.时间词"时"和"后"的语法化[M]//沈家煊,吴福祥,马贝加.语法化与语法研究(二).北京：商务印书馆,2005.

蒋绍愚.近代汉语研究概况[M].北京：北京大学出版社,1994.

蒋绍愚.近十年间近代汉语研究的回顾与前瞻[J].古汉语研究,1998(4).

蒋绍愚.近代汉语研究概要[M].北京：北京大学出版社,2005.

蒋绍愚,曹广顺.近代汉语语法史研究综述[M].北京：商务印书馆,2005.

金春梅.实词虚化研究述评[J].学术研究,2004(10).

李崇兴.论元代蒙古语对汉语语法的影响[J].语言研究,2005(3).

李讷,石毓智.论汉语体标记诞生的机制[J].中国语文,1997(2).

李讷,石毓智.句子中心动词及其宾语之后谓词性成分的变迁与量词语法化的动因[J].语言研究,1998(1).

李艳惠,石毓智.汉语量词系统的建立与复数标记"们"的发展[J].平顶山师专学报,2000(1).

李宗江."完成"类动词的语义差别及其演变方向[M]//语言学论丛(第三十辑).北京：商务印书馆,2004a.

李宗江.说"完了"[J].汉语学习,2004b(5).

李宗江.副词"倒"及相关副词的语义功能和历时演变[J].汉语学报,2004c(2).

李宗江."回头"的词汇化和主观性[J].语言科学,2006(4).

李宗江.几个含"死"义动词的虚化轨迹[J].古汉语研究,2007(1).

李宗江.近代汉语完成动词向句末虚成分的演变[M]//历史语言学

研究(第一辑).北京：商务印书馆,2008.
李宗江."同时"的虚化历程[M]//历史语言学研究(第二辑).北京：
　　商务印书馆,2009.
廖秋忠.现代汉语篇章中的连接成分[J].中国语文,1986(6).
廖秋忠.《语气与情态》评介[J].国外语言学,1989(4).
刘丹青.语法化中的更新、强化与叠加[J].语言研究,2001(2).
刘丹青.语序类型学与介词理论[M].北京：商务印书馆,2002.
刘丹青.话题标记从何而来？[M]//沈家煊,吴福祥,马贝加.语法
　　化与语法研究(二).北京：商务印书馆,2005.
刘坚,江蓝生,白维国,等.近代汉语虚词研究[M].北京：语文出版
　　社,1992.
刘坚,曹广顺,吴福祥.论诱发汉语词汇语法化的若干因素[J].中国
　　语文,1995(3).
吕叔湘.现代汉语八百词[M].北京：商务印书馆,1996.
马清华.词汇语法化的动因[J].汉语学习,2003a(2).
马清华.汉语语法化问题的研究[J].语言研究,2003b(2).
齐沪扬,张谊生,陈昌来.现代汉语虚词研究综述[M].合肥：安徽教
　　育出版社,2002.
屈承熹.汉语副词的篇章功能[J].语言教学与研究,1991(2).
沈家煊.语法化研究综观[J].外语教学与研究,1994(4).
沈家煊."有界"和"无界"[J].中国语文,1995(5).
沈家煊.实词虚化的机制——《演化而来的语法》评介[J].当代语言
　　学,1998a(3).
沈家煊.语用法的语法化[J].福建外语,1998b(2).
沈家煊.语言的"主观性"和"主观化"[J].外语教学与研究,2001(4).
石毓智,徐杰.汉语史上疑问形式的类型学转变及其机制——焦点
　　标记"是"的产生及其影响[J].中国语文,2001(5).
石毓智,李讷.汉语语法化的历程——形态句法发展的动因和机制

[M].北京:北京大学出版社,2001.

石毓智.论判断、焦点、强调与对比之关系——"是"的语法功能和使用条件[J].语言研究,2005(4).

石毓智.语法化的动因与机制[M].北京:北京大学出版社,2006.

孙锡信.语法化机制探赜[M]//纪念王力先生百年诞辰学术论文集.济南:山东教育出版社,2002.

孙朝奋.《虚化论》评介[J].国外语言学,1994(4).

太田辰夫.中国语历史文法[M].蒋绍愚,徐昌华,译.北京:北京大学出版社,1987.

唐正大.从独立动词到话语标记——"起来"语法化模式的理据性[M]//沈家煊,吴福祥,马贝加.语法化与语法研究(二).北京:商务印书馆,2005.

王灿龙.词汇化二例——兼谈词汇化和语法化的关系[J].当代语言学,2005(3).

王建军."有的是"源流探略[J].语言教学与研究,2006(4).

王伟.情态动词"能"在交际过程中的义项呈现[J].中国语文,2000(3).

王寅,严辰松.语法化的特征、动因和机制——认知语言学视野中的语法化研究[J].解放军外国语学院学报,2005(4).

温锁林,范群.现代汉语口语中自然焦点标记词"给"[J].中国语文,2006(1).

吴福祥.关于语法化的单向性问题[J].当代语言学,2003a(4).

吴福祥.汉语伴随介词语法化的类型学研究[J].中国语文,2003b(1).

吴福祥.近年来语法化研究的进展[J].外语教学与研究,2004(1).

解惠全.论实词的虚化[M]//语言研究论丛(第四辑).天津:南开大学出版社,1987.

解惠全.关于虚词复音化的一些问题[M]//语言研究论丛(第七辑).北京:语文出版社,1997.

邢志群.2003.汉语动词语法化的机制[M]//语言学论丛(第二十八

辑).北京:商务印书馆,2003.

徐时仪.也谈"不成"词性的转移[J].中国语文,1993(5).

姚双云.连词"结果"的语法化及其语义类型[J].古汉语研究,2010(2).

俞光中,植田均.近代汉语语法研究[M].上海:学林出版社,1999.

袁毓林.从焦点理论看句尾"的"的句法语义功能[J].中国语文,2003(1).

张斌.现代汉语虚词词典(简称"张本")[M].北京:商务印书馆,2001.

张伯江,方梅.汉语功能语法研究[M].南昌:江西教育出版社,1996.

张谊生.论与汉语副词相关的虚化机制[J].中国语文,2000a(1).

张谊生.现代汉语虚词[M].上海:华东师范大学出版社,2000b.

钟兆华."不成"词性的转移[J].中国语文,1991(4).

朱冠明.汉语单音情态动词语义发展的机制[J].解放军外国语学院学报,2003(6).

朱冠明.情态动词"必须"的形成和发展[J].语言科学,2005(3).

朱景松.现代汉语虚词词典(简称"朱本")[M].北京:语文出版社,2007.

北京大学中文系1955,1957级语言班.现代汉语虚词例释[M].北京:商务印书馆,1982.

社科院语言研究所.现代汉语词典(第7版,简称"《现汉》")[M].北京:商务印书馆,2016.

语篇关联语概述

一、关于语篇关联语

本书称为"语篇关联语"的这些词语,就主体部分而言,一般称为"语用标记(pragmatic marker)",有一部分也称作"话语标记"(discourse marker),收词范围包括:

1. 一般虚词词典较少收录的连接词,如连接分句或句子的"跟着""不说";

2. 近些年由短语经过语法化和词汇化演变来的具有篇章连接功能的词语,如"回头""别说";

3. 一般辞书作为叹词收录的部分词语,如"哦""哈";

4. 一般语法书上看作独立成分或插入语的词语,如"坦率地说""说实话";

5. 一般看作词组或小句,但有习语性,具有篇章连接功能,如"问题是""话又说回来"。

这些词语具有话语功能,但不一定只有话语功能,有的还有句法功能,如"接下来"还可以作定语,如"在接下来的日子里",本书只是着眼于它的话语功能,其他用法不收在内。

我们将这些成分称作"语篇关联语",是受了廖秋忠(1986)的启发。他管连接句子或超句单位的关联性词语叫"篇章连接成

分",和廖文不同的是:

1. 廖文只讨论书面语词,所讨论的对象在其他的词典或教科书上可以找到,以单词为主,包括少量的短语;本节所讨论的对象以口语为主,多数是短语甚至是小句,其他的词典很少收录。

2. 从词语的功能上说,廖文主要讨论篇章连接功能,即这类成分的功能是标记本文内前后语句或大于句子的单位的语义关联,包括时间关联和逻辑关联;本节所讨论的对象除此之外,还包括语句和语境的关联,即廖秋忠(1986)所说:"连接成分所连接的上半部分有时是在本文以外,属于交际双方所共享的讲话场合或背景知识。"如:

语境:母亲看到孩子一身泥土跑进屋。
母亲:**我说**你这孩子跑哪去了?**看你**,这是怎么搞的?

上例中的"我说"和"看你"引出的句子,都不是针对上文的语句说的,而是针对一种说话人看到的情景说的。

3. 廖文严格区分篇章连接和句内连接,文中所收的连接成分只是连接句子或大于句子的单位,即它两边的单位都是在书面上至少要有一个句际标点(句号、问号或感叹号),不包括复合句内的分句。我们基本按照廖文的做法,但在具体举例时也包括复合句的情况。这是因为:一方面句际关系和复合句内分句间的关系,就其性质来说差不多,都是时间关联和逻辑关联,而不是句法关联;另一方面,虽然有些连接成分只能用于连接分句,如"只要、即使"等,但有不少词语既可以连接分句,也可以连接句子或大于句子的单位,如"所以、但是"等,后一种成分是否句际连接,只能依靠标点符号来区分,而标点符号会因人而异。

在下文的例释中,我们对一个语篇关联语的解说方式不采取一般研究论文着重于话语功能的解释,因为这种解释术语繁多,晦涩难懂,例如仅就话题变化就有"话题切换、话题找回、话题前景化、话题重设、话题撤换"等,这种解说方式可能具有理论意义,但缺少心理现实性,人们较难通过语言直觉去理解,也不利于教学。我们的解说方法是:指出某个语篇关联语与具体上下文的逻辑或时间关联,或者指出其与特定情境的关联,用通俗易懂的语言对它的语用功能进行解说,并举出典型例句。

二、关于语篇关联语研究

语篇关联语的收词和释义是在国内外关于语用标记或话语标记研究的背景下进行的。因此我们下面主要介绍话语标记的相关研究。

(一)关于话语标记的概念

关于话语标记,目前还没有一个统一的名称,如:语义联系语、提示语、话语操作语、语用联系语、话语标记手段、话语小品词、语用表达语、语用标记语、语用功能词语等;也还没有一个统一的定义,确实很难用一句话来表述清楚。对它的理解,现在大家的共识有以下几点:

1. 话语标记是一种语言表达式,可以是一个词,如英语的well、but、therefore、still、anyway,汉语的"然后、那么、什么"等;也可能是一个短语或小句,如 you know、I say、listen to me、all in all、after all、in conclusion、to the contrary,汉语的"你看、看你、我说、我跟你说"等。

2. 话语标记广泛用于口语和书面语,人们更多的是关注用于自然口语中的成分。

3. 这些词语本身可能有概念意义,但发挥话语标记作用时,不是表达概念意义的,如:

(1) **我说**小王呀,你这么干可不行哦。

（2）**你看你**，怎么这样不小心呀？

以上(1)句中的"我说"的作用并不是要告诉对方他要说什么，而主要是提醒对方注意下面要说的话。"你看你"也不是让对方看看自己，而是提醒对方注意自己言行的不当之处。也就是说，它们在句中表达的意义和发挥的作用与它们的字面意义没有直接的关系。它们表达的不是概念意义而是程序意义，即它们表达的是概念或命题之间的关系，或者表达命题与语境的关系。

4. 它们不影响所在句子的真值条件，如以上例中的"我说"和"你看你"完全可以去掉，并不影响句子的语义表达。

5. 它们与前后句子间没有句法结构关系，它们是游离在结构之外的成分，所以有些成分传统上叫作插入语或独立成分。它们用于口语对话时，可以用于话轮的开始，也可以用于话轮中间或后面，但在语音上多有停顿和延长，书面上可有标点与其他成分隔开。

6. 它们在词语形式上往往不固定，会有变体存在，如上例中"你看你"也可以说成"看你、看看你、你看、你看看、看您"等。

（二）关于话语标记的功能

关于话语标记的功能，也有各种各样的说法，其中主要是两派：一派是连贯派，一派是关联派。

1. 连贯派。这一派认为话语标记的主要作用是将前后两个句子或语段连接起来，标明两部分之间的关系。按照连贯派来理解，传统的句际连接词和语气副词、介词等都是话语标记，因为表达各种逻辑关系的连接词都有使话语连贯的作用。如：

我去了　　他来了

以上这两句话之间的逻辑关联有多种可能性。但加上不同的关联词语后，它们之间的关系就被确定下来了：

虽然我去了，但他还是来了。

因为我去了,所以他来了。
如果我去了,他就来了。
先是我去了,后来他来了。

再如:

(3)"于观呀,"冯小刚坐在床头说,"我们大家商量了,你为工作累病了,我们也要为你做点什么。你有什么愿望尽管说,我们一定让你尽兴。"

"说吧说吧,你该享受享受了。"大家七嘴八舌地说,"**对了**,我们还不知道你的人生梦想是什么呢?当大使?当表演艺术家?"

如上对话中用"对了"不是表示"正确了"的意思,是为了转换话题,或者说是在讲一件事中间突然想到另一件事,于是用"对了"引出这件事。如果没有这个话语标记,前后的话语接不到一块,听话人会难以准确理解。

另如:

(4) A:你昨晚干什么去了?

B:**那什么**,我吧,**这个——这个**,也没干什么呀,**就是——就是**,出去走了走。

例中的"那什么""这个""就是"没有什么实际的意思,在特定的语境下使用它们是为了填补一下思维空白,缓解一下紧张情绪,想想看往下怎么说。

2. 关联派。这一派认为话语标记实质上是话语交际过程中的一种明示导向标记。因此话语标记的存在是一切言语交际的共性,是关联性的要求,是确保言语交际顺利进行的一种手段。如:

A:Mary is in town.(玛丽在城里。)

B:Tom isn't here.(汤姆不在这儿。)

上例中 A 和 B 是两个相互独立、互不相干的句子,它们之间存在着多种可能的逻辑语义关系。话语标记的使用可以使这种可能的关系得以具体实现。例如将 B 句换成以下三种表达式,处于句首的 moreover、however、so 就是话语标记,它们起着明示与 A 句之间逻辑关联的作用:

B_1: Moreover, Tom isn't here.(汤姆也不在这儿)
B_2: However, Tom isn't here.(可是汤姆也不在这儿)
B_3: So Tom isn't here.(这么说汤姆不在这儿)

在关联理论的框架中,语境被认为是变项,关联是常项。寻找语境就是寻找语境关联。话语标记被看作寻找关联的向导,它可以制约语境和认知效果的选择。说话人通过明示行为向听话人展示自己的信息意图,为听话人提供推理的依据;听话人根据说话人的明示行为进行推理,这种推理就是寻找语境关联。连贯理论认为话语标记是连接两个话语成分,通常为两个连贯的句子;而关联理论则认为,话语标记连接的可以是两个句子,也可以是一个话语和一个语境或语境效果。语境可以是言语语境,也可以是非言语语境或其他情况。理解话语标记,首先要考虑的因素就是语境。例如:

英语:
Context: Peter is back from jogging.(语境:皮特正从外面慢跑回来。)
Mary: So you're trying to keep fit.(玛丽看到后说:看来你是要减肥喽。)

例中的 so 并没有关联其他的语句,而关联的是一个情境。

3. 也有人从另外的角度来谈话语标记的具体功能。如李勇忠(2003)认为话语标记至少具有如下三种功能:语篇组织功能、人际商讨功能和元语言功能。

语篇组织功能是指说话人通过话语标记把零碎的不连贯的话语组织成连贯的话语。话语标记在语篇组织方面最突出的作用是组织话语,构建交际语境,保持话语意义连贯。

人际商讨功能是指说话人可以利用话语标记唤起听话人的参与和注意,标识话语的转换,维持话语的正常进行,确认听话人是否理解话语的意思,是否同意说话人的观点等。如有些叹词"哈、嗯、哦、唉"等主要是承担人际功能。

元语言功能主要体现在情态上,表明说话者对命题内容的态度和情感,一般的语气副词和语气词主要是这一功能。具有这一功能的成分我们放到相应的词类中去,不在语篇关联语中讨论。

(三) 话语标记研究的主要问题和看法

就汉语话语标记的研究来看,我们觉得存在以下主要问题:

1. 没有明确的概念。无论是国内的研究还是国外的研究,目前对话语标记的概念都还没有一个一致的核心内涵,因而从外延上要确定它的范围就比较麻烦,突出地表现在以下两个问题上:一是话语标记与传统虚词,特别是篇章连接成分的关系如何?二是一些短语和小句,包括一般所说的插入语该怎么看,是否都是话语标记?对于第一个问题,有人认为所有的篇章连接成分都是话语标记(冯光武 2004),但有人却强调当连接词不表示小句或句子之间时间或逻辑语义关系等真值语义时,才是执行的话语标记功能(方梅 2000)。再如有人将传统的连接词、副词和语气词、叹词等都看作话语标记。对于第二个问题,有人将话语标记和语用标记进行了区分,认为语用标记是上位概念,包括标记句际关系的成分,这是话语标记;也包括标记句内语用成分的功能性词语,这只是语用标记,如表示信息来源的"据说""据报道",表示评价的"遗憾的是""值得肯定的是"等。另外如话题标记、焦点标记算不算话语标记?如果话语标记不只是口语中的成分,也可以在书面语里谈,那么标点符号算不算话语标记？这些问题都有待深入讨论。

2. 研究比较零散，缺少系统性。目前的研究主要是在以下两个方面：国外理论的介绍和小类或个案的分析。结合汉语事实所进行的深入的理论探讨和系统的研究仍然较少。如汉语的话语标记到底应该如何界定？哪些成分属于话语标记？它们构成怎样的系统？内部如何分类？涉及这些问题的成果，近年来有所增加，但仍有较大的研讨空间。

3. 对事实的描写比较粗疏。对汉语话语标记个案的描写逐渐增多，但多数描写按照国外的相关理论来套，得出的结论很值得怀疑。如描写一个话语标记的话语功能，往往很难说清其核心功能，一般会将话语组织功能、人际功能和元语言功能都挂上，举个例子一说。那么如果所有的话语标记都可以有各种功能，那么相互之间的区别是什么呢？如果没有什么区别，那么诸多的同功能的话语标记有什么用呢？如王海峰、王铁利（2003）描写了"什么"在自然口语中作为话语标记的功能，认为它具有替代功能和对话题以及话轮进行处理的功能。话题处理功能中有话题前景化（设立话题、回复话题）、话题切换；在话轮处理功能中有话轮组构、话轮转接等。再如刘丽艳（2005）讨论了"不是"的话语标记功能，认为它用于话轮开端时具有会话的引发功能、应答功能和反馈功能。出现在话轮中间时，也具有引发（是对具有新的认知倾向的言语行动的引发）和反应功能（是对前后认知倾向差异性的反应）。说实话，这些功能之间如何区别？两种不同的引发功能和反应功能是一个层次吗？这种过于专业的表述一般人是看不懂的，对教学基本没有什么用，因为什么都是就等于它的作用是模糊的。这样研究的价值是令人怀疑的。我们以为对个案进行描写，必须明确其核心功能，不同的话语标记之间应该以核心功能相区别。这样做的一个前提就是要确定一个话语功能系统，将相应的话语标记用这个系统来定位。

4. 话语标记语法化和词汇化的研究有概念化倾向。也有不少人研究话语标记的语法化问题，但有的研究照搬国外的语法化模式，与语言直觉不合，结论不可信。如有人谈到话语标记"我说"的语法化，参照国外关于言说动词的虚化规律，认为"我说"经历了如下过程（刘钦 2008）：

言说动词→认知动词→话语标记

即话语标记"我说"中的"说"来自于认知动词（认为）。如果是这样，怎样理解"我说"为什么具有提醒注意功能呢？一个"我＋认知动词"的主谓短语怎么过渡到表示提醒注意的话语标记？这似乎说不圆。莫不如说它直接来自言说意义的主谓短语"我说"更合理。因为告诉对方我要说什么，就等于要给对方提供信息，对于别人提供信息人们总是感兴趣的，所以能够起到提醒注意的作用。

话语标记往往是由一个词组或小句演变来的，逐渐失去它原来的意义和结构功能成为一个词或习语性的成分，因而其演变涉及词汇化问题。所以可以从词汇化的角度来讨论话语标记的形成。董秀芳（2007）以"谁知道"和"别说"为例，讨论了话语标记的形成和词汇化的关系。由于不少话语标记有多种变体，所以董秀芳认为包括"谁知道"和"别说"等在内的很多话语标记都处在词汇化的初期阶段。我们的看法是：如果说这些成分是个习语性的成分，带有词汇的性质，因而它的演变经历了词汇化的阶段，这当然是可以的；但如果说它们都会继续词汇化而最后变成词形固定的单词，这是值得怀疑的。如现代汉语的话语标记"你听我说"可以说成"听我说""听我跟你说"等变体，但这种变体在它产生的时候就存在，历经一千多年的演变，其中的构成要素有变化，但多变体性的状况仍然没有改变，请看：

（5）善庆又问曰："既言我佛慈悲为体，如何不度羼提众生？"道安答曰："汝缘不会，**听我说**着，羼提众生，缘自造恶

业。"(《敦煌变文集·庐山远公话》)

(6) 丈夫,一夜夫妻百夜恩,和你说来事长。**你听我说**,当初这衣服,都是我先夫留下的。我与你恩爱深重,教你穿在身上,恩将仇报,反成吴越?(冯梦龙《警世通言·白娘子永镇雷峰塔》)

(7) 智深道:"洒家不管菜园,俺只要做都寺、监寺。"首座又道:"**你听我说与你**。僧门中职事人员,各有头项。且如小僧,做个知客,只理会管待往来客官僧众。……"(施耐庵、罗贯中《水浒传》六回)

以上例中的"听我说着""你听我说""你听我说与你"与当代的"你听我说"话语功能是一样的,其在不同时代有不同的变体形式。如果说有变体就不能算词汇化的完成,那么一部分话语标记词汇化的最终归一化可能永远不可期待。

针对以上问题,我们认为当前汉语话语标记的研究应该以如下为重点:

1. 理论探讨。借鉴国外的研究,提出自己的明确的概念,比如将话语标记和传统的虚词,特别是连接词和副词的关系理清,从理论上搞清楚话语标记到底有哪些语用功能,为个案研究做好理论准备。

2. 个案描写。对汉语普通话中的话语标记在有明确界定的情况下,对它们的语用功能一个一个地进行描写,把事实搞清楚。

3. 在个案描写的基础上,建立汉语的话语标记系统。像虚词词典那样,编出汉语话语标记词典,这包括以下两个重点:一是如果将传统的某些虚词看作话语标记,那么需要从新的角度,特别是从语用的角度进行新的定位;二是对传统的虚词研究没有注意到的一些话语标记,明确其主要的语用功能,举例说明其用法,以及和相关成分的联系和区别。

4. 探讨汉语话语标记的来源问题,特别是结合汉语的实际,提出汉语话语标记演变与其他语言的共性和个性,从而丰富语法化理论和词汇化理论。

5. 在现代汉语话语标记研究的基础上,向上追溯,对近代汉语时期和古代汉语时期的话语标记进行系统描写,并搞清前后不同时期话语标记之间的继承关系。

6. 研究话语标记构式。现有的话语标记研究,主要是研究词项式的,即单词和习语性的成分,实际上有的词语代表着图式构式,比如关于换言连接成分,廖秋忠(1986)只谈了词项式的,如"换句话说、也就是说、或者说"等,后来对这类成分的研究也主要是在这个方向上展开。而近年来人们发现还有一些构式也具有换言标记功能,如"用X的话说"(如:用你的话说)、"往X里说"(如:往大里说)、"说得X点"(如:说得好听点)等(李宗江2018c,李晓琴、陈昌来2020a、2020b)。再如"X的是"(如:重要的是)也代表一个图式构式,其中的X可以被其他成分所替换(祁峰2011、李宗江2012)。另如胡清国(2011)、苏小妹(2014)、孙利萍(2014)、姚尧(2015)、张璐(2018)等也是从构式角度进行的研究。这种图式构式形式的话语标记或语用标记的存在,表现了其与其他功能语类的鲜明特点,值得在构式语法理论的指导下,做出深入细致的研究。

三、语篇关联语系统

我们按照功能标准,对本书所讨论的语篇关联语拟建立如下的系统:

(一)关系标记功能

1. 标记时间关系
先时:一开始、原先、本来、早些时候、先前、早先、前脚
正时:正说着、当时、现在、当下

后时：回头、完了、到后来、完后、临了儿、到最后、后脚、随后、随着

共时：同时、与此同时、这时

2. **标记逻辑关系**

排序：一来、二来，一是、二是，先说、再说、再就是

评价：问题是、关键是、遗憾的是、还好、好在、不好的是、糟糕的是、重要的是

意外：谁知道、谁想、哪想、不想、不料、想不到、没想到、看不出来

省悟：对了、哎呀、糟了、坏了

实情：事实上、实际上、老实说、坦率地说、打开天窗说亮话、不瞒您说

释疑：难怪、怪不得、怨不得、我说呢

释因：原来、合着、主要是、是考虑到、你看、闹了半天

换言：换句话说、换言之、或者说、也就是说、用X的话说、往X里说

引言：说、说是、有道是、据说、据称、据X说

结果：就这样、这样一来、这下、这时、你看、这不、不用说、这么说

目的：也好、为的是、用以、借以

让步：你别看、不要以为、你别说、这还不算、不说、不消说

递进：更有甚者、进一步说

补充：再说、还有、再有、再者说了、此外

总结：说了归齐、总的说、说来说去、一句话、可以这么说

(二) 言谈组织功能

1. **话轮功能**

话轮获得（转接）：那什么、那啥、可是、不过、而且

话轮保持：那、那个、那么、这个、是啊、就是说、然后、回头、完了

话轮转交：好吧、你看呢、知道不、你说呢、听见没、是吧

2. 话题功能

话题确立：要说、要讲、要论、说起来、就是

话题变化：对了、至于、说到、此外、另外、再说、可是

话题重接：话又说回来、回过头来、所以

3. 谋篇功能

语篇起始：这样啊、这个、(我)说什么呢、说几句

语篇过渡：接下来、接着上面、下面讲、说到哪了

语篇结束：到这吧、完了、好了、行了、怎么样

（三）人际协调功能

1. 互动功能

呼应：唉、喂、我说、嗯、哦、噢、啊、得、好、行

一致：那可不、那是、是的、好的、没错、可不是咋的、真是、还真是的

提示：我跟你说、听我说、这不、你瞧、我告诉你

制止：得了吧、算了吧、省了吧、拉倒吧、行了吧、别扯了

商讨：你想、你说、你看、你听听、你知道、知道不

警告：告诉你、你看着、你等着、有你好看的

征询：是吧、好吧、对不、行不、你看怎么样

2. 礼貌功能

请求：请、劳驾、您受累、麻烦你、帮帮忙、打扰、不好意思、冒昧了

婉说：怎么说呢、不知该说不该说、恕我直言、不是我说你、不该我说

否定：哪里、不是、你说呢、你以为呢

自谦：没什么、没事、不敢、（你）说什么呢、不客气、您过奖、瞧您说的

四、参考文献

巴丹."最好"的追补性衔接功能及语篇模式[J].汉语学报,2018(4).
曹继阳."不是＋我 VP 你"话语功能探析[J].黄冈师范学院学报,2018(2).
曹爽.话语解释标记"这么说吧"[J].广西师范大学学报（哲学社会科学版）,2014(5).
曹秀玲.汉语话语标记多视角研究[M].北京：中国社会科学出版社,2016.
曹秀玲,杜可风.言谈互动视角下的汉语言说类元话语标记[J].世界汉语教学,2018(2).
陈琳琳.话语标记语"那""那个""那么"的语用语篇功能辨析[J].沈阳大学学报（社会科学版）,2017(6).
陈文雪.话语标记"来"的分析——以《非诚勿扰》中主持人话语为例[J].现代语文（学术综合版）,2016(4).
陈振宇,朴珉秀.话语标记"你看""我看"与现实情态[J].语言科学,2006(2).
崔蕊."其实"的主观性和主观化[J].语言科学,2008(5).
董祥冬."真是"的话语标记化及其衍生现象[J].兰州学刊,2009(4).
董秀芳."X 说"的词汇化[J].语言科学,2003(2).
董秀芳.词汇化与话语标记的形成[J].世界汉语教学,2007a(1).
董秀芳.汉语书面语中的话语标记"只见"[M]//南开语言学刊（第二辑）.北京：商务印书馆,2007b.
董秀芳.汉语中表示承诺的言语施为动词[J].汉语学习,2010a(2).
董秀芳.来源于完整小句的话语标记"我告诉你"[J].语言科学,

2010b(3).

方梅.自然口语中弱化连词的话语标记功能[J].中国语文,2000(5).

方梅.疑问标记"是不是"的虚化[M]//沈家煊,吴福祥,马贝加.语法化与语法研究(二).北京:商务印书馆,2005a.

方梅.认证义谓宾动词的虚化——从谓宾动词到语用标记[J].中国语文,2005b(6).

方梅.会话结构与连词的浮现义[J].中国语文,2012(6).

方梅.叙事语篇的衔接与视角表达——以"单说、但见"为例[J].语言教学与研究,2017(5).

方清明.论汉语叙实性语用标记"实际上"——兼与"事实上、其实"比较[J].语言教学与研究,2013(4).

冯光武.汉语语用标记语的语义、语用分析[J].现代外语,2004(1).

冯光武.语用标记语和语义/语用界面[J].外语学刊,2005(3).

高春明.话语标记语的识别及其语用功能[J].长春理工大学学报(社会科学版),2004(1).

高增霞.自然口语中的话语标记"回头"[J].中国社会科学院研究生院学报,2004(1).

高增霞.自然口语中的话语标记"完了"[J].语文研究,2004b(4).

管志斌."得了"的词汇化和语法化[J].汉语学习,2012(2).

郭风岚.北京话话语标记"这个""那个"的社会语言学分析[J].中国语文,2009(5).

郭继懋.谈表提醒的"不是"[J].中国语文,1987(2).

郭继懋.常用面称及其特点[J].中国语文,1995(2).

郭晓麟."真是的"负面评价功能探析[J].语言教学与研究,2015(1).

郝琳.语用标记语"不是我说你"[J].汉语学习,2009(6).

候瑞芬."别说"与"别提"[J].中国语文,2009(2).

胡承佼."倒好"的话语标记倾向及其具体表现[J].语言教学与研究,2016(1).

胡德明.话语标记"谁知"的共时与历时考察[J].语言教学与研究,2011(3).

胡建峰.试析具有证言功能的话语标记"这不"[J].世界汉语教学,2010(4).

胡清国."依X看"与"在X看来"[J].汉语学报,2011(3).

胡习之,高群.试析会话结束语"就这样吧"[J].当代修辞学,2015(3).

黄大网.话语标记研究综述[J].福建外语,2001(1).

霍倩倩.话语标记"说白了"的功能研究[J].现代语文,2018(4).

金桂桃.也谈"这下"和"这回"表时间关系篇章功能的产生——兼与李宗江先生商榷[J].武汉理工大学学报(社会科学版),2008(3).

金晓艳.现代汉语时间连接成分的篇章研究[J].东北师大学报(哲学社会科学版),2018(1).

孔蕾,秦洪武,朱一凡."说X"的形成:语法化、词汇化和语用化的互动[J].汉语学报,2018(2).

孔蕾,文秋芳,秦洪武.事件语义与语用标记词汇化的跨语言考察[J].外语与外语教学,2018(6).

李秉震."说"类话题转换标记的语义演变[J].中国语文,2009(5).

李秉震,李岑星."这时"的语体分布及其历时演变[J].汉语学习,2018(2).

李芳杰.说"话头"[J].语言教学与研究,1992(3).

李萌."得了/得了吧"语用功能及其演变[J].北方论丛,2016(1).

李绍群."可见"的标记功能和语法化过程[J].西北大学学报(哲学社会科学版),2012(3).

李胜梅."话说回来"的语用分析[J].修辞学习,2004(3).

李水.认识立场标记"我认为""我觉得"比较研究初探——基于现代汉语语料库的研究[J].沈阳工程学院学报(社会科学版),2016(1).

李思旭.从词汇化、语法化看话语标记的形成——兼谈话语标记的来源问题[J].世界汉语教学,2012(3).

李先银.基于自然口语的话语否定标记"真是"研究[J].语言教学与研究,2015(3).

李先银.口语对话中的话语否定标记"喊"考察[J].汉语学习,2016(4).

李咸菊.北京话话语标记"是不是""是吧"探析[J].语言教学与研究,2009(2).

李晓琴.再论"没办法"的话语功能[J].海外华文教育,2019(4).

李晓琴,陈昌来.现代汉语换言标记构式"往X里说"[J].语言文字应用,2020a(1).

李晓琴,陈昌来.评价性换言标记构式"说得X一点"[J].新疆大学学报(哲学·人文社会科学版),2020b(1).

李心释,姜永琢.对话语标记的重新认识[J].汉语学习,2008(6).

李艳艳.论话题标记"要说"[J].唐山师范学院学报,2010(1).

李勇忠.信息短路下的话语标记[J].外语学刊,2003(3).

李元瑞.元话语成分"说好的"探析[J].汉语学习,2018(6).

李治平."瞧(看)你说的"话语标记分析[J].汉语学习,2011(6).

李治平.现代汉语言说词语话语标记研究[M].武汉:世界图书出版公司,2015.

李宗江.说"完了"[J].汉语学习,2004(5).

李宗江."回头"的词汇化和主观性[J].语言科学,2006(2).

李宗江.话题标引成分"要说"的由来和去向[M]//沈家煊,吴福祥,李宗江.语法化与语法研究(三).北京:商务印书馆,2007a.

李宗江."这下"的篇章功能[J].世界汉语教学,2007b(4).

李宗江.表达负面评价的语用标记"问题是"[J].中国语文,2008(5).

李宗江."看你"类话语标记分析[J].语言科学,2009a(3).

李宗江.连词"不说"的语义和语用功能[J].汉语学报,2009b(3).

李宗江."同时"的虚化历程[M]//历史语言学研究(第二辑).北京:商务印书馆,2009c.

李宗江.关于话语标记来源研究的两点看法[J].世界汉语教学,

2010(2).

李宗江,戴祎瑶."这时"的篇章功能[M]//齐沪扬.现代汉语虚词研究与对外汉语教学(第三辑).上海：复旦大学出版社,2010.

李宗江."关键是"的篇章功能及其词汇化倾向[J].语文研究,2011a(2).

李宗江.试析表示身体状态改变的词语的特殊功能[J].当代修辞学,2011b(5).

李宗江."A的是"短语的特殊功能[J].汉语学习,2012(4).

李宗江.几个疑问小句的话语标记功能——兼及对话语标记功能描写的一点看法[J].当代修辞学,2013(2).

李宗江.近代汉语评价性语用标记及其向现代的演变[J].语言研究,2014a(1).

李宗江.呼语的话语功能[M]//语法研究与探索(七).北京：商务印书馆,2014b.

李宗江.也说话语标记"别说"的来源——再谈话语标记来源的研究[J].世界汉语教学,2014c(2).

李宗江."现在"：从时间标记到话语标记[J].浙江外国语学院学报,2014d(4).

李宗江."就这样"类指代词语的篇章连接功能[J].汉语学习,2015a(6).

李宗江.近代汉语"坦言"类语用标记及其演变[M]//历史语言学研究(第九辑).北京：商务印书馆,2015b.

李宗江.近代汉语话题类语用标记及其演变[J].汉语学报,2017(4).

李宗江.汉语表达原委的话语标记[M]//齐沪扬.现代汉语虚词研究与对外汉语教学(第七辑).上海：学林出版社,2018a.

李宗江.近代汉语的礼貌用语[M]//中国语言学报(第十八期).北京：商务印书馆,2018b.

李宗江.换言标记构式"用X的话说"[M]//语法研究与探索(第十八辑).北京：商务印书馆,2018c.

李宗江.关于"你+举例标记"等语符序列及其演变的性质[M]//方

梅、曹秀玲.互动语言学与汉语研究(第二辑).北京：社会科学文献出版社,2018d.

李宗江.说"不"后的伪结构成分——从"不"后的"说"谈起[M]//对外汉语研究(第二十期).北京：商务印书馆,2019a.

李宗江.近代汉语语用标记研究[M].上海：上海教育出版社,2019b.

厉杰.口头禅的语言机制：语法化与语用化[J].当代修辞学,2011(5).

廖秋忠.现代汉语篇章中的连接成分[J].中国语文,1986(6).

刘丞.由反问句到话语标记：话语标记的一个来源——以"谁说不是"为例[J].汉语学习,2013(5).

刘静敏.电视访谈语篇中话语标记的功能分析[J].山东师范大学学报(人文社会科学版),2018(2).

刘丽艳.作为话语标记语的"不是"[J].语言教学与研究,2005(6).

刘丽艳.话语标记"你知道"[J].中国语文,2006(5).

刘丽艳.作为话语标记的"这个"和"那个"[J].语言教学与研究,2009(1).

刘丽艳.汉语话语标记研究[M].北京：北京语言大学出版社,2011.

刘钦."我说"的语义演变及其主观化[J].语文研究,2008(3).

刘顺,殷相印."算了"的词汇化和语法化[J].语言研究,2010(2).

刘焱.话语标记语"对了"[J].云南师范大学学报(对外汉语教学与研究版),2007(5).

刘永华,高建平.汉语口语中的话语标记"别说"[J].语言与翻译,2007(2).

卢英顺."这样吧"的话语标记功能[J].当代修辞学,2012(5).

陆方喆.现代汉语反预期标记研究[M].北京：中国社会科学出版社,2017.

吕为光.迟疑功能话语标记"怎么说呢"[J].汉语学报,2015(3).

罗黎丽.表不满的话语标记"(你)还说呢"[J].宜春学院学报,2018(2).

罗美君."没的(得)说"的语义及其历史演变研究[J].荆楚理工学院

学报,2015(1).

罗日新.关联词语纵横谈[J].语文研究,1995(1).

罗耀华,牛利."再说"的语法化[J].语言教学与研究,2009(1).

马国彦.话语标记与口头禅——以"然后"和"但是"为例[J].语言教学与研究,2010(4).

孟琮.口语里的"得"和"得了"[J].语言教学与研究,1986(3).

缪素琴.会话应答结构中话语标记的语用特征[J].上海师范大学学报(哲学社会科学版),2007(6).

莫爱屏.话语标记语的关联认知研究[J].语言与翻译,2004(3).

彭晓辉."等"的语法化,糅合导致的重新分析[J].语言研究,2010(2).

祁峰."X的是"从话语标记到焦点标记[J].汉语学习,2011(4).

邱闯仙.预期标记"瞧"[J].语文研究,2010(2).

邱述德,孙麒.语用化与语用标记语[J].中国外语,2011(3).

冉永平.话语标记语的语用学研究综述[J].外语研究,2000(4).

饶宏泉.连词化与话语标记化——以"包括"的双重演化模式为例[J].中国语文,2019(3).

邵长超.句尾成分"才好"的虚化及其话语功能的改变[J].当代修辞学,2016(1).

邵敬敏,朱晓亚."好"的话语功能及其虚化轨迹[J].中国语文,2005(5).

盛继艳.也谈话语标记"你说"[J].汉语学习,2013(3).

盛新华."就是说"所标示的A、B之间的语义关系及语用特点[J].延安大学学报(社会科学版),2009(1).

盛银花."还有"的连接功能及其词汇化[J].语言研究(4),2007.

史金生."要不"的功能及其语法化[M]//沈家煊,吴福祥,马贝加.语法化与语法研究(二).北京:商务印书馆,2005.

司红霞.再谈插入语的语义分类[J].汉语学习,2018(6).

宋晖."话说回来"的界指模式研究[J].语言研究,2018(1).

苏俊波."说真的"的话语功能[J].汉语学报,2014(1).

苏小妹.面子威胁缓和语"不怕你＋V"[J].语言教学与研究,2014(6).

孙爱峰."说"字话语标记研究[J].现代语文(语言研究版),2017(11).

孙慧妍."问题是"的篇章连接作用[J].井冈山学院学报(社会科学版),2006(9).

孙利萍.答语标记"是不是"的词汇化及其形成机制[J].宁夏大学学报(人文社会科学版),2011(1).

孙利萍.坦言式语用标记"说X了"的语法化及语用功能——以"说白了"为例[J].语文研究,2014(1).

孙利萍.现代汉语言说类话语标记研究[M].北京:社会科学文献出版社,2017.

孙瑞霞.话语标记"好了"的语法化过程及无标化分析[J].沈阳航空工业学院学报,2018(6).

孙颖.主观性与话语标记再认识[J].外语学刊,2016(6).

唐善生,华丽亚."你别说"的演化脉络及修辞分析[J].当代修辞学,2011(4).

唐善生,马亦琦."要不说"的语用分析[J].当代修辞学,2016(2).

唐雪凝,张金圈.元语否定与"不是我说你"类话语标记的产生机制[J].当代修辞学,2016(5).

陶红印.从语音、语法和话语特征看"知道"格式[J].中国语文,2003(4).

王灿龙."宁可"的语用分析及其他[J].中国语文,2003(3).

王刚.汉语话语标记"再怎么说"提示和明示功能研究[J].河北大学学报(哲学社会科学版),2015(3).

王海峰,王铁利.自然口语中"什么"的话语分析[J].汉语学习,2003(2).

王寒娜.话语标记研究综述[J].绥化学院学报,2006(6).

王红斌.北京故宫导游词中的话语标记"那么"的功能[J].北京社会科学,2007(1).

王恩旭.话语标记"告诉你"的语义解释[J].汉语学习,2018(2).

王涛.话语标记"我去"[J].汉江师范学院学报,2017(5).

王艳.话语标记语的语用功能[J].学术交流,2007(7).
王扬.话语标记的认知语用诠释[J].天津外国语学院学报,2005(3).
王正元.话语标记意义的语用分析[J].外语学刊,2006(2).
吴春仙."这样"的用法分析[J].汉语学习,2002(3).
吴德新.话语成分"用不着"的话语情态功能分析[J].延边大学学报(社会科学版),2020(6).
吴慧颖.句首"那么"的词性[J].中国语文,1991(5).
席嘉."除"类连词及相关句式的历时考察[J].语言研究,2010(1).
肖任飞,张芳.熟语化的"(更)不用说"及相关用法[J].语言研究,2014(1).
谢晓明,左双菊."难怪"的语法化[J].古汉语研究,2009(2).
谢晓明."难怪"因果句[J].语言研究,2010(2).
邢欣,金允经,郭安.起始标记语的元话语功能探讨[J].当代修辞学,2013(6).
熊子瑜,林茂灿."啊"的韵律特征及其话语交际功能[J].当代语言学,2004(2).
许家金.汉语自然会话中话语标记"那(个)"的功能分析[J].语言科学,2008(1).
许家金.汉语自然会话中"然后"的话语功能分析[J].外语研究,2009(2).
许静.话语标记语的元语用功能[J].山东外语教学,2007a(4).
许娜.话语标记"没办法"研究[J].湖北文理学院学报,2017b(10).
颜红菊.话语标记的主观性和语法化——从"真的"的主观性和语法化谈起[J].湖南科技大学学报(社会科学版),2006(6).
杨才英,赵春利.言说类话语标记的语法语义研究[J].汉语学报,2013(3).
杨树森.论象声词与叹词的差异性[J].中国语文,2006(3).
杨一飞.感观类话语标记语初探——以"你+感官动词"(看、听、说、讲、想、知道、认为等)为例[J].福建论坛(社科教育版),2011(4).

姚尧."所V""可V"类评价性话语标记的话语功能与历时发展——兼论古汉语话语标记的两种来源[J].苏州大学学报(哲学社会科学版),2015(3).

姚双云.口语中"所以"的语义弱化与功能扩展[J].汉语学报,2009(3).

姚双云,姚小鹏.自然口语中"就是"话语标记功能的浮现[J].世界汉语教学,2012(1).

殷树林.话语标记"这个""那个"的语法化和使用的影响因素[J].外语学刊,2009(4).

殷树林.说话语标记"不是"[J].汉语学习,2011(1).

殷树林.现代汉语话语标记研究[M].北京:中国社会科学出版社,2012.

殷志平.固化短语"这样一来"的功能与用法[J].汉语学习,2015(3).

尹海良.自然口语中的话语标记"别说"[J].宁夏大学学报(人文社会科学版),2009(6).

于宝娟.论话语标记语"这不""可不"[J].修辞学习,2009(4).

袁伟,冯晓晴.具有委转功能的对比语用标记研究[J].语言教学与研究,2012(2).

袁毓林.汉语话题的语法地位和语法化程度——基于真实自然口语的共时和历时考量[M]//语言学论丛(第二十五辑).北京:商务印书馆,2002.

乐耀.北京话中"你像"的话语功能及相关问题探析[J].中国语文,2010(2).

乐耀.从"不是我说你"类话语标记的形成看会话中主观性范畴与语用原则的互动[J].世界汉语教学,2011(1).

曾君,陆方喆.从反预期标记到话语标记——论"但是"的语用功能及演变[J].语言科学,2016(4).

曾立英."我看"与"你看"的主观化[J].汉语学习,2005(2).

张博宇.话语标记语的主观性与交互主观性探析[J].外语学刊,2015(3).

张聪燕.话语标记语"你知道吗"[J].哈尔滨学院学报,2008(11).

张德岁.话语标记"你想"的成因及其语用修辞功能[J].安徽大学学报(哲学社会科学版),2009(5).

张恒军."也好"的话语标记功能及其形成[J].中南大学学报(哲学社会科学版),2015(4).

张金圈."别看"的连词化及话语标记功能的浮现[J].汉语学习,2016(3).

张龙."好了"的主观化和语法化[J].汉语学习,2012(2).

张璐."N一价认知+是"凝固型构式语用现象及其来源探析[J].中国语文,2018(1).

张田田.试论"何必呢"的标记化——兼论非句法结构"何必"的词汇化[J].语言科学,2013(3).

张旺熹,姚京晶.汉语人称代词类话语标记系统的主观性差异[J].汉语学习,2009(3).

张文贤,方迪,张媛媛.语体视角下"这下"的话语标记功能及其教学探讨[J].汉语学习,2018(5).

张谊生."就是"的篇章衔接功能及其语法化历程[J].世界汉语教学,2002(3).

张振亚."换句话说"话语标记功能的浮现[J].哈尔滨学院学报,2013(3).

郑娟曼.试论新兴的后附否定标记"好不好"[J].暨南学报(哲学社会科学版),2008(6).

郑娟曼,张先亮."责怪"式话语标记"你看你"[J].世界汉语教学,2009(2).

郑娟曼.所含预期和所言预期——"我说呢、我说嘛、我说吧"[J].中国语文,2018(5).

郑燕芳."嗯"的话语功能分析[J].南方论刊,2007(10).
周莉."别说"类语用标记来源探讨[J].汉语学习,2013(2).
周明强.坦言性话语标记语用功能初探[J].当代修辞学,2013(5).
周明强.断言类话语标记语的语用功能和认知特征[J].当代修辞学,2015(6).
周明强.强调类话语标记语"X的是"的语用功能考察[J].语言科学,2017(1).
朱红,关黑拽.话语标记"我说什么来着"的功能及形成机制[J].新疆大学学报(哲学·人文社会科学版),2016(2).
朱军,史沛沛."那什么"的话语功能[J].当代修辞学,2014(1).

副词概述

一、关于副词

本书收列副词的原则就是体现个"新"字,试图能够反映现代汉语副词新词新义变化的情况。一般虚词词典都收的副词,本书不再收录。以与"眼"有关的三字词为例,所谓的"新"体现在以下几个方面:

(一)已从词组演变为词,原来的意义已经改变,但《现代汉语词典》和其他的虚词词典都没有收录,如"眼瞅着",我们作了收录,列有如下两个义项:

1. 表示某一时间即将到来或某一情况即将发生。如:

(1)叫声小亲亲哪,**眼瞅着**到五更,五更打过哥哥就起身哪!

(2)是啊,要不然我也不敢惊动您老道长了。金府哇,**眼瞅着**就要散摊子啦!

2. 表示明显地(发生了某种变化)。如:

(3)不过半夜工夫,他**眼瞅着**憔悴了许多。

(4)一个本该涂脂抹粉的年龄成日哭天抹泪,**眼瞅着**就邪了性。

（二）其他辞书收为实词，但根据我们的考察语义和用法已经改变，不能再理解为实词。如：

"眼睁睁"：一般讲汉语虚词的词典都没有收录，《现代汉语词典》（第7版）注为状态形容词，释为：睁着眼睛，多形容发呆、没有办法或无动于衷。

对于这个词，其他虚词词典不收，也可以理解为这些书不把它看作虚词，从这点上看，和《现代汉语词典》的意见相同。但据我们考察，这个词只能用在状语位置上，不能作谓语，也不能作补语，这说明它和状态形容词的分布不一致，因而我们将其视为副词，相应地释义也作了改变，解释为：任由不好的事情发生而无可奈何或无动于衷的样子。

（三）其他词典收为副词，但有新的义项没有注意到，词形也需要改变。如：

"眼看"：《现代汉语词典》（第7版）列有两个义项：① 副词，马上；② 动词，听凭。

《现代汉语虚词词典》（朱本）列有一个义项：副词，很快，马上。

我们根据这个词在实际口语中出现时的多数情况，参照"眼瞅着"将其词形定为"眼看着"，列有两个与"眼瞅着"相同的副词义项。

二、关于副词的研究

自20世纪80年代以来，副词一直是汉语语法研究的热点之一，也是取得较大成就的领域之一。邵敬敏（1987）对20世纪80年代的副词研究进行了一个评述，指出了四点副词研究的新突破：对副词语法意义内在联系的沟通；对副词语义与句式依存关系的分析;对副词语义指向而引起的歧义的研究;对语境影响副词的语义指向和句式结构的探索。显然这4个突破仍然主要关注的是副词意义和用法的共时描写。20世纪90年代以来,汉语副词的研究取得了新的突破,其中之一就是在语法化理论的指导下副词演变的研究取得了重要进展,包括由其他实词类向副词的演变和副词的进一步演变。其中有从纯历时的角度进行的研究,如杨荣祥(2005)、唐贤清(2004)等专著;也有以共时为主、以历时为辅的研究,如张谊生(2000,2004)、史金生(2011)。

（一）副词分类的研究。一般对副词进行下位分类,都是以意义为标准,但近年来人们开始有意识地注意将形式和意义结合起来进行分类,使得分类的科学性和确定性大大增加。特别可喜的是,人们不是在一个类别下举几个典型的例子说说就完了,而是就所研究的范围进行穷尽式的考察,对于特例一个一个地进行说明,如张谊生(2000)、郭锐(2002)、唐贤清(2004)、杨荣祥(2005)等,所做的工作相当艰苦,态度之严谨、作风之细致令人钦佩。另外有的学者主张在副词大类下和一般分出的小类之间多分出一个层次来。这方面有代表性的著作是张谊生(2000)和史金生(2011),而且在这个层次的分类中,除了考虑形式和意义结合的标准外,还考虑了历时标准。如果说副词是实词虚化来的,那么不同类的副词就可能有不同的来源,而一个科学的分类应该更便于说明它们的来源。张谊生(2000)开宗明义地按照虚化程度的差别,将副词分为三大类:一是描摹性副词,其主要功用是修饰谓语中心语,位置相对固定,一般只能紧贴中心语,词义尚未虚化,句法功能还未完全定型,有相当一些还可以充当状语外的句子成分,如"轻易、决意、极力、大力、大肆、毅然、公然"等;二是限制性副词,其主要功用是对谓词性词语进行时间、范围、程度等方面的限定,词义已相对虚化,句法功能也已基本定型,一般多在句中充当状语,但也有一些可以单独成句,或充当句首修饰语,如"刚刚、马上、赶紧、曾经、比较、格外、总共"等;三是评注性副词,其主要功用是对整个命题进行主观评判,或者表示一种主观情态和语气,词义基本虚化,在句中的位置比较灵活,如"的确、其实、也许、反正、简直、本来、果然"等。张谊生的分类,比较好地解释了这三类虚词在共时的句法功能和意义上存在的差别,从历时的角度来看,也比较容易解释诸如副词与其他词的兼类、不同的副词义之间的联系等问题。

（二）副词的主观范畴研究。关于副词的主观范畴,主要是研究副词语义范畴的主观性和主观化问题。从语义上来说,副词所表达的范畴,如时间、总括、限定、类同、程度、频率、累加、方式、否定等,都涉及主观范畴和客观范畴的区别,或者说是主观性程度的差别。从另一个角度来说,近年来关于汉语副词的主观量范畴的研究比较热闹。早在1981年,陆俭明、马真就比较系统地讨论过汉语副词表达主观量的功能,将副词所表达的主观量分为"言够、言少、言多、等量、估量、实量、合计"等七类,涉及近40个副词。后来沈家煊(1993、1994、2001)分别讨论了否定副词"不"、程度副词"好"和重复副词"还"的主观增量用法。涉及这类研究的还有陈小荷(1994)、董为光(2000)、周守晋(2004)、王群力(2005)、祝东平(2010)等。

（三）副词的语篇功能研究。过去传统上讨论副词的语篇功能,多是从关联词语的角度来讨论问题。近年来随着篇章语言学的兴起,人们从篇章的形式连贯角度讨论副词的篇章功能,使这一问题的研究大大地深入了。如屈承熹(1991)从对外汉语教学的角度,讨论了副词所在的位置对其篇章功能的影响(如主语主题前还是其后,一般地说可以出现在主语前后的,在前时篇章功能强),以及近义、同义副词在不同的上下文中不同的篇章功能。张谊生(1996)认为具有语篇功能的副词多为一般所说的语气副词。副词的语篇功能不一定与语义虚化有关,而可能是本来的语义预设了篇章功能,如"也、又、却、甚至"。当其实现篇章功能时,如果意义发生了变化,那么与虚化有关,语篇功能是虚化的结果,如"就、方、都、才、反、倒"等。

（四）副词语法化影响因素的研究。按照描写和解释相结合的原则,在描写大量的副词演变现象的同时,也注意影响演变的各种因素的探讨。如杨荣祥(2005,192—196页)认为副词形成的条件,也就是一个实词具备什么样的条件才能虚化为副词,他提到了三个：一是语义基础。即只有特定语义的实词才能虚化为相应的副词,如"都"所以能够虚化为总括副词,是因为它作动词时就有"聚集、全部集中在一起"的意义,这一意义与总括副词的意义之间有相通性。李宗江(1998)考察得出结论：汉语的总括副词主要由两种意义的动词虚化而成,一种是表示聚集意义的,如"皆、都、总、聚、佥、并、拢(方言)"等；另一种是表示完成意义的,如"咸、悉、尽、了、毕"等。具有相同语义特征的实词平行地虚化为具有相同意义和功能的虚词,说明了一个实词的语义特征对虚化的影响作用。二是语法位置。是指一个实词只有出现在副词可能出现的位置才有可能演变为副词,副词的语法位置就是动词谓语之前。其实所谓语法位置应该包括两个含义,即线性顺序和与直接成分的关系。杨荣祥认为动词虚化为副词的可能位置是在谓语之前表示修饰关系。三是语用因素。所谓语用因素,杨荣祥将其表述为：包括该成分所在句子中各成分间的语义关系,该成分所在句子与上下文的关系,以及句子本身所表示的各种意义。

张谊生(2000)对于副词虚化机制的讨论更细致,他谈到的机制有四大类：结构形式的变化、语义变化、表达方式变化和认知心理。在结构形式变化一类中,包括三种情况：一是结构、二是句位、三是相关成分。张谊生认为可能导致动词虚化为副词的结构有三种：动宾、连动和联合。张谊生谈到的语义变化包括泛化、分化和融合。其实泛化和分化都是指词义的扩大或抽象化,这本身就是虚化的内容,只不过是个不同的阶段而已。至于融合是个词汇化的问题,如他举的例子是"不成",认为是两个词意义的融合导致了副词的产生。其实应该是"不成"作为一个词组,由于其本义和语法位置的关系,其意义整体上发生了变化,或者说虚化。

在表达方式变化这节中,包括和谐、转借和语境吸收。其中所谓和谐,所举用例为"非你才行"中的"非",这一般看作是语用推理导致的。至于"转借"应该与虚化无关,如"裁""财"与"才",这是写法的问题,关键是哪个字代表的实词是副词的来源。

（五）副词的继续虚化研究。副词虚化包含两层意思,即从实词向副词的虚化和副词的继续虚化。这种副词继续虚化的研究近年来也取得了突破。所谓继续虚化,包括以下几种情况:一是副词向其他类虚词的虚化,主要包括:虚化为连词,如限制副词"但、只是、不过"虚化为表示转折关系的连接词（石毓智 2006）,再如段德森（1991）讨论了古代汉语中副词转化为连词的情况;虚化为语气词,如钟兆华（1991）、徐时仪（1993）、杨永龙（2000）讨论了表示反诘的语气副词"不成"虚化为表示反问的语气词。二是内部的这一类向另一类的虚化,如张谊生（2000）和史金生（2011）都认为副词的类与类之间在虚化程度上有高低之分。张谊生认为他所分出的三类虚词在虚化程度上按以下的公式依次提高:

描摹副词＞限制副词＞评注副词

三是副词的意义向不同的认知域引申,如以下的引申关系从前到后代表虚化程度的由低到高:

空间关系＞时间关系＞逻辑关系＞语气

如副语"才"在以下的句中意义不同:

(1) 他**才**来。（时间关系）
(2) 你去我**才**去。（逻辑关系）
(3) 我**才**不去呢。（强调语气）

张谊生认为副词"才"在以上的三个例子中是依次虚化的,由表示时间到表示逻辑关系直到表示强调语气。

(六)副词共现规律的研究。多个副词共现在句子谓语动词前的状语位置上,其排列顺序如何,是近年来汉语副词研究的热点之一。这些研究主要在两个方面展开:一是描写多个副词共现的排列规律,二是对共现规律作出解释。对于共现规律的描写一般以副词的语义类为纲进行描写。黄河(1990)首先根据副词所表示的意义,将常用的副词分为11类:语气副词、时间副词、总括副词、限定副词、程度副词、否定副词、协同副词、重复副词、方式副词、类同副词、关联副词,其中前9类副词的排序规律为:

语气＞时间/总括＞限定＞程度＞否定＞协同＞重复＞方式

袁毓林(2002)除了局部调整外,基本认同黄河(1990)所描写的排序规律,主要是从句法、语义、语用和认知的角度作出解释,得出制约多项副词共现的三条语序原则:一是范围原则,即语义统辖范围大的副词排在语义统辖范围小的副词前面;二是接近原则,即语义上有述谓关系等语义联系紧密的成分尽可能靠近,特别是具有算子约束功能的副词尽可能地靠近受它约束的变量性成分;三是语篇原则,即在语篇上有衔接功能的副词尽可能排在最前面。按照以上的原则,他对副词的语序规律作了进一步的概括:

关联副词＞模态副词(包括语气和时间两类)＞范围副词＞状态副词

很显然,袁毓林的研究比黄河的研究有更强的概括力和解释力。但以上二人的研究着眼于大的类别之间的共现顺序,无论是以上哪个人的分类,其内部都还有一些细致的语义类别影响着排序问题。史金生(2003a、2003b、2011)分别对汉语语气副词和情状副词的共现顺序进行了细致的研究,如他对语气副词依据所表示的情态意义,分出2大类5小类11细类,并以此为纲来描写语气副词的排列顺序,并从语义、语用和认知上归纳出四条制约语气副词共现的语序原则,即:管辖范围原则、主观程度原则、连贯原则和凸显原则。再如他对情状副词再分出6大类17小类,以此为纲来描写情状副词的共现顺序,并进一步归纳出制约情状副词连用的三条原则,即:由主观到客观、由情态到方式、由先到后。史金生的研究非常细致深入,注意描写和解释的结合,具有很强的理论色彩。

三、参考文献

巴丹.评注性副词"无怪(乎)"的因果衔接功能[J].汉语学习,2019(1).

曹秀玲."相当"的虚化及相关问题[J].中国语文,2005(5).

陈昌来,占云芬."多少"的词汇化、虚化及其主观量[J].汉语学报,2009(3).

陈立民.也说"就"和"才"[J].当代语言学,2005(1).

陈晓荷.主观量问题初探——兼谈副词"就""才""都"[J].世界汉语教学,1994(4).

陈一.试论专职的动词前加词[J].中国语文,1989(1).

邓川林.副词"也"的量级含义研究[J].中国语文,2017(6).

董为光.汉语副词的数量主观评价[J].语言研究,2000(1).

董秀芳.汉语的词库与词法[M].北京:北京大学出版社,2004.

董正存.从结构式增扩看高程度义结构式"最/再A不过"的产生[J].古汉语研究,2018(4).

杜轶.短时副词"顿时"与"一下子"的事件类型特征与主观情态差异[J].世界汉语教学,2019(1).

段德森.副词转化为连词浅说[J].古汉语研究,1991(1).

段业辉.语气副词的分布及语用功能[J].汉语学习,1995(4).

樊中元.副词易位的类型、功能及约束条件[J].汉语学习,2018(4).

方梅.饰句副词及相关篇章问题[J].汉语学习,2017(6).

方梅.北京话"这就"的跨层词汇化及其将行义的浮现[M]//语言学论丛(第2辑).北京:商务印书馆,2018.

古川裕."怕"类词的句法功能及其扩展机制——"怕""害怕""可怕""哪怕""怕是"等词语的内在联系[M]//邵敬敏,陆镜光.汉语语法研究的新拓展(二).杭州:浙江教育出版社,2005.

郭良夫.近代汉语副词"白"和"白白"[M]//中国语言学报(第3期).北京:商务印书馆,1988.

郭锐.现代汉语词类研究[M].北京:商务印书馆,2002.

韩栋.说"严重"[J].语文建设,2009(2).

洪波,王丹霞.命令标记"与我""给我"的语法化及词汇化问题探析[M]//沈家煊,吴福祥,李宗江.语法化与语法研究(三).北京:商务印书馆,2007.

候瑞芬."别说"与"别提"[J].中国语文,2009(2).

胡静书.新兴程度副词"超""巨"的功能、用法及语义特征[J].语言与翻译,2018(4).

胡丽珍.再论三个程度副词"巨""狂""奇"[J].修辞学习,2008(3).

胡勇.论"一直以来"[J].语言教学与研究,2006(4).

黄国营.语气副词在"陈述—疑问"转换中的限制作用及其句法性质[J].语言研究,1992(1).

黄河.常用副词共现时的顺序[M]//北京大学中文系编.缀玉二集.北京:北京大学出版社,1990.

黄珊.古汉语副词的来源[J].中国语文,1996(3).

黄晓东,张薇."擅自"和"私自"的主观性差异[J].语言与翻译,2017(4).

江蓝生.疑问副词"可"探源[J].古汉语研究,1990a(3).

江蓝生.说"兀自"[J].辞书研究,1990b(1).

江蓝生.禁止词"别"考源[J].语文研究,1991(1).

匡鹏飞.时间副词"从来"的词汇化及相关问题[J].古汉语研究,

2010(3).

赖先刚.情态副词的语义特征与选择限制[M]//齐沪扬.现代汉语虚词研究与对外汉语教学.上海：复旦大学出版社,2005.

雷冬平,胡丽珍.时间副词"正在"的形成再探[J].中国语文,2010(1).

李泉.副词和副词的再分类[M]//胡明扬主编.词类问题考察.北京：北京语言学院出版社,1996.

李泉.从分布上看副词的再分类[J].语言研究,2002(2).

李小军.说"终不成"与"总不成"[J].汉语学报,2008(3).

李晓琳.副词"已经"的提醒功能[J].语言教学与研究,2018(5).

李宇明.主观量的成因[J].汉语学习,1997(5).

李宗江.汉语总括副语的来源和演变[M]//汉语史研究集刊(第一辑).成都：巴蜀书社,1998a.

李宗江.汉语"才"类副词共同的语法化方向[M]//陆俭明主编.面临新世纪挑战的现代汉语语法研究——'98现代汉语语法学国际学术会议论文集.济南：山东教育出版社,1998b.又收入吴福祥编《汉语语法化研究》.北京：商务印书馆,2005.

李宗江.汉语重复副词的演变[M]//汉语史研究集刊(第三辑).成都：巴蜀书社,2002.

李宗江.副词"倒"及相关副词的语义功能和历时演变[J].汉语学报,2004(2).

李宗江.几个含"死"义动词的虚化轨迹[J].古汉语研究,2007(1).

李宗江.若干反义联合短语的副词化[J].南京师范大学文学院学报,2009(1).

李宗江."使劲"：由动词向副词的语法化[J].通化师范学院学报,2014(4).

厉霁隽.副词"真的"的语法化过程[M]//齐沪扬.现代汉语虚词研究与对外汉语教学.上海：复旦大学出版社,2005.

梁晓波.情态的多维研究透视[J].解放军外国语学院学报,2002(1).

廖秋忠.《语气与情态》评介[J].国外语言学,1989(4).
林华勇.现代汉语副词研究回顾[J].汉语学习,2003(1).
刘红妮."双音副词+句中语气词"进一步词汇化的再演变[J].语言科学,2019(4).
刘琪."一个人"的副词用法[J].汉语学报,2018(4).
卢惠惠.近代汉语程度副词"十分"的语法化及其特殊用法[J].语言研究,2005(2).
陆俭明,马真.修饰数量词的副词[J].语言教学与研究,1981(1).
马荣尧.近代汉语副词"没的"考释[J].中国语文,1990(5).
马思周.再论近代汉语副词"白"[J].中国语文,1990(5).
马真.表加强否定语气的副词"并"和"又"[J].世界汉语教学,2001(3).
聂雪琴,李思旭.短时副词"一转眼"的句法、语义及词汇化[J].新乡学院学报,2020(2).
潘双双.从偏正短语到方式副词:"成心"的演变及机制研究[J].现代语文,2020(2).
齐沪扬.语气副词的语用功能分析[J].语言教学与研究,2003(1).
仇志群.普通话中"正"和"正在"的来源[J].聊城师院学报,1991(1).
屈承熹.汉语副词的篇章功能[J].语言教学与研究,1991(2).
邵敬敏.八十年代副词研究的新突破[M]//现代汉语语法研究的现状和回顾.北京:语文出版社,1987.
沈家煊."好不"不对称用法的语义和语用解释[J].中国语文,1994(4).
沈家煊.跟副词"还"有关的两个句式[J].中国语文,2001(6).
史金生.语气副词的范围、类别和共现顺序[J].中国语文,2003a(1).
史金生.情状副词的类别和共现顺序[J].语言研究,2003b(4).
史金生."毕竟"类副词的功能差异及语法化历程[M]//吴福祥,洪波.语法化与语法研究(一).北京:商务印书馆,2003c.
史金生.动量副词的类别及其选择性[J].语文研究,2004(2).
史金生."又""也"的辩驳语气用法及其语法化[M]//齐沪扬.现代

汉语虚词研究与对外汉语教学.上海：复旦大学出版社,2005.

史金生.现代汉语副词连用顺序和同现研究[M].北京：商务印书馆,2011.

孙惠敏.论"真心"从名词到副词的动态变化[J].周口师范学院学报,2018(6).

唐善生."不说"的副词化[J].汉语学习,2016(2).

唐贤清.汉语"渐"类副词演变的规律[J].古汉语研究,2003a(1).

唐贤清.从清代"索性"类副词的使用看汉语副词演变的规律[J].湖南师范大学社会科学学报,2003b(5).

唐贤清.《朱子语类》副词研究[M].长沙：湖南人民出版社,2004.

唐韵.近代汉语的程度副词"十分"[J].四川师范学院学报,1992(4).

王弘宇."仅……,就……"格式的形式、意义和功能[J].语言教学与研究,1996(3).

王静."很"的语法化过程[J].淮阴师范学院学报(哲学社会科学版),2003(4).

王泉."整整"考察[J].汉语学报,2018(1).

王群力.略说汉语主观量——以副词"才""就"为例[J].辽宁大学学报(哲学社会科学版),2005(2).

王森,王毅,姜丽."有没有/有/没有＋VP"句[J].中国语文,2006(1).

王思逸.新兴程度副词"超""巨"的功能用法及语义特征[J].西北成人教育学院学报,2018(6).

吴春相,曹春静.论新兴结构"简直了"形成的机制与动因——兼论"副词＋语气词"独用在当代汉语中的新发展[J].当代修辞学,2018(3).

武振玉.程度副词"非常"和"异常"的产生和发展[J].古汉语研究,2004a(2).

武振玉.程度副词"好"的产生和发展[J].吉林大学社会科学学报,

2004b(2).

夏军.论副词"只"的场景聚焦用法[J].中国语文,2018(2).

肖奚强.非典型模态副词句法语义分析[J].语言研究,2003(4).

薛宏武."有所"的语法化及其表量功能的形成[J].古汉语研究,2009(3).

杨荣祥.近代汉语副词简论[J].北京大学学报(哲学社会科学版),1999a(3).

杨荣祥.现代汉语副词次类及其特征描写[J].湛江师范学院学报(哲学社会科学版),1999b(1).

杨荣祥.汉语副词形成刍议[M]//语言学论丛(第二十三辑).北京:商务印书馆,2001.

杨荣祥.近代汉语副词研究[M].北京:商务印书馆,2005.

杨荣祥.从语法表现看副词"已经""曾经"的差异[J].汉语学报,2019(3).

杨淑敏.元明时期新兴副词探析[J].山东社会科学,1994(4).

杨万兵.现代汉语语气副词的主观性和主观化[J].语言文字应用,2006(3).

杨一飞.浅论实义副词的形成[J].语言科学,2010(1).

杨永龙.近代汉语反诘副词"不成"的来源和虚化过程[J].语言研究,2000(1).

杨永龙."已经"的初见时代及成词过程[J].中国语文,2002(1).

殷志平.动词前成分"一"的探讨[J].中国语文,1999(2).

袁宾."好不"续考[J].中国语文,1987(2).

袁毓林.多项副词共现的语序原则及其认知解释[M]//语言学论丛(第二十六辑).北京:商务印书馆,2002.

乐耀.汉语中表达建议的主观性标记词"最好"[J].语言科学,2010(2).

张寒冰.说主观性时间词"分分钟"[J].现代语文,2018(5).

张金圈.副词"不要"的似声化重叠及其深度去范畴化[J].汉语学

习,2020(2).

张利蕊,姚双云."整个"与"整个一个 X"再探[J].语言教学与研究,2019(1).

张律.由新兴程度副词看现代汉语中的超常搭配现象——以"各种 XX""真心 XX"为例[J].文教资料,2018(35).

张旺熹,朱文文."又 A 又 B"格式的主观增量手段[M]//齐沪扬.现代汉语虚词研究与对外汉语教学.上海:复旦大学出版社,2005.

张旭,季薇.副词研究平议[J].天津师范大学学报(社会科学版),2002(6).

张亚军.副词与限定描状功能[M].合肥:安徽教育出版社,2002.

张谊生.略论副词"才"的语法意义[M]//语法研究与语法应用.北京:北京语言学院出版社,1994.

张谊生.副词的篇章连接功能[J].语言研究,1996a(1).

张谊生.副词的连用类别和共现顺序[J].烟台大学学报(哲学社会科学版),1996b(2).

张谊生.现代汉语副词研究[M].上海:学林出版社,2000a.

张谊生.论与汉语副词相关的虚化机制[J].中国语文,2000b(1).

张谊生.现代汉语副词的性质、范围和分类[J].语言研究,2000c(1).

张谊生.近代汉语强化否定的"白""再""更""通"——兼论主观化在汉语副词再虚化中的作用[M]//汉语史学报(第四辑).上海:上海教育出版社,2004a.

张谊生.现代汉语副词探索[M].上海:学林出版社,2004b.

张谊生.反义对立式语气副词的性质功能和成因[M]//齐沪扬.现代汉语虚词研究与对外汉语教学.上海:复旦大学出版社,2005.

张谊生."很/太+名/动"的形化模式与演化机制及其表达功用——兼论程度副词在相应组配中的四种功用[J].汉语学习,2019(5).

赵军.程度副词"顶"的形成与分化[J].云南师范大学学报,2005(2).

郑玉贵,齐沪扬.否定极性副词与肯定结构的共现状况及原因分析[J].新疆大学学报(哲学·人文社会科学版),2019(5).

周娟."暴"类新流行程度副词的多维考察[J].修辞学习,2006(6).

周守晋."主观量"的语义信息特征与"就""才"的语义[J].北京大学学报(哲学社会科学版),2004(3).

朱冠明.副词"其实"的形成[J].语言研究,2002(1).

朱俊玄."很是"的词汇化[J].汉语学报,2018(2).

朱庆祥.从多功能互动视角审视句式"有点(儿)VP"的语义色彩倾向机制[J].当代修辞学,2020(2).

祝东平.谈表数副词[J].语文研究,2010(2).

祖人植,任雪梅."毕竟"的语篇分析[J].中国语文,1997(1).

介词概述

一、关于介词

本书介词的收词重点是现代汉语中新产生的介词和新的介词义。汉语介词主要来自动词,正因为如此,二者的界限并不分明,很多词既有动词的用法又有介词的用法,本书所列介词,包括正在演变中的情况,只要具有某种语义格标的作用,我们就将其看作介词。包括以下几类:

(一)一般辞书都没有讲到的新介词,如"找",一般辞书都没有讲它的介词义,我们收录了它的介词用法,列有如下三个义项:

1. 引进言说或表达情感的对象。如:

(1)"算了,你先吃饭去吧。"我灰心地对她说,"吃完我再**找**你说句话。"

(2)叶民主拼命抵制瞌睡的侵袭,心说你老头不见了,**找**我哭,我女朋友吹了,我还恨不得哭一场哩。

2. 引进伴随的对象。如:

(3)我是愿意你来,一天来看我一眼,尽尽朋友义务就行了。多**找**那些健康的朋友玩玩。

(4)自从年初以来,我们的副主任就脸红脖子粗地**找**人干仗,真是可怕极了。

3. 引进求借的对象。如:

(5) 辣辣**找**邻居借了一只收音机一只座钟摆在堂屋里。

(6) 二爷,这怎么算骗您哪,我**找**您要十万块钱,您非给五万块钱?

"找"在以上例中显然已经不是"寻找"的意思,我们以为它已虚化为不同意义的介词。

(二) 原来的介词有了新的意义和用法,如"走",《现汉》只列有"通过"一个介词义项(书中注为动词,但根据举例可以理解为介词),本书收录了另两个介词义项:

1. 引入到达的地方,相当于"到"。如:

(7) 您这号我见得多了。国内是个香饽饽,老拿自己当根葱,**走**哪儿都想当爷。

(8) 特别爱好摄影的方雨林,**走**哪儿都带着照相机。

2. 引入经由的地方,相当于"从"。如:

(9) 所有国内航班过站和到站客机的机组人员,都要**走**这个口出来去三楼餐厅吃饭。

(10) 她们只晓得她们应该形影不离,上课放学都要结伴同路,你邀我,我邀她;今天**走**这条小路穿插,明天往那几进老屋迂回,麻石板路有意思透了,一路有说不完的知心话。

(三) 原来的义项分析不合适,进行重新分析。如"可(着)",《现代汉语虚词词典》(朱本)列为介词,只有一个义项,释为:"引进做事所依据的条件或范围。"我们经过语料的考察发现,这个解释不能准确反映这个介词的用法,我们列出了如下两个义项:

1. 引进尽最大限度利用的条件。如：

（11）我们带上妞儿，一起乘车出去，找了个饭馆，**可着**二百块钱点了一桌子菜。

（12）你**可着**劲吃，让舌头永远记着这些菜的味。

2. 引入动作状态涉及的范围。如：

（13）文三桥呀，**可着**全中国，你能找出几块？

（14）金枝，倒是歌星的嗓子亮啊，**可**院子就听你一个人的了。

二、关于介词的研究

在语法化研究的背景下，近年来汉语介词的研究有了以下重要进展：

（一）对介词来源和演变的描写更加全面、系统。人们的视线所及几乎涉及了从古到今的所有常用介词。这方面代表性著作是马贝加（2002），还有她发表的系列个案研究的论文。在马贝加（2002）中谈到介词 160 个（以字形和读音的统一为区别），对这些介词的来源和演变进行了详细的描写，其中既包括古代汉语继承下来的，也包括在近代新产生的。其中也包括一部分在近代用过，但在现代已经消失的介词，如"比及、比至、畀、并（连带、强调）、趁取、吃（原因、施事）、垂（临近点）、从自、迨、迨及、迨至、当值、逗、逗得、方、方当、赶趁、乎、会值、及乎、暨臻、竟、拦、犁、庋、劈、迄于、遭值"等。但有些现代汉语中常用的或正在演变中的介词，没有提及，如"管（管他叫什么）、等到、距、离、距离、挨、挨着、当着、基于、本、本着、针对、围绕、经过、通过、作为、借、借着、冒、冒着"。陈昌来（2002）主要是共时研究的著作，但也辟有两节专门讨论介词的发展演变和虚化问题。该书对现代汉语介词的描写突破了一般的举典型词例的方法,以语义为纲,采取穷尽式列举的方法,因而一般的教科书上没有收列的介词该书都收了,其中就包括在现代汉语阶段产生的或正在演变中的一些介词性成分,如上面举到的一些都出现了。

(二)更加注重介词演变的理论探讨。突出地表现在对介词演变共性的研究上,这方面的代表作有刘丹青(2002a)、吴福祥(2003)。刘文的重点是运用现代语序类型学的理论和方法,对汉语介词及介词短语的语序特点进行解释。现代语序类型学认为介词是将一个名词和与之有语义关系的动词或另一个名词联系起来的中介性成分,与连词、关系代词和结构助词等一样,是句法组合中的联系项(relator),因而也遵循联系项居中原则,即联系项的位置一般在所联系的两个成分中间。一种语言如果是介词短语在所说明的成分之前,那么介词就应该是后置词;如果是在所说明的成分后面,那么就应该是前置词。从中古以来,汉语介词短语多放在动词中心语之前,所以按照联系项居中原则,介词应为后置词,即在其宾语之后。可一般在汉语中谈到介词,都是谈前置词,这和一般的规律不合。刘文的主要篇幅是讨论作为对中介位置空缺的补偿,汉语还发展出一套后置词系统,如方位词,以及以前看作助词的一些成分,如"的、之、似的、一样、一起、所、给"等,这种联系项前后共现的格局刘文称为"框式介词"。刘文的研究为我们打开了一个更加开阔的认识介词的理论视野,能够使我们站在语言共性的立场上来看待介词及其来源和演变,给人以深刻的启发。但其直接的意义是对方位词和一些助词的虚化更具有理论解释力。本书中的介词还是只收前置词,而对刘文所说的后置词还按传统的处理放在相关的类别里去。如果说刘文是面向整个介词范畴的类型学研究,吴文则是讨论介词中的一类,即伴随介词语法化问题。文章概括了汉语历史上和方言中反复出现的以下语法化模式:

伴随动词＞伴随介词＞并列连词

这一语法化模式不是汉语中的特有现象,它代表了SVO型语言伴随介词演变的两个类型学特征之一,另一种语法化模式是以英语为代表的,即:

伴随介词＞工具介词＞方式介词

并解释了如上两个模式产生的认知动因。从语言共性的角度来讨论介词的问题,使得我们不是局限于汉语演变的事实,而是与其他语言的演变事实联系起来看,这就使研究有了理论意义,也会避免只见树木不见森林而妄谈汉语特点的错误。

(三)更加注重介词演变原因和机制的探讨。这方面的代表作有:石毓智《时间一维性对介词衍生的影响》、张旺熹《汉语介词衍生的语义机制》。石文用时间的一维性这种语言系统外的语义因素来解释介词所以从动词分化出来的原因,类似以下一些有关介词虚化的重要问题都可以从中得到令人信服的解释:为什么介词都由动词虚化而来,什么样的动词容易虚化为介词,动词在什么样的句法位置容易虚化为介词,为什么有的介词可以加"了"和"着",为什么具有相同语义特征的动词会在不同时期平行虚化为介词,等等。时间一维性作为一种现实规则,对句法规则的形成和发展具有影响,包括对介词衍生的影响,这没有问题,但在研究动词虚化为介词的过程中,还有一些具体的因素在起作用,并不能全部通过时间一维性来解释清楚。比如一个句子中如果有两个动词,由于时间一维性的影响,只有一个动词能具有指示与时间信息有关的句法特征,比如加时态助词、重叠、带时量宾语等,这是主要动词,另一个动词就会失去这些特征,而虚化为介词。这样一来,几乎所有动词都可以用作次要动词,但是代表不同语义范畴的动词,用作次要动词的频率差别很大。决定动词用作次要动词的使用频率的关键因素是,它们所涉及的对象与动作行为的特征之间关系的密切程度。典型的行为动作特征主要包括：施事、受事、与事、工具、处所、时间、范围、目的、方式、原因。凡是可以引进这些对象的动词，用作次要动词的频率就高。这样长期使用的结果，就使得次要动词的句法特征在这些动词身上稳固下来，永久丧失了普通动词的与指示时间信息有关的句法特征，最后从动词分化出来而成为一个新的类别——介词。但是，作者这里忽略了动词到介词之间的语义变化。有的动词作为次要动词和作为介词，意义的变化不大，如"在、到、朝、向"等，但多数都要发生意义的变化，那么作为次要动词而意义没有虚化时，其后的宾语有的很难理解为是主要动词的一个论元成分。这里的意义变化有两种情况，一是发生了隐喻，二是发生了泛化。如果凡是引进如上语义成分的动词都容易虚化，那么这里的语义成分是指次要动词的论元成分呢，还是指主要动词的某个论元成分呢？如果是后者，那么有的动词只有演变为介词而且词义发生变化后，才能把其宾语理解为是主要动词的某个论元成分，而在动词阶段很难理解成是主要动词的一个论元，如"跟"作为次要动词时只能表示跟随的意思，如"跟他走"，如果从变为伴随介词的角度，说其中的"他"是主要动词"走"的施事的伴随者还可以，但是从变为对象介词的角度，似乎无法将作为次要动词"跟"后的"他"看作"走"的对象。另外有的介词如"问"，作为动词表示发问的"问"，我们很难找到在这个意义上作次要动词的例子。再如"管"也是这样，不管其介词来自哪个动词的意义，我们似都难以找到其作次要动词的例子，这该怎么解释呢？张旺熹（2004）也是试图通过动词的语义特征来解释为什么这种动词而不是那种动词虚化为介词。他的基本结论是认为具有非终结性特征的动词由于经常进入连动或兼语结构，所以才能衍生为介词。但问题是如何界定动词的非终结性，坦率地说，如果离开了经常进入连动式或兼语式这一条恐怕很难说清一个动词是否具有非终结性，可是这样一来很容易陷入循环论证：什么样的动词具有非终结性？常用于连动式或兼语式的动词。为什么这种动词常用于这两种结构中？因为它们语义上具有非终结性。而且从具体分析来看，有些张文所说的典型的非终结动词如"来、去"，倒恰恰没有变为介词。这是为什么？金昌吉（1996b）从结构不平衡的角度来解释动词向介词虚化的原因，他以"把"字句、"被"字句和"比"字句为例，认为其中的"把"和"比"能由动词向介词虚化，就是因为在它们虚化为介词之前，与它们表达相同意义的"以、于"有多种意义，所以为意义较为单一的"把"和"比"所取代。"被"字的虚化是因为在它之前的被动介词有"于、为、见"等多个，而且所构成的句式也不同，同一内容由不同的格式来表示，这就造成了结构上的不平衡，于是为"被"字句所取代。这种解释如果用来说明并行的几个虚词或结构格式之间的竞争结果也许可以，但用来说明动词虚化为介词的原因显然简单化了，因为一个不平衡导致变异，然后又会出现新的不平衡，那么最初的那个表示处置和被动的介词怎么来解释它的虚化原因呢？而且如表示被动的"被"作为介词，意义很单一，似乎后来不应再有与之同义的介词产生了，那么怎么来解释"叫、让、给"等被动介词的产生呢？要知道这些后产生的介词可也是多义的。

三、参考文献

柴淼.论元对动词介词化的影响[J].外语学刊,2019(3).

陈昌来.介词与介引功能[M].合肥：安徽教育出版社,2002.

陈健荣.汉语方言介连词"两个"的产生[J].当代语言学,2020(1).

储泽祥."对着"的虚化过程及其语法化地位[M]//语言学论丛（第二十九辑）.北京：商务印书馆,2004.

傅雨贤.现代汉语介词研究[M].广州：中山大学出版社,1997.

郭家翔.清代汉语之新生介词[J].湖北第二师范学院学报,2019(1).

郭洁,顾阳.汉语比较句引介词的功能特征再析[J].语言研究,2017(2).
郭熙.汉语介词研究述评[J].徐州师范学院学报,1986(1).
何洪峰,江俊波."拿"字语法化的考察[J].语言研究,2005(4).
何洪峰.时间介词结构中的时间词[J].语文研究,2019(2).
胡彩敏.说"搁"[J].绍兴文理学院学报,2005(6).
胡晓萍,史金生."连"类介词的语法化[M]//沈家煊、吴福祥、李宗江.语法化与语法研究(三).北京:商务印书馆,2007.
黄晓雪.汉语方言受益者标记来源考察[J].方言,2019(4).
江蓝生.后置词"行"考辨[J].语文研究,1998(1).
金昌吉.汉语介词和介词短语[M].天津:南开大学出版社,1996a.
金昌吉.谈动词向介词的虚化[J].汉语学习,1996b(2).
金小栋,吴福祥.汉语中若干双向性的语义演变路径[J].汉语学报,2019(4).
李晓飞,李霞."根据"的词汇化及语法化[J].南京师范大学文学院学报,2020(1).
刘丹青.语序类型学与介词理论[M].北京:商务印书馆,2002a.
刘丹青.汉语中的框式介词[J].当代语言学,2002b(4).
刘坚.试论"和"字的发展,附论"共"字、"连"字[J].中国语文,1989(6).
马贝加.介词"同"的产生[J].中国语文,1993(2).
马贝加.近代汉语介词[M].北京:中华书局,2002.
马贝加.在汉语历时分析中如何区分动词和介词[J].中国语文,2003(1).
钱坤,赵春利.介词"凭借"的语义选择与形式验证[J].语文研究,2020(1).
裘珊珊."通过"的语法化和语义研究[J].浙江万里学院学报,2006(3).
邵敬敏.汉语框式结构说略[J].中国语文,2011(3).
石毓智.时间一维性对介词衍生的影响[J].中国语文,1995(1).
史金生,胡晓萍.汉语动源后置词语法化的类型和机制[J].解放军外国语学院学报,2013(3).

陶文娟.试论"经过"的语法化及其机制[J].文教资料,2011(33).

陶振伟."到"的语法化[J].河北理工大学学报(社会科学版),2006(2).

万莹.析介词"朝"和"朝着"[J].汉语学报,2006(2).

王建勤.介词"对于"的话语功能[J].语言教学与研究,1992(1).

吴福祥.汉语伴随介词语法化的类型学研究[J].中国语文,2003(1).

肖任飞,陈青松.介词"向""往""朝"的句法语义模式分析[J].湖南科技学院学报,2006(7).

许仰民.《水浒全传》的"吃"字句[J].信阳师院学报,1988(3).

袁宾."自从"和"打从"[J].语文月刊,1990(9).

岳中奇,刘淼炜.条件介词短语的变体类别及其功能[J].语言科学,2019(3).

张成进.多功能介词"照着"的词汇化[J].贵州师范大学学报(社会科学版),2019(4).

张惠英.说"给"和"乞"[J].中国语文,1989(5).

张旺熹.汉语介词衍生的语义机制[J].汉语学习,2004(1).

张谊生.汉语介词及介词短语再演化的模式、动因与功用[J].语言教学与研究,2019(5).

张玉金.甲骨文处所介词"自"及相关问题研究[J].中国语文,2019(2).

赵克诚.近代汉语语法[M].西安:陕西师范大学出版社,1987.

郑宏.近代汉语"着(著)"字被动句及其在现代汉语方言中的分布[J].语文研究,2006(2).

植田均.近代汉语中介词"和、同、替"的特殊用法[J].安庆师院学报,1989(3).

周芍,邵敬敏.试探介词"对"的语法化过程[J].语文研究,2006(1).

朱军,钟铃萍."范围"标记及其跨语言比较[J].语文学刊,2019(6).

宗守云.介词悬空:张家口方言的显赫句法结构[J].中国语文,2019(5).

情态词概述

一、关于情态词

本书的情态词是指表达主语或说话者主观情态的词语,包括以下几类:

1. 一般语法书上所说的能愿动词(助动词),功能类似于"愿意、可能、应该、必须"的词语,如:敢、决定、非得;

2. 后接小句,表示推测事件可能性或必然性的心理动词,如:想是、估摸着;

3. 表示可能性或必然性的副词,如:大概、别是、一准;

4. 由词组演变来的表示可能性的词语,如:说不定、搞不好、看样子;

5. 表示承诺一定做到的意义并由此变来的表示必然性的谓宾动词,如:担保、保证、保险、管保。

收入本书"情态词词典"中的情态词是其他辞书一般没有收入的,或者虽然收入,但某个情态意义没有讲到,如"不要",《现汉》有收,只列有一个义项:"表示禁止和劝阻"。但以下例中的意义无法用此义项来解释,如:

(1)这小说好像是在哪本刊物上读过,**不要**是抄袭吧。

我们收入"不要",列有一个义项:推测可能是不好的情况。

有些词实际上也是表达情态的,如句末语气词,但考虑到一般的分类习惯,我们还是将其放到语气词中讨论。再如"去得""去不得"中的"得"和"不得"表达的语义也与情态有关,考虑到这类成分的分布共性,我们另立"唯补词"一类专门讨论。

所以把如上这 6 类词单立一类,并看作虚词,是考虑到以下几点理由:

1. 现在一般将句子的意义分为两部分:一部分是句子的命题部分,由一个论元结构组成(于康 1996);另一部分是情态部分,表达句子主语或说话人对命题发生与否的态度。而情态词特别是表达说话人情态的情态词不构成命题,而典型的虚词也都是不能充当句子命题成分的。表达句子主语情态的词,包括表示能力(如"能":他能搬动)和意愿(如"要":他要上学)的助动词可以构成命题,不应算作虚词,但是它们往往引申出表示说话人情态的意义,考虑到不同情态意义间的引申关系,我们也将它们看作情态词。如以"能"和"要"为例,它们在以下的例句中就不是表达句子主语的能力和意愿,而是表达说话人的情态:

(1) 公家的东西**不能**拿。(表示"应该")
(2) 都是久在街面上混的人,谁**能**看不起谁呢?(表示"可能")
(3) 有益的活动**要**多搞。(表示"应该")
(4) 天阴了,**要**下雨。(表示"可能")

所以"能"和"要"就其情态功能来说,都是多功能成分。

2. 近年来国内外的语法化研究,较多地将这些成分纳入语法化研究的范围,并发表了许多重要成果,把这些词放到一起,便于认识它们的语义共性,发现情态词内部词义演变的规律性。

3. 现有的词类系统将情态意义相同的词语有的放在虚词里,

如表示可能性的"大概"看作副词;有的放到实词里,如"可能"看作动词,这虽然看到了二者分布上的差异,但忽略了二者在意义上的共性。将这种词单立一类,便于说明它们共同的情态功能及其演变问题。在汉语研究的历史上将这种词单立一类的也大有人在,如陆丙甫(1987)单独称一般所说的助动词为"情态语"。钱乃荣(1995,147—150页)在动词之外单列出一类"能愿词",用来指称一般所说的能愿动词。曹逢甫(1990,382—387页)也将一般所说的表示情态的动词和副词统称为"情态词"。

二、关于情态及其研究

(一)国外的情态研究

情态(modality)自古希腊以来,就一直是哲学和语言学共同关心的问题。情态研究虽有很长的历史,但许多有关情态的问题仍没有得到很好的解答,如情态的定义及其分类等。现代语言学,特别是认知语言学以及语法化学说的发展,给情态研究注入了新的活力,进一步拓展了研究的领域和深度。

1. 情态的定义

虽然情态一直以来是语言研究的热点,但学者们对于情态并无一致的定义,不同的学者因其研究的角度和目的的不同,对情态的定义也有差异。

Lyons(1977)认为情态是"说话人对句子所表达的命题或命题所描写的情境的观点或态度"。他还进一步从多个角度对情态的内涵做了说明,认为情态是"句中命题以外的成分或修饰成分",是"说话人的主观态度和观点的语法表现或语句中的那些主观性特征"。

Steele(1981)则认为情态包括"可能性或与之相关的概念,许可、盖然性或与之相关的概念,义务、必要性或与之相关的概念、要求"。

Quirk 等(1985,219 页)认为情态就是一个句子的语义限制成分,它反映了说话人对命题成立可能性的判断。

Bybee 和 Fleischman(1995)将情态定义为语言表达的一个语义域。它涵盖了广阔的语义类别,如祈愿、愿望、目的、假定、潜势、义务、怀疑、告诫、感叹等。这些语义类别的一个功能就是在语义值最中性的事实性和陈述性话语表达的命题外层加上补充和额外的意义。而且情态意义可通过形态、词汇、语法或语调等形式手段来表达。

概括以上主要国外学者的观点,大家在以下两点上基本一致:一是情态是关于句子意义的;二是句子所表达的意义是有层级的,大体上可分为命题内容以及说话人对命题内容的主观看法和态度,后者就是情态。也可以说情态是指说话者对动作或事件发生的态度。

2. 情态的分类

由于现代语言学的情态研究与模态逻辑有着联系,情态研究中的许多概念,如"可能""必然""道义情态""认识情态"等都是直接从模态逻辑借用过来的。因此学界比较重视与模态逻辑相关的情态类别,包括:动力情态、道义情态(义务情态)、认识情态(认知情态)。

(1) 动力情态(dynamic modality)和道义情态(deontic modality)

二者都是说话者关于事件未来发生的可能性的判断。但根据事件发生的动力来源将其分为道义情态和动力情态。在道义情态中,导致事件发生的因素源自当事人之外,包括上级的允许(permission)、法律所规定的义务(obligation)或是承诺(commissive)。而在动力情态中,致使事件发生的因素与当事人自己有关,包括其意愿(volition)和能力(ability)。

表达道义情态的成分如下例中画线的词:

John may/can come in now.（允许）

John must come in now.（义务）

You shall have it tomorrow.（承诺）

表达动力情态的成分如下例中画线的词：

John will do it for you.（意愿）

John can eat six hamburgers in a minute.（能力）

（2）认识情态(epistemic modality)

认识情态表达说话者对事件现实状态的判断。认识情态可根据其判断的语义强度分为：

推测式(speculative)：表示认识上的可能性，语义强度较弱。

断定式(deductive)：表示认识上的必然性，语义强度较强，且推理依据是自身观察。

假定式(assumptive)：表示认识上的必然性，但推理的依据是经验或常识。

例如：

John may be in his office.（推测式）

语境如：发现John不在家。

John must be in his office.（断定式）

语境如：发现John办公室的灯亮着。

John will be in his office.（假定式）

语境如：John一般是8点上班，现在8点多了。

3. 情态与语气

Palmer(2001)通过对世界上70多种语言的考察，总结出了表达情态范畴的两种语言形式系统，一种是情态动词系统(modal system)，另一种是语气系统(mood system)。在情态动词系统中，情态成分一般由情态动词充当，不同的情态概念按语义强度的差异有可能性(possibility)和必然性(necessity)的区分。在语气系统中,最常见的是现实与非现实或直陈与虚拟的对立。现实语气和直陈语气表达现实的事件,非现实语气和虚拟语气表达非现实的事件。直陈与虚拟语气多见于欧洲语言,属于形态范畴,且与人称、数、时以及语态等范畴高度融合。而现实与非现实语气多由单独的词、词缀或附加成分来表达。

(二) 汉语的情态研究

汉语学者历来重视情态研究,吕叔湘(1942)、王力(1954)、高名凯(1948)等老一辈学者都已经注意到了"可能、许可、或然、必要、必然"等情态概念在意义表达中的作用,并对这些概念在汉语中的表达手段进行了探讨。近些年来的汉语情态研究主要集中在以下两个方面:一是关于情态概念及汉语情态系统的研究;二是关于汉语情态语法化的研究。

关于情态概念及汉语情态系统的研究,主要是借鉴国外关于情态研究的理论,来界定汉语的情态概念和情态系统。比较有代表性的如贺阳(1992)、齐沪扬(2002)、崔希亮(2003)和彭利贞(2007)。贺阳(1992)把情态称为"语气",并将其定义为:"语气是通过语法形式表达的说话人针对命题的主观意识。"他通过句终标点、特殊句式、同现限制、助动词、语气副词等形式手段,归纳出汉语书面语的语气系统。他首先将语气分为三个子系统:功能语气(句子在言语交际中所具有的言语功能)、评判语气(说话人对说话内容的态度、评价或判断)和情感语气(说话人由客观环境或句中命题所引发的情绪或感情)。功能语气又分出陈述、疑问、祈使、感叹四种。评判语气又分出认知语气、模态语气、履义语气、能愿语气。情感语气又分出诧异语气、料定语气、领悟语气、侥幸语气、表情语气。有的第二层次的语气系统下还有下位分类。齐沪扬(2002)与贺阳的研究类似,也是将情态等同于语气,把语气分成功能语气和意志语气,其中意志语气大体包含贺阳的评判语气和情感语气。崔希亮(2003)认为情态涉及说话人的态度和意见、事件的现实情况,它涉及三个方面的参数:说话人关于事件现实状况的意见或判断,说话人做出这个判断的证据,促使说话人或其他关于事件现实状况的意见或判断。据此崔文将汉语的情态范畴分为三部分:第一部分为直陈情态,跟说话人的主观态度有关,比如推测、判断、假设、疑信、商量和征求意见等,汉语中相应的表达范畴是语气。第二部分为事件情态,跟事件本身的状态有关,如事件的时间属性,包括开始、持续或进行、完成等概念,在汉语中主要通过情态副词、动词以及动词的附加成分来表达。第三部分为能愿情态,跟说话人的判断有关,如可能、能力、义务、权限、意愿等,在汉语中主要由能愿动词来表达。彭利贞(2007)主要以情态动词为纲来讨论汉语的情态问题,他所说的情态动词的范围包括:

典型的情态动词:能(能够)、要、会、应该(应当)、可以(可)、肯、敢;

较典型的情态动词:得(děi)、该、可能、想、一定、准;

非典型的情态动词:必须、肯定、得(dé)、乐意、情愿、许、愿意。

对于这些情态动词所表达的情态意义,彭文主要是根据认识情态、道义情态和动力情态这三类来描写。彭文还用大量的篇幅讨论了动词的情状、体、否定等成分对情态表达的影响。

不管按照如上哪家的概念或分类系统,就表达情态的语法手段来说,汉语中主要有助动词(能愿动词)、语气副词、语气词(语气助词)和时态助词。另外还有特定的构式,如表示可能的述补结构、表示断定的"是……的"、表示意愿和推测的"非……不可"等等。还有可以通过语调和结构不同来区分的陈述句、疑问句、祈使句和感叹句。因此汉语情态语法化的研究也就是如上语法手段的来源和演变的研究。

关于汉语历史上和现代汉语中语气词和时态助词来源和演变

的研究成果一般为大家所熟知,本书不再介绍。重点介绍助动词(情态动词)、语气副词(情态副词)和某些特定构式的研究。包括以下两种情况:一是讨论汉语历史上形成且沿用到现代汉语的助动词、语气副词和表达情态的构式,探讨它们由表达其他范畴的意义到表达情态范畴的演变,或者由表达动力情态、道义情态到表达认识情态的演变。如张敏(2005)探讨了中古汉语和近代汉语里认识情态词的语法化,朱冠明(2003b,2005b,2006)讨论了能愿动词"可以、必须、该"的来源和演变,杨平(2001)讨论了助动词"得"的形成与发展,罗耀华、刘云(2008)讨论揣测类语气副词的主观性与主观化,吴福祥(2002)讨论了汉语能性述补结构"V得/不C"的语法化,洪波(2004)探讨了"非X不可"格式的历史演化和语法化等。二是探讨在现代汉语中演变完成或新产生的情态词,包括由词组词汇化来的,如高增霞(2003)讨论了汉语担心—认识情态词"怕""看""别"的语法化,李宗江(2008)讨论"看来、想来、说来"的虚化和主观化,鹿钦佞(2009)讨论"搞(弄/闹)不好"的情态功能及语法化等。

(三) 情态研究存在的问题

情态研究近年来在国内外都是比较热门的问题。但无论是其概念还是分类都存在不少分歧,包括以下一些问题,都还需要深入讨论:

1. 情态的核心内涵是什么?是现实性还是主观性?不同的角度可能结论不同。如果是现实性,涉及现实和非现实的对立,离开了语法形式,很难说清这对概念的区别,而且不同的民族和语言对于句子所表达的现实性的理解也不一定相同,比如表达惯常行为的句子是否具有现实性?

2. 情态是语义范畴还是语法范畴?换句话说讨论情态是否主要是讨论语法化的情态?如果是语义范畴是否不同语言的情态范

畴都是相同的？如果是语法范畴，哪些语言手段算表达情态的语法形式？如汉语中表达情态的助动词算不算？某些表示情态意义的小句如"我敢说、我知道、谁知道"等是否算语法形式？语调算不算？在情态作为语法范畴的语言里，也有在语义上属于情态但没有相应的语法形式来表达的情况，如表示断言的句子。这些问题都有待于深入探讨。

3. 一般认为情态属于句子命题以外的成分，如果是语义指向说话者的当然可以算是命题外的成分，但动力情态是指向句子主语的，它应该参与句子命题的构成，如将其纳入情态系统，情态概念的角度就不统一。另外同样是指向说话者的命题外成分，是否都算情态？贺阳（1992）、齐沪扬（2002）都将个人的感情色彩看作情态，那么是否表达说话人态度和情感的成分都是情态成分？这就涉及情态和主观性的区别问题。

三、参考文献

贝罗贝,李明.汉语意愿动词的历史演变[M]//汉语史学报（第八辑）.上海：上海教育出版社,2009.

曹逢甫.国语的句子与子句结构[M].台北：台湾学生书局,1990.

曹逢甫.汉语的提升动词[J].中国语文,1996(3).

陈坦晓.试论情态副词"保不X"的词汇化[J].汉字文化,2018(20).

陈振宇.再说"会"[J].世界汉语教学,2020(1).

储珊.试论"大半"从约量到可能认识情态的演变[J].保定学院学报,2019(6).

崔希亮.事件情态和汉语的表态系统[M]//语法研究与探索（十二）.北京：商务印书馆,2003.

高艳明,何鸣.国外情态研究之术语困局：语气、情态辨析[J].外语学刊,2019(4).

高增霞.汉语担心—认识情态词"怕""看""别"的语法化[J].中国社会科学院研究生院学报,2003(1).

古川裕.助动词"要"的语义分化及其主观化和语法化[M]//对外汉语研究(第二期).北京:商务印书馆,2006.

郭志良.试论能愿动词的句法结构形式及其语用功能[J].中国语文,1993(3).

贺阳.试论汉语书面语的语气系统[J].中国人民大学学报,1992(5).

洪波."非X不可"格式的历史演化和语法化[J].中国语文,2004(3).

胡斌彬.情态成分"没准儿"的主观性和主观化[J].新疆大学学报(哲学·人文社会科学版),2018(2).

胡明扬.语气助词的语气意义[J].汉语学习,1988(6).

李洪儒.语法学中情态研究的新趋势:从句法观到语用观[J].外语教学,2018(5).

李明.两汉时期的助动词系统[M]//语言学论丛(第二十五辑).北京:商务印书馆,2002.

李姝姝."还是"情态义的来源及浮现条件[J].汉语学习,2019(5).

李小军."敢"的情态功能及其发展[J].中国语文,2018(3).

李宗江.说"看来""想来""说来"的虚化和主观化[M]//汉语史学报(第七辑).上海:上海教育出版社,2008.

李宗江."保证"类词语:由承诺到判断[M]//对外汉语研究(第七期).北京:商务印书馆,2011.

廖秋忠.《语气与情态》评介[J].国外语言学,1989(4).

刘佳.句末语气词与情态动词及副词共现分析[J].汉语学习,2019(1).

刘利.先秦汉语助动词研究[M].北京:北京师范大学出版社,2000.

刘思华,曾传禄."能"和"会"的情态语义比较[J].沈阳大学学报(社会科学版),2020(1).

刘探宙.句末的情态性重置和重申性再现[J].世界汉语教学,2018(1).

刘雪琴.说"弄不好"[J].徐州师范大学学报(哲学社会科学版),

1997(3).

鲁晓琨.可能助动词"可以"的语义及与"能"的对比[J].汉语学报,2001(3).

陆丙甫.从心理学角度看句型问题[M]//动词与句型.北京:语文出版社,1987.

鹿钦佞."搞(弄/闹)不好"的功能及其语法化[J].语言教学与研究,2009(1).

罗耀华,刘云.揣测类语气副词主观性与主观化[J].语言研究,2008(3).

马庆株.能愿动词的连用[J].语言研究,1988(1).

马庆株.能愿动词的意义与能愿结构的性质[M]//马庆株.汉语动词与动词性结构.北京:北京语言学院出版社,1992.

马跃然.关于古代汉语表达情态的几种方式[J].中国语文,1982(2).

穆涌.汉语道义情态动词"许"的语法化[J].当代语言学,2019(2).

彭利贞.现代汉语情态研究[M].北京:中国社会科学出版社,2007.

彭利贞,刘翼斌.论情态与词尾"了"的同现限制[M]//对外汉语研究(第四期).北京:商务印书馆,2008.

钱乃荣.汉语语言学[M].北京:北京语言学院出版社,1995.

钱如玉.情态副词研究综述[J].语文学刊,2005(1).

唐秀玲."能愿性"的表达及有关问题[J].汉语学习,1997(4).

汪银峰,张渊.或然语气副词"约摸"的来源及词汇化——兼论在汉语词典辞书中的词形标注[J].语言研究,2019(3).

王灿龙."非VP不可"句式中的"不可"的隐现——兼谈"非"的虚化[J].中国语文,2008(2).

王红卫.汉语能力义情态动词的多功能性研究:语义地图和语法化的视角[J].解放军外国语学院学报,2019(4).

王伟.情态动词"能"在交际过程中的义项呈现[J].中国语文,2000(3).

王莹莹,邢丽亚.论副词"一定"的三种用法——兼谈其对强必然性情态的强化机制[J].外国语,2019(1).

吴福祥.汉语能性述补结构"V得/不C"的语法化[J].中国语文,2002(1).

谢一."能"和"会"的情态语义比较[J].语言教学与研究,2020(1).

熊文.论助动词的解释成分[J].世界汉语教学,1999(4).

许和平.汉语情态动词语义和句法初探[M]//第三届国际汉语教学讨论会论文选.北京:北京语言学院出版社,1991.

颜刚."八成":数量、程度、情态[J].汉语学习,2020(1).

杨露.表情态揣测义副词"别是""别不是"研究[J].四川职业技术学院学报,2018(4).

杨平.助动词"得"的产生和发展[M]//语言学论丛(第二十三辑).北京:商务印书馆,2001.

杨玉玲."非X不可"句式的语义类型及其语用教学[J].汉语学习,2002(1).

叶建军.疑问副词"莫非"的来源及其演化[J].语言科学,2007(3).

于康.命题内成分与命题外成分:以汉语助动词为例[J].世界汉语教学,1996(1).

张爱玲.名词"光景"向概数助词和情态副词的演化[J].汉语学报,2016(2).

张定,丁海燕.助动词"好"的语法化及相关词汇化现象[J].语言教学与研究,2009(5).

张立飞.现代汉语句子否定词的分布及其认识基础[D].解放军外国语学院博士论文,2009.

张谊生,顿婷.副词"有望"的功能、特征与发展[J].汉语学报,2010(1).

朱冠明.汉语单音情态动词语义发展的机制[J].解放军外国语学院学报,2003a(6).

朱冠明.再谈助动词"可以"的形成和发展[M]//汉语史研究集刊(第六辑).成都:巴蜀书社,2003b.

朱冠明.情态与汉语情态动词[J].山东外语教学,2005a(2).

朱冠明.情态动词"必须"的形成和发展[J].语言科学,2005b(3).

朱冠明.情态动词"该"的来源——附论"可能"[M]//汉语史学报(第六辑).上海:上海教育出版社,2006.

朱冠明.《摩诃僧祇律》情态动词研究[M].北京:中国戏剧出版社,2008.

Lyons, John. *Semantics vol. II* [M]. Cambridge: Cambridge university press, 1977.

Steel, S. Adrian Alemajian & Thomas Wadow. *An encyclopedia of AUX: a study in cross-linguistic equivalevce*[M]. Cambrige, mass.: MIT Press, 1981.

Quirk, R. et al. *A Comprehensive a Grammar of the English Language*[M]. London: Longman, 1985.

Bybee, J. & Suzanne Fleischman. *Modality in grammar and discourse*[M]. Amsterdam: John Benjamins, 1995.

Palmer, F. R. *Mood and Modality*(2nd Ed)[M].Cambridge: Cambridge university, 2001.

唯补词概述

一、关于唯补词

"唯补词"的概念,来自刘丹青(1994)。他把唯补词定义为"在某些义项上只能作结果补语、可能补语等紧附于动词而且不能扩展的补语",并指出唯补词是由谓词虚化来的。在作可能补语的唯补词中他提到了"去得 de/去不得 de"中的"得","去得了 liǎo/去不了 liǎo"中的"了"。我们这里所说的唯补词不包括刘丹青(1994)所说的只能作结果补语的词,而是指只能作补语,表示情态或程度的词语。

(一)表示情态

如以下句中加粗的词语:

(1)结了婚而太太没带来的人做**得**做**不得**女学生的导师。
(2)我帮**得了**她,只有我帮**得了**她这一把。
(3)你喜欢但不一定就能干**得来**。
(4)连计算机也玩**不动**的话,麻烦就更大了。
(5)一般的车买**得起**,豪车买**不起**。

对于以上句中的"得、不得、了 liǎo、来、不动、起、不起"等成分一般

看作可能补语,但在词性上看作什么词,一般的语法书上不提,就以上句中加粗的几个词语来说,《现汉》说法不一,如:

得、不得:助词,用在动词或形容词后,表示可能、可以或不能够、不可以;

了 liǎo:动词,放在动词后,跟"得、不"连用,表示可能或不可能;

来:注作"趋向动词",释为:跟"得"或"不"连用,表示有能力或没有能力,也表示可能或不可能;

动:没有作为词条或义项收录,也没有将"得动、不动"列为词条;

起:注作"趋向动词",释为:常跟"得、不"连用,表示力量条件等够得上够不上。

以上包括了四种情况:一是"得、不得"看作虚词(助词);二是"了 liǎo"不看作虚词(看作动词),但承认它的意义是表示可能,已不是动词"了 liǎo"原来的意义(完成、结束);三是没有注意到相关的意义和用法,如例(4)中的"动";四是其他几例解释了可能补语的意义,但说明需要跟"得"或"不"连用。

我们将类似如上例中"了、来、动、起"这类成分连同前面的"得、不"一起形成的"得 X、不 X"看作词化的成分,定为虚词,是基于以下理由:

1. 一般所说的可能补语包括两种情况:一种情况是"得"或"不"后的词有实在意义,去掉"得"或"不"后,述语和原来"得"和"不"字后的词语可以构成动结式或动趋式,如:

打得死→打死

打不死→打死

爬得上去→爬上去

爬不上去→爬上去

这类可能补语表达的可能性是指述语动作的结果或趋向实现的可能性，而不是述语动作本身实现的可能性。由于原来的动结式或动趋式加上"得"或"不"后就增加了可能的意义，那么可以认为如上这些述补结构的可能意义是由"得"或"不"来表达的，而不是由补语来表达的，补语表达的仍然是述语动作的结果或趋向。

另一种情况就是指上文举例中加粗的部分，当然一般所说的补语不包括"得"在内。这种情况和第一种情况的区别有以下几点：一是"了 liǎo、动、来、起"等在以上的例中并没有实在的意义，去掉"得"和"不"以后，它们不能变换为动结式或动趋式，因而这个结构不可能表示述语结果或趋向实现的可能性。二是由于这些词意义很虚，不能作补语表示结果，因而把它们与第一种情况中的"死"和"上去"都看作补语，显然是不合理的。正因为如此，其中的"得、不"也就不可能表达这种可能的意义。没有实在意义的成分是虚化的结果，一个虚化的成分只能是表示语法意义而不能表达词汇意义。三是整个结构表达述语实现的可能性，这种可能性不能理解是由"得"或"不"单独表达的，只有例（1）可以这样看，其他的如果这样看，它们后面这个虚化的成分就完全成了多余的。因而我们倾向于由"得"或"不"加上后面的成分一起来表达可能的意义，换句话说我们认为这类"得 X、不 X"已经词汇化，从语音上说，它是个韵律词，从意义上说，既然 X 已无具体的结果或趋向意义，那么"得"的补语标记功能便随之丧失。

2. 表示动作行为发生的可能性属于情态范畴，本书将在主要动词前面表示情态的词语，包括一般所说的情态动词和情态副词已看作虚词单列为一类情态词，如果表达相同的情态意义却仅仅因为在后面就将其看作实词，或不说明它们属于什么词类，这显然是不合逻辑的。因而从词类的系统性出发，我们倾向于将它们看作虚词。

关于这类唯补词所表示的意义，我们笼统地叫作表示情态，在下文某个词具体意义解释中,则根据其具体情况,细化为表示有无能力、有无条件、有无意愿、有无可能等。

(二)表示述语的程度

如以下例中加粗的词语:

(6)他很爱你,爱得**不得了**。
(7)过去她是嬉笑无心的,现在敏感得**不行**,戒备得**不行**。
(8)你怎么弄个这么难看的头哇。难看**死了**。
(9)那天这孩子高兴**坏了**。

以上句中加粗的词语,一般的语法书上都看作补语,表示述语的程度。但对它们的词类属性,明确回答的不多。有的人在著作里谈到了相关词的词性,但意见不一致,如对作程度补语的"死",郭锐(2002,230页)将其与"透(坏透了)"等看作一类,认为是动词。袁毓林(1998,251页)将其与"极、很"看作一类,认为是副词。《现汉》对如上几例标注词类的情况如下:

不行:动词,表示程度极深;
不得了:形容词,表示程度很深;
死:形容词,表示达到极点;
坏:形容词,表示程度深。

将这几个词看作动词或形容词是不合理的,因为它们都表示程度深的意义,而且在这个意义上只能用作补语("死"还可用作状语),不能用在一般动词或形容词常用的语法位置上,如谓语或定语。

我们将这类词叫"唯补词",认为其有虚词的性质,是基于如下的理由:

1. 程度意义是比较虚化的意义。这种意义属于语法意义的范畴,有的语言由形态来表达,如英语、俄语的形容词有"级"范畴,包括比较级、最高级等。有的语言由虚词来表达,如汉语中当一个词表示程度意义而作状语时,看作副词,副词一般看作虚词。表示相同的程度意义而把用于状语位置的看作虚词,把用于补语位置的看作实词,显然说不过去。其实副词就是唯状词,那么把这种表示程度而只作补语的成分看作唯补词顺理成章。

2. 有些表示程度意义的词在谓语动词的前后都可以由同义的实词演变而来,如汉语中表示"失去生命"意义的动词都可能在动词前或后演变为表示程度意义的词,如下面的(10)至(13)是在动词前面变成表示程度的副词,(14)至(17)是在动词后面变成表示程度意义的词,李宗江(2007)描写了这种虚化过程是由相同的机制诱发的。如:

(10)那里的水**死**冷死冷。

(11)我的两条腿**拼命**哆嗦。

(12)要么是**没命**地疼爱,要么是不停地打击。

(13)枕痕着面眼芒羊,欲起元无**抵死**忙。

(14)这添添小哥,今年十三岁,天生的甚是聪明,父亲欢喜**死**他,却那里知道这就里也。

(15)你还不知,只打谅我知道穷了便着急的**要死**。

(16)帽沿儿大得过火,帽子上的长辫子花儿更可笑的**要命**。

(17)说禅颠倒是,乐**杀**金王孙。

这种演变现象告诉我们,唯补词和副词有相类似的虚词性质。

3. 我们所以将单音的"死、坏"等加上"了"一起作为唯补词,是考虑到在口语中一般都是带"了"一起出现的,换句话说这种成分有双音化的倾向,我们希望能够反映这种变化。另外如"闹得慌",其中表示程度的成分一般认为是"慌",如《现汉》为这个意义单独列有"慌"的词条,注为形容词。但与一般的程度补语不同的是,

"慌"读轻声,而一般的程度补语都是语义重心,恰恰应是重读的成分。赵元任(1979,178页)将"得慌"一起看作一个单独的形式,我们遵从赵先生的意见,也将"得慌"单独列为一个词条。因为这里的"慌"只能读轻声,和"得"紧紧连在一起。太田辰夫(1987,224页)也将"得过儿"(死得过儿了)作为一个独立成分来看待,虽与"得慌"表示的意义不同,但其韵律特征是一致的。

二、关于唯补词研究

(一)关于表示情态的唯补词。本书所谈的这类表示情态的唯补词现象一般都是从可能补语的角度来谈的,如吕叔湘(1984,540页)、赵元任(1979,210页)、朱德熙(1984,132页、138页)等。太田辰夫(1987,215—222页)明确地将这类词单列一类,将一般所说的趋向动词、时态助词和我们所说的表示情态的唯补词一起叫"后助动词"。这个名称本身就包含了这类成分的定位性和辅助性这两个特征,而这两个特征都是虚词所具有的特征。尽管学者们都认为这些成分作补语,但都认识到了它们与其他补语包括可能补语的不同之处,特别是它们意义上的虚化特征。如朱德熙(1984,138页)谈到了"补语的引申意义",其中提到了"走得动/走不动"的"动",认为这个"动""表示有没有力气去做某个动作"。赵元任(1979,210—211页)提到"傀儡补语",谈到了"做不了(来)"这类结构,指出它们"没有什么特殊的意义,其作用在于使可能式成为可能"。邵敬敏(2007,190页)、张斌(2002,378页)、张旺熹(1999,190页)将可能补语看作结果补语和趋向补语的可能式,可是我们这里所说的唯补词所作的表示可能的补语不能还原为结果或趋向补语,如"走得(不)了""干得(不)来"等去掉"得"和"不"不能表示结果或趋向。换句话说,它们只能作可能补语,这几位先生虽然没有提到这类可能补语,但这也说明了这类可能补语与其他可能补语的区别。朱景松(1987)、梅笑寒(1996)、力量(1990)等都从不同的角度谈到了这类成分的语义特点。

（二）关于表示程度的唯补词。关于这类成分大家也都是在程度补语这个角度来谈的，一般讲现代汉语语法的书几乎无一例外地谈到了这类程度补语。谈到这类成分比较集中的是马庆株(1992)和张谊生(2000)。马庆株先生明确列出的北京话口语常见的程度补语有：很、极、死、透、着了、不过、去了、吓人、要死、要命、不行、够呛、够受的、够瞧的、多、远、坏、凶、慌、厉害、邪乎、邪行、可怜、不得了、了不得，共25个。另外文中涉及的还有：透顶、不过、够劲儿、可以、什么似的。就程度补语表示的语法意义来说，他认为与程度副词有如下对当关系：

  多、远——"更"类
  很、厉害、慌、够呛、够劲儿、够受的、够瞧的、什么似的——"很"类
  不得了、了不得、不行、可以、邪乎、邪行、凶——"太"类
  极、死、坏、透、去了、透顶、要死、要命、不过——"极"类

马文认为这些词的词汇意义有不同程度的虚化，语法意义就是由词汇意义虚化而来的程度意义。问题在于这里的程度意义是结构的意义还是这些词语的意义？一般所说的程度补语包括带"得"（如：美得要命）和不带"得"（如：乐坏了）两种，前者从结构形式上与状态补语同形，后者与结果补语同形（"死、慌"作程度补语读轻声，与结果补语不同），那么我们怎么区分出程度补语呢？虽然马文也列出了不能单说、不能被否定等形式标准，但结果就是上文所列的这些词语，显然与作结果补语和状态补语的成分不同，作程度补语的成分是个相当封闭的类，它们意义上表示虚化的语法意义，分布定位，个数很少，那么我们就有理由将这个类看作虚词。张谊生(2000)将这类词看作副词，称为"唯补副词"，文中认为这类词有

16个,其中严格意义上的只有5个:透、慌、坏、绝伦、透顶。另外11个称为"唯补准副词":要命、要死、不行、不成、邪乎、邪行、吓人、够呛、可以、不得了、了不得。另外还涉及"远、多、死"等。张旺熹(1999)将带程度补语的动补结构,看作"动+得+形"结构的变体形式,认为它与原型结构比,"不仅是形式变体,而且也是语义变体,它基本脱离了结果意义而单纯表现程度意义"。

三、参考文献

陈军.试析"厉害"作补语的特点[J].汉语学习,2002(1).
郭锐.现代汉语词类研究[M].北京:商务印书馆,2002.
郝维.补语的可能式研究综述[J].汉语学习,2001(3).
柯理思.北方官话里表示可能的动词词尾"了"[J].中国语文,1995(4).
李锦姬.两种可能式的语用分析[J].南京师范大学学报,1996(3).
李宗江."V得(不得)"与"V得了(不了)"[J].中国语文,1994(5).
李宗江.几个含"死"义动词的虚化轨迹[J].古汉语研究,2007(1).
力量."V得""V不得"结构中的"得"的语义和词性的考察[J].徐州师范学院学报,1990(3).
刘丹青."唯补词"初探[J].汉语学习,1994(3).
刘兰民.现代汉语极性程度补语初探[J].北京师范大学学报(社会科学版),2003(6).
吕叔湘.汉语语法分析问题[M]//吕叔湘.汉语语法论文集.北京:商务印书馆,1984.
马庆株.含程度补语的述补结构[M]//马庆株.汉语动词和动词性结构.北京:北京语言学院出版社,1992.
梅笑寒.可能补语"动"的语义分析[J].汉语学习,1996(4).
聂志平.关于"X得很"中的"很"的性质[J].中国语文,2005(1).
邱冬梅.口语中普遍而又特殊的补语类型——感觉程度补语[J].广

州大学学报(综合版),2001(10).

邵敬敏.现代汉语通论(第二版)[M].上海:上海教育出版社,2007.

太田辰夫.中国语历史文法[M].蒋绍愚,徐昌华,译.北京:北京大学出版社,1987.

王世凯."去"和"多"作形容词程度补语的原因——兼谈述程式结构语法意义的分野[J].语文研究,2010(1).

吴福祥.汉语能性述补结构"V得/不C"的语法化[J].中国语文,2002(1).

薛红.后项虚化的动补格[J].汉语学习,1985(6).

于康."V不得"的否定焦点与语法化过程[J].语文研究,2004(2).

袁毓林.基于原型的汉语词类分析[M]//袁毓林.语言的认知研究和计算分析.北京:北京大学出版社,1998.

张斌.现代汉语[M].上海:复旦大学出版社,2002.

张旺熹.汉语特殊句法的语义研究[M].北京:北京语言文化大学出版社,1999.

张谊生.程度副词充当补语的多维考察[J].世界汉语教学,2000(2).

赵日新.形容词带程度补语结构分析[J].语言教学与研究,2001(6).

赵元任.汉语口语语法[M].北京:商务印书馆,1979.

朱德熙.语法讲义[M].北京:商务印书馆,1984.

朱景松.补语意义的引申和虚化[J].安徽师范大学学报,1987(4).

朱赛萍.程度补语极性意义的获得——以"死"等词为例[J].温州师范学院学报,2006(6).

语气词概述

一、关于语气词

语气词这个类如果按照名称来理解,那就应该是表示语气的虚词。可是"语气"这个概念相当模糊,从目前的研究看,冠以语气名称的词并不都是语气词,如还有语气副词(黄国营1992、段业辉1995、史金生2003b)。同时,现在公认为语气词的这些词语,它们的共性也较难用表达语气统一起来。语气词的位置有句末和句中两种,而句末和句中两种位置上的语气词,其作用是完全不同的。一般理解语气应该是对整个句子或整个命题说的,因而对句末的语气词说它表达语气,可能问题不大;但位于句中的语气词,一般看作主语标记或话题标记(朱德熙1982),仅仅是一个结构成分的标记,或是一种韵律调节手段,因而说它表达语气,就和句末语气词不是同一个层次的问题了。而且据方梅(1994)通过北京口语的考察发现,类似于"吧、呢、呀、啊、嘛"这些公认的语气词,特别是"啊、吧",出现的位置相当灵活,甚至可以出现在一个虚词之后,如连词、副词、介词后面都可以,也可以出现在两个非直接成分之间,要说出现在这些位置上的语气词都是表达语气的,那么语气词恐怕就只剩下一个名称的意义了。

语气词(有的书上也叫"语气助词")到底有多少?一般认为也

就有数的几个,如胡明扬(1988)认为有七个:"啊、吧、呢、吗、嘿、的、了",徐晶凝(1998)认为有六个:"啊、吧、呢、啦、嘛、吗"。

要讲语气词的功能,就要首先明确"语气"的概念。一般认为语气与情态的概念有关。如崔希亮(2011、2019),李军华、李长华(2010),左双菊(2015)等,都是分别从情态功能的角度来讨论语气词"哈、嘛、呢、才是"的功能。

我们认为语气词,特别是用于句末的语气词主要作用是表达情态的(有关"情态"的概念见"情态词"部分),也与传信范畴密切相关,比如疑问、肯定等。本书所收的语气词都是一般书上没有讲到过的,这些词语具有以下主要特征:

1. 位于句尾,包括分句末尾;
2. 表达特定的情态意义;
3. 读音上不能重读;
4. 是句子命题意义构成中的非必要成分。

如"的好"和"为好":

(1) 晚去掉莫如早去掉**的好**。

(2) 那些在台湾问题上大做文章的人们,还是放聪明点**为好**。

它们表达说话人希望某一事件发生的主观意志,因而是表达道义情态的,它们不能重读,而且句子去掉它们除了在表达意志的明确性上有所损失外,对句子的命题意义没有影响。

本书所收的这些语气词可能正在演变中间,语法化和词汇化的过程并没有最后完成,但是只要它们满足以上说的4个条件,我们就收入本书,希望引起对这些成分新用法的关注。在释义上采取指明所在构式或构式的语境的方式,并用通俗的说法来解释其具体的情态意义,如对"的好"和"为好"释义为:用于表达自己的意见或者对人劝解的场合,表示肯定一种选择。

二、关于语气词研究

近年来,关于语气词的研究有以下一些新的进展:

(一)来源和历时变化的研究。如江蓝生(1986)、钟兆华(1997)、杨永龙(2003)等论文探讨疑问语气词"呢"与"吗"的来源,描写其演变过程;刘坚等(1992)、孙锡信(1999)全面描写了近代汉语语气词系统的演变历程和演变动因。这些历时研究,一方面揭示了语气词的历史面貌,为现代汉语语气词研究的许多问题,如语气词的分类、界定和规范等提供了历史的依据,另一方面阐释了语气词意义的演变轨迹,为现代汉语语气词的生成和语法化机制提供了理论上的支持和材料上的佐证。

(二)新产生的语气词的研究。以前的研究,无论是共时的研究还是历时的研究,研究的重点都主要是那几个单音的语气词,近些年来,在语法化和词汇化的理论背景下,一些以前没有进入语气词研究视野的成分开始引起人们的兴趣。如郭继懋(1987)、史金生(1997a)探讨了句末语气词"不是"的意义、功能和来源。李宗江(2007、2008、2009)描写了句末的"再说、再讲、再看、得了、好了、算了、就行了、就完了、的好、为好"等成分虚化为语气词或类语气词的过程,探讨了演变的原因和机制,说明了演变的规律性。刘红妮(2007)也深入探讨了新生语气词"算了"的词汇化和语法化过程。这种正在进行的以语气词为终点的演变现象为本书的研究提供了经验和范例。

(三)关于语气意义的研究。语气词意义比较空灵,怎样定位一个语气词所表达的具体语气,并将其与其他的语气词意义区别开来?一般是将语气词和语调以及句子的功能类型相联系,运用最小对比法,如从疑问句和非疑问句,这种疑问句和那种疑问句之间的最小对比中找到语气词所负载的语气信息,典型的研究如陆俭明(1984),此文运用最小对比法得出的结论是:现代汉语疑问语气词只有两个半,即"吗"和"呢","吧"只能算半个。另如胡明扬(1988、1993)、储诚志(1994)也运用了这种方法。这种研究还是把语气词的意义局限于所在的句子内部来考虑,主要是从句法的角度来看,所谓语气意义也只是陈述、疑问、感叹等和所在句子功能类型相关的类别,而且一般只是讨论那么几个单音的语气词,而对新产生的一些语气词还没有注意到。而实际上语气词的作用不仅仅是与所在的句子相关,而且与特定的语境或上下文都可能相关,不考虑这种语境因素,离开了表达的角度,要说清语气词的意义比较难。而且如果将本书所谈到的这些新的语气词或类语气词性的成分考虑进来,显然只用陈述、疑问等几个大类来说明语气意义,那就更有局限性了。

(四) 关于语用功能的研究。功能语言学兴起后,人们侧重于从表达的角度,即从说话人对事件的某种态度的角度,从语气词所在句子的语境来考察。其实这个表达角度的研究,吕叔湘先生早在20世纪40年代写成的《中国文法要略·表达论》里,就专门提到了"传信"和"传疑"的概念,他从这个角度指出句末的"的"是表达确认的语气词。李讷等(1998)从功能语言学的角度进一步论证了句末语气词"的"的语用意义是表示主观的确认态度。另如金立鑫(1996)认为"呢"的语用功能是提醒说话人,张伯江(1999)认为"吗"问句倾向于传疑。屈承熹(2006)从篇章作用的角度全面探讨了句末语气词的功能,包括情态功能和篇章功能。在情态功能中,他认为"吧"表示说话者的迟疑态度;"啊、呀"表示说话者的个人介入,即说话者对相关事件关切和肯定的程度;"嘛"表示对某一事实执着的态度:即说话者认为自己说的话是事实,并且想让听话者接受这样的事实。从篇章功能的角度,他认为语气词"了"具有篇章结尾功能,"呢"对小句或句子具有连接作用。范开泰、张小峰(2003)分析了独白体中语气词"呢"的篇章连接功能。但这个角度的研究,也主要是针对那几个最常用的单音语气词,而对新产生的语气词语用功能的研究还很少。

（五）关于语气的研究。国内外近些年来的研究,较多地将语气(mood)这个概念与情态(modality)联系在一起。Palmer通过对世界上70多种不同语言的考察,总结出了表达情态范畴的两种表达系统,即情态动词系统(modal system)和语气系统。在情态动词系统中,情态成分由情态动词来充当。在语气系统中,常见的是现实与非现实(realis and irrealis)或直陈与虚拟(indicative and subjunctive)的对立(廖秋忠1989)。贺阳(1992)认为"语气是通过语法形式表达的说话人针对命题的主观意识",他归纳出了汉语书面语的语气系统,首先将语气分为功能语气、评判语气和情感语气。所谓功能语气是指句子在言语中所具有的言语功能,评判语气指说话人对说话内容的态度、评价或判断,情感语气指说话人由客观环境或句中命题所引发的情绪或感情。在这三个大类下面,又分有两个层次23个小类。显然贺文对语气的定义和分类既包括一般所说的情态概念,也包括主观感情色彩,这样一个系统当然不只是由语气词来表达的,按照一般的理解,大家熟悉的单音语气词只能表达陈述、疑问等功能语气。齐沪扬(2002)语气概念的理解与贺阳(1992)类似,也是从情态的角度讲的,分出功能语气和意志语气两大类,在功能语气中又分出陈述、疑问、祈使、感叹等类,在意志语气中又分出可能、能愿、允许和料悟等小类。遗憾的是齐文除了几个常用的单音语气词外,对一些新的语气词也没有涉及,因而他的分类中涉及的意志语气都只能是由情态动词或副词来表达的。我们基本认同贺文和齐文对语气概念的理解和分类角度,但将只表达主观感情色彩排除出去。而且我们认为齐文所说的意志语气也是可以由语气词表达的,有的是由情态副词和语气词共同表达,如：

（3）这事非查清楚**不可**！

（4）那照你这说法儿,咱是非死**不可**？

这两个句子都是"非……不可"句式，可以将情态意义看作整个构式表达的，但我们倾向于将"非"看作情态词，将"不可"看作语气词，因为"不可"可以去掉，表达的意义相同。按照齐沪扬（2002）的语气系统，（3）表达意愿语气，（4）表达必要语气。其实杨玉玲（2002）分析得很细致，它把这个构式的意义概括为以下三个：

1. 不可动摇的主观愿望。如：

（5）我还舍不得穿呢，可冲你一说，我非连着穿三天**不可**。

2. 必然发生的推测结果。如：

（6）你不当书记，大赵庄非乱**不可**。

3. 必不可少的客观要求，如：

（7）我们国家十年动乱刚结束，实在腾不出人力物力来打仗，但这一仗非打**不可**。

从情态的角度说，1. 相当于动力情态；2. 相当于认识情态；3. 相当于道义情态。

梁银峰（2018）试图对语气（mood）和情态（moodality）做出区分，认为虽然二者都是说话人附加在句子之上的主观信息，是说话人主观性的表现，但语气属于表达"句子的言语交际作用"的范畴，它反映的是说话人和听话人之间的言语互动；情态表达的是说话人对命题或事件为真的可能性与必然性的看法或态度（认识情态），或者说话人对命题或事件成真的可能性与必然性的观点或态度（道义情态）。简而言之，"语气"是对"人"的，"情态"是对"事"的。近年来也不断有学者从言语交际互动关系的角度来讨论语气词的问题，如，如方梅（2016）讨论了北京话语气词变异形式的互动功能，李小凤（2014）认为语气词是调节交际距离的人际手段，杨才英（2009）也专门论述了汉语语气词的人际意义。毫无疑问，至少就汉语的语气词来说，既有情态功能，也有人际功能，这是没有问题的。至少用于句中的语气词,说它是情态功能则很勉强。方梅(1994)系统地研究了北京话的句中语气词,认为其出现位置相当灵活,几乎可以用于任何句中停顿处,认为其功能为标记其前的成分是次要信息,或者说是主位标记,是一种将主位(theme)和述位(rheme)分隔开来的手段。方梅的结论对讨论汉语句中语气词的功能,具有很大的启发性。

三、参考文献

陈妹金.北京话疑问语气词的分布、功能及成因[J].中国语文,1995(1).
陈莹.语气词"倒好"的句法、语义、语用分析[J].鸡西大学学报,2015(9).
储诚志.语气词语气意义的分析问题——以"啊"为例[J].语言教学与研究,1994(4).
崔希亮.语气词"哈"的情态意义和功能[J].语言教学与研究,2011(4).
崔希亮.汉语语气词"～嘛"的情态意义[J].语言教学与研究,2019(4).
段业辉.语气副词的分布及语用功能[J].汉语学习,1995(4).
范开泰,张小峰.独白语体中"呢"问句和语气词"呢"的篇章分析[J].语言科学,2003(2).
方梅.北京话句中语气词的功能研究[J].中国语文,1994(2).
方梅.北京话语气词变异形式的互动功能——以"呀、哪、啦"为例[J].语言教学与研究,2016(2).
郭红.汉语传信语气词"嘛"和"呗"[J].首都师范大学学报,2012(5).
郭继懋.谈表提醒的"不是"[J].中国语文,1987(2).
贺阳.试论汉语书面语的语气系统[J].中国人民大学学报,1992(5).
洪波."非X不可"格式的历史演化和语法化[J].中国语文,2004(3).
胡明扬.语气助词的语气意义[J].汉语学习,1988(6).
黄国营.语气副词在"陈述—疑问"转换中的限制作用及其句法性质

[J].语言研究,1992(1).

黄国营.句末语气词的层次地位[J].语言研究,1994(1).

江蓝生.疑问语气词"呢"的研究[J].语文研究,1986(2).

江蓝生."VP的好"句式的两个来源——兼谈结构的语法化[J].中国语文,2005(5).

金立鑫.关于疑问句中的"呢"[J].语言教学与研究,1996(4).

孔令达.影响汉语句子自足的语言形式[J].中国语文,1994(6).

李军华,李长华."呢"字句的情态类型与语气词呢的情态意义考察[J].语言研究,2010(3).

李讷,安珊笛,张伯江.从话语角度论证语气词"的"[J].中国语文,1998(2).

李讷等.已然体的话语理解:汉语助词"了"[M]//戴浩一,薛凤生.功能语义与汉语语法.北京:北京语言学院出版社,1994.

李淑荣.语气词"好了"[J].语文学刊,2006(13).

李小凤.语气词:调节交际距离的人际手段——电视有声语言的显性特征[J].现代传播(中国传媒大学学报),2014(3).

李小军.完形认知与语气词"里"的形成[J].古汉语研究,2011(3).

李宗江."再说、再讲、再看"的语法化[M]//邵敬敏,先亮.汉语语法研究的新拓展(21世纪第三届现代汉语语法国际研讨会论文集).长春:东北师范大学出版社,2007.

李宗江.近代汉语完成动词向句末虚成分的演变[M]//历史语言学研究(第一辑).北京:商务印书馆,2008.

李宗江."为好"与"的好"[J].语言研究,2010(1).

梁银峰.重论古汉语语气词"已"的语法意义和形成途径[J].语文研究,2018(3).

廖秋忠.《语气与情态》评介[J].国外语言学,1989(4).

刘红妮.非句法结构"算了"的词汇化与语法化[J].语言科学,2007(6).

刘坚,江蓝生,白维国,等.近代汉语虚词研究(助词)[M].北京:语文出版社,1992.

刘利,李小军.汉语语气词历时演变的几个特点[J].北京师范大学学报(社会科学版),2013(6).

刘顺,殷相印."算了"的词汇化和语法化[J].语言研究,2010(2).

刘顺,潘文."便是(了)"的词汇化与语法化——兼论语气词"就是(了)"的形成[J].语言科学,2014(1).

陆俭明.关于现代汉语里的疑问语气词[J].中国语文,1984(5).

彭伶楠."好了"的词化、分化和虚化[J].语言科学,2005(3).

齐沪扬.语气词与语气系统[M].合肥:安徽教育出版社,2002.

屈承熹.汉语篇章语法[M].北京:北京语言大学出版社,2006.

渠默熙.从语气词"得了"看评价系统的体现方式[J].北京第二外国语学院学报,2016(6).

史金生.表反问的"不是"[J].中国语文,1997(1).

史金生.传信语气词"的""了""呢"的共现顺序[J].汉语学习,2000(5).

孙锡信.近代汉语语气词[M].北京:语文出版社,1999.

汪如东.助词"就是了(就是)"的语法化及相关结构研究[J].宁夏大学学报(人文社会科学版),2010(2).

王珏.说准话语语气词[J].语言科学,2017(6).

王珏.语气词句式及其系统初探[J].汉语学报,2019(4).

王珏.由语调/疑问标记和语气词的共现关系构建述题的语气结构[J].语言教学与研究,2020(2).

王苗.再论语气词"著(着)"的来源及相关问题[J].语言科学,2015(5).

王巍.语气词"了$_2$"的隐现与语法转喻[J].汉语学习,2015(6).

谢群.语气词的主观意义研究——语气词主观意义研究系列之一[J].外语学刊,2015(6).

徐晶凝.语气助词的语气义及其教学探讨[J].世界汉语教学,1998(2).

徐时仪.也谈"不成"词性的转移[J].中国语文,1991(5).

杨才英.论汉语语气词的人际意义[J].外国语文,2009(6).

杨德峰.连词带语气词情况及语气词的作用[J].华文教学与研究,2018(1).

杨德峰,张宏宇.副词后的语气词的意义或作用[J].海外华文教育,2019(3).

杨永龙.句尾语气词"吗"的语法化过程[J].语言科学,2003(1).

杨玉玲."非X不可"句式的语义类型及其语用教学[J].汉语学习,2002(1).

叶蜚声,徐通锵.语言学纲要(修订版)[M].北京:北京大学出版社,2010.

尹世超.说语气词"哈"和"哈"字句[M]//汉语语法特点面面观.北京:北京语言文化大学出版社,1999.

余诗隽,柳春燕.句末"再说"的语法化倾向[J].湖北教育学院学报,2006(10).

袁毓林.从焦点理论看句尾"的"的句法语义功能[J].中国语文,2003(1).

翟燕."着哩"的语法化[J].语言科学,2005(6).

张安杰.网络词汇中的语气词"的说"探究[J].学语文,2015(4).

张伯江.汉语疑问句的功能解释[M]//汉语语法特点面面观.北京:北京语言文化大学出版社,1999.

赵春利,杨才英.句末助词"嘛"的认知与情感的关联性研究[J].外国语,2016(5).

钟兆华.论疑问语气词"吗"的形成与发展[J].语文研究,1997(1).

周全.语气词"咯"的探析[J].汉字文化,2020(1).

朱德熙.语法讲义[M].北京:商务印书馆,1982.

朱庆之.对语气词"那"中古用例的语文学讨论[J].语言研究,2015(2).

左双菊.语气词"才是"的情态义[J].汉语学报,2015(1).

助词概述

一、关于助词

现在被大家看作助词的这类虚词,是一个相当庞杂的类别,甚至较难对它的作用和语法意义作一个准确统一的概括,以 21 世纪以来出版的两本现代汉语语法教材对助词的定义和分类为例:

张斌(2002):助词是附着在其他语言单位上的,表示一定辅助性附加义的虚词。该书依照语法意义将助词分了七类:结构、时态、时制、比况、表数、列举、其他。

邵敬敏(2007):黏着在词或短语上面,表示附加意义,附着在后面的一律读轻声。该书把助词分成结构、时态和其他三类。

从以上两书对助词的定义和分类来看,人们对助词的认识并没有太大的变化,这些不同类别的助词语法意义差别很大,而且"其他"一类就更是个大杂烩。从分布位置上说有的在前,如"所";有的在后,如"的",似以在后者为多,如张斌(2002)收有助词 48 个,其中只有一个"所"是前置的。从意义上看,助词类很杂,而且有的跟助词意义相同的虚词,由于出现位置的不同而看作不同的类别,如假设连词和假设助词,时间副词和时态助词,比况介词和比况助词。这种语义功能相同而位置不同的虚词有一类被刘丹青(2002)称为框式介词。

从大家对助词的处理来看,就像吕叔湘(1984)所说的那样,实际上助词具有剩余类的性质,相当于其他虚词之外的"其他",即归不到其他虚词类中的虚词是助词。存在剩余类并不违反一般的分类原则,本书所收的助词仍然按照这个原则来确定。

本书助词的收词重点是一般辞书和教材中没有收入的。包括以下几种情况:

(一)反映近年来助词研究的新成果。近年来发表了一些关于新助词的成果,这包括以下两种情况:一是有些词以前并不看作助词,如张谊生(2002)列出了一类助词中的"非典型成员",包括:

时态助词:看、中、将;
时制助词:来、以来;
结构助词:之、所、个;
比况助词:样、般;
表数助词:初、老、开外、左右、上下、前后;
列举助词:云云、一类、之类、之流、者流、一流、什么的、啥的;
限定助词:来说、来讲、来看、说来、而言、则已、与否、起见、再说。

对以上词语本书收为助词。二是有人谈到某些词的新用法,但没有定位为助词。本书将其看作助词,如一般看作焦点标记的"是",方梅(2002)认为北京口语中表示定指的"这":

(1)她**是**傍晚时分由四个乡下轿夫抬进花园西侧后门的。
(2)**这**雷锋可不是好当的。

(二)一些以前看作实词而作者认为应该看作助词的词,如以下句中这种表示动作完成的"利索、停当":

(3)你还没好**利索**。
(4)请来画匠尊为上首,吃喝**停当**便当众动手描画。

再如以下句中附着在谓词后面表示人的某种情状的"劲儿":

（5）这俩小子一听啊,心里的高兴**劲儿**就别提啦。

还有,以下句中与介词或动词"到、直到"等相搭配,构成"到……为止"的格式,表示时间界限的"为止":

（6）直到开船**为止**我都睡在我的舱位上。

二、关于助词的研究

助词研究也是近年来汉语虚词研究取得较大成绩的领域之一,在许多方面有新的进展。

（一）近代汉语助词研究。在近代汉语中产生且一直用到现代汉语中的助词,其来源和演变都得到了深入的研究。这方面的代表性成果如曹广顺(1995)、刘坚等(1992),两书对近代汉语助词从各时期用法的描写,到来源和演变的分析都做得相当细致,为汉语助词的历时研究提供了范例。个案研究论文如江蓝生(1999、2004、2006)等文分别从语法化的角度来讨论结构助词"的(底)"、假设助词"时"和"后(後)"以及"的话"的演变过程以及演变动因和机制问题,研究深入,眼光独到,非常有启发性。如江蓝生(1999)认为结构助词"底(的)"源自方位词"底",由格式"名+底+名"中的"底"演变而来,如杜甫《哀王孙》诗"屋底达官走避胡"。但近代文献中,"名+底+名"格式很少见,如《祖堂集》里就没有。江蓝生(1999)也只举出少数这样的例子。一个词或结构式语法化要有一定的使用频率才有可能,因而仅从文献语料来看,江先生的结论不足以得到事实的支持。但储泽祥、谢晓明(2002)从安徽岳西话里见到了大量这样的例子,这说明江文的看法是有语言事实依据的。

（二）现代汉语新的助词现象研究。特别是近年来口语语法研究的深入,人们在口语中发现了一些向助词方向演变的语法化现象,除了上文提到的张谊生(2002)所罗列的,还有陈前瑞(2005)对时间助词"来着"的研究,方梅(2002)对指示代词"这"和"那"在北京口语中向定冠词演变的分析,刘公望(1988)对列举助词"等"和"等等"的研究,刘焱(2007)对动词"掉"向助词虚化的研究,石毓智、雷玉梅(2004)对"个"向宾语标记演变的研究,史金生(2005)关于目的标记"起见"语法化的研究,孙也平(1997)关于概数助词"来"及"多、把、来的、啷当"的讨论,张炼强(1990)关于假设助词"时"或"的时候"的研究,张谊生(2006)关于主观量标记"没、不、好"用法的研究,王国栓(2003)关于事态助词"去"的描写等,这些都把目光投向了以前不被人注意的助词演变现象。

(三)助词的完句功能研究。一般研究时态助词,因为附着于动词,所以主要是从它作为动词体标记的角度来讨论问题,如表示起始、表示持续、表示完成或实现(刘勋宁1988)、表示经历等,郭锐(1993)从动词的过程结构的角度,讨论动词加上不同的时态助词代表不同的过程结构。近年来,人们开始不仅仅局限于动词本身,而从一个结构是否能够独立成为一个句子的完句功能的角度来讨论时态助词的作用,如金廷恩(1999)专门讨论了汉语的体成分如"了、着、过、起来、下去"等的完句作用。贺阳(1994)、孔令达(1994)也都从影响完句或句子自足因素的角度谈到了动态助词"了、着、过"等的作用,使人对动态助词的作用有了新的认识。

(四)助词的篇章功能研究。一般关于助词意义和功能的研究,都是将助词放在其所黏附的词或词组上来考察,主要是从句法的角度来看问题。屈承熹(2006)讨论了时态助词"了、过、着、起来"等的篇章功能,他从包含这些助词的句子所代表的事件及与前后事件的关系上来考察,得出了一些新的认识,如他关于体助词"了"篇章功能的结论如下:1. 标记一个从整体上来观察的事件,聚焦于事件的终点;2. 指示顶峰的事件,并因此出现在前景中;3. 由于聚焦于终点,它也明确表示在时间或逻辑上的先后顺序,如果没有它,这种关系就不那么明显。黄敏(2002)也从"了、着、过"所在小句传达前景或背景信息的角度讨论了三个助词的差异。温锁林、范群(2006)所谈的焦点标记词"给",唐正大(2005)所谈的话题标记"起来"等也都是篇章功能角度的研究,这一角度的研究告诉我们,对汉语助词意义和功能的研究需要有新的角度和视野,才能更接近某些助词的本质特征。

三、参考文献

艾皓德.近代汉语以"时"煞尾的从句[J].中国语文,1991(6).
曹广顺.说助词"个"[J].古汉语研究,1994(4).
曹广顺.近代汉语助词[M].北京:语文出版社,1995.
陈前瑞."来着"的发展与主观化[J].中国语文,2005(4).
陈泽平.试论完成貌助词"去"[J].中国语文,1992(2).
戴耀晶.现代汉语时体系统研究[M].杭州:浙江教育出版社,1997.
邓思颖.汉语助词研究的两个问题[J].安徽师范大学学报(人文社会科学版),2016(4).
董晓敏.说"X什么的"[J].汉语学习,1998(3).
董秀芳.北京话名词短语前阳平"一"的语法化倾向[M]//吴福祥、洪波.语法化与语法研究(一).北京:商务印书馆,2003.
方梅.从"V着"看汉语不完全体的功能特征[M]//语法研究与探索(九).北京:商务印书馆,2000.
方梅.指示词"这"和"那"在北京话中的语法化[J].中国语文,2002(4).
冯赫."(如)X许"比拟式与"许"的助词化[J].语言科学,2013(4).
高顺全.体标记"下来"、"下去"补议[J].汉语学习,2001(3).
龚千炎.现代汉语的时制、时相和时态[M].北京:商务印书馆,1995.
关玲.普通话"V完"式初探[J].中国语文,2003(3).

郭锐.汉语动词的过程结构[J].中国语文,1993(6).

贺川生,邓丽芳,谢丽丽.概数助词"多"的形式句法和形式语义[J].当代语言学,2020(2).

贺阳.汉语完句成分初探[J]语言教学与研究,1994(4).

胡承佼."一般"的助词化及其主观描摹功能[J].汉语学习,2015(2).

黄敏.浅析"了、着、过"的语篇功能[J].汉语学报,2002(2).

江蓝生.概数词"来"的历史考察[J].中国语文,1984(2).

江蓝生.助词"似的"的语法意义及其来源[J].中国语文,1992(6).

江蓝生.处所词的领格用法与结构助词"底"的由来[J].中国语文,1999(2).

江蓝生.时间词"时"和"後"的语法化[J].中国语文,2002(4).

江蓝生.跨层非短语结构"的话"的词汇化[J].中国语文,2004(5).

姜露.假设助词"的话"的语用功能考察[J].中南大学学报(社会科学版),2015(2).

金廷恩."体"成分的完句作用考察[J].汉语学习,1999(2).

孔令达.影响汉语句子自足的语言形式[J].中国语文,1994(6).

雷冬平,胡丽珍."他个"的形成、性质及其功能研究[J].语言科学,2006(4).

李崇兴.《元典章·刑部》中的结构助词[J].语言研究,1999(2).

李晋霞,刘云.从概念域看单音方位词语法化的非匀质性[J].语言科学,2006(4).

李讷等.已然体里的话语理据:汉语助词"了"[M]//功能主义和汉语语法.北京:北京语言学院出版社,1994.

李讷,石毓智.论汉语体标记诞生的机制[J].中国语文,1997(2).

李思旭.补语"完"的内部分化、语义差异及融合度等级[J].语言研究,2010(1).

李宗江.句法成分的功能悬空与语法化[M]//吴福祥、洪波.语法化与语法研究(一).北京:商务印书馆,2003.

刘丹青,徐烈炯.焦点与背景、话题与汉语连字句[J].中国语文, 1998(4).

刘丹青.汉语中的框式介词[J].当代语言学,2002(4).

刘公望.试论"等"和"等等"的词性及其语法功能[J].新疆大学学报,1988(1).

刘红妮."则已"的词汇化和构式的语法化[J].古汉语研究,2009(2).

刘坚,江蓝生,白维国,等.近代汉语虚词研究(助词)[M].北京:语文出版社,1992.

刘叔新.关于助词的性质和类别问题[J].南开大学学报,1981(3).

刘学敏.关于"个"的特殊用法[J].语言教学与研究,1988(3).

刘勋宁.现代汉语词尾"了"的语法意义[J].中国语文,1988(5).

刘焱."V掉"的语义类型与"掉"的虚化[J].中国语文,2007(2).

吕叔湘.助词说略[M]//汉语语法论文集.北京:商务印书馆,1984a.

吕叔湘.数量词后的来、多、半[M]//汉语语法论文集.北京:商务印书馆,1984b.

朴奎容.谈"V掉"中"掉"的意义[J].汉语学习,2000(5).

邱广君.谈"V上"所在句式中的"上"的意义[J].汉语学习,1995(4).

屈承熹.汉语篇章语法[M].潘文国,等译.北京:北京语言大学出版社,2006.

邵敬敏.现代汉语通论(第二版)[M].上海:上海教育出版社,2007.

石毓智,雷玉梅."个"标记宾语的功能[J].语文研究,2004(4).

石毓智.论判断、焦点、强调与对比之关系——"是"的语法功能和使用条件[J].语言研究,2005(4).

史金生.目的标记"起见"的语法化[M]//语法研究与探索(十三).北京:商务印书馆,2005.

苏政杰.结构助词"的"的语法化历程[J].汉语学报,2010(1).

隋娜,胡建华.句末助词"看"的句法和语义[J].当代语言学,2019(3).

孙瑞娟.摹状助词"状、样、式、型、相"语义初探[J].四川职业技术学院学报,2010(4).

孙文婧."状"的助词化及其动因[J].现代语文(语言研究版),2017(4).

孙也平.从"五十来岁"谈起——释"来"兼及"多、把、来的、啷当"[J].词库建设通讯,1997(12).

唐正大.从独立动词到话语标记——"起来"语法化模式的理据性[M]//沈家煊,吴福祥,马贝加.语法化与语法研究(二).北京:商务印书馆,2005.

王灿龙."起去"的语法化未完成及其认知动因[J].世界汉语教学,2004(3).

王国栓.现代汉语中的事态助词"去"[J].语文研究,2003(2).

温锁林,范群.现代汉语口语中自然焦点标记词"给"[J].中国语文,2006(1).

吴慧颖.时:近代汉语中的假设助词[J].衡阳师专学报,1986(4).

伍云姬.湘方言动态助词的系统及其演变[M].长沙:湖南师范大学出版社,2006.

谢晓明,陈琳."的话"的话题标记功能及相关问题讨论[J].语文研究,2012(4).

邢福义.方位结构"X 里"和"X 中"[J].世界汉语教学,1996(4).

徐时仪."掉"的词义衍变递嬗探微[J].语言研究,2007(4).

杨永龙.从稳紧义形容词到持续体助词——试说"定""稳定""实""牢""稳""紧"的语法化[J].中国语文,2005(5).

俞光中.元明白话里的助词"来"[J].中国语文,1985(4).

俞光中,植田均.近代汉语语法研究[M].上海:学林出版社,1999.

余志鸿.元代汉语的后置词系统[J].民族语文,1992(2).

翟燕."着哩"的语法化[J].语言科学,2005(6).

章俊.列举助词"之流/类"考察[J].湖州师范学院学报,2017(3).

张爱玲.名词"光景"向概数助词和情态副词的演化[J].汉语学报,

2016(2).

张爱民,余剑峰.概数助词"把"的语法分析[J].徐州师范大学学报,1999(1).

张斌.现代汉语[M].上海:复旦大学出版社,2002.

张国宪.延续性形容词的续段结构及其体表现[J].中国语文,1999(6).

张炼强.试说以"时"或"的时候"煞尾的假设从句[J].中国语文,1990(3).

张邱林.现代汉语里的语气助词"哦"[J].语言教学与研究,2013(2).

张世方.北京话中的等类助词"伍的"[J].语言教学与研究,2010(1).

张言军,唐贤清.概数助词"许"的历时发展及其衰落动因考察[J].古汉语研究,2017(1).

张谊生."个"从量词到助词语法化过程分析[M]//徐烈炯、邵敬敏.汉语语法研究的新拓展(21世纪首届现代汉语语法国际研讨会论文集).杭州:浙江教育出版社,2002a.

张谊生.助词与相关格式[M].合肥:安徽教育出版社,2002b.

张谊生.试论主观量标记"没"、"不"、"好"[J].中国语文,2006(2).

张谊生.试论现代汉语非典型持续体标记"中"与"间"[J].语言研究,2007(4).

郑茹娟."不等"的助词化及其动因[J].衡阳师范学院学报,2017(4).

郑懿德,陈亚川."除了……以外"用法研究[J].中国语文,1994(1).

祝克懿.析"动+个+形/动"结构中的"个"[J].汉语学习,2000(3).

祖生利.元代白话碑文中助词的特殊用法[J].中国语文,2002(5).

下 卷

语篇关联语词典

啊

1. 用于句首,引出一个表达说话人某种情绪的句子。用于以下情况:

1) 引出一个表示惊异或赞叹的句子。读阴平。如:

① 啊,流星!

② 啊,今年的庄稼长得真好呀!

2) 引出一个表示追问的句子。读阳平。如:

啊?你明天到底去不去呀?

3) 引出一个表示困惑的句子。读上声。如:

啊?你这人怎么这样!

4) 引出一个表示回应或醒悟的句子。读去声。如:

① 啊,好吧。

② 啊,原来是你,怪不得看着面熟哇!

2. 用于句中可停顿处,读轻声,表示其前的成分是次要信息。如:

① 他那个啊,没有直达西安的。

② 要不是这样啊,我们恐怕下午还到不了呢。

③ 可见啊,他这人一点儿也靠不住。

④ 我建议啊,从现在起咱们谁也不要使这个电话了。

3. 用于说话的开始,表示接过对方的话头。如:

"你哪天有课?"

"**啊**周三上午。"

4. 用于说话中间。在词句不连贯时,临时用来占位,以保持话语的延续。如:

① 机场接送我们只能是从**啊**——从首汽那边给您租车。

② 我是**啊**,是让他给我气的!

5. 用于句尾,读去声,其前也可有停顿,表示与听话者互动。如:

① 咱们这儿说普通的人说父亲,那就是叫爸爸,爸爸,妈妈,**啊**,这个北京人呢,有叫爸爸,有叫妈妈,有呢,叫爹。

② 小订比如说吧,男方订了这个女方的闺女了,**啊**,先拿出一个小订,就是一,一个东西吧,钱也好,洋钱也好,有时候儿叫银元也好,大头儿,这是放小订,就是作为呀,好像是买东西订下这个闺女啦。

哎呀(哎哟)

表达说话人的情感,引出相关的感受。

1. 身体受到侵害时,表示呻吟,并引出一个句子或一段话,旨在示意听话者结束导致自己痛苦的行为。发音时每个字都拖长。如:

① 他用一根闩门的木棍没头没脑地把他痛打了一顿,打得这孩子哇哇乱叫:"**哎呀**!**哎呀**!我下回不了,下回不了!**哎呀**!"

② 丁曼一用力,陆武桥立刻叫起来:**哎呀**夹了我的脚。

2. 对所见所闻表示惊讶。读音时声音大,每个字都读得很短。如:

① 于观刚要下床,便感到一阵晕眩,腿一软,栽到丁小鲁身上。"**哎呀**。"丁小鲁一摸他手惊叫,"你烧得烫人,今天不要再出去了。"

② 祖传古画,**哎呀**,那太好啦,今日有此眼福,我得好好瞻仰

瞻仰。

3. 引出一个对对方的言行表示不耐烦的句子。读音时,"哎"读得重而长,"呀"读得轻而短。如:

① "开会干嘛吃黄油烙饼?"

"他们是干部。"

"干部为啥吃黄油烙饼?"

"**哎呀**!你问得太多了!吃你的红高粱饼子吧!"

② "你上去。"在底下扬杈的活儿累。

"**哎呀**,让你上去你就上去嘛。"女的突然发脾气了。

4. 在说话或做事中间,突然想起什么或故作突然想起什么,用"哎呀"引出突然想起的事。读音时两个字都读得很短,"呀"读轻声,如:

① 他用手朝那包东西一摸,噢,原来是聂小轩交给他的那副包金镯子。"**哎呀**,净顾为自己的事悲苦,倒把聂师傅托的事忘了个一干二净。"

② 杜逢时毕竟是学理工的,头脑条理、冷静,出了个主意:"其实并不难。你不是收到这两封匿名信了嘛,拿出来对照一下笔迹,先看看你所说的那个黑手是不是同一个人?"张全义显然有点儿慌乱,便又立刻掩饰:"哦……**哎呀**,前天那封信,我一生气,就……撕掉啦。"

5. 对某事物表示感慨时,用"哎呀"引出下面的议论。读音时两个字都读得长读得慢。如:

① 我现在啊,总算知道中国人为什么办事儿那么难了。咳,都怕担责任。明摆着是好事儿,**哎呀**,就因为有风险,谁都不敢承担这责任。

② 爸爸说,整座山都是铁矿,可以露天里开采,运出去炼铁、炼钢,再制造火车、汽车、拖拉机。**哎呀**,那么大的山,几百年也开采不完啊!我都替大人们发愁。

哎哟喂

对某人的言语或行为表示惊讶,并引出自己的看法。如:

① 潘大庆:我告诉你吧,我离婚跟她有直接关系,就是她在背后挑唆她表姐跟我离的婚。

马大姐:**哎哟喂**,李二姐,这可就是你的不对了!俗话说呀,宁拆十座庙,不破一门婚。

② 小侄女一会儿叫妈妈,一会儿叫姨,一会儿叫孃孃,**哎哟喂**,我滴小心脏喔!

按说(按理说、按道理、按道理说)

表示所说的事情合乎情理,下一句往往是个转折句。如:

① 炸弹落得离他还有半里地,**按说**他不应该受伤。可是,他倒在了地上,身上的泥土全被震成一块一块的了。

② 那时,我儿子在他妈妈肚子里足足待了十个多月,已超过了预产期,**按理说**,孩子不算小了,为什么仍不觉得肚子里有何动静,真担心孩子发育不良,将来生出一个怪模怪样的畸形儿。

③ 我担心你的确是个邪恶的蟾蜍,**按道理**,我应该把你交给司法机关。可是你显然身陷麻烦和不幸之中,所以我不会抛弃你的。

④ 妹妹既然特地打来电报,想见哥哥一面,趁着星期日花上一两个晚上陪陪她,又有什么可惜的呢?**按道理说**,同妹妹见面的时间是应该花的,钻在地窖内测试光线所度过的岁月,那才是脱离人生的无聊生涯哩。

白痴(真白痴)

表示对某人说法、行为的负面评价,认为其可笑或不可理解。如:

① "我抬头一看。乍看跟刚才的第一栋和其他建筑物差不多(也没有窗户)。里面该不会塞了核子反应炉吧?"

"怎么可能做那么危险的东西？**白痴**！"

② 真是个呆头鹅，竟不会乘胜追击，两个人只会愣愣地赏花，**真白痴**呀！晚上的花哪能看得出是圆是扁。

③ **真白痴**，把显卡驱动程序当垃圾软件给删了，弄了两天在两个人的帮助下才重装成功。

拜托(拜托了、拜托您)

1. 客气话。用于请人帮忙的场合。如：

① 她似乎知道我的心思，拍了拍我身上沾满的红色尘土。然后交待说："同志，麻烦把我妈捎到军里去。**拜托了**！"

② 他马上飞车赶到电报大楼，给新大中文系的恩师秦老师发了一份加急长电，详细说明了苦衷，要秦老师明天就把介绍信寄出来。**拜托您**啦，秦老师！他想。

2. 反话。用在指责别人或制止别人的场合，只能用"拜托"。如：

① 小姚：欸欸欸，你们怎么回事呀！一顿让他吃那么多，暴饮暴食，想害死他？得急性肠胃炎了啦。

老高：小姚护士，不是你让我们给他多吃些补血的东西么？

小姚：欸，**拜托**，补也得适当呀，有你们这么补的吗？

② 方雨珠急急地蹬着车，回头冲方雨林挥了挥手说道："**拜托**！千万别动我那盆衣服……"

帮帮忙

1. 客气话。用于请人帮助的场合。如：

① 杨重戴了顶美国宪兵的白钢盔，忙着给路口的交通警递烟："**帮帮忙**师傅，我就替您一小会儿。"

② 黄胖子：(看清)哟，宋爷、吴爷，二位爷办案哪？请吧！

松二爷：黄爷，**帮帮忙**，给美言两句！

2. 反话。用在制止别人的场合。如：

① **帮帮忙**，别管犹太人了。没有你，我们的麻烦就够多了。
② **帮帮忙**吧老乡，别再找我了，我解决不了你的问题！

本来(本来呢)

引出一个按情理应该发生的事，接下来表示出现了另外的情况，使应该发生的事没有发生。如：

① "什么地方？我不知道你们这是什么地方。"小白人此刻倒面无惧色，"**本来**看见招贴以为是旅行社呢，想去白洋淀玩两天，谁料就折这儿了。"

② 您这样关心我们，真令我们感激涕零！**本来呢**，我们不该折了您的美意，无论如何也要陪您一起看电影的。可是，君子不强人所难。您看，我上夜班，马上就走；小孙呢，他这几天一直闹肚子，是不是呀？小孙，你看他两手抱着肚子呢！

本来嘛

认为对方或上文所说的某种行为或心态是合理的，并引出下文的理由。如：

① "我说你这个同志呵，怎么一脑袋资产阶级思想？讲吃讲穿那是咱小市民的本色吗？""**本来嘛**，讲吃讲穿怎么啦？人家还没老呢。市民就不能享受了。"

② 恨我也是该着！应该恨。我自个儿还恨自己个儿哪。**本来嘛**，是我对不起他娘！

比方(比方说、你比方说)

上文提出一个观点，下文举出具体事例说明上文的观点。如：

① 以后我们听到好多北方口音的人说话。问他们是从哪儿来

的。大半都说是从皖北或是山东来。**比方**给我拉车的那车夫就是山东滕县的人,母亲同妻子小孩都留在家乡,他自己跑到这样一个小城里来拉车,生意最好的时候,可以拉得五十多块钱一个月,说都捎回去买点田地养家小,这在他是顶得意的进款了,可是我们要想想他的汗血啊!

② 李:你这设计师一定是挺油的,社会经验丰富。他还教你什么了?

蕾:教我好多哪。**比方说**,到了一个新的环境啊,要跟人家处得好一点儿。干活儿主动点儿,多受点儿累,等今后混熟了,情况也摸清了,再偷懒也不迟。

③ 毕竟这是一部大戏,我是主角,要把它演好得付出很大的辛苦。**你比方说**到这里生活条件很艰苦,除了我之外,人家其他演员的肤色都和当地农民一样黑,我这最深的底色儿还不行,就得天天到太阳底下晒,慢慢融入这个环境。

比如说(你比如说、比如讲)

上文表达了一种愿望或看法,下文用打比方来具体说明这种愿望或看法。如:

① 我真希望能遇上点什么奇迹,**比如说**,有个大流氓正欺侮一个小女孩,那么我一定立刻冲上去打抱不平。

② 那你就去告我侵犯你名称权不就得了嘛。诶,我的意思是说啊,打个比方,**你比如说**,我和老何出去行骗去了。对不对?借用了你和我们牛大姐的名义,哈。那么牛大姐同意了,而你没同意,这样儿呢,你可以告,我跟老何侵犯了你的名称权。可你不能告我们牛大姐啊。你懂了吗?

③ 在干部参加集体生产劳动中,领导部门要给创造一些条件,**比如讲**减少会议等,这对保证干部扎下脚跟坚持劳动,有很大好处。

别逗了

表示对对方说法的负面评价,认为其真实性有点可疑。如:

① 我对姑娘说:"别找了,你找的就是我。"
"你?"姑娘看着我,风骚地笑了,"**别逗了**。"

② 等到走出一段距离,人群被甩在身后,麦子才快走两步赶上他,"你真棒。"三良觉得脸一热,"**别逗了**。"

别怪我不客气

就某事向对方提出警告。如:

① 你听着:捅死我,我是烈士,你是死犯!再说,看你那样儿,也不是我的对手,**别怪我不客气**!

② 那20万块我给你们找来了!你们要干不好,可**别怪我不客气**!

别看(你别看)

所在句子表示不可轻视某种情况的重要意义,下文指出这种情况的意义所在。如:

① "**别看**他没眼睛,"老朱头向辣辣介绍了瞎子女婿说,"他比明眼人亮堂多了。一年下来,全队户户都没进账,独他一个光棍汉分红一百多块钱。"

② **你别看**让人搭车是件小事。他招呼,你停下,他上来,就这一眨眼的工夫,他的心里就会想:咱们国家还是好人多哇!你呢,一看见他那副笑脸,心里也会暖乎乎的,开车也有劲了,人也不困了。

别闹了

表示对对方说法的负面评价,认为其很搞笑。如:

① "啥时候结婚别忘了告诉我一声。"郭健倒是显得很认真地

说,"我们不会在乎花个三百二百的。"

"**别闹了**。"金昌海一摆手,"结什么婚结婚!发昏还差不多。"

② 总监真可爱,问这期怎么能估算出600多万!

"叔叔,**别闹了**,600还是保守估出的呢,年前计量啊,没有那么多钱。"

别(犯)傻了

对对方提出的问题、想法或做法表示否定。如:

① "为什么招惹我的人是你,先离开的也是你?"

"举个例子吧,小时候爱吃橘子味的糖,千方百计吃到了特别开心,后来天天能吃到,就觉得不好吃了,你也是一样,**别傻了**。"

② "我想和你重新开始。"

"**别傻了**。"

③ 她奚落他说:"那你就不该带到这里来,不是吗?上面不是写得很清楚——'不许带出阅文室'吗?你这不是违反保密规定了吗?"他走过来,把卷宗拿去。"**别犯傻了**,"他厉声说。"我是受权的,这是使馆住房,是苏联领土。你就别给我上保密课了!"

别说(你别说₁)

相当于"不但""不仅",在后一句一般有"甚至""就是""而且"等,表示递进关系。如:

① 有的市民在那城市住了几十年,**别说**没进过那种地方,甚至听也没听说过,也不大可能从电影电视照片图画上看到那景象。

② 这种夜路,**你别说**孩子不敢走,就是大人也得结伴而行。

别说没用的[别说那没用的,(你)净说那没用的]

表示拒绝对方的意见或建议。如:

① 推荐给个原文链接！你要做不到就换人做,**别说没用的**,其他都是扯淡!

② 什么周不周的,你开心就好了呗! **别说那没用的**,喜欢就好。

③ 郭绪:我是说我呀,咔,削她一下子,立马就好了。

圆圆:**你净说那没用的**,王主任让我给看孩子,我把孩子打一顿,像话吗?

别提了

1. 对对方关心自己的回应。表示因对方关心的事情结果不好而不便说。如:

① 放假了,姐姐关心地问:"小艳,上学期成绩如何?"我心灰意冷地答:"唉,**别提了**。"姐姐看了看我,心里已明白了八九分。

② 狐狸这个东西太可恶了,专好奉承人,一见老虎,摆着尾巴就过来了:"哎……老虎爷爷……您慢走,看您惊慌失色的样子,出什么事啦?""哎呀! **别提了**,小孙子!"

2. 当对方问到涉及自己的某件事时,用来引出事情的原委。如:

① 李:王师傅,您胖得挺苦恼吧?

王:**别提了**,我跟您说呀,我是选错了行儿,进错了门儿。我,我当初我就该当炼钢工人去。

② 他笑了。她在黑暗中似乎看见了他白白的牙齿。"你的男朋友呢?"他问道,"怎么,难道你还能没有位漂亮的骑士么?"他开起玩笑来了。

"**别提了**。总算受完了洋罪。一共谈了三个月——吹了。"她厌烦地说。

别这么说(别这么讲)

表示不同意对方的说法。常用于以下场合:

1. 当对方表示歉意时,用作回应。如:

① "你是乖女儿,"妈妈深深叹了一口气说,"妈妈对不起你。"
"**别这么说**。"

② 老支书去看他时,他含着泪说:"贵顺呀,我不行了。我对不起党,也对不起你……"张贵顺打断了他的话:"**别这么讲**。当年咱们一块儿干,现在还要一块儿干,革命到底呀!"

2. 当对方恭维或夸奖时,用作回应。如:

① 姑娘睁大了眼睛:"你懂得可真多!"
"哦,**别这么说**。"

② "多亏了您,当时您给了我很多帮助,我忘不了!"
"**别这么讲**,谁都有为难的时候。"

3. 需要纠正对方的说法时。如:

① "是啊。不过,我的角色已经算是完成了。"
"哎,**别这么说**。既然都参与了,就撑到最后吧。"

② 于是红拂走过去,在老太太面前跪下说:"犯妇张氏,见过太夫人。"老太太说:"快**别这么讲**。你虽然披枷带锁,却都是皇上的恩典。只要你改个口,这些马上就可以去掉。"

4. 制止对方的某一说法时。如:

① 乔治气愤地说:"想到有一天魔鬼会和他算账,心里还痛快点。"
"啊,**别这么说**,啊,你千万别这么说!"

② 吉蒂不愉快地冷笑了一声。"哦,她能得到大量的同情,我敢说,这些同情不断涌来,都是父亲最好的香槟酒和最粗的雪茄烟招引的。"
"别,吉蒂,**别这么讲**。"

病得不轻(真是病得不轻)

表示对某种行为的负面评价,认为其有悖常理。如:

① 每当想起两人亲密的情景,想起那些吻,她的脑袋就会昏昏

沉沉的,根本没法子做事;更糟糕的是,最近连她发呆的时候,卫逸书的脸孔都会浮现在眼前,挥都挥不掉。这种情形平均一天出现好几次,她一定是病了,而且**病得不轻**。

② 那么寒冷的天,还下毛毛雨,跑来踢比赛,**真是病得不轻**!

不

发现上文或对方有说得不准确或自己不同意的地方,用"不"引出下文的修正或自己的意见。如:

① "这孩子是怎么回事呀?"

"孩子?啊,这是捡来的——**不**,是别人的。"

② 后来老婆又说,现在孩子还小,要不再让孩子在家呆一年,再用一年保姆,等明年再送孩子入托。小林想起早晨保姆的事,马上恶狠狠地说:

"**不**,就今年,不为孩子,也为保姆,马上让她滚蛋!"

不承想(不成想、不曾想)

表示下文发生的情况出乎意料。如:

① 杜大叔收到这样一个好徒弟,自然高兴得不得了;再加上是本家孙子这一层关系,也就越发关心。他恨不得把一肚子玩意儿全都掏给孙子,一口气把孙子吹成个羊把式。**不承想**,这个年轻人哪,根本就看不上这个工作,无奈没考上中学,觉得理亏,又加上乡干部再三动员,才打定主意先委屈几天,看风向再说。

② 天凉了,蝈蝈市场却升温了。挑一把精美的葫芦,选一只善叫的蝈蝈,揣在怀里,这是蝈蝈爱好者最惬意的事了。**不成想**,咱北京人的这一爱好,传给了外国朋友,这些天,不少金发碧眼的"老外"也掺和在人群里,挑葫芦选蝈蝈,在冬日里享受一分乐趣。

③ 他认为"四人帮"既已揪出,扫荡"四人帮"在教育战线的流毒,形成理想的境界应当不需要太多的时间。不过,最近这些天他

有点沉不住气。他愿意一切都如春江放舟般顺利,**不曾想**却仍要面临一些复杂的问题。

不错(没错)

1. 用于句首,其后有停顿,表示肯定对方的说法,引出具体的肯定意见。如:

① 和尚出来啦,开门一瞧是张二爷。"嚄,施主,请里边坐!"

"不价,不价,明儿这儿挂匾吗?"

和尚说:"**不错**,给关老爷挂匾。"

② "宝康,你这人什么都好,就一条:太傲。"马青责备他。

"**没错**,我真是这样。"

2. 用于句首,其后有停顿,表示姑且承认某种情况,后面往往是个转折句。如:

① **不错**,也有搞得很不错的企业和工人。但那都是些什么企业? 要么国家支柱企业,要么合资企业,要么私营企业,和大部分工人不相干呢? 至少和你不相干。

② **没错**,对于女人来说,丈夫的品质最重要。那么千古神话爱情呢? 好像是应该在品质之后再说了。

3. 附着于句末,读得较轻较快,表示让步,其后一定是个转折句。如:

① 你少废话! 我是金府的老妈子**不错**,可是呀,除了金老爷子和我杨妈之外,谁也没资格进这三间屋。

② "他想和赵蕾结婚! 他对我说的一切都是假的,演出来的。"

"说他说的一切都是假的、演出来的**没错**,但他不想和赵蕾结婚,据我所知,赵蕾至今还是独身一人。"

不对

1. 表示不认同对方或自己上文的说法。常用于以下场合:

1) 怀疑对方的说法时。如:

① 童霜威打趣道:"我猜这道名菜是'内幕新闻'!"燕寅儿撒娇说:"**不对**!哪有什么名菜叫'内幕新闻'的!"

② "继续说。"

"说完了。"

"**不对**,**不对**!一定还有更多!"

2) 纠正对方说法或改变自己的说法时。如:

① "说什么在他的帝国中,"斯蒂芬说,"太阳是永远不落的。"

"**不对**!"迪希先生大声说,"那不是英国人说的,是一个法国的凯尔特族人说的。"

② 这个丧心病狂的世界!**不对**!这个由丧心病狂的人组成的世界!

2. 突然发现情况异常时。如:

① 他刚把人放走,回头一拍脑门:"**不对**!快把他给我追回来!"

② 宽阔明亮的建国门大街上,三轮车疯子似的冲上立交桥,顺着大坡往下驰去。"**不对**呀,师傅,你这是奔通县了,可我们住八宝山。"

不敢

自谦语。用于以下情况:

1. 在听到对方就某事指责自己时。如:

① "你这是什么意思?监视我?"张全义定下了神,警觉地看着他。

"**不敢**,赶巧了。要监视你,我干嘛不早出来?捉贼捉赃,捉奸捉双。可我不管闲事。"

② 不要叫首长了。秦干事说。其实,我就是来帮你们打工的。

不敢不敢。徐教导员忙说,那我就开始汇报了。

2. 当对方对自己有客气的言语或举动时。如：

① 韩荣发：我是北京隆盛药行的伙计，到陕西这儿呀来看看药材，有些事还得请您多多指教啊。

白大爷：**不敢，不敢**！

②《万花亭》郭妃给姚期敬酒，盛戎接杯，口中连说："**不敢！不敢**！"

不敢当

自谦语。用于以下情况：

1. 听了别人的赞扬和恭维话时。如：

① 大卫：给你们介绍一下好吗？这位是纽约最出色的女人，也是湘院楼的老板，阿春女士。

阿春：**不敢当**。

② "那天我眼睛一搭，就看着您出众！就看着您不凡！说句不怕您生气的话，我打心里不知怎么的就这么爱您！能让我当面和您叙谈一次，这辈子都不枉做人……"

"**不敢当，不敢当**，您太客气了！"

2. 当别人对自己做出过于恭敬的举动时。如：

① 他跑到院中，就在石榴盆的附近给祁老人跪下了："大哥，你受我三个头吧！盼你再活十年二十年的，硬硬朗朗的！"

"**不敢当**噢！"祁老人喜欢得手足无措。

② 当钱如约来到中南海水福堂，站在院中等候的彭总迎上前去同钱握手："今天拜师求学，老师请进！"接着便拉开了会议室的门。

"**不敢当，不敢当**。"钱深深地被元帅的热情、亲切、谦逊好学感动。

3. 当别人来看望自己时。如：

① 金枝正在院里扫树叶儿，叫一声："哟，陈老师来啦！好久

不见。"

"金枝,我是来看你的!"

"**不敢当**。我有什么好看的?"

② 文纵道:"他在这儿有公事分不开身呀!他陪我飞到重庆去过两次,第一次是刚结了婚去见家父——他本来今天要同我一起来拜见伯母的,带便看看辛楣——"辛楣道:"**不敢当**。"

不敢说(我不敢说)

引出一个否定的让步句,相当于"虽然不是",后面是个转折句,一般有表示转折的词语"但是""却"等。如:

① 王喜就躲在离他们不远的地方,**不敢说**句句都听得真切,却也听了个大概。

② 这是一种毒药。很毒的一种药。**我不敢说**它有多大的把握,但是如果我们不试一试的话,我们就一点希望也没有。

不怪(也不怪)

所在的句子表示一种特殊的情况,另一个句子表示产生这种情况的原委。整个语段表示:了解了原委后,就对某一情况表示理解。如:

① 是的,**不怪**二强子喝酒,**不怪**那些苦朋友们胡作非为,拉车这条路是死路!

② 我们有些中国人是不争气,在外国什么丑都出了,**也不怪**人家瞧不起咱们。

不管怎么说(不管咋说)

表示尽管存在上文的情况,但不影响下文的结果或结论。如:

① 对我国教育的发展,我是乐观的。困难是有,但要看到有利条件。**不管怎么说**,这几年经济发展是快的。

② 陈玉英用胳膊碰了金枝一下："走穴嘛,十块钱谁去呀！吴老板一场给一百块。"

吴老板急了："小姐小姐,有缘分咱们搭班子合作,没缘分咱交个朋友。**不管咋说**,二位也不能这样踩挤我吴胖子呀！走穴,大歌星,一场才开百块,这价码儿要是传出去,我这穴头儿还当不当？"

不过

从别人那里接过话头,开始讲话。如：

① 主持人：你面向电视这种大众的,大家需要的是,其实就是需要说书,故事,少点这种复杂的,这种东西,你看它是完全两种不同的追求。

梁文道：对,常常是这样。

许子东：它,嗯,你说。

梁文道：**不过**我觉得,像你刚刚所说的这种国,大众的国学热啊,那么自然的,你,有人就批评,比如说像上"百家讲坛"的那几个学者啊,比如教授都给人批评了,说你们庸俗化了。

② 梁文道：我这,我这,我这刚刚才想起来,我我我小学六年级就这样——

李国修：就这么变态了啊？

梁文道：就这么变态了。

主持人：**不过**李老师你说这个有有有爱,什么长亭外,古道边的告别同学,有时候也——

李国修：是啊。

主持人：有问题,你像我们大学,武汉大学我们班,有一个内蒙古的同学,也是毕业了嘛。同学们那天,那几天都是在送嘛,在火车站送行嘛,那哥们儿就是性情中人……

不好了(大事不好了)

表示下面要说的是一个不好的消息,表达说话者焦虑担忧的心情。用于发现了不好的事或向别人报告一件不好的事。如:

① 素宁心里一急,用牙咬破了舌尖,使劲儿吸了几下,吮出几滴血来,"扑"的一声吐在地上,往后便倒。香香见了,尖叫一声:"**不好了**,小姐昏过去了!"

② 我的老哥嫂子,**大事不好了**。老五家随着一群丫头片子去捣粪,刚才干一阵儿,她就跟生产队长打起架来了,这会儿已经打到了社主任那儿去了。

不好意思(真不好意思)

客气话。主要用于以下场合:

1. 用于向别人提出要求或拒绝别人时。如:

① 司机接电话后转身向新娘说了一声"**不好意思**",要求新娘立即下车。

② "不,我说你请客,你有钱。"

"**不好意思**。"老外笑着摇头,"还是各吃各的吧。"

2. 感觉自己有对不住别人的地方,向对方表达歉意时。如:

① 朱怀镜过去叫了龙文的司机,说:"**不好意思**,让你一个人冷落了。"

② **真不好意思**。这么晚了还来打搅你们。我改天再来看你。

3. 给别人好处或接受别人帮助时。如:

① 这时,黄达洪招手请各位稍等,说:"袁先生本想请大家去喝茶,但这里说话方便些,就不出去了。这个只当请各位喝茶吧,**不好意思**。"黄达洪说着就递给每人一个红包。

② 7时25分,姐弟俩来到角门中学教学楼前,初三(1)班金智、范旭、曹国伟、王昌楠四位男生等在楼梯旁,二话不说,上前就抬起轮椅,像是抬起了花轿,一节节登上楼梯。二层、三层、四层、

张娥不住地说:"**不好意思**啊,太谢谢你们了。"

不假

1. 用于句首,其后有停顿。表示肯定对方的说法,引出进一步的说明。如:

① 傻二把搁在心里的话说出来:"人都说义和拳都避枪炮,这话当真?"刘四看他一眼,说:"**不假**。你要看,就随我来!"

② 我问他,镢头兄弟,你是种地呀,是绣花呀?他说,**不假**,是绣花,咱国人手多,机器少,眼下还得搞搞这手工业。

2. 用于一个句子或小句的开头,后面有停顿,表示姑且承认其后所说的是事实,再后面多跟一个转折句。如:

① 哪轮得着你来教训我们!我怎么了?李缅宁怎么了?**不假**,他是混得不如你,没你有钱,但做人问心无愧。

② 支局长捋起老人的裤管,抚着膝盖上那发热红肿的地方,说:"你看你这腿。"

"**不假**,腿有点毛病。算什么呢?人到老年,谁也不保谁没个三病两痛哩。"

3. 附着于一个句子或小句的末尾,读得很短很轻,表示让步,后面一定跟一个转折句。如:

① 沈同生是地主**不假**。不过他是读书人,不探事。他和他老婆都为人和善,不摆格。

② 我知道你手头有点闲钱**不假**,可人乡里要找你个茬儿,抓住你个小尾巴啥的,那也是老太太潦鼻涕,手拿把掐的。

不讲(且不讲、先不讲)

所在句子表示在上句所说事件的影响下,出现了某种结果,但这种结果并不是说话者关注的重点,重点是下一个句子要说的情况。如:

① 胡地实在是累了,没有消遣娱乐**不讲**,一上午就浪费一个糟

老头,还没完没了,够烦的。

② 战后世界上许多发展中国家依靠某些外部因素的作用,在短时期内曾经出现过经济繁荣,有的甚至被誉为"经济奇迹",曾有5—7年的光景,纷纷陷入了所谓的"发展危机"。**且不讲**这些国家普遍出现的债台高筑、贫富分化、失业激增、通货膨胀、腐败丛生、犯罪率上升等社会问题,这些国家普遍存在着教育基础薄弱、科技落后、人口过度增长、生态环境恶化等"发展问题"。

③ 自己要是开成了肉铺,**先不讲**赚钱,就是赚点肉吃吃,落点杀猪水肥田也不错呀。

不可否认

上文讲的是一个背景情况,用"不可否认"表示确认在如上背景下发生了下文事实。如:

① 党政机关属"工薪阶层"的"清水衙门",生存的危机感,奔小康的诱惑力,使机关干部"官"念淡化,纷纷弃官下海。**不可否认**,下海者中的大多数在"海"里捞到了"金饭碗"。

② 那真是一个渴望着为自由献身的17岁少女每天遇到的各种奇异的梦。**不可否认**,那是充满着多多少少荒诞离奇的幻想的。

不可想象(真不可想象)

上一句提出一种观点或指出了某种情况,下一句表示与此观点或情况相反的结果,用"不可想象"表示这种结果是不可接受的,或者是超出意料的。如:

① 只有在日常学习与生活中观察了解异性,自然地与他们相处,广交朋友,建立友谊,才能破除对异性的无知和神秘感,有益于大学生性心理的健康发展。**不可想象**,没有与异性的广泛接触和交往,就匆匆忙忙谈恋爱,那还谈得上选择吗?

② 元旦,《股疯》一片在上海的大光明、曹杨、天山、永安和国泰

五家电影院同时首映。可以说是场面热烈,盛况空前。在大光明做首映式的时候,听说外面黑市的票价居然卖到50元一张,**真不可想象**。

不论(且不论、姑且不论)

所在句子表示在上句所说事件的影响下,可能或出现了某种结果,但这种结果并不是说话者关注的重点,重点是下一个句子要说的情况。如:

① 晚饭一般是吃面。炸酱面、麻酱面。茄子便宜的时候,茄子打卤。扁豆老了的时候,焖扁豆面,扁豆焖热了,把面往锅里一下,一翻个儿,得!吃面浇什么**不论**,但是必须得有蒜。

② 更有传媒报道,巩俐新婚大喜之日,意外地收到税务局的"超级大红包"——补税通知单,据称她欠税5 000万元!而据称巩俐对记者的求证一脸愕然,声称自己一向老老实实地缴税报税,从未收到什么补税通知单。

且不论毛阿敏、巩俐是否逃税,有一点是无法否认的事实,在演艺界有一个约定俗成的规矩,每每谈及报酬,指的均是税后款,也就是说,大腕们总是希望把缴税的工作留给合同中的另一方,而自己,既获得心理价位中的酬劳,又不至于承担缴税的义务。

③ 与合同上的两个原百分数差距太大,等于强词夺理。正如对方所言,等于从基础推翻合同。**姑且不论**他是否能够做到,一千三百多名可重新被吸纳为工人的人,要不恨死他才怪呢!

不瞒你说

表示下面所说是一般不便坦言的话。主要包括以下几种情况:

1. 传达私密信息。如:

① 那也不碍事的,没有那样的心情,用不着勉强。**不瞒你说**,

以前我同相当多的男人睡过。说到底,是因为害怕。

② 亏得你给我介绍认识了郑局长,才起死回生了!咱而今挣了钱,**不瞒你说**,今年真的挣下钱了,咱心里过意不去,给郑局长送一点东西,全是报恩哩!

2. 发表于对方不利的意见。如:

① 唉,**不瞒你说**,你如果要经商,我在经济上是无法帮助你的!

② 咱们现在这工作开展得的确很顺利、很有成绩,顾客也在不断增多,可我对这个工作的某些工作方式及其效果不大舒服,**不瞒你说**甚至有些反感。

3. 议论他人的不好。如:

① 你做梦也想不到她有多少钱。这些年,**不瞒你说**,她的财富有一多半是靠残酷剥削自己的男人获得的……

② 二爷!你瞧,这事怎么办?我是最怕应酬,偏偏遇到了应酬。**不瞒你说**,我们那位王先生,性子是很古怪的,我也不愿……

不免

上文表示某人所见所闻或所想的情景,下文表示此番情景引起的心理感受。如:

① 日来偶纵步东郊北园一带,看到它们(指黄叶)那样稀疏地挣扎于萧索的寒气中,**不免**一股哀戚之情为之掀然鼓动起来。

② 我因为居于此地,听到来自各个方面的指责和抨击已经太多了。来自其他方面的且不去管,但有些话出自我的挚友和爱人口中,**不免**让我稍稍痛苦。

③ 换好了被,我躺下来。一天的奔波使我的骨节都不听使唤了。想起这么一个店,就我这么一个旅客,**不免**有些瑟缩了。

不能不说

上文指出了一种说法或一种结果,下文表示虽然不赞成这一

说法或结果,但承认其有合理性。如:

① 父亲说:"所以,一个人老是为了别人着想,倒霉的就只能是她自己。你想想,这个世界总得有人走运有人倒霉,她不许别人倒霉,那么就只好留给自己了。"

栖对父亲这套说法又好气又好笑。栖想父亲的自私有点炉火纯青了。可**不能不说**父亲的推理是符合逻辑的。

② 近十年的山村生活,虽然磨炼了她,但家境的困顿以及父母的政治身份所带来的前途和婚姻的一次次挫折,终于摧毁了她精神上的支柱,因此姐姐的出嫁,**不能不说**是她对生活压力的大败退!

不巧(不巧的是、很不巧)

上文表示采取了某一行动或某事应该出现某种结果,下文表示出现了影响上述行动或事件结果最终实现的不利情况。如:

① 我还是去看了李老师与陈老师。**不巧**,两个人都不在。

② 航管站的瞭望哨位,在瓢儿凼下游一百五十米岸上,按理可以同时望见大轮船与小帆布艇,给予警告。然而**不巧的是**,近日在其一侧辟了一块地方,临时堆放附近一大工程的若干吨水泥,还因此搭了一个竹棚,遮挡了部分视线。

③ 火势越来越大,大家一面抢搬东西,一面灭火。**很不巧**,那天蓄水池中正好没有水,大家只好排成几百米的长龙。

不如(莫不如、还不如)

针对上文的情况,提出下文的建议或做出自己的选择。如:

① 你一个男人,带着个孩子,工资又不高,是麻烦,焦心的事多。**不如**把孩子放我那儿,我给你带着。

② 杨进兴生性狡诈,知道自己血债累累,万一被解放军抓住,十个脑袋也不够抵债的。他一想剩下的囚犯反正不归自己管辖,

莫不如早点逃命。

③ 日子一天天无事过去,跟自己毫无关系,似乎光阴不是自己真正度过的。转瞬就会三十岁了,这样老得也有些冤枉。**还不如**生个孩子,减少些生命的空虚,索性甘心做母亲。

不是

1. 在出现不利于说话人或说话人不赞成的事情时,说话人用"不是"引出申辩或反驳,同时表达不满情绪。"是"的读音很短很轻。如:

① (语境:志新回家后看见黑板上有批评他上厕所不冲马桶的内容。)

志新:**不是**,这是谁吃饱撑的,写这乱七八糟的? 圆圆给我擦了,我跟你说要不我跟你急啊!

圆圆:爷爷写的,你干吗冲我来啊?

傅明:看,击中要害了吧,啊。这个,黑板报威力大,人民拥护敌人怕。

志新:**不是**,我说您这么大岁数怎么敌我不分哪,这个。**不是**,我给擦了。

② "怎么饭上得这么慢?"吴胖子掉脸喊起来,"饭馆饿死人啦!"

"来了来了。"老板娘闻声过来,"稍等稍等,马上就来,疙瘩太多,且得炒会儿。"

"**不是**你们瞧不起人是不是?"吴胖子指着老帽儿发脾气,"我们这位先生有钱,多给你一倍饭钱也不在乎。"

2. 引出对上文进行修正的话。如:

① 王:别提了,我跟您说呀,我是选错了行儿,进错了门儿。我,我当初我就该当炼钢工人去。

李:也是。管饭的长成您这样,就像管钱的镶大金牙一样。

诶，**不是**，我这比喻不对啊，瞎说。

② 这当时拍那个电视剧《贞观之治》，作为编剧啊，面临一些选择，比方说，要让老百姓看哪，这得编一点好看的，据说编过一个，说窦建德的女儿潜入唐太宗的皇宫，跟唐太宗发生了婚外恋，**不是**，皇帝啊不存在什么婚外恋。

不是吗（难道不是吗）

上一句提出一个结论，下一句是用事实来证实这个结论。如：

① 您苦恼的是画那幅《安加利之战》的颜料总调和不好，**不是吗**？您上星期刚画好的部分已经往下脱落流淌，您那用鸡蛋黄调制油彩的方法有问题啊，上帝怜悯您！……

② 但是，十九岁的金枝小姐打从记事儿的时候起，至今也不过十五年吧，她就能挺身作证，北京的天气一年比一年暖和了。**难道不是吗**？小时候她和金秀都堆过雪人儿，冬三月，棉衣、棉裤、棉鞋不离身，出门还得用"棉猴儿"捂得严严的。这几年呢，整个冬天压根儿就不穿棉。

不是说的（咱不是说的）

引出显摆自己的话。如：

① 咱写的那字，**不是说的**，方圆千百里没有写那么好的。不信你去问问。

② **咱不是说的**，要不是我去说情，他早给人抓起来了，还能混到现在？

不是我说（也不是我说）

1. 引出夸赞某人的话。如：

① 好立本哩，你根本不敢小看加林。**不是我说**哩，这一条川道里，和他一样大的年轻人，顶上他的不多！他要文有文，要武有武，

性子硬,心计灵,一身的男子汉气概!

② "**也不是我说**,老爷子,"她撇着点嘴说,"要是有儿子,不像我就得像祥子! 可惜我错投了胎。那可也无法。其实有祥子这么个干儿子也不坏! 看他,一天连个屁也不放,可把事都做了!"

2. 引出责怪某人的话。如:

① **不是我说**,你这个人像小孩子一样,一点儿事闹得人人都知道,真是犯不着。

② 我们学校中国人多,数学成绩好,考虑的话应该和他去美国,而不是闹到今天要离婚。**也不是我说**,和打卤这种档次的男人结婚还不好好经营婚姻,怪谁捏!

不是我说你

引出对别人的批评。如:

① 卢小波说:"这世上还有没有公道,金苟打人,我顶他坐牢,结果他倒成了青工尖子,选拔去开车。我呢?"书记说:"小卢呀小卢,**不是我说你**,你这么吵也没有用,关键是上面不同意你上。"

② "大嫂! 我输了一千五呢!"

"二弟!"她咽了口气:"**不是我说你**,你的胆子可也太大了! 一千五!"

不是我自吹

表示上面或下面所说的是自我夸耀的话。如:

① "是的,例如爱,以及平和安稳、美满的家庭,单纯的人生。"说着,五反田在脸前合起双手,"嗯,知道吗? 假如当时我想得到,这些是可以得到的。**不是我自吹**。"

② 我在这半年干得非常卖力。**不是我自吹**,还作为月度最佳职工受过表扬呢。

不说₁（且不说、先不说）

1. 用于话题或情节之间的转换，先放下当前的话题或情节，改说另一个话题或情节。如：

① 谭凌霄的住宅盖成了。**不说**他这所住宅有多大，单说房前的庭院：有一架葡萄、一丛竹子、几块太湖石，还修了一座阶梯式的花台，放得下百多盆菊花。

② **且不说**晋阳保卫战。再说京城里，一场政治斗争正在进行中……

③ **先不说**这场官司结果如何，这里首先要说说赵厂长的起诉要求中提到的要求"按《票据法》的规定判令被告给付发票"的问题。

2. 表示递进关系，用于递进关系前一句的开头或末尾。如：

① 有一天赌到半夜，他赢了六百块，结果被公安局抓赌抓住了，钱被没收了**不说**，还劳他又蹲了三个月拘留所。

② 说到下面的吃喝风，那是很难刹住的，我们那副部长确实不喜欢下面搞宴请，**且不说**按规定不该搞那种宴请，就是规定允许，我们那副部长也是个最厌烦饭桌上应酬的人。

③ 把金枝还给你？哈，这就更离谱儿啦！**先不说**人家愿不愿意当我媳妇儿。就算愿意，人家也不是一件什么东西，由得着咱们让来让去！

不说₂

1. 引出一个否定的让步句，相当于"即使不算"。如：

① 我们干部老化的情况**不说**十分严重，至少有九分半严重。

② 两个人一直走得挺近，**不说**是"青梅竹马"，也应该说是"发小"了。

2. 相当于"不"，所在的句子表示应该做的事没有做，紧接下来的句子表示不该做的事反而做了，有抱怨的口气。如：

① 本来说好了，一人一期的版面，我现在弄两期了。啊，饶着帮了你忙，**不说**哄着点儿。还弄得像我欠你什么似的。

② 大晚半晌的**不说**回家歇着，非站马路当间儿冒充交通协管员，先是要罚俩拉泔水的"板爷"300块钱，后来又拦住一"小面"要处理"交通事故"，进了派出所，还嚷嚷着向警察要肉吃。

不说别的

举出一个特殊事例来说明上文的观点。如：

① 他希望一张(灯架)卖五十两。少说，也能卖二十两。**不说别的**，单是乌木灯架，也值个三两二两的。

② 恕我直言，按您现在这穿着打扮，这东西带在身边准给您招祸。见财起意也好，诬良为盗也好，这世界上什么人都有，黄鼠狼可专咬病鸭子。**不说别的**，就来几个青皮无赖，找由子跟您打一架，就势把东西抢走，您能怎么着？

不算

表示递进关系，后附于递进前句，读得较轻。如：

① 在秀水市场，不时出现个两米多高的黑人篮球运动员，或者又来个体形小巧的体操选手，自己购物**不算**，回去后还带了队友再来。

② 好大的胆子，骂了我们兄弟**不算**，连皇上也敢骂了。

不想着

相当于"不"，所在的句子表示应该做的事没有做，有抱怨的口气。如：

① 记者便不好意思地打扰他们说："你们楼顶上的国旗是不是归你们管？"估计那几位保安没弄明白记者是什么意思，还以为是个过路的，于是就很盛气凌人也很诚实地说："是归我们换，但我们

一般都不上楼顶去,去年国庆挂上后,我们再也没动过。""哇,都半年多了,那怎么**不想着**换洗换洗?"

② 你瞧我这裤子皱皱巴巴的样子,也**不想着**给我熨熨!

不消说

表示递进关系,用在递进关系前一句的句首。如:

① 觉得自己真是中国"白领阶级"之一员了的韩德宝,变得举止斯文了,变得气质"贵族"了,变得谈吐矜持了,变得很像个人物了。**不消说**在厂里是那样,在路上,在公共汽车或出租汽车里,在地摊前或商场,更是那样。

② 他有四十来岁了,听说挣七十块钱的工资,**不消说**学历、教龄都比杨老师强;而且他讲话比杨老师风趣,头一堂课就把我们逗得不断发笑。

不信

针对对方的疑惑,引出一个使对方释疑的建议。如:

① "你现在是绝对不行了。"肖超英说,"过去我也喝八两没问题,现在三两就头晕。"

"别逗了,照样,**不信**咱们就喝。"

② "怎么啦? 您哪!"

"怎么啦? 咸啦! 您打算叫我吃盘炸丸子咳嗽仨月是怎么着?**不信**你尝尝?"

不行(再不行、不行的话)

针对某种情况,引出一个建议或决定。如:

① 当他们检查了50辆车时,王勤利突然感到胸闷、背痛,便让身边的民警给他捶捶背、反背背他,民警关切地询问:"王导,没事吧,**不行**你就歇着。"

② 他让杨妈告诉翠花,先用这钱过下去,**再不行**,就拿这扳指去当。他会给她再想辙。

③ 以前我曾亲耳听见当时的国家队有人说在国家队里踢不踢球无所谓,**不行的话**就回俱乐部去挣钱。

不要说

表示递进关系,用在递进关系中前一句的句首。如:

① 上中农离地主富农就不远了。这三十年**不要说**直起腰说话不硬气,那罪孽再结实的身子骨也让他熬不过来。

② 一旦中国抛弃社会主义,就要回到半殖民地半封建社会,**不要说**实现"小康",就连温饱也没有保证。

不用说

表示递进关系,用于递进关系前一句中。如:

① 抗洪抢险的时候您总是背着五十公斤重的沙包在堤上来回奔跑;可是我,**不用说**扛沙包,就连上体育课跑八百米都受不了,不是脚酸就是肚子痛的。

② 战斗越来越激烈。我头顶上有挺机枪,因此我这一楼也沾了光:**不用说**玻璃一块不剩,连窗户扇也打碎了。

不由分说

上文表示出现了某种情况,所在句子表示某人发现了如上情况后,坚决迅速地采取某一举动。如:

① 曲时人本能地移动着脸,胳膊上的手立刻像铁一般箍紧,这是拒捕!**不由分说**,像扯着条不听话的狗似的,他们把他扯走了。

② 当时我正用斧子砍一根木头,费了很大劲儿也没有砍断。那是一根足有碗口粗的红松木。哑巴巨人走了过来,**不由分说**操起松木,用手轻轻一掰,松木断裂成三截。

不知道₁（不知）

相当于"不"，所在的句子表示应该做的事没有做，紧接下来的句子表示不该做的事反而做了，有抱怨的口气。如：

① 外面累了一天了，回来他都**不知道**心疼人，还气我，理都不理我。

② 你们就只配没人心地打着骂着使也罢了，一个病人，也**不知**可怜可怜。他虽好性儿，你们也该拿出个样儿来，别太过逾了，墙倒众人推。

不知道₂（殊不知）

表示下文的情况出乎意外。如：

① 鸿渐说这一篇话，随时准备她截断，**不知道**她一言不发，尽他说。这静默使他愈说愈心慌。

② 谁也晓得牛老头是老好人，而她是诸葛亮，聪明人就是有这点毛病，老以自己的渺小当作伟大，**殊不知**历史上并没有这样的事。要是有的话，人心早变成豆儿那么小了。

不知为什么（不知道为什么）

1. 表示对下文的结果感到疑惑。如：

① 这是一家门面不大的药店。**不知为什么**，这药店的东家用人，不用本地人，从上到下，从管事的到挑水的，一律是淮城人。

② 果子呢，须要剔选一番，而后付运，以免损害了农场的美誉。**不知道为什么**那些落选的果子仿佛更大更美丽一些，而先被运走。

2. 表示下文的结论是自己的直觉。如：

① 不探问别人的私事——我尊重这种西方的礼貌。**不知为什么**，我断定他到重庆去是为了某件私事。

② 像我今天看见青年情人们在一处，全不眼红。**不知道为什**

么,我只觉得他们幼稚得可怜,还有许多悲欢离合,要受命运的捉弄和支配。

不知怎么搞的

表示对所讲的事情感到奇怪。如:

① 那一天同学替我取出家中寄来的钱。刚给我。是一张一百元的。因为穿着裙子,上下没个兜儿,就夹在笔记本里了。然后又直接到图书馆去看书。**不知怎么搞的**,钱又被夹在书里了。

② 白小娴近来神思恍惚,目光呆滞,似乎受到了什么巨大刺激。而且,据她宿舍的同学反映,她和谁都不说话,动不动就大发脾气。最近又威胁说要绝食,**不知怎么搞的**。

不中

根据上文情况,引出下文的建议。如:

① 我看着这俩孩子挺般配的,**不中**你去给说说? 你别有顾虑,说不成也没关系。

② 你怎么整天愁眉苦脸的? **不中**跟我出去转转,散散心。

长话短说

略去事情的过程或细节,简单讲出原委或结果。如:

① 一位农妇在田里拣到块硕大无朋的金刚钻。孰料风波迭起,引发了一场钻石之争。

长话短说。1994 年 4 月 28 日上午,山东省郯城县沙堆乡小塘村农民魏元红在其娘家责任田里培土时,无意中刨出一块晶莹剔透的石子儿。只觉得好玩,也没当回事地就揣进了衣兜。

② 小兴儿是她的私生子……这事儿说来话长,**长话短说**吧。陈玉英是明星不是? 要脸面,不愿意去医院打胎,就托熟人找我,想吃中药。我不同意,后来她又不打胎了。

常言道(常言说、常言说得好)

引用熟语,包括俗语、谚语、格言、警句等来说明某一事实或道理。如:

① **常言道**天有不测风云,人有旦夕祸福,后来我又过徐州一趟,却听说那位许团长遭了事身陷囹圄。

② 你别急,**常言说**"慢工出细活",你这房子不是住了一辈子就不住了,将来传到孩子手里,也得叫他们看了高兴。

③ 她手上又没有娃儿,未必就守一辈子寡么?**常言说得好**:寡酒难吃,寡妇难当呢。

扯远了(别扯远了)

表示前面的话远离中心话题了,下面将回到中心话题上去。如:

① ……

瞧,**扯远了**,我们还是来说石大爷吧。

② ……

好,**别扯远了**,咱再接前面说吧。

成了吧(行了吧、好了吧)

用于句末,其前可有停顿,表示前面的话是被迫向对方的要求做出让步。如:

① "我知道,你瞧不起我,可你也不会老让人家瞧不起我吧?毕竟咱们好过。"挤兑得大山把这话都说出来了。我终于可以"投降"了,"得得,什么都别说了,我答应**成了吧**!"

② 不想和你吵! 都是我错**行了吧**? 以后我学习都不学了就天天跟着千金,帮她弄这弄那,**行了吧**!

③ 老板说:"我可告诉你,钱是不给的,一个钢镚儿都不给!"五富说:"那我就被脏水白溅了? 那我也给她溅溅。"说着手往脏水桶

里伸。我把五富制止了。老板说:"你还会来这一手!好吧,念你是个拾破烂的,我可以让进来收些破烂,楼上有两个门框和三个窗框,铝合金的,便宜卖给你们,**好了吧**。"

吃饱(了)撑的[真是吃饱(了)撑的]

表示对前述行为的负面评价,认为其不理智、多管闲事或没有意义。如:

① 难道烧东西就可以解决问题么?不止劣还很低能、幼稚。**吃饱撑的**!

② 打骚扰电话也就算了,还那么理直气壮!大早晨的,**吃饱了撑的**。

③ 我怎么吃饭不喝酒也胡说八道?**真是吃饱撑的**,瞎扯淡。

④ 我说你哥也是,没事去拦什么火车,**真是吃饱了撑的**!

吃错药了(是不是吃错药了)

表示对对方行为的负面评价,认为其行为不可理解。如:

① 公主擦擦眼泪,"如果我去救范吉射,你能帮我什么?"范虎说:"哇,范吉射对你这么坏,你还去救他?**吃错药了**?"

② "快把我衣柜整理好。"

"弄好了,昨晚把房间彻底收拾了,还给你买了个新枕头。"

"突然变这么好**是不是吃错药了**?"

吃枪药了

表示对对方讲话态度的负面评价,认为不客气、不冷静。如:

① "我暖你。"

"不需要。"

"那你需要谁?"

"你管呢!"

"吃枪药了,不管你行吗? 不想让你感到孤独寂寞。"

② "喂,你好!"她先来一句轻松的问候。

"好个屁!"

"今天咋的啦? **吃枪药**了?"

瞅瞅(你瞅瞅)

提示对方注意某一情况,以引导听话者赞同自己的看法或情感倾向。如:

① 下线以前,端木玉打出了最后一段文字:老公,今晚的月亮好圆啊。不过,嫦娥的眼睛看上去忧伤暗布,流溢出浅紫色的哀怨和凄迷。桂树的枝叶婆婆娑娑,有淡香弥漫,丝丝缕缕,挥之不去。我的心思呈深蓝色,如同静海深流。

瞅瞅,很小资,很情调,很风花雪月呢。

② 那,水是从哪里来的呢? 姨太太烧的。**你瞅瞅**,就是出了这么一点力气,这姨太太的名分落着了,你说说不服人家行吗?

除(除了)

表示递进关系,用于递进关系的前一句开头,在句尾可有"之外、不算"等与之配合。如:

① 杜梅在外面总很给我挣面子,**除**有几分难得的姿色,且举止大方,从不扭捏,令其他男士肃然起敬。

② 为了严惩这伙人,**除**了重判他们之外,还将他们一伙用卡车载上,去他们的工作和居住地点游街示众。

③ 我家住潭柘寺地区,目前要到离单位 40 余里远的地方——门头沟邮局去领,每去一次,**除**要花四五元车费不算,还要走一段路。

从根儿上说(打根儿上说)

表示下面所说是问题的本质。如:

① 我够了,**从根儿上说**我不是一个当官的人。我准备再干一年不干了,我宁肯当个无拘无束的人。

② 我专为和老二捣乱,才和她来往;不然,谁有工夫招呼她? 男与女的关系,**打根儿上说**,还不是……? 为这个,我何必非她不行?

从另一方面说(从另一方面讲)

表示换一个角度来看上文的问题。如:

① 将减刑权力分散,从根本上铲除了徇私舞弊的土壤。服刑人员想早日回归社会,就只有好好改造一条路。**从另一方面说**,也让家长断了通过其他途径为孩子谋得减刑的想法。

② 很多看起来是很复杂很艰难的事情,真正扑下身子干,实际上并没有那么复杂,那么艰难。**从另一方面讲**,为群众办实事,又不很容易,这不仅需要觉悟,还需要能力,需要艰苦地、卓有成效地工作。

从另一个角度说(从另一个角度讲)

表示换一个角度来看上文的问题。如:

① 可以想想,假如祖国山河破碎,积弱积贫,那些居住在大洋彼岸的华人怎么能扬眉吐气,又怎么能欢天喜地地举行庆典活动? **从另一个角度说**,一个国家没有实力,没有威望,没有地位,又怎么能赢得别人的尊敬和礼遇?

② 毕竟这是一个拥有900多万人口的城市,市场怎么可能不大。**从另一个角度讲**,客户不是没有需求,可能是因为不知道有这样的设计。

打个比方(打个比方说)

表示下文是个比喻。如:

① 爱爱,正巧咱大婶来了,这种事,别看我养了五六个孩子,我

也没经验。**打个比方**,婶子走过的桥,比咱走的路都多,吃过的盐,比我吃的米也多。你和咱婶子说说吧,叫婶子给想个法子。

② 你来到这里,就会如我般同样地发现,这里的人显然要比电视里的人们更有意思。**打个比方说**,如果你想了解苍蝇,那么就该去看落在咖啡馆里的苍蝇,因为那里是观察它的最好的地方。

打开天窗说亮话

表示自己或让别人就某事坦率真诚地发表意见。如:

① "银行里有不少人一直希望你当总裁。"

"**打开天窗说亮话**,我自己何尝不想!"

② 他们自会慢慢亲热起来,这孩子会忘掉那另一个姑娘。让他们在一起吧。**打开天窗说亮话**,您肯不肯把雅金卡给他呢?

打住(打住吧)

感到自己或别人的话有说得不合适的地方,或者听烦了别人的话,停止或制止再说下去。如:

① 即使在我犯了这三类错误以后,我也还要对你们说——我瞧不起你们!噫!不好了!**打住**!**打住**!我这篇笔记是该就此打住了!言多必失!而且我已"失"过几次了!

② "……一想到祖国重托,人民的期盼,我脑子里就没个人的地方了。再说,好钢用在刀刃上,好酒用在国宴上。我唐元豹的下水本是捂臭了也端不上桌的玩意儿如派了这么大的用场让全国人民松了口气既是我的光荣它也不冤战马阵前死壮士刀下亡青山处处埋忠骨何必马革裹尸还至今思项羽做千秋鬼雄死不还家……"

"**打住吧打住吧**,我们很明白你的意思了。"

大家知道(大家知道的)

引入说话人认为听者已知的信息,作为后续议论的依据或前提。如：

① **大家知道**，作文是认识水平与表达能力的综合体现，要评选作文，就要从"认识与表达"这两个方面来作综合的考量。

② "我冯幺爸，**大家知道的**，"他心里不好过，向着大家，说得慢吞吞的，"我在这街算不得一个人……不消哪个说，像一条狗！……我穷得无法——我没有办法呀！……大家是看见的……脸是丢尽了……"

大体上说（大体上说来、从大体上说）

表示下文是就事物的主要方面来分析得出的结论。如：

① **大体上说**，虽然鬼是从人变的，人死后是鬼，但是人却又怕鬼。另一面，人虽然怕鬼，却又喜欢听鬼故事。

② 这些气质特点在婴儿期就有其初步的表现。**大体上说来**，婴儿可分成容易的、困难的和迟缓的三种类型。

③ 因此，庄先生成为亲友中的重要的人，成为商店饭馆的熟客，成为地方上的小绅士。他是个好人。**从大体上说**，他也是个体面的人。

大致说来（大致来说）

简略地说。如：

① 结果，直到秋天降临我绘出的仍仅仅是极其模糊粗糙的镇子轮廓。**大致说来**，地形以东西向为长，北面的树林和南面的山丘南北向翼然鼓出。

② 所谓"中文平台"，并没有精当的定义。**大致来说**，它是用以支持中文应用软件，为计算机提供中文环境的软件系统。

呆会儿

所在句子表示假设的条件，下一句是这个条件下可能的结果。如：

① 风把鱼铺子吹响了。老刚盯着铺门缝隙里旋进来的雪花，轻声咕哝着："唉，**呆会儿**风搅起雪来，他们会在大海滩上迷路……"他说着，起身去拨炉里的火。

② 我不是叫你上马桶，而是说，**呆会儿**你想尿了，起来上马桶。

单说

表示另起新的话题。如：

① 先不说她是一位老人却讲不了地道的天草土话，**单说**"从小"在外国生活，从她的服装和表情看不像是在欧美生活过，那么这外国又意味着什么？……

② 香莲到佟家一个多月，天下怪事儿乎全碰上，就差没遇见鬼，单是佟家养的花鸟虫鱼，先前甭说见，听都没听说过。**单说**吊兰，垂下一棵，打这棵里又蹿出一棵，跟手再从蹿出的这棵当中再蹿出一棵来。

但（但是）

在别人说话的过程中间，用来抢过话头。如：

① 主持人：所以那天文道就跟我感慨啊，说很多批评的人明显就没有看过李林这本书嘛。

梁文道：对，看都没看——

许子东：**但但但**他这样的一个词儿就引起了大家注意，这也是一个很好的一个销售策略。

② 主持人：都要做切实的研究功夫，才晓得它的过去如何，才能够知道它现在如何？知道它现在才能推测它将来的趋向是怎样的？他的意思是说呀，知己知彼，百战不殆。

王新生：嗯。

梁文道：对——**但**这个——

主持人：你哪怕是把它当敌手，恐怕你也需要了解它。
　　王新生：嗯。
　　梁文道：**但是**问题是这是1928年讲的，到今天好像还是很准确，为什么？

但见(只见)

　　表示由上文背景描写转向下文前景描写。如：
　　① 这时，只听主人一声断喝："强盗！"**但见**一个十八九岁戴学生帽的倔小子正往外跳篱墙。
　　② 锺书跑进那家咖啡馆，**只见**"天仙美"的爱慕者独坐一桌，正在喝一杯很烫的牛奶，四围都是妓女，在窃窃笑他。

到时候

　　提示某人注意后来可能出现的情况。如：
　　① 你看你这个人，一点政治嗅觉都没有，**到时候**后悔就来不及了。
　　② 宁宁，妈妈真是想你。希望能快点把你接来。我会给你布置一个漂亮的房间。就像姨姥姥家照片上的那样。妈还会给你买很多很多的衣服。这儿的商店可多了。**到时候**妈妈陪你逛街。陪你到百老汇去听你父亲拉琴。

到头来

　　表示事情发展到最后出现了下文所说的某种不好的结果。如：
　　① 杨妈老是说，维着这个家，维着这个家，这个家是不是真能维得往？**到头来**你才发现，惨的是你，是最惦着维这个家的你呀……
　　② 我明白朱处长的意思。你是说怕鲁夫写文章说他自己那本

书全是胡编乱造的？那他就写吧。**到头来**只会让人家说他不是东西哩！

到现在（直到现在）

表示下文的情况和以前比没有变化。如：

① 我们穷得多么可怜！大家胼手胝足干了三十年，**到现在**还在治这个穷病，然而，我们又大手大脚地花了多少冤枉钱哪！

② 金枝进了里屋，金秀却没有跟进来。自从她在北屋跟杨妈哭一通回来，她就没进去过，更没搭理过张全义。**直到现在**，她还是不想进去，可又不愿让妹妹看出来，便在外屋翻箱倒柜的，好像忙活着什么。

到最后

表示事情发展到最后出现了下文所说的不好的结果。如：

① 十余年间，有不少地方太平军和清军进行过多次拉锯，每次又把灾难重复一遍。**到最后**太平天国自己内讧，石达开率十万余人马离开天京在华东、华中、西南地区独立作战，重把沿途的经济大规模地洗刷了一遍，所谓"荡然无存"往往已不是夸张之言。

② 最令人诧异的是，不管姐姐说得有多难听，老三自始至终一声没吭。只是偶尔能听到他吸烟划火柴的声响。**到最后**，硬是让老三媳妇跑来当着姐姐的面，狠狠地数落了他一顿，给姐姐赔了不是才算了事。

得 dé 了（得 dé、你得 dé 了）

1. 表示结束当前话题，以引入另一个话题。如：

① 诸葛亮一听就明白了。心说：这不是让我造箭哪，是变法儿要我脑袋呀！工、料都不凑手，怎么造啊？一琢磨：**得了**，干脆我"借"去吧！

② 良心是不能敷衍的！**得**！我不愿再说了，你有什么事？

③ "将军之言差矣。学生所说的是三纲五常……"

张献忠截断他说："**你得了吧**！你们讲的是三纲五常，做的是男盗女娼。"

2. 表示不赞成某种说法或做法。常说成"得了吧""你得了吧"等。如：

① "（他）说潘佑军好，比你对我好。"

"**得了吧**，我还不知道他，在外边花着呢。"

② "你气？我还气呢。我气上还加着担心，心都快碎了。"

"**你得了吧**，气你还能睡得着觉？"

3. 回应对方，同意对方的要求或建议。只用"得了""得"。如：

① 破风筝：你又想错了！珍珠准去帮你一场，你接你送，一个钱不要！可是，你得先认错儿，说你以前对不起我，以后不准再跟我捣鬼！怎么样？

白花蛇：大哥，您真有一套！**得了**，我认错儿，我这儿给您请安了！赶到十点半，我来接她！大哥，可不许变卦呀！

② 四嫂：刘巡长，二嘎子呀，可是个肯下力、肯吃苦的孩子，您就多给分分心吧！

巡长：**得**，四嫂，我必定在心！我说四嫂，教四爷可留点神，别喝了两盅到处乱说去。

4. 根据自己或对方前面说的话，引出下面的结论。如：

① 您是媒人，我就仗着您啦；自然您是为好，才给我说这门子亲，**得了**，您作好就作到底吧！

② 甲：狗一闻鞋上有屎味，把鞋叼跑了。

乙：**得**！又丢一只鞋。

德性（德行、臭德性）

1. 当对方对自己有不客气的言词或举动时，用来回应对方。如：

① 徐焕章说:"住口！我们这谈论国家大事,哪有你说话的地方?""**德性**!"他女人往地上啐了一口,出门把白旗解下,扔在了书案上。

② 一天大脸上搽着劣质粉还以为自己好了不起的德行,对人说话一副高高在上的语气,凭啥听你说? **德行**！

③ 老婆就瞪圆了牛眼,吼:"你个倒霉鬼,做梦搂大闺女,想好事儿呀? 包饺子包饺子,家里穷得丁当响,哪有白面?"

蚊腿忍不住喷了火气:"**臭德性**! 忘了? 去年的这个时候,二姑给过咱一袋面。"

2. 当对方有得意自夸的表现时,用来回应对方,表示不以为然的态度。如:

① 老张和人吹牛:"我们做农民好! 做烦了就改行做其他。不像那些干部,一辈子都干一份工作,腻死。"一过路人听到抢白道:"**德性**。人家一个月的收入,可抵得上你一年养 3 头大肥猪的毛利呢!"

② "**德行**!"电视镜头转到看台上,一帮不知是哪个邻邦的观光客在美滋滋地观看、拍照,马林生骂了一句。

③ 我只得与朱秀芬们为伍,眼巴巴地看着那边一堆人又笑又叫,热闹非常。"你跟他搞得挺熟,叫你都用外号了。"朱秀芬对我说。

"嗯,我喜欢让人觉得我没什么架子。"

"**臭德性**。"朱秀芬喝着用开水冲菜渣做的汤白我一眼。

等到(等)

所在句子表示在以后可能出现的某个特定条件,下文表示在此条件下做什么或产生什么后果。如:

① 你呢,成年际拉车出臭汗,也该漂漂亮亮地玩几天;我呢,当了这么些年老姑娘,也该痛快几天。**等到**快把钱花完,咱们还是求

老头子去。

②"对对,咱年轻人都挺纯洁的,别学那老文痞的作风。"

"对对,**等**咱老了,咱再压制年轻人,不许他们冒头。"

等于说(这等于说、就等于说)

表示其后的话是从前一句推导出来的。如:

① 让我们的文学更彻底地向小说戏剧发展,**等于说**要我们死心塌地走人家的路。

② 教员们见面时总在家长面前夸奖这些孩子们有种、聪明。**这等于说**教授们的孩子智力高。

③ 按照社会习惯来说,一个人进了历史博物馆,**就等于说**他本身已成为历史,也就是说等于报废了。

都说

所在句子表示一种传言,下一句表示事实验证传言的情况。如:

① 铁匠父亲一掬老泪,仰天长叹,**都说**你会衣锦还乡,买地盖房,修坟筑庙,谁想到你还是空着手回来了。

② **都说**你会打人,我还不信,今儿个我这么一瞧唯,你是会打人。你这边再打一下,省得偏喽!

对

1. 肯定对方的说法。如:

① "他们要跟您笑,那就是恨你;要冲您瞪眼儿,那就是爱你——不拿你当外人。"

"跟我们反着?"

"**对**,一概反着,连红绿灯都是反着的。"

② 杨妈打断他的话:"妈知道西山远,才派你当面去请哪! 咱

是北京人,得讲礼貌,对长辈,不许打电话叫人。"

"**对**,干脆派八抬大轿去抬吧!"

2. 出于礼貌,在别人讲话时回应对方,表示自己听到了或在听。如:

① 甲:有一个性质问题(乙:嗯)吃喝的人和卖东西的人是一伙的(乙:**对**)包括托儿他们是一伙的。

② 甲:其实你这个问题很正常,人都是多重人格的,你环境不同,条件不同,比如说我,经常有朋友说,最爱骂脏话的是什么时候? 自己开车的时候,(乙:**对**)一看见有人在强塞车啊,撞车,那个不遵守交通规则,一般都车里头骂。但是呢,这个人有可能在平时的跟你公开交往的时候他是不骂人的,从来不骂人的。

对吧(你说对吧)

1. 希望对方对自己上面发表的意见给予肯定的回应。如:

① "后来……"李东宝看林一洲。"后来也没什么事**对吧**?"

"对,没大事,都是小事上过不去。"

② 孩子嘛,祖国的花朵,民族的希望,一年呢,就这么一个节,咱们当大人的,平时可以不管,到节了,总得为孩子们办点儿实事儿,诶,**你说对吧**?

2. 用于谈话中间,表示说话者主动跟听话者互动,希望对方认真听自己的话。如:

① 巡查想了半天,在地上画了个斧头镰刀图案。

"明白?"

虎子点头说:"明白! 这是干燥车的挂钩**对吧**? 这样的不好使,方头的好使……"

② 女士们、先生们,建议戒烟、建议少酒、建议微运动、建议吃早餐,试一试呗,才 99 天,坚持不下去也不丢人,**你说对吧**。与诸君共勉。

对不对(对不)

1. 用于一个人说话的末尾,表示希望对方对自己上面发表的意见给予肯定的回应。如:

① 栗晚成:……可是,你我的历史不一样,经验不一样,我能做的你未必能做,你能做的我未必能做。拿打篮球说吧,我的腿脚不灵便,打不过你。可是,要是打靶呢,我闭着眼也比你打得准,不是吗?听我的话,安心地在这里学习,**对不对**? **对不对**?

荆友忠:你说得很对!很有理!可是,我一旦打定了主意,就不轻易改变。

② 我内心更加烦乱了,外表也更加平静,说:"我已经牵头很久了。我们都是哥们,但总得有人牵头的。**对不**? **对不**?"他们都点点头,小心翼翼地,丁姆正在把最后一点血迹擦去。

2. 用于一个人说话中间,表示说话者主动跟听话者互动,希望对方认真听自己的话。如:

① 董延平双肘压在桌上,充满感情地说:"咱是老粗但不是流氓**对不对**? 见异思迁吃里扒外搞资产阶级自由化,那都是知识分子好干的事儿。咱们,你也不是一向顶瞧不上?"

② 这位的名儿我可忘不了,这是现在最有名的歌星陈玉英。您在电视里肯定见过她,**对不**? 您听她唱《浪迹天涯》没有? 太棒啦!

对了

引出突然想到的事情。用于以下情况:

1. 由前面的谈话联想到下面的一个问题或一件事。如:

① "于观呀,"冯小刚坐在床头说,"我们大家商量了,你为工作累病了,我们也要为你做点什么。你有什么愿望尽管说,我们一定让你尽兴。"

"说吧说吧,你该享受享受了。"大家七嘴八舌地说,"**对了**,我们还不知道你的人生梦想是什么呢? 当大使? 当表演艺术家?"

② 江：就是呢，不能让孩子啊，专认外国玩具，咱要不关心他们，行吗？这"六一"节了。怎么也得让孩子们乐乐不是？

何：江导为了孩子可真没少费脑子。那真是变着方儿的，什么点子都想到了，诶，**对了**，你们看哪。你们看，你们看。诶，晚会模型。

2. 突然发现自己的行为或说法不合适，用"对了"表示改变一种行为或说法。如：

① 坐吧，喝水吗？噢，**对了**，你喝不惯这个，回头我到汽车班给你偷一暖瓶柴油。这么着吧，你晒晒太阳。

② "小王啊，听说你在过去摔过跟头，"小王听了一愣，主任随后马上纠正："**对了**，这样说可能不合适，是经受过挫折吧，这是所有的人都经受过的。"

3. 突然想起而补充一个情况。如：

① 和平：爸，您看春生为即将到来的新生活激动得……

春生：是啊是啊，三天呐！我算算——九个饱六个倒外加三个热水澡哇！**对了**，赶上周末还能吃顿饺子！

② 那天去山上玩的有我、你、班长、英子、还有——**对了**，秃子也去了，他还用弹弓打鸟了呢。

4. 用于话语的开头，表示突然想起一件事要说。如：

① 志国：上班走了啊。

和平：哎。

志国：哎，**对了**，你给我点儿钱，我昨天钱给圆圆买鞋了。

② 我猜他不想让我陪着吧，也许他想自己待着想点儿什么，可我最害怕的就是他东想西想。"**对了**，"他突然说道，"你能在我爸的葬礼上念你在艾米莉亚妈妈的葬礼上念的那段悼词吗？"

哦

1. 对对方的问话进行回应，并引出下面的回答。如：

① "我是个作家，叫宝康，您没听说过？"

"**哦**,没有,真对不起。"

② "老赵,这个牙膏盖是颗什么?"

"**哦**,那是个黑炮。"

2. 对对方的请求进行回应,并引出下面表示自己态度的话。如:

① 李小兰脸红了,"我怕疼,请您轻点。"

"**哦**。"大夫说,"你别紧张,我尽量轻一些。"

② 她着急地嚷:"可我什么是三原色也想不出来呀!你能形容一下,你所见过的三原色吗?"

"这……怎么说呢?"他费力地思忖着形象的比拟:"**哦**,我们头上的天空是蓝的,脚下的大地是黄的……"

3. 对对方说话进行反馈,表示听到了。用多了会给人以冷淡或应付的感觉。如:

① 甲:就是势利眼。

乙:**哦**,有这一种人哪,眼窝子浅。

甲:是啊,有钱的他交际(乙:**哦**)老说好(乙:**哦**)没钱的他蹲得远远的。

② 要哭了,给我妈打超长的微信她只回我"**哦**",好冷淡!

4. 对某种发现表示感叹,并引出表示赞叹的话。如:

① 那骑手哥哥一次次地总是找不到久别的妹妹,连我们在一旁听着都为他心急如焚。**哦**,这是多么新鲜,多么动人的歌啊,它像一道清清的雪水溪,像一阵吹得人身心透明的风,浸漫过我的肌肤,轻抚着我的心……

② 那地方真美,**哦**,那是晚霞。

而且

1. 在别人说话中间抢过话头。如:

王新生:(日本还)缺乏近代工业所有的原料和资源,那么它能够创造出世界的第二大——

梁文道：还有地震。

主持人：嗯。

王新生：——经济体来，它这个民族有它的长处——

梁文道：**而且**我觉得印象比较，像拿现在中国跟它做一个比较的话，日本呢曾经有一段时间——

王新生：嗯。

梁文道：也就是它战后，它也做加工，也开始搞工业，就重新工业化的时候。

2. 用于说话中间。在词句不连贯时，临时用来占位，以保持自己谈话的延续。如：

主持人：包括就爷爷奶奶，那么宠着溺爱着他。现在他可以指着你的鼻子，一言不合，**而且**就是说，完全是为了我的需要，别的不择手段。可是当你这样说孩子的时候啊，这孩子给你犟嘴，就是说在学校，老师，老师讲课讲错了，我站起来挑他的错。老师就让我罚站——

李国修：嗯。

主持人：而且老师以后就把我打入冷宫，以后就，就这样，弄得孩子又越来越孤僻，**而且**就是说老师专跟那个班上他爸爸是厅长啊，他爸爸是局长那孩子，老师还给那孩子送礼物呢，过"六一"儿童节，所以孩子很看不惯，这个老师……

二话不说

上文指出一种相关的情况，下文表示某人在这种情况下不假思索地做出一种动作行为。如：

① 玛丽镇又有拥军的传统，还是战争年代，就在花丛中掩藏过八路军——那次几个八路军被鬼子一路赶下来，眼见要落入魔爪，危急关头碰到了玛丽镇的花农。花农们**二话不说**，就把气喘吁吁

的八路军拖进了花海深处的花丛中。

② 大锛儿原来只顾喝自己的酒,后来飘进他耳朵眼的话使他越来越难以中立,越来越兜他的火儿,等到三姐居然撕破脸抛出那不堪的暗示时,大锛儿便陡然冲出了珠串帘子,一个箭步窜到三姐跟前,**二话不说**,挥手就给了她一个大耳茄子,顿时使她的半张脸像下了油锅似的火烧火燎,身子也一晃荡,三姐便立刻鬼哭狼嚎地顺势往地上一滚,撒起泼来。

反过来(反过来说)

换到与上文对立的或相反的角度来考虑。如:

① 声音本来没有颜色,却能借助绘画的语言去形容它:浓重、清澈、华丽、厚度……那么,**反过来**也一定可以用音乐去形容色彩了。

② 我们怎能粗心地把赵姨娘视作一个没有嚼头的角色呢?**反过来说**,我们实在该为曹雪芹体现于这一人物形象上的艺术功力而大声喝彩!

仿佛是

表示下文是对上文的比喻。如:

① 风越大,他的抵抗也越大,似乎是和狂风决一死战。猛的一股风顶得他透不出气,闭住口,半天,打出一个嗝,**仿佛是**在水里扎了一个猛子。

② 人的自我有不同的侧面,在想象中会分别显现为不同的"子人格"。**仿佛是**在一个人的心中,有许多不同的"小人"。

废话

表示对方提出的问题不言自明,或对方的说法没有意义。如:

① "您来点酒吗?"餐是自助,名酒要另点,开瓶费是三位数,老一套。

"人头马科涅克。"

"开一瓶?"

"**废话!**"

② 郭燕:我想宁宁会理解我的,而且大卫也会喜欢她。

起明:什么? 你想让宁宁和那个大卫一块过吗?

郭燕:不,是跟我一起住。

起明:**废话**,那不是一样吗?

疯了

对上文所说行为做出负面评价,认为其有欠理智。如:

① 我需要钱,我要买我想要买的东西,我要买好多好多喜欢的东西。彻底**疯了**!

② 聊城春节期间文化活动安排日前出炉,春节元宵节期间,市文广新局将与有关部门联合主办元宵灯会,在运河文化博物馆等地举办有奖猜灯谜活动。**疯了**! 绝对是疯了!

概括地说(概括起来、概括地讲、概括来说)

表示下文是对上文的说法进行归纳、总结。如:

① 要实现四个现代化,搞好改革和开放,在国内需要有安定团结的政治局面,在国际上需要一个和平环境,根据这个情况提出了我们的对外政策,**概括地说**,就是反对霸权主义和维护世界和平。

② 现在世界上真正大的问题,带全球性的战略问题,一个是和平问题,一个是经济问题或者说发展问题。和平问题是东西问题,发展问题是南北问题。**概括起来**,就是东西南北四个字。

③ APEC是亚太地区最重要的经济合作组织,于1989年在澳大利亚首都堪培拉正式成立。现有中国、澳大利亚、加拿大、文莱、韩国、日本、墨西哥等21个成员。1997年温哥华领导人会议宣布APEC进入10年巩固期,暂不接纳新成员。**概括地讲**,APEC的组

织性质为官方论坛,秘书处对其活动起到辅助作用,其议事采取协商一致的做法。

④ 危害公共交通安全的犯罪表现形式是多种多样的,**概括来说**主要有三类:一是以危险方法危害公共交通安全的犯罪;二是破坏交通工具、交通设备方面的犯罪;三是造成交通重大事故的犯罪。

干脆

1. 根据上文或当前的某种情况,做出下文的决定,而且这个决定往往是超出常理或原来计划的。如:

① 到了秋天,水稻颗粒不收,稗子却如原始森林似的茂盛。比人高一头的株秆密密层层,连蚂蚱都飞不进去,穗头还特别大。这个地区的农业领导人灵机一动:**干脆**吃稗子!

② 他见这会儿才十一点多钟,又没有什么事做,就想**干脆**去医院看一下余姨。

2. 根据上文或当前的某种情况,提出下文的建议。如:

① 说实话,我真的帮助过不少人,全是无条件的。**干脆**你们写写我不成?

② 今天我和金枝初次认识,难得聊得这么高兴。**干脆**让金枝快去卸妆,然后,咱们一块儿找个地方吃点夜宵,怎么样?

赶(赶到、赶上、一赶上)

表示当遇到某种情况,就出现下文的结果。如:

① **赶**天好了,拿了钱,赶紧给人家送回去。

② **赶到**遇上地平人少的地方,祥子可以用一只手拢着把,微微轻响的皮轮像阵利飕的小风似的催着他跑,飞快而平稳。

③ 到了二十四岁,我已有一儿一女。对于生儿养女,做丈夫的有什么功劳呢!**赶上**高兴,男子把娃娃抱起来,耍巴一回;其余的

苦处全是女人的。

④ 家里人什么也不问他,默默地表示出同情与谅解;**一赶上**他无名火起,大人孩子三口人个个销声敛气,连走路都提着脚跟。

敢是

对一种说法或状态表示肯定。如:

① "但是要是有一项试验成功了,值的钱就多啦,你算都算不过来。我问你,咱们那一号谷比你们原来的小白苗是不是要打得多?"
"**敢是**!"

② 过了两天,纱布拆除了,王全有了一双能够睁得大大的眼睛! 可是很奇怪,他见了人就抿着个大嘴笑,好像为了眼睛能够睁开而怪不好意思似的。他整个脸也似乎清亮多了,简直是年轻了。王全一定照过镜子,很为自己的面容改变而惊奇,所以觉得不好意思。不等人问,他就先回答了:"**敢是**,可爽快多了,啥都看得见,这是一双眼睛了。"

敢问

1. 礼貌用语。用于向尊长者或陌生人提问时。如:

① 他们正说得热闹,身后忽然闪过一个人来。身材不高,面色红润,亮纱的袍子,踢死牛快靴,松松地扎了根鞓,打了个千,声音粗嘎地说:"**敢问**这位可是寿明老爷?"

② 听说上海来了个黄宗江,他估计八成就是他。便客气地问道:"您大概就是黄先生吧?"小生起立行礼,操一口京片子说:"不才是我,**敢问**您的台甫?"

2. 引出一个无疑而问或自问自答的问句。如:

① 人们常说,与智者交谈如沐春风。说到智者,**敢问**倪萍是邪非邪?

② **敢问**路在何方? 路在脚下。

刚好(正好、恰好)

表示在上文发生某事的同时,发生了下文的事件,并产生了某种偶然的联系。如:

① 那次我持续高烧了两天,口裂舌燥地躺在床上,脑袋昏昏沉沉的。**刚好**我们家的母羊要下崽了,一家人全在羊棚里。我独自一人躺在屋内,迷迷糊糊地听着他们纷乱的声音,我兄弟的尖嗓音时刻在中间响起。

② 有一次,他拿了家里的碗去食堂买饭,那碗恰恰跟食堂的碗一样,**正好**食堂里这两天丢了几个碗,管理员看见了,就说是食堂的,并且大声宣告:"秦老九偷了食堂的碗!"

③ 老头连眼皮都没哆嗦一下。那五迟疑片刻又退了出去,站在门外不知如何是好。**恰好**那女招待又走了过来。那五掏出一元钞票,往女招待围裙的口袋里一塞说:"武先生高睡了。您找个地方叫我歇歇脚,等他醒了叫我一声。"

(我)告诉你

提醒对方注意,重视下面要讲的话。主要用于以下情况:

1. 引入一个说话人认为对方会感兴趣的信息。如:

① 老板沉着地说,"命倒有一条。你们挑吧,是手牵手下油锅还是个顶个滚钉板,随你们——反正我不赞助你们这顿饭!""噢,你是怕我们吃饭不给钱。"白度恍然大悟,"**告诉你**,我们有钱,也准备付。"

② 小林,**我告诉你**,我的工作问题解决了!

2. 引入制止或警告对方的话。还可以说成"**我可告诉你**"。如:

① "你还在这里赖着干吗?"大胖子想起宝康,对他怒喝,"莫非诬告这几位文学新秀的贼心不死?**告诉你**,我在一日,你就休想得逞。"

② 战福子,你哑巴了!喂!**我告诉你**(一针扎在胸膛上),不准

你再去乱说,听见没有……

③ 诶,贾玉言同志,**我可告诉你**啊,咱国家这种稳定局面来之不易啊。你这么信口开河,扰乱民心,出了问题,你要负责啊。

3. 引出安慰语。如:

① 自尊的人谁能够损害他的尊严?**告诉你**,不必担忧,尽管带他走进我的宫殿。

② 我一只胳膊被她拽住了,只好用一只手掌着方向盘。前面又是个拐弯,我紧张地说:"你别怕!**我告诉你**别怕,我不是个坏人。真的,我不是个坏人……"

4. 用来提示对方,对某人或某事,自己持有对方所不期望的态度。也可以说成"**我还告诉你**"。如:

① "正是因为这个才应该让他送还人家的钱,给他一定的惩罚。"冬儿说。

"放屁!"辣辣一刀拍在砧板上,她忍无可忍了。"**告诉你**,这个家有一半是社员撑着,他小小一个孩子,一心体贴做娘的,一心顾念兄弟姊妹,不是他这样,你早饿死了!我喜欢这懂事的孩子。"

② "冯老师,我发觉你这人还是挺爱幻想的。"美萍微笑。

"那当然,老实说我这人其实就是个生活在幻想中的人,虽然我的行为那么脚踏实地。**我告诉你**美萍,我推心置腹地告诉你,我们谁都不可能跨越历史发展的阶段。既然生当斯时,就要尊重现实,不要让认识的飞跃把你变成脱离时代的狂人。"

③ 只要确实是他干的,我定会对他依法处理,可现在是不是他干的还不清楚,还没有得到证实。**我还告诉你**,就是确实认定了是他,你动手打坏了他也是错误的。

搁着你的,放着我的

引出表示威胁的话。如:

① 大妈:(对冯狗子)还不走吗?他真拿着刀呢!

狗子：(见势不佳)**搁着你的**，**放着我的**，咱们走对了劲儿再瞧。

② 香秀：这可是你的不对了。答应的事我一定做到，是吧，可我没答应你什么呀。

王喜光：那好，**搁着你的**，**放着我的**，咱们后会有期！

跟谁说理去(没地方说理去)

表示以赞赏的态度对待某事。如：

① 事故发生后，山航立刻按照民航的适航标准组织工程师进行抢修。考虑修复时间较长，该航班取消，并与有关单位协商，妥善做好旅客后续改签等服务保障工作。厦门机场正积极协助航空公司，为乘坐该航班的旅客进行机票签转。这都**跟谁说理去**啊！

② 好让人震撼的舞台设计！**没地方说理去**了。

跟着(紧跟着)

与上文的事件相连着发生，相当于"随后"。如：

① 灰天上透出些红色，地与远树显着更黑了；红色渐渐地与灰色融调起来，有的地方成为灰紫的，有的地方特别的红，而大部分的天色是葡萄灰的。又待了一会儿，红中透出明亮的金黄来，各种颜色都露出些光；忽然，一切东西都非常地清楚了。**跟着**，东方的早霞变成一片深红，头上的天显出蓝色。

② 与此同时，有个人擦着他的背飞起来，"咕咚"掉进了水里，**紧跟着**"扑嗵"一声，又一人落水了……

更别说(更不消说、更不要说、更不用说)

表示递进关系，相当于"何况"或"更何况"。如：

① 除了哥们儿，从来还没一个人这么亲昵地对待我，**更别说**是个姑娘了，她那种满不在乎、随随便便的态度一下就把我迷住了。

② 整个演出中没有人随意走动，**更不消说**吃东西扔纸屑或狂

呼乱叫。

③ 尽管她使了很大的力气往我身上贴,别人也不相信她真的要和我谈恋爱,**更不要说**真心嫁给我了。

④ 陆武桥有十几年没有这么早走在大街上,**更不用说**身边陪着俏佳人。

更有甚者

上文是讲一件不好的事情,说话者认为下文要说的是比上文更不好的事情。如:

① "去,让开点,瘸瘸拐拐的真碍事","嘿嘿嘿,瞧,那个班的瘸丫头,走路摇摇摆摆的样儿真好笑!"调皮、好奇的孩子常常对郑天玮发出这样的言语。**更有甚者**,不但出口不逊,还动起手来,在回家的路上把她推倒,来取笑开心。

② 据圈内人介绍称,假唱的原因有很多,例如电视台为求直播质量的保险系数而"逼"歌手假唱;不少演出场所设备达不到要求只能假唱;某些劲歌因有舞蹈动作不得不假唱……但是,不管怎样,其后果都是相同的,那就是糊弄了观众。……

更有甚者,个别歌手为求现场气氛还在孜孜不倦地操练如何虚假表演,京城某摇滚乐团平时排练时除切磋音乐外还钻研"形体动作"——何时该摇头,哪里又该晃脑,如何冲向观众最具气势?

更糟糕的是(最糟糕的是)

表示在上文所说不如意的事情的情况下,下文引入更严重的一件。如:

① 频繁的烧香拜佛活动不仅使洞内烛油香灰随处可见,**更糟糕的是**到处留下了烟熏火燎的痕迹。

② 北风猛烈地刮着,黄褐色的波浪拼命地追击货船,船就醉了似的摇晃起来,晕船的人开始呕吐了,可没有医生!**最糟糕的是**上

午十点钟才开了一次包谷糊糊,下午五点钟再开第二顿,不晕船的人是饥饿的,但是管伙食的人冷冷地说:"上面规定一天吃两顿的!"

更重要的是

表示递进关系,用于后一分句或句子前。如:

① 对环境变化有了认识以后,并不一定就能顺利地适应新的环境。因为要顺利地适应新环境,不仅要熟悉它,**更重要的是**接受它,才能逐渐地去适应它。

② 我们说环境管理落后,不仅是管理理论、管理方法、管理手段落后,而且**更重要的是**管理思想落后,主要表现在对环境管理的认识和重视不够。

公正地说(公正地讲)

引出对上文事件的具有保留性的评论。如:

① 找中介好处何在?2000年10月,某公司发表了一篇《找中介帮你办留学》的文章,对找中介的有利之处进行了阐述:一曰省事、二曰签证率高、三曰包装、四曰帮助面签通关。

公正地说,留学花大钱找中介,有有利的一面,但不一定适合所有的人。

② 对于长虹这样的企业,出现一点起伏,是正常的。**公正地讲**,倪润峰是中国最优秀的企业家之一,在他的梳理下,长虹也是屡创奇迹的企业,而且即使今天,长虹也还是中国最优秀的企业之一。

够了

表示对别人的言语或行为不可忍受,并引出制止的话。如:

① 戈:不对。那人是你。

李:啊,对。怎么单把我给忘了?

刘：**够了**，你们俩别在这儿胡闹。喊，一个大姑娘家也不怕人家笑话！

② 她的无动于衷终于激怒了我，在一个傍晚来临的时刻，我向她吼了起来："**够了**，你要走动就到街上去。"

怪只怪

引出某事出现不好结果的原因。如：

① 既然到姜家当少奶奶可以以假乱真，那么与这女人共眠自然就圆了与小妹苟且的心愿。**怪只怪**女人当时没有觉醒，只一味心思要救出夫君，结果到头来夫君被害自己又重落双料春爷的手心。

② 军官连招架之功都没有了，他喝了一碗酸涩苦辣混合酒。他现在焦虑的是回去后如何向师座禀报？**怪只怪**自己多嘴多舌，将章小姐与太子雨中游通天岩一事急急告知了郭师长，那武夫虽已娶镇江三小姐为妾，可又怎能忘怀章家三小姐？

关键是（关键在于、关键）

表示说话者对其后语句重要性的评价，以期引起听话者对这个语句内容的重视。如：

① 西藏是人口很稀少的地区，地方大得很，单靠二百万藏族同胞去建设是不够的，汉人去帮助他们没有什么坏处。如果以在西藏有多少汉人来判断中国的民族政策和西藏问题，不会得出正确的结论。**关键是**看怎样对西藏人民有利，怎样才能使西藏很快发展起来，在中国四个现代化建设中走进前列。

② 从表面上看，货币供应量增长过多造成了当前的通货膨胀；实际上，物价水平主要取决于我国经济的总需求与总供给。而需求过旺又是其主要方面，主要表现在投资、消费需求的双膨胀，以及政府支出的扩大化。过度需求推动物价水平的上升，这也是我

国的历史经验。**关键在于**如何确定一个适合我国国情的经济发展速度。我以为,以不超过10%为佳。

③ 真的真的,你爷爷要不是太监就是清朝的八三四一。人家说要不也判不了你那么重,**关键**你太黑心,卖石头就卖石头还反搭鞋,说你奶奶那小臭鞋也是文物张口要一万。

管他呢(管他的)

表示不在意上文所说的不利因素,尽管去做下文的事情。如:

① 老婆一听这事倒高兴,同意他去卖鸭子,说:"……从明天起孩子我接,你去卖鸭子吧,这事你能干得下来!"小林倒在床上,手扣住后脑勺说:"干是干得下来,只是面子上挂不住,卖鸭子!"小林老婆说:"**管他呢**!讲面子不是穷了这么多年?你又不找老婆,我不怕你丢面子,你还怕什么?"

② 我又瞅了他片刻才走到长凳前,搁下盘子,瞄一眼沾满粪便的手,在裤子上揩揩,脏污却没减损半分,**管他的**,照吃不误。

归根结底

引出对上文进行总结的话。如:

① 古人崇拜神灵,是因为惧怕它们,或者想祈求它们的帮助,**归根结底**还是为了今世的幸福。

② 十一届三中全会以后,我们探索了中国怎么搞社会主义。**归根结底**,就是要发展生产力,逐步发展中国的经济。

归结起来

归纳上文,得出下面的结论。如:

① 通过十几年的不断实践和大胆探索,技术改造工作已形成了一套基本原则和工作方法,**归结起来**主要是:技术改造在企业技术进步工作中具有重要的地位,它在一定程度上集中体现了技术

进步的成果。

② 是什么影响大宝队的成绩呢？或者说,北京队要想在明年的联赛中有所作为,还应该做哪些工作呢？**归结起来**不外乎是加大投入,打造一个强队形象。

归里包堆(儿)[归了包堆(儿)]

1. 表示所有的都算在一起。如：

① 票房里的那个阿姨托着腮帮子发愣,有的是卖不出去的票,但我手里**归里包堆**只有六分钱了。

② 医生又深深地吸了口烟,才说："出诊二十元,药费另算。""药费也说定了好不好？**归了包堆**,今天这一趟你一共要多少钱？"

2. 归纳上文,得出下文的结论,相当于"总之"。如：

① 这是王府、贝勒贝子府的规制。普通百姓,一般官家没这份威风。大门用房别说七开间、五开间,连三开间也不允许。**归里包堆**只准用一间房,更没资格用琉璃瓦。

② 为什么我的亲情观念如此地淡薄？为什么我几乎滑向了六亲不认的边缘？**归了包堆**是受了西方资产阶级那一套的影响。

鬼知道

表示对下文所说的情况感到迷惑不解。如：

① 我已经出了一身汗,酸且黏。**鬼知道**乡情这东西竟能在燃烧的八月把我拽到南方,还带着刚念初中的儿子。

② 我就跟他们打起牌来。**鬼知道**怎么搞的,一上去我就输,还要给他倒茶,而且一点也看不出加丽亚对我比对他更亲热些。

哈

1. 读去声,用于句首。对对方的话或发现的情况表示惊奇。如：

① 刚才他在楼下等了个把钟头,思前想后的,倒也从心中那个乱麻团里理出了几根线头儿,现在换了个口气。"大立,我……知道,眼下你比我强。可我想啊,想请你帮哥们儿这个忙,把金枝……"

"把金枝还给你?哈,这就更离谱儿啦!先不说人家愿不愿意当我媳妇儿。就算愿意,人家也不是一件什么东西,由得着咱们让来让去!"大立嗤之以鼻。

② 细毛看见她,就高声嚷着:"**哈**,小兰,你在这里呀,你爸爸到处找你,说找到了要打死你。"

2. 读阴平,用于句末。提示对方自己已经明白了对方或某人的意思。如:

① 戈:诶,那旁边儿跟他侃的那人是谁呀?
李:那你也不认识!不就是那谁。
戈:谁?
李:就是那谁嘛。
戈:呕,呦,合着这名人都来了**哈**。《大众生活》真了不起啊,真有两下子啊。

② 杜梅腰一扭,鼻子一哼,"少跟我来这套!我还看不出你那点坏?可迷着了**哈**,瞧你那兴奋劲儿贾宝玉进了大观园似的,眼睛都不够使了吧?我们医院漂亮姑娘多了,还有更好的呢。"

3. 读阴平,用于句末。表示向对方报告一个情况。如:

① 我今天不在家吃饭了**哈**,不用等我。
② 我已经下飞机了**哈**,放心。

4. 读阴平,用于句末,其前一般有停顿。先说出自己的意见,用"哈"来征询对方意见。如:

① 牛大姐:你们搞的这个纪实采访,确实不错。真是青出于蓝而胜于蓝哪。小李、戈玲,我先代表读者感谢你们。感谢你们为维护妇女儿童的权益勇于出头。

戈玲:这还得听听读者有什么反应,**哈**?

② "在那儿看见的事真伤心,哈?"
"您眼力实在太惊人了,老弟。就是。"

还不说(这还不说)

表示递进关系,用于递进关系后项的句首,也可用于前项的句尾。如:

① 我们有八十个侍卫官在这儿保卫修道院,我又分发过武器给一百个修道士。纵使有一支军队来攻打,我们也能支持一个月。**还不说**在失利时,我们可以带着人质从地道逃走。

② 祖父病逝,我当然感到悲伤,我在世上越发孤单和寂寞了。**这还不说**,我已是中学三年级的少年,却常常想入非非,净想些与今后如何生活这个重要问题无关的问题。

③ 果然范吉射没有死,可笑这败家子败尽了范家**还不说**,居然把他们家的传家宝平白送人,说不定还是为了换一张饼吃。

④ 他们干这些事情的时候肚子里都是饱饱的,完全没有任何说得过去的理由。**这还不说**,他们甚至为了权力和观念发动了世界大战,自相残杀血流成河,我们动物界全体精英对此真是感到不可理解!

还不算(这还不算)

表示递进关系,"还不算"用于递进关系前项的句尾,"这还不算"用于后项的句首。如:

① 人是主要的!一个家里要有人!东西是死的,是要沾人的灵性才活鲜的。哦,人赶走了**还不算**,还要把人的热气全赶走?

② 本来坊里平安无事,这小子忽然冒了出来要找无双,他出现才一天,就和别人吵了一架,还打了一场官司。**这还不算**,差点累得他吃了衙门里的板子。

还得 děi 说

上文是说某人或事发生了新的情况,下文指出导致新情况出现的有利条件。如:

① "您忘了?我还让您打过呢。我跟您抖奋,您一脚把我踹西边去了。"

"有这事?不记得了,那会儿打的人太多。不说那个了,我现在是规规矩矩,哪儿人多躲着哪儿走。"

"**还得说**咱们政府会教育人。"

② 管家这个气呀:"谁趴下啦?我趴下啦!""你怎么会趴下啦?噢!怪不得哪,八成是西瓜皮给滑趴下啦。"管家想:**还得说**是自己人,会给我找台阶儿。

还好

表示庆幸。上文讲的是一件不好的事情,下文说明不好的事情中有好的地方。如:

① 马而立揉着眼睛爬起来了,睡意未消,朦朦胧胧地挨了一顿批。**还好**,批评的意见虽然很多,却没有人提出要拆掉重修。

② 他也真这么干过,有次领了一个月的工资就旅行去了。结果在外头连面条都吃不上,晚上也只好卧火车站。**还好**没穿军装,要不才丢军人的面子。

还是的

表示对方的答话正好支持自己的观点,在自己的意料之内。如:

① "您多余操这份儿心。粮店还卖不卖棒子面?"

"卖!"

"**还是的**。有棒子面就行。咱们都不在单位,都这岁数了。咱们不会去揪谁,斗谁,红卫兵大概也斗不到咱们头上。过一天,算一日。"

② 王大爷：我真不知道啊，什么"水淹七军"。英子，你听说咱们家吃过这菜吗？

英子：没有啊。我们家也不过就是萝卜丝儿、萝卜片儿。

王大爷：**还是**的。你们这都是从哪儿打听来的？年轻人办事儿就是毛糙，听风就是雨。

还是那句话

1. 引出一句大家都熟知的话。如：

① 好，作过买卖也罢，没作过也罢，**还是那句话**：公事公办。这是一种手续，提不到疑心不疑心。

② 人民生活改善的幅度，不能大于生产增长的幅度。**还是那句话**：一要吃饭，二要建设。

2. 引出一句说话者曾说过的话。如：

① 哥哥不敢那么作；他要是真不要脸，**还是那句话**，我会揍他！

② 人生有几次下回？这次能凑一桌，轻松一番不知道是多少年修来的缘分。**还是那句话**，谁走谁就是不给我陆武桥面子！

还说呢（你还说呢）

上一句是对方问到一件事，在这件事里对方曾使说话者不如意，所以当对方问到这件事时，用来引出埋怨对方的话。如：

① 李：诶，老刘，昨晚儿没喝多吧？

刘：**还说呢**。非灌我，回家就全吐了。那么好的东西，一点儿也没剩。多可惜啊！

② 黄梦轩道："我一进屋子来，就没有见你，你从哪处来？"刘家里道："**你还说呢**，为了你来，把一桌客，全轰到北屋子里去了。七小姐把人家丢在那里，问也不问，我只好在那里敷衍一阵，刚才才去呢。"

还说什么呢

因对上文所说的事件无能为力而感到沮丧。如：

① 生命是母亲给我的。我之能长大成人，是母亲的血汗灌养的。我之能成为一个不十分坏的人，是母亲感化的。我的性格，习惯，是母亲传给的。她一世未曾享过一天福，临死还吃的是粗粮。唉！**还说什么呢**？心痛！心痛！

② 我说："有几个当年在北大荒同连队的北京知青。"她似乎替我解了一大愁，说："这就好啦！住他们家吧。三天后你来找我。不能再提前了。我这已经算照顾你了！……"

还说什么呢？不能再说什么了。我表示了十二分的谢意，心情沮丧地离开了文化部。

还有

1. 除了前面说到的以外，再补充一点。如：

① 她把我认作强者，这更糟糕，会苛求我。她能做的事，我不能做；她能说的话，我不能说；闹了别扭，责任统统归我。**还有**，不管她怎么惹我，我不能揍她。

② 首先要考虑保吃饭，保正常运转，保持社会稳定，为改革和发展创造良好的社会环境。同时要做到科学决策，增强投资的有效性……**还有**，坚持两带头，即领导带头，主管部门带头……

2. 改变话题，另提起一件事。如：

牛：姜还得说是老的辣。啊，我还想问问，你们这台晚会的曲目都定了没有？演什么？

江：这您放心！全都健康有益。大灰狼、猪八戒之类的，就不让它开口，就闹个满场飞，张嘴的全是阿童木、一休、唐老鸭之类的。

何：还有一些小英雄、卖报的、划船的、听妈妈讲故事的，还有那放牛的王二小。

江：在这点上，我们比你们还慎重。孩子们跟什么人学什么样儿。这从小儿啊,就得让他知道个好、坏、美、丑。

李:对了。

何:**还有**,您是负责人?

牛:啊。

李:对。她是我们负责的牛大姐。

害得

上文的事件导致了下文不好的结果。如:

① 他们越来越公开地在办公室里打情骂俏,我只要稍一走开,阮琳就会跑过来占了我的位置,和司徒聪面对面地聊上半天。**害得**我无处可去,倚在别人的办公桌旁和朱秀芬们有一搭没一搭地说些没盐没醋的话儿。

② 有天夜里十一点他突然把我的门擂得呼呼响,我以为发生了什么大事,谁知他说:"没什么,我太想看看你。……不知为什么,我总预感到我们从此会彻底分开的。"**害得**我陪他又呆了大半夜。

毫不夸张地说(可以毫不夸张地说)

引出一个对上文所讲事件的准确判断。如:

① 人即使有很好的记忆力,也比不了潦草的笔记。**毫不夸张地说**,是我的工作服帮助我完成了本书的写作任务。

② 全国各地普遍开花的三资企业,是拿出了许多最好的国有企业,以及国有企业里最好的车间、最好的部门,与外商合资的;"一厂两制"使合资企业得到了最好的设备和技术力量、年轻的劳动力,而退休老职工的负担仍然留给了原有老企业。**可以毫不夸张地说**:如果没有国有企业的大力支持,三资企业也不会发展得如此之快。

好(好啊,好吧)

1. 用于对话,表示同意对方的要求。如:

① "睡去吧,明天还要工作。"

"**好吧**……"

"没事,来我家玩吧。"

"**好**。"

② 久木鼓起勇气又试着问:"再住一夜好吗?"凛子望着暮色渐掩的湖面微微点头说:"**好啊**……"

2. 用于对话,表示接受对方的意见。如:

① "不过农场的事情我倒喜欢干,因为耕种的劳动最具高价的人生意义,理科的功课又将以农场作中心了,我就担任下来试试吧。"

"**好**,"冰如拍拍焕之的肩,欣喜他的爽直率真。

② "具体工作叫我跟全义商量。总之是在老师的指导下,一块儿协助您整理验方儿,总结您行医的宝贵经验。"

"**好吧**,你要跟全义好好合作。"

3. 用于一个人说话中间。根据上文的情况,做出一个决定或结论。如:

① 那年过年,我出了一次堂会,回家晚啦!又没赶上饭口,好在身上有俩钱儿。**好吧**,上饭馆儿来个犒劳吧!我又到那个饭馆儿去啦!

② "我看这后一种品性恐怕是你们家那不算太远的爱尔兰土包子祖宗遗传给你的吧。"

"土包子!**好啊**,他是在侮辱她!她气急败坏,都不知说什么了。"

好比说(好比说吧)

1. 表示下文是对上文的比喻。如:

① 为了让记者能够尽快搞清这件事情的经过,张女士打了一

个十分恰当的比喻:"**好比说**北京到天津本来不需要办理签证的,可是因为你不知道,有人就在廊坊设了个点,说其实到天津也要签证,我这里可以代办,不知内情的人就落入了他们的圈套。"

② 当这些基本规范或被制定为法则,或被容纳于行为,成为本能的一部分时,我们可以根据这些规范被遵守的情形,来判断当事者的价值和分量。**好比说吧**,"盗亦有道",强盗朋友对局外人固然吹胡子瞪眼,乱搞一通,但强盗朋友自己人之间,照样讲道德说仁义。

2. 用下文的具体事例来说明上文的观点。如:

① 令人尤感亲切的是,当我去到丹麦的一些地方,常常都能发现安徒生曾留下踪迹和吟咏。**好比说**,在日德兰半岛北端,那波罗的海和北海交汇处的岸边,甚至在那附近一座被飞沙掩埋掉半截的红顶白墙小教堂前,安徒生都早已伫立并在 1859 年的游记中描述过。

② 他变着法子非让你把这双鞋拿走!说不合适,不合适也得拿走!褒贬是买主哇!你褒贬它绝对跑不出七样儿去,哪七样儿哪?大啦,小啦,肥啦,瘦啦,底儿薄,底儿厚,不好看。七样。你说哪句,他拿哪句回答你,这位就把鞋拿走啦!……**好比说吧**:

"这个底儿呀,厚!"

"您现在穿底儿厚的最好,怎么哪,走道儿哇不硌脚!"

您说:"底儿薄!"

"您穿着脚底儿图轻!"

好家伙

对前面说到的事情表示惊异,并引出惊异的理由。如:

① 他可见过和这风格迥异的老婆,吴胖子的老婆就是一个。**好家伙**,金戒指、金耳环、金手链,要是鼻子上能穿眼,她恨不能也戴上一个"牛鼻儿"。

② 王一生听呆了,问:"一个人每天就专门是管做燕窝的? **好家伙!** 自己买来鱼虾,熬在一起,不等于燕窝吗?"

好了(好啦)

1. 表示结束前面的话题。如:

① 可能你不知道,我一生都在警惕着背叛——我看到、我经受的背叛太多了。生活有时简直是由背叛织成的! 我在长夜独守的时刻,在轻声吟哦的时刻,心中常常涌动着那么多的憎恨与温情,泛起着无法推开的自谴……**好了**,这样会越说越远的。让我谈点别的吧。

② 这也是为他前途着想,对他负责,让他牢记这次错误的教训。受个处分不要紧嘛,好好表现将来还是可以撤销的嘛。**好啦**,现在你可以把孩子领回去了,记着明天把检查交来。

2. 制止或劝止别人的言语或行为。如:

① "很高兴见到你们。希望你们能喜欢我,在各个方面爱护我,待我像一家人朋友兄弟姐妹亲戚同事……"

"**好了好了**。"孙小姐打断她。"联想式的,不打断她,她能不停地说下去。"

② 但小舅妈又没什么正经事,只是要他看看她。我舅舅就弓下腰去,流着清水鼻涕,在冷风里眯着眼,看了老半天。然后小舅妈问他怎么样,我舅舅拿袖子擦着鼻涕,用低沉的嗓音含混不清地说:"好看,好看!"小舅妈很是满意,就说:"**好啦**,看够了吧? 去干活吧。"

3. 表示讲话或谈话结束,引出结束语。也可以说成"好""好吧"。如:

① 嘿,我跟你说,真坏了? 不,这不可能啊,哎,我说那余先生在吗? 哦,他明儿才来哪。啊。得得得,**好了好了好了**,那咱见面谈,哎。

② ……**好**,我们就讲到这里打住吧。

③ 王新英：我也得给他们道谢去，待会儿就去！平同志，你看这件事会快解决了吧？

平海燕：我看有希望！不过我还不敢保证刚才谈到的那个招弟儿就是你的姐姐。**好吧**，咱们今天就谈到这儿吧。我还会来麻烦你呢！

好嘛（好么）

引出对某事的一句议论。如：

① 过了半个月，我又去了。老远一瞧：嗬，门口这四棵大树，两丈多高！走近了一看，不是槐树是松树。后来一打听，是从人家坟地里现挪过来的。**好嘛**，人家坟地的树，他给搁门口啦！

② 尹志全说："你还别说，保不齐。那回唱《御碑亭》，让咱反串了一回柳生春。你猜怎么着？咱们的金角一张口——'奴这里表衷情来把盏敬，你本是青客谪仙之人。'**好么**，我这柳生春还真差点儿绷不住劲儿……"

好说（这好说）

表示同意对方的意见、建议或要求。如：

① 进村的头一天，我便向支书讲了来下乡的任务，是要落实了解农村土地下放前后，牲畜和农具的下放情况。

"**好说**。"支书听了，一摆手。

② "我建议你不妨对他热情点儿，人都是靠希望活着的嘛——哪怕这希望靠不住。"

"**这好说**。"阮琳笑着做跳跃动作。

③ 队员们，彬彬有礼然而气势凛凛地找到头头脑脑，说："我们为老人、妇女和儿童们的生存向你们借粮食。"胆小的立刻点头哈腰，低眉顺眼地回答："**好说**，**好说**，想借多少都行！人手够不够？人手不够我派儿个人帮你们装车！"

好像

表示下文的事件是对上文的比喻。如：

① 薛嵩在山坡上走,渐渐感到肩上的铁枪变得滚烫,**好像**是刚从熔炉里取出来。

② 等到我们几个孩子能离开家了,我们就相约,到埋羊骨头的地方,一溜儿跪在地上,全给羊磕头。全哭。**好像**一奶同胞的几个小兄弟姐妹,哭我们死去的妈。

好在

表示上文所说不好的事情中存在着下文要说的有利因素或希望。如：

① 倒是丈夫比较谦虚。"都要受这折磨的,哪有不沟不坎就顺顺当当成大事的? **好在**已经挺过来了,从此再不该有谁难为得住我了。"

② 不但是不错,祥子想,而且是有些英雄好汉的气概,天不怕,地不怕,绝对不低着头吃哑巴亏。对了! 应当这么办! 坏嘎嘎是好人削成的。反倒有点后悔,这一架没能打成。**好在**不忙,从今以后,对谁也不再低头。

好自为之

警示语。暗示对方慎重行事。如：

① 时间对每个人都公平,只是每个人如何度过有所不同,麻将桌上也是一天,图书馆里也是一天,人生短暂,**好自为之**!

② "人的忍耐是有限度的,**好自为之**!"
"我惹你怎么了,我还怕你啊! 别怂!"

呵呵

多见于网络聊天,用于以下情况：

1. 表示轻松、愉悦的心情。如：

① 晒一晒霸道与虎妞的照片，**呵呵**。

② 佳丽很认真地唱了《约定》和《荷塘月色》！佳丽也很豪爽，很漂亮的生日蛋糕**呵呵**。

2. 对相关问题做出模糊反馈。即对不便明确回答的问题做出礼貌式回应，在不同语境下隐含有自谦、自嘲、尴尬、无奈、不以为然、随你便等多种意味。如：

① A：他真是无药可救了，天天玩游戏不学习，眼看就要考试了呀！

B：**呵呵**。

② 电话那头的你无法了解，我的心好难受。那两句话，你激动时说的话。**呵呵**！

③ 做了一天保姆，那个困啊！补眠去。**呵呵**。

④ 我跟他说："人各有志，那我就再清高点儿了，我是在为全世界大同在写。"

"**呵呵**，死相像我囡她爸。"

合着

引出上文所述事情的原委，且这个原委是说话人不愿意接受的。如：

① 起明：混蛋。我呕心沥血设计的时装，那叫，知道吗？那叫艺术品。你知道吗？

郭燕：你才混蛋呢。你别认为自己了不起。老实说好毛衣我见得多了。要是我做老板的话，还要让你赔毛线钱呢。

起明：噢，**合着**是你的老板赏我的。对吧。我还得谢谢他。

② 事隔多少年，一有摩擦就提醒人家欠的情，不管与过去有关没关让人家抬不起头，人家也不高兴。噢，**合着**你当时的宽大就是为了留个小辫子老揪着，不如杀了痛快。

嘿

1. 读为去声,且读得较重。用来打招呼,以引起别人注意。如:

① 一个男人兴冲冲走进来,瞧见于观就扬手打招呼:"**嘿**,我来了。"

② 群龙招呼她说:"**嘿**,墩子,干什么哪?"

2. 读为去声,读得轻且短。用于提出要求的后面,表示强调。如:

① "我来回答这问题。"丁小鲁说,"小说就是名家可以天马行空,新人必须遵循规则的一种文字游戏。"

"给个'好儿'**嘿**。"我冲旁听席示意。

② 珠海校区612345,没事不要乱打**嘿**!

3. 读为阴平,且读得较长。对所见所闻表示惊奇或意外。如:

① 汽车爬得很累,好像气都喘不过来,不停地哼哼。上了大山,**嘿**,一片大平地!真是平呀!

② "到我那儿去呆会儿。"

"出了什么事了?"他看我脸色。

"没事,想找个人聊聊。"

"**嘿**,你倒瘾大。那就去呆会儿吧。"

很自然(很自然地)

表示在上文所说的情况下,得出下文的结果是顺理成章的。如:

① 汤阴是个农业县,各级干部习惯于以农业观念抓工作。反映在肉鸡生产上,**很自然**把侧重点放在"养"这一环节,过分强调农户在联合体的主体地位,而视加工、饲料、防疫等为服务组织,以产定销,因此忽视了龙头企业的投入、技术改造和产品质量,特别是忽视了市场的开拓,产品缺乏竞争力,在激烈的市场竞争中焉能不垮?

② 张家港连续几年位列全国百强县前列,今年勇夺全国第二,实为苏南翘楚、国之英杰。尤其是,它在社会发展方面也是摘金夺银,锐不可当,先后有12个方面的工作获得全国先进称号。**很自然地**,对这座获多项先进的城市,记者们往往有一种善意的挑剔。

后面(后边)

预言在说话以后要做的事。如:

① 当然,道教所奉的神灵神仙系统十分庞大,**后面**将分别介绍。

② 老实告诉你,给师傅点烟这是最简单的,**后边**还有更复杂的。

后是

所在小句代表在较后的时间里发生的事情,上文一般出现"先是"。如:

① 先是左眼跳,**后是**右眼跳,也弄不清究竟跳财还是跳灾。

② 那时候凶手显然想说服对方,他先是要求,**后是**哀求,希望对方别再和自己的妻子来往。

胡说(胡扯、别胡说、别胡扯)

表示不认同对方说法,并可引出下文。如:

① 告别出来后,寿明推推乌世保说:"你大难不死,必有后福!小娘子颇不俗,您若有意,我当冰媒。"

乌世保醉醺醺地说:"**胡说**,祖宗有制,满汉是不通婚的!"

② "这事巧了,你认识的一人死了,被谋杀了,还偏偏在你家发现了和死者血型相同的血痕?"

"**胡扯**,妄断!纯粹是天方夜谭。"

③ 牟林森在我背后一下一下地鼓那种冰冷的掌,说:"真了不起,勾搭上一个康巴汉了。""**别胡说**!"我说,"别用你我这些人胡说

八道的口气谈论加木措!"

④ 我说:"你怎么干起了这种事?"他说:"**别胡扯**!我在卖画。你再跟着,我就掐死你!"

花开两朵,各表一枝

表示后面将讲述另一个话题或情节。如:

① 电视频道在 H 组的最后两场比赛中切来换去,同样的比分,却看出了用不用心的差距。**花开两朵,各表一枝**。先说说需要背水一战的突尼斯……

② 第二章活得好好的,怎么想到了死?**花开两朵,各表一枝**。关于高迈和李金镯这一对夫妻之间的烦恼,我们不妨先放一放,暂且把注意力从他们的这个安静却不安宁、舒适却不舒心的家庭移开,从这座邻近交通干线的高层住宅大楼移开,穿过几条马路,跨过大片民房,随便走进一条小胡同……

话不能这么说(话不是这么说)

表示不赞同对方说法,并引出自己的意见。如:

① "我觉得自己是个医生,挺好的。我也愿意这样。可是我没有救活那个女孩弟弟的生命,也可能同样无法帮助她改变命运。你,还有桃子之所以同情我们,就是因为这儿存在着爱?"

"**话不能这么说**。总而言之,你应该认真地考虑一下桃子小姐的好意……"

② 洗太太:(放下编物,愣了一会儿)我是饭桶。脸子不漂亮,不摩登,应酬不周到,说话讨人嫌,要是跟你们在一起呀,不但不能有功,倒许坏了事。

杨太太:**话不是这么说**!大嫂,你要知道你是局长太太!我真不明白,为什么你忘了局长太太这四个字。就拿我说吧,我要是想见一个人:片子递进去,人家一看,杨秀贞是谁?不见!

话是这么说(话虽这么说、说是这么说)

姑且承认上文说法,并引出说话人了解的真实情况或说话人的真实想法,带有转折意味。如:

① 小王上班以后,除了中午、晚上回去侍候老人们吃饭,其他的时间全呆在金家忙这忙那了,轰都轰不走,闹得金一趟反倒叹气了:"我没打算让你这么干呀!你家里照顾你爸去,有事我派金秀叫你行不行?"

话是这么说,实际上还是金家帮了王家大忙了。从小王那由苍白转而红润的娃娃脸,从她那一天到晚不间断的笑声,从她腰间挎了个放音机,哼着歌,蹦蹦跳跳的步履里,都不难看出这工作给她带来了什么。

② 她笑着推我:"那还不快打电话请假!"

我急道:"向谁请假?我是自由的!"

话虽这么说,我可确实担心妻在家里着急。只是不好意思去打电话。

③ "死了也好,强似活着受苦。"宋老师说。

"**说是这么说**。可真要死临了头,又想活下去。"赵老师说。

话说

引出一个话题。如:

① 言归正传:**话说**"文化大革命"刚刚结束的时候,我在单位听领导传达中央文件,文件的内容是一位中央首长的讲话,讲话的主要内容是国人的吃饭问题……

② **话说**"客来",古人有诗云:"有好友来如对月。"又有古诗云:"寒夜客来茶当酒,竹炉汤沸火初红。寻常一样窗前月,才有梅花便不同。"古人把客人当作光明透彻的月亮,又把客人当作暗香疏影的梅花。

话说到这份儿上(话说到这个地步)

上文是别人的话,下文是听话者受到对方话语的触动而做出的行为反应。如:

① 围观的人劝那小贩收下北海票子,等到八路打回来,北海票子又值钱了。**话说到这份儿上**,围观的人立刻就散了,小贩收下北海票子,嘟嘟哝哝说了一句什么,就扬起浩亮的嗓门喊:"包子!包子!刚出炉的大肉包子!"

② 主人手头并不宽裕,但却在饭店订了酒席,要请大家赴宴,以表他的谢意。大家真诚推辞,再三劝主人把酒席退了。可是主人十分不悦,说他尽管挣钱不多,但一桌酒水还是请得起的。又说我们不肯赴宴,是瞧不起他,让他欠情不还,难于做人。**话说到这个地步**,大家也再难推辞,只是心里有种说不出来的感觉。

话又说回来(话又说回来了)

上文的话表示批评或肯定某人某事,下文表示上文所批评或肯定的某人某事也是事出有因的。如:

① 其间,八舅也干过错事、傻事。不过**话又说回来**,谁让他那时是贫协主席呢?谁让他头上有那么多头衔呢?谁又让人们那么信服他的话呢?再说,那些年又有几多聪明人、明白人?没干过蠢事的人又有几何?

② 我没有否定你的丰功伟绩,我承认你做了很多事情。**话又说回来了**,这不都是你该干的?你是主妇啊,在这位置上你要不干,每天好吃懒做,走东家串西家,横草不拿竖草不抬,油瓶子倒了都不扶——你不能把应该做的算成恩德,你这得算丑表功吧?

坏了(这下坏了)

引出一个坏消息或坏的结果,表达焦虑不安的心情。如:

① 这时,两个男人从降下来的电梯间出来,经过沙发圈时看了

我们一眼,我吓了一跳,这两个人是饭店保卫科的干部。

"坏了。"我小声对方方说,"今晚要出事,咱们得马上走。你去给亚红她们打电话,叫她们也赶快出来。"

② 以前引桥设置了限高,大货车是不能通过的。最近,限高栏杆被谁拿走,**这下坏了**,各种大货车畅通无阻,肆无忌惮!

换句话说(换个说法)

改变一种说法来表达与上文相似的意思。如:

① 但红线也没有下水去摸黄鳝,她低下头去看自己腿上被蚂蟥叮破的伤口,又发现自己的臀位很高——**换句话说**,就是腿长。

② 所谓"良辰",指外界一切美好的景物而言,如山的苍翠,水的潺潺,晴空的晶耀,田畴的欣荣,飞鸟的鸣叫,游鱼的往来,都在里头;**换个说法**,这就是"美景"。

换个角度说(换个方式说)

改变一种方式来表达与上文相似的意思。如:

① 现在这一切,都已经是雾开云散了。虽然晚了,但还是来了。**换个角度说**,如果没有这20年的初装费,我国的电信事业就不可能发展这么快。

② 他啊,看过人间太多悲欢离合了,不似她这般天真热情。**换个方式说**,他也算是个满冷血的人,很多闲事尽管再不合理,没临到他头上时,他是鲜少去插手的。

回来

1. 表示下文所说是在说话时间以后发生的事情。如:

① 怪可怜的! 芳蜜,**回来**咱们陪老太太打几圈?

② 一想起自己是病人,马先生心里安慰多了:谁不可怜有病的人! **回来**,李子荣都得来瞧我!

2.所在的句子表示假设的条件,下文表示假设条件下的结果。如:

① 你们太难了,怎么可以饿着老太太呢!妈,你不是年轻的人了,怎么还老不小心呢?饿过了火,**回来**再吃多了,又得不舒服好几天!在这抗战期间,一切东西是贵的,特别是药品!

② 杨妈陪着他往院门走,叮嘱道:"老爷子,别忘了,**回来**见着金枝,可得有点儿笑模样儿……"

回身

表示紧接着前面的动作而发生另一个动作。相当于"随后"。如:

① 老师听到了谜底,惊奇地挑起眉毛来。她摇了摇头,**回身**朝讲台走去。

② 正说着,徐伯贤拿起这两盒金丹,**回身**锁进了密码保险柜。

回头

1.表示下文是说话以后要做的事。如:

① 这冰箱算我买的,**回头**我把钱给你,我砸锅卖铁也一分钱不少你!

② 没出息,这么大人还吃水果糖——**回头**我给你买点果冻。

2.所在句子表示假设的条件,下文表示假设条件下的结果。如:

① 你瞧,我们头儿就在那边站着呢,**回头**我放了你,他该找我麻烦了。

② 周太太知道您病了这么久,**回头**您文武带打地唱一通,真让她看出来了。

3.上文是禁止或否定某种行为,所在句子表示上述行为可能产生的后果,类似于"省得、免得"。如:

① 别往水池里倒（垃圾），**回头**堵了下水道。

② 孙：我们公司啊，特别为他制作的。你想要吗？
戈：啊，不要，不要。**回头**再混了。

加上（外加上、再加上）

在上文所提情况的基础上另外补充一个情况。如：

① 我特理解您的心情。但也特忧虑，怕您一失望就不待见我了。犹豫半天，本想瞒着您，但又不落忍，**加上**我又是个特实诚的人，从小到大没骗过人……

② 别墅的外观犹如一个现代的城堡，层层叠叠的外形，大量的窗户保证室内的视野，**外加上**几个露台的设计来尽情欣赏风景，可谓是豪华的典范。

③ 我想找工作，没路子，**再加上**我打小就爱好文艺，觉得你们这儿都是了不起的文化人儿，不像别的地方，鱼龙混杂的，所以我就来了。

架不住

引出一个反复出现的情况，这一情况促成了某一结果的发生。如：

①"本来他不愿意告诉我们的。"马青抢着说，"**架不住**我们一天到晚总缠着他。都知道您不爱见人……"

② 三天两头的散工，一年倒歇上六个月，也不上算；莫若遇上个和气的主儿，**架不住**干日子多了，零钱就是少点，可是靠常儿混下去也能剩俩钱。

简单地说（简单说）

1. 前面说过一种较复杂的说法后，为便于对方理解，再提出一种简单而概括的说法。如：

① 这是八十年代的第一个秋天;是一个既明朗又温柔,以至有些许胭脂色和香水味的秋天。

地方也变了:已不是昔日的陪都重庆,而是旧时洋场大上海;**简单地说**,从江之头来到了江之尾。

② 只要我们能利用这片肥沃的土壤,引入一些现代化的农业技术,或许可以使我们脱离部落的宿命,在世界市场上扮演个角色。**简单说**,使我们脱离这种落伍陈腐的经济形态,变成一个有生存能力、有文化教养的民族。

2. 以最简洁的话来表述一个概念或说出事情的原委。如:

① 所谓价值观,**简单地说**,就是关于价值的基本观点。

② "我听不懂。什么乱七八糟的。"

"**简单说**吧,金丹是徐家偷的,金一趟他不知道,还要举行个什么仪式,正儿八经地把秘方儿还给徐家……真是脱裤子放屁!我管它干吗?"

简言之(简而言之)

在上文讲了一种较为复杂的说法后,引出一个相对简单的说法。如:

① 综观全过程,霍沧粟只有犯罪动机,没有犯罪行为;而那动机,还是他自称的,还难以从法律上认定。

简言之,戴维走向死亡的每一步,都是自动的,类似于"不知不觉地自杀"。

② 不再勉力从事胜券在握的批评,不再锋芒毕露、苛刻地挑剔别人,进而倡导我个人偏爱的事物,谋求以一己之见去影响更多的人,**简而言之**,自愿地从早先的批评营垒中退席。

简直了

强化一种无法言说的或好或坏的感觉。如:

① 这是哪? 没看出来。喝着咖啡,晒着太阳飘着树叶,快快快,太好吃了! **简直了**!

② 今天还好不怎么累,就是比较困。早上的芭蕾课上我好想哭! 哎,**简直了**! 我不知道说什么好了。

见你的鬼

当听了对方的某种说法或建议时,用来回应对方,表示这种说法或建议荒诞离奇,不可接受。如:

① "老马,不要这么无礼嘛,我是在很严肃地和你探讨这个问题。你是不是有什么难言之隐?"

"**见你的鬼**!"

② "咱们到韭菜山上掐两把韭菜,拿盐腌腌,明天蘸莜面吃吧。"小王说。

"**见你的鬼**! 这会儿会有韭菜? 满山大雪! 把钱收好了!"

讲到这里(讲到这儿)

由讲述某件事转向对这件事的评论或感慨。如:

① 萧伯纳成名以后,就像有人评论的那样:"财富像潮水般涌来,荣誉堆满双肩。"这些东西如果落在一个平庸的作家身上,那就把他压垮了。他的膀头不够宽,那个萧伯纳就可以承担,并不被荣誉和财富所累。……世上很少有什么事情能压得垮他。平庸的作家陷入窘境不行,出了大名也不行,因为成就也可以把他压垮。

讲到这里,我觉得问题很严重。严重就在于我们当代人难以超越那一切。你知道了这个,知道一个人的生命力达到了这样一个定数,就会感到悲哀。

② 对于生命本身和它所曾接触过一切的外缘,必然有相当的黏着性,尽管程度各别分量不同,其为黏着则一也;所以竟可以说

这是生命力表现的一面,和生命力的大小强弱为正比例的。有时反而特别小,如出世的修持颓废的享乐,似乎不可解,其实非碰壁之余倾向于离心,论其根底绝非例外。

讲到**这儿**,生命的本身快要挨骂了。生命压根儿就许不成东西。

讲老实话(说老实话)

表示下面要说的是真实情况或真实想法。如:

① 陈政委可能跟你谈了,北京对你的态度不满意,**讲老实话**,听说很不满意,你就住在这里好好儿想想吧!

② 他从好久以前就认识了他们,也知道对他们该有怎样的看法,而现在他们觉得他们离他似乎更远了,比平素越发值得轻蔑了。**说老实话**,他对他们厌透了。

讲真(讲真的)

表示以下讲的是真实想法。如:

① 刚才有个人问我觉得这双粉红色好不好看。**讲真**,我觉得粉红色都好看的,但问题是不适合她穿呗。

② 等他们肚皮饿得够扁,就会拍拍屁股走掉。**讲真的**,他们离开对大家都好。

叫什么

表示后面是一段引语。如:

① 当初在工地,你随便找一个职工:随便扯上几句,就有几件令你感动的故事。为了早一天投产,为了节省投资,职工们老老少少男男女女把自己的天伦之乐统统抛到了脑后,不是有句诗**叫什么**……"为伊消得人憔悴"。

② 满庚,满庚,你听我一句话……你是当支书的,你懂政

策,也懂这场运动,**叫什么你死我活**。……我们不能死,我们要活……

叫我说你什么好(叫我怎么说你好、让我怎么说你好)

表示对人或事的否定,并指向一句或一段批评的话。如:

① 这么有天赋的孩子成天就埋在作业堆里简直是糟蹋人才,**叫我说你什么好**呢!

② 你脸型不合发型,发型不合身型,身型又和脸型大相径庭,**叫我怎么说你好**啊!

③ 有那么多人连争取的机会都没有,而你有这个机会却不想争一下,**让我怎么说你好**呢!

叫(教)我说什么好(让我说什么好)

1. 对别人的帮助表达感激的心情。如:

① 孙新:赵大爷,您相信我,我们正好有两个同志要去口外办事,我已经托付他们把你女儿给带回来。您就放心吧。

赵大爷:哎呀,**叫我说什么好**哇!

② 姨妈:这有一份为你联系的工作,明天一早就能上班啦。

起明:您这**让我说什么好**呢。

2. 对上文所说的某种结果或别人的话表达无奈的心情。如:

① 这么着吧,伙计,我给三十五块钱吧;我要说这不是个便宜,我是小狗子;我要是能再多拿一块,也是个小狗子!我六十多了;哼,**教我说什么好**呢!

② 当我把钱装好后,老婆忽又想起什么对我说:"哎,昨天中午我让你去买酱油,你不是说你没钱了吗?可那二十多块钱又是怎么回事?是不是前两天的稿费你又没全部交给我?我知道,你现

在也学滑了。"唉,**让我说什么好呢**?

叫我怎么说你呢(让我怎么说你呢)

表示对对方的言语或行为不可理解。如:

① 爸爸说:"叶桑,我知道你自小就敏感自尊,可在爸爸面前不必掩饰自己。毕竟我是你爸爸呀。"叶桑便冷冷地笑了,说:"我又何必作这种愚蠢的掩饰?我只是想一个人清理自己罢了。"爸爸说:"清理?"叶桑说:"是的,不过是清理自己身上的浊气而已。"

爸爸便长叹了一口气,说:"你这孩子,**叫我怎么说你呢**?你还是听听我说吧。"

② 哥哥知道弟弟把工作辞了,非常生气,打电话给弟弟:"听说你辞工了,**让我怎么说你呢**?你也不是小孩子了,怎么还做事不考虑后果?"

接下来(接下去)

1. 表示在说话时间之后做什么。如:

① 起明,你到底要干什么?你想做什么?**接下来**。我问你话呢。你想干什么?

② 这一段故事就这样子。**接下去**再讲一个,这个故事和整个故事有点干系。

2. 连接先后发生的事,相当于"随后、后来"。如:

① 就在陆建设伸手想收回那叠钱的时候,人群中有一个男人甩出了一百元钱,说:"我押一百。"**接下来**立刻是争先恐后的局面,你二百,我三百,顷刻间一千元就齐了。

② 他发现他们总是不一会工夫就同时从江水里钓上来两条鱼,而且竟然是无声无息,没有鱼的挣扎声也没有江水的破裂声。**接下去**他发现他们又总是同时将钓上来的鱼吃下去。

接着(紧接着)

连接先后发生的事,相当于"随后、后来"。如:

① 大奶奶技术不熟,火没压死。傍天亮时火苗蹿上来把炕头可就烤红了。**接着**席子、褥子就一层层地往上焦糊,因为压得厚,叠得死,光冒烟不起火,这气味可就大了。

② 孙有元赶紧抱起他的父亲,仿佛罪孽深重似的察看我曾祖父是否摔坏了。**紧接着**一股冷水浇在了我祖父头上,在他还没有离开的时候,当铺的伙计就开始清扫被我曾祖父玷污了的柜台。

借以

上文表示方式,下文表示目的。如:

① 从卫生的角度看,鼻烟比烟卷、雪茄可实在优越得多。闻鼻烟只不过嗅其芬芳之气,**借以**醒脑提神,驱秽避疫。

② 他曾同别人学过钓鱼、下棋、打牌,**借以**消磨时光。

进一步说(进一步讲)

表示前后句或语段间的递进关系。如:

① 怀旧的情绪只要不流于否定现实的伤感,究竟不失为一种可爱的情绪,在许多人的心里是不容易芟除的,更何况我们有过一个光荣的富有创造性的时代,那时代的遗产到现在我们还受用不尽呢?**进一步说**,若要使一个民族增加自信心,促使它努力自强,也许能从对于过去的光荣的怀念里吸取鼓舞的力量,为了这个目的,纵使给过去加上一点理想的色彩也无妨。

② 敬语的普及,还是从服务行业、窗口单位开始的可能性最大。香港服务业、东单地铁站能够做到,我们其他服务单位也应该可以做到的。**进一步讲**,如果我们在街头巷尾或者其他场合与人

打交道时,都把对方看成是自己家的客人,那普及敬语就会快得多。

就是

表示肯定对方意见,下文作出进一步阐述。如:

① "哎,我看你姐过去的那位,不像你吹得那么有意思啊,唧唧缩缩的,没点儿帅劲儿!"

"**就是**,九年前到我家那会儿,不这样啊,现在倒好,越活越抽抽儿……"

② "要么这么着,打明的,先说起来看。我在做着我厌恶的游戏。"

"**就是**嘛!玩起来看!实践出真知嘛!"

就是说(也就是说、这就是说、那就是说)

表示下文是对上文的进一步解说。如:

① 我仓皇地边回头边拼命游,惊恐地感到腿肚子硬结了,**就是说**,要抽筋。

② 我空等了一上午,他也没有转到正题上,**也就是说**,他胡扯了整整一上午,总在说我的错误是多么严重,而他们现在对我又有多好。

③ 但按照那个误差不会超过百分之十的估产数字,一队的小麦总产将达到九万多斤,超过定产三万多斤,好家伙!**这就是说**,相当于统一分配部分的百分之五十以上的超产粮,将会脱离集体经济的控制,而直接落到超产户的手中。

④ 本来人生如梦,在她过去的生活中,有多少梦影已经模糊了,就是从前曾使她惆怅过,甚至于流泪的那种情绪,现在也差不多消逝净尽,就是不曾消逝的而在她心头的意义上,也已经变了色调,**那就是说**从前以为严重了不得的事,现在看来,也许仅仅只是

一些幼稚的可笑罢了!

就说(就说吧)

引出一个让步句,相当于"即使,就算"。如:

① 方六直跟大家说:"咱们整整受了八年罪,天天提溜脑袋过日子。今儿个干嘛不也给他们点儿滋味儿尝尝? **就说**不能杀他们,还不兴啐口唾沫?"

② 李:不是,不是,我不是说你干什么了。我说他们女同志应该理解咱们男同志。

刘:**就说吧**,他跟女同志搭个话什么的也没什么。可是他对我不热情了。成天见冷着个脸。

就说到这儿吧(就到这儿吧)

示意自己或别人结束谈话。如:

① 上帝之子教导我们如此对待周围的人,包括孩子们,可我们对他的话嗤之以鼻,依然我行我素,那我们的崇拜和敬仰还有什么意思呢? **就说到这儿吧**,我不想再讨论下去。威廉,亲爱的朋友,再见。

② 其实喝下去,站起来摇一摇,就都一样了。古代器小酒薄,斗酒实在不算什么。能喝一石的颇有些人。**就到这儿吧**。还是那句话,谢谢各位赏脸。

就这样₁(就是这样、就这么着、就这么的 di)

1. 上文表示过程,下文表示结局,相当于"终于""最终"。如:

① 8月暑天,他们出白帝城,摆渡过江到对面山上,在骄阳下拍照、画速写。山上没有树、没有草,也没有水。渴得难耐时,只能靠岩缝里渗出的水滴解渴。**就这样**,一点一点把三峡的景观都装在了脑子里、拍到胶片上、画在草稿上。

② 这是因为那些公差对李靖十分仇恨,就在他墙脚下撒尿。不消说,这对他的房子是有损害的。这是因为它在一个死胡同的尽头,赶牛车进城的乡巴佬卖了柴草之后,就把牛圈在这里,自己去逛大街。而那些牛缺少盐分,就把尿湿了的墙土啃去。久而久之,四面墙的墙脚都被掏空了。**就是这样**,四堵墙的接缝处已有一尺多宽了,不但鸟能飞进来,猫狗能溜进来,连人都可以挤进来了。

③ 眼看就要空手而归了,一个从上海体院竞技体校毕业的学生跟他说:"你看这孩子怎么样?"顺着学生手指的方向一看,是个背着运动包瘦高挑儿的女孩的背影。那个学生叫住了女孩,史教练便问她:"敢不敢练撑杆跳?"女孩说:"敢!"听了女孩毫不犹豫的回答,史教练就把高淑英带到外边的训练场上测试上了。**就这么着**,把她带到了上海体院竞技体校。

④ 康伟业又连续地请时雨蓬吃了几顿饭。顿顿饭都吃得他快快活活,吃得他觉得自己年轻了许多,吃得他暂时忘掉了一切的烦恼。**就这么的**,康伟业喜欢上了时雨蓬。

2. 上文表示起因,下文表示结果,相当于"于是"或"因此"。如:

① 此刻已是下午近三点,气温偏高,人是下意识地想近水。**就这样**自然而然地走到了江边。

② 全城都在消毒。共和面弄坏了北平人的肠胃,而日本人疑心是什么传染病,深怕染到日本居民。几辆大卡车日夜在街上巡行,见到晕倒的,闹肚子的,都拖走去消毒。消灭一个便省一份粮食。

就是这样,我们的天字号的顺民冠晓荷,与我们的好邻居,朋友,理发匠,都被消了毒。

③ 最初老林选中扮演弟弟女友的演员因病退出,老林只好临时让担任舞美设计的宋客串对词,没想到,她良好的感觉竟然让老

林眼睛一亮。**就这么着**,她摇身一变从美工成了主演。

④ 第二天,夏永明把惨死的一家老小掩埋起来,反锁上门走了。**就这么的**,夏永明参加了红军。

就这样₂

提示对方结束谈话。如:

① 姑妈的声音忽然不对了,我觉察到她马上就要哭了。"那我马上到,**就这样**。"我在她发作之前挂掉了电话。

② 纪恒全把贺家彬那份人民来信送给郑子云:"田部长那里转来的。"郑子云匆匆地翻了翻,然后,朝站在一旁的纪恒全斜睨了一眼,便把那篇东西往写字台里一塞:"好吧,**就这样**吧。""就这样吧"是郑子云表示谈话或办事到此为止的意思。

举例说(举个例子、举例来讲)

举例来说明上文的观点。如:

① 他总是说他的心中有"神明指引"。**举例说**,他不愿伙同众人将他人判处死罪,也不愿打政敌的小报告。

② 而且,我发现这里还有特别不公平的事情:**举个例子**,一个善良的暖气设备修理工,一个一生都在为他人造福、懂得创造爱、给予爱和接受爱的人,当他老了,他的妻子死去,他的孩子们身无分文,但却要照顾培养自己一大堆嗷嗷待哺的孩子们。

③ 现代西方经济学的研究课题已渗透到与法学相关的领域。**举例来讲**,产权是现代西方经济学中的一个非常基本的概念……

具体(地)说(具体来讲)

上文提到一个概念或一件事,下文是对这个概念或事件的展开说明。如:

① 企业环境统计的基本任务是进行环境现象数量表现的统计调查,统计分析,提供统计资料,实行统计监督。**具体说**就是准确、及时、全面、系统地搜集、整理和分析环境统计资料、提出企业环境状况、为作出环境预测和决策分析,制定环境综合整治计划,加强环境科学研究和环境管理提供依据。

② 对于执掌权柄的国民党来说,他们需要时时给民众注射兴奋剂,使民众振奋情绪,**具体地说**就是需要树立一些英雄榜样来鼓舞士气,从而激发起精忠报国的民族精神和壮志豪情来。

③ 正确引导才会有出路,对经营者选择适当的激励机制,完善而又规范地推进经营者年薪制,已成为国有企业改革的一个重要方面,**具体来讲**主要有以下几点……

看(你看₁)

提示对方,考虑下面的后果。如:

① 今天你不做深刻检查,**看**我怎么收拾你。

② 如果让老爸知道我和文哥只是假结婚,为的是掩饰你们在一起的事实,**你看**他不剥了我们的皮。

看把你美的(瞧把你美的)

针对对方言语中透露出的得意之色,表示嗔怪的情绪。如:

① "姐,人家说我和赵明明各有千秋!"末雨露出了狂劲儿。"**看把你美的**!"初云说。

② 从此,我一发不可收,又成立了"美特装饰工程有限公司",安置了50余名下岗青工,看到我再次获得成功,我爱人乐了,说:"**瞧把你美的**,都不知道自己究竟有多大本事了!"

看见没有(瞧见没有)

提示对方注意相关情况,并引出自己的看法。如:

① 我嘱咐好了,叫她早早来;也不知怎么到如今还不露面。大哥,不用着急,老杨,我和芳蜜是你的死党。我们一定含糊不了!(转向洗太太)大嫂,不能再消极,不能再不听我们的话!**看见没有**,大哥被撤了差,事前连点风声都没听到。要是咱们早有组织,早活动起来,怎能吃这个哑巴亏呢!

② 关静山:怎么着,是不是回去准备后事吧。

白敬业:**瞧见没有**,啊? 喜事没办成,倒办成丧事了,真够背的! 回吧,回去准备准备。

看你(瞧你、瞅瞅你、你看你、你瞧你、你瞅你)

提示对方注意自己言语或行为的不当之处,借此表达埋怨和嗔怪的情绪。如:

① 幸好当时正在处理抄家物资,阿宝终于花几块钱买回一对单人沙发,那狼狈破旧的样子,和危楼有点近似,那肮脏灰暗的德行,与阿宝倒相当般配。阿芳一见他拖回来,像拖回两条癞皮狗,心里马上就堵了一大块,那时她脾气好,不像后来对阿宝不客气,但也微露怨言:"**看你**——"

② 金枝也蹲下来,拿过一把香菜:"杨妈,您看我姐,这耳朵多尖! 往后,可不敢跟张全义搭话了——这边竖着耳朵呢!"

"**瞧你**,有这么说姐姐的吗!"杨妈正在案板前切鸡块。

③ **瞅瞅你**,人家说东你偏要说西,总跟人别着个劲呢?

④ 宝山出窑的时候,海棠姑来帮忙,正式说起玉屏这头亲事。宝山死活不相信:"姑,没有的事! 凭咱哪一头哩?"

"**你看你**,人家个姑娘,当着那么多的人敢应承是你对象。你还要咋?"

⑤ **你瞧你**,我说一句,你说十句,成心使矛盾升级。

⑥ **你瞅你**,刚才一句话也不说,又闷上了。

看你说的(瞧你说的)

认为对方的说法不合适,并引出自己的理由。如:

① 李:那儿,那儿。诶,刚才我发现一歌星坯子,能歌能舞,天生丽质,整个儿一东方美女。

戈:我说呢,你这么半天才回来。我就知道你这里头有文章。

李:**看你说的**,嘿。我就是买东西吧,捎带着瞜瞜。咱这期封面儿要换成她,肯定能出彩儿。

② "别这么说,……全义,你压根儿不会喝酒,还要自个儿灌自个儿,唉,也是我把你逼急啦,……别记恨我。"

"**瞧你说的**,儿子怎么会记恨爸爸呢。"

看起来(初看起来、乍看起来)

表示从表面上来认识。后面往往与"其实""实际上""但是"等词语搭配起来用。如:

① 您看诸葛亮的打扮,穿八卦衣,戴道士巾,**看起来**不同凡人,有点儿仙风道骨,半仙之体。其实哪儿有半仙之体呀,我就知道有半身不遂!

② 那些不怀私心,不顾私利,一片丹心为革命的人,**初看起来**似乎有点傻气,实际上这正是大智大慧的表现,是真正的聪明人。

③ 他心里放不下洛阳城,放不下那些泥泞的街道,泥和屎筑成的城墙,更放不下他那间散发着陈尿骚味的老房子,虽然这些东西**乍看起来**简直是一文不值。这就像一个破破烂烂的家,堆满了乱七八糟的家具,充满了油腻的气味,长满了蟑螂一类的昆虫,但是你已经住惯了,闭着眼睛走进去也不会撞到腿。

看上去(一看上去)

相当于"看起来"。如:

① 我这种身份的人你们不了解,**看上去**有名有地位令人钦慕,

其实很受束缚,自己就把自己束缚住了,不像你们年轻人可以无所顾忌。

② 这海**一看上去**,日日风平浪静十分深沉,而一旦咆哮起来便是惊涛骇浪足以覆舟夺人。

可不是(可不)

1. 表示附和、赞同对方的话。如:

① 一个说:"教授你把钥匙忘在家了?"一个说:"**可不**。"

② 柳娘给大家满上茶后,在一边的磁墩上偏身坐下,问道:"我们一直惦着乌大爷呢。府上全家都吉祥?"

聂小轩忙说:"**可不是**。我净顾说自己的事了,还忘了问您,家里怎样呢?"

③ 遇到了熟人,她简单地介绍道:"我的学生来接我了。"别人抬头看看我,说道:"好大的个子!"她拍拍我的肚子说:"**可不是嘛**,个子就是大。"

2. 表示确认自己的一种发现和突然记起的事。如:

① 你们抬的这是詹石磴。詹石磴?暖暖吃了一惊,她低头仔细一看,**可不**,正是詹石磴,月光下只见他仰躺在小竹床上,眼睛睁得很大地看着她。

② 葛老头喘着气,放松了脚步,一眼就看见一个汉子靠着树干瞌睡着……不由得就想起了霍沧粟。想起这两个月来似乎已经把这小伙子给忘了。……突然就发现这汉子很像霍沧粟。再一看,**可不是**!犹豫间,霍沧粟醒来了。

③ 那全然畅意、痛快的笑声听在小云耳中简直如雷贯耳,她立刻明白发生了什么事,抬头往上一看……**可不是嘛**!那捣蛋成功的杜小月完全不顾自己是个姑娘家,正坐在树上笑得前俯后仰,只差没从树上掉下。

3. 用来连接上下两段话,上一段提到一种情况或看法,下一段表示这种情况或看法的缘由。如：

① 这时,贝蒂上楼来了,边走边叫唤他们,语气似乎太严厉了点——**可不**,杰克逊早上已磨难多多了。

② 巴士从对街转过来,停在我们面前,几十个座位只有几个没空着。**可不是**,谁不趁寒假回家走一趟。

③ 可是这些热心的朋友们当时为什么不往前再多走两步,跟副教授先生寒暄两句呢?此中奥妙,也许只有他们自己心里明白……**可不是嘛**,眼瞪眼地寒暄什么才好呀,要知道那个地方既不是授业的课堂也不是学术会议的大厅,而是一个不三不四的市井下处呢。

可气的是(更可气的是)

表示事情的发展出现了下文说话者不希望出现的情况。如：

① 一个人揪住我的脖领子,我猛地挣开,撒腿往街上的人流中跑。后面三四个人追上来,**可气的是**见我跑来,密匝匝的人群忽地闪开一条道,我只得穿街跑进对面的巷子。

② 老马先生有点恨她们,尤其是对温都太太。他恨不能把她揪过来踢两脚,可是很怀疑他是否打得过她,外国妇女身体都很强壮。**更可气的是**:拿破仑这两天也不大招呼他,因为他这几天不敢白天出门,不能拉着小狗出去转一转;拿破仑见了他总翻白眼看他。

可是

从别人那里接过话头,开始讲话。如：

李国修:……对对,他还小啊,然后呢,然后呢,儿子被吓哭了。妈妈说好,妹子啊,我们保护哥哥,不要跟爸爸讲,那妹子就说好啊,我们当然保护哥哥啊,那妈妈就说你下,下一次数学考好一点,儿子当然答应了。我当天到家六点半一开门,我女儿跑过来,爸爸哥哥数学考八分,马上就告状。

梁文道：太有义气了，真是。

主持人：然后爸爸说，比我当年高多了嘛。

李国修：**可是**呢，可是后来我拉着儿子我就说，我说我不会打你，不会骂你。你你你已经过世的爷爷你没看到过，他当初这样教我的，说你功课烂不重要，你将来进入社会不要学坏，不要当流氓就好，我把这句话再送给你。

可说呢

前面是对方的问话，后面引出自己的回答，表示自己关心的问题和对方一致。如：

① "沏茶了没有？"姑娘问，看了客人一眼。

"没有茶叶吧？"爸的手离火更近了些。

"**可说呢**，忘了买。刘伯伯喝碗开水吧？"她脸对脸地问客人。

② 马小燕：啊？一天一夜你造了三千？你说你怎么造的？说！

王援朝：我——怎么造的？**可说呢**，我都纳闷了，我怎么造的呢？

可惜（可惜的是）

1. 上句表示按照情理或逻辑很可能会实现的某种美好结果，下句引出导致美好结果无法实现的现实原因。如：

① 许立宇的父亲其实在一九三九年便志愿参加了家乡的抗日游击队，由于粗通文墨，作战勇敢，在这支游击队被八路军收编后很快升到连长。如果正常发展，到今天混得再惨也能以副军职离休。**可惜**在抗日战争临近胜利时，他的团长因对根据地土改政策不满，率部投敌了。……许立宇的父亲倒是颇有正义感，拒绝了随之而后的国军改编的更高委任，卷起铺盖回乡了。

② 杨素只好命令铁甲骑兵前去冲击，这种骑兵披着重铠，头

顶钢盔,暴民投掷的砖头对他们不构成危害;而且三十匹马连成一排,冲起来威力强大。**可惜的是**城里的街道太窄,只要两边的马撞上了房子,中间的马就停住,马上的骑士全都摔到马前面去了。

2. 上文表示原本或希望的美好事件,下文表示事实上出现的不好结果。如:

① 啊,我真留恋小学三年级以前那些美好的日子!**可惜**,这些日子没有持续得很久。

② 我没把她看错,她果真不是个轻狂的女人,而是个有情有义的正经女人。**可惜的是**,她的情义不在我身上。

可以说

上文是对某人或某事的具体描写,下文从另一个角度用更形象的话对上文作出结论。如:

① 我已经瘦得够瞧的了,一米七八的个子,只有四十四公斤重,**可以说**是皮包骨头。

② 人们只要一提起周恩来的工作,都会说他没有白天黑夜。他常加班加点地工作,连续熬夜好几天。**可以说**,这在党中央领导人中恐怕很难有能够超过他的人。

可以这么说(可以这样说)

总结上文所说,得出结论。如:

① 周总理经常在早晨或上午睡觉,中午或下午起床。他早餐的时间随他的工作和睡眠时间而改变。**可以这么说**,他早餐的时间大致和一般人的午餐时间接近。

②《岳阳楼记》通篇写得很好,而尤其为人传诵者,是"先天下之忧而忧,后天下之乐而乐"这两句名言。**可以这样说**:岳阳楼是由于这两句名言而名闻天下的。

拉倒吧（你拉倒吧、拉倒吧你）

1. 表示不同意或不相信对方的说法，并引出理由。如：

① 她不依不饶地说："那你知道了以后，为什么又生气，又要走呢？你潜意识里，有什么古怪在作祟吧？""没有！"他分辩道，"我这会儿的潜意识，是空白而且干净无瑕的！"

"**拉倒吧**！有干净无瑕的潜意识么？尤其你们男人的！"

② "我现在还是周转不开，你再宽限我一段时间，到年底我肯定把钱还你。"老周听了一摆手："**你拉倒吧**，你这话都说了两回了！"

③ 谁对你感兴趣了？谁对你感兴趣来着？

拉倒吧你，韩国组合扎堆，就没知道几个。

2. 希望自己或对方停止某一动作行为。如：

① 就算是爱情也得回避，康伟业决定。情况太复杂了，一边自己有老婆，又是四十出头的人了；一边是刚刚开放的花朵，新派又时髦，会有什么好结果呢？**拉倒吧**！

② "那你养它干吗？这还叫放牧么？噢，放出去了，这辈子谁也不见谁了，那不就是放跑了么？'牧'字如何体现？'牧'就得包括管理。"

"……我这不是无为而治么……"

"**你拉倒吧你**！"夏经平不屑地一挥手，"就你这种饲养方针，谁敢把牲口交给你？除非不想要了。"

来（来吧）

招呼对方做某事或者招呼对方和自己一起做某事。如：

① "**来**，杨重你给我们合个影儿。"女记者把相机递给杨重。

② 杨妈也问："老爷子他不要紧吧？"

"不要紧。受了惊吓，气厥……"张全义招手，"**来吧**，先把老爷子抬到床上去。"

老实说(老实讲)

表示下面要讲的是实情。如：

① 我从没有想着该贮藏点儿东西。**老实说**即使我想贮藏，我也不知道该买点什么。我自己从没有试着做过家务事。

② 我已经有两天没吃东西了，我像个监狱囚犯那样把食物囫囵吞枣似的往肚子里塞。咀嚼让我暂时忘了所处情境的荒谬。**老实讲**，与其说那盆炒蛋的味道好，还不如说它带来了我熟悉的滋味。

冷不防

所在的句子表示意外发生的事件，下文表示在此情况下做出的反应。如：

① 这座院子一直空着，大家也一直没有理会它。**冷不防**来个人问起来，谁也答不上来，只好顺嘴胡编。

② 夏青苗像一头欢蹦乱跳的小羊羔，**冷不防**撞在石壁上，又惊、又疼、又糊涂，满腔子火一般的热情，都被杜大叔这盆冷水泼灭了。他垂头丧气地坐在炕沿上，不知道怎么办才好。

连带着

由于上文所说事件的影响，而发生了下文所说的情况。如：

① 现在这个样子，她难受，我也难受，**连带着**国家、集体和大家都不好办。

② 如果一些优秀的高科技企业都搞主板去了，创业板的市场形象肯定会受到一定影响，**连带着**融资功能也会比较弱。

没(有)办法

1. 表示下面是不得不承认的事实或不得不做出的选择。如：

① "下午你再去一下医院，陪他们结账，把我们垫的医药费钱

拿回来。"香妹叹了口气,说:"唉,**没办法**,你是大忙人,靠你是靠不住的,只好我去跑了。"

② 她照了照那窄条的镜子,发胖的身子紧箍在大红连衣裙里,火红的一片,显得面积大了些,但非常热烈够劲儿。唉,**没有办法**,慢慢减肥吧。

2. 强调对某人的正面评价。如:

① 我的业绩一直全国前五,手艺好,**没办法**,哈哈。

② 我只能在授课和赚钱中度过这个春节了。我觉得过得很有意义,**没有办法**,就是喜欢操盘,从腊月二十九到现在赚了 8 800 美金,很吉利啊。

没承想(没成想、没曾想)

表示下文所说出乎意外。如:

① 大立这次登门造访之前准备了许多话要说,**没承想**金枝一不准谈王喜,二不准劝打胎,满肚子话倒有八成儿憋了回去,此时只好说:"保重身体,我们还会来看你的。"

② 我心里再一次感受到一阵阵不可名状的失落:这次又见不到水晨哥了。**没成想**,就在我若有所失要离开水门口的时候,水晨哥回来了。

③ 当年沈好放让这个活泼俏丽的姑娘演大民媳妇,遭到了绝大多数人的反对,认为她应该去拍青春偶像剧,**没曾想**这个大嫂形象一下子深入人心。

没关系(的)

1. 当别人表达歉意时进行回应。如:

① "对不起我来晚了,我紧赶慢赶还是迟到了,你等半天了吧?"

"**没关系**,你用不着道歉。"刘美萍好奇地看着杨重,"反正我也不是等你,你不来也没关系。"

② 我有癫痫病,什么时候发作我自己也不知道,所以很抱歉晒了他们千儿。男的说,**没关系的**。他们已经听打牌的那帮人说我犯病,他们不介意。

2. 当别人表示关心或客气时进行回应。如:

① 经过一处公共汽车站,金秀说:"坐车吧?把你都淋湿啦。"
"**没关系**。走着还好受点儿。"

② 柳秘书长对小伍说:"小伍,今后就会麻烦你了。余姨身体不太好,你会很辛苦的。"小伍说:"**没关系的**,领导多指教就是。"

3. 用于安慰别人时。如:

① 戈:几点了?我都饿了。
李:**没关系**,我给你买夜宵去。还要什么?

② 漱瑜急迫地说:"我昨晚做了个恶梦,梦见满叔被害。人抬回来的时候,不知怎么的把他的头放在旁边,却另外做了个木制的头接在颈子上,家里人看见了都大哭起来。我也哭了,一哭便醒了过来,把我吓得什么似的,醒来后心还卟卟地乱跳。"

田汉忙安慰她说:"**没关系的**。这大概是当初你受了惊吓,一直藏伏在潜意识里,一做梦便又钻出来现形了。"

4. 用于打消别人做某事的顾虑时。如:

① 郭燕:起明,这儿的衣服太贵了。
起明:**没关系**,要买就买最贵的。

② 大夫说:"你频发性早搏,一分钟高达十多次,而且心动过缓,一分钟只有四十几跳。这么厉害的心脏病,气色又这么不好,还不严重?"我笑嘻嘻地说:"心脏不好我心眼儿好,气色不好我气质好,**没关系的**。"

没料到(没料想)

表示下文所说出乎意料。如:

① 妻在厨房里忙忙碌碌地做菜做饭。依妻之见，莫如陪大小到街角的小酒店吃一顿。可我想，还是在家里招待他会使他感到亲切。……我陪了他整整一下午。**没料到**他既不吸烟，也不喝酒。

② 王喜蛮以为，这一通话抢过去，姓张的就得趴那儿。看他站住那儿哆嗦，老半天说不上话，越发得意起来。**没料想**张全义突然大笑起来："好，好，好，我告诉你，我不认头！我也是死猪不怕开水烫，我不上你这份当！"

没什么(没啥)

1. 用于对别人关心自己的回应。如：

① 张乐仁：梁师傅回来了！家里都好哇？

梁师傅：好！这两天把你累坏了吧？

张乐仁：**没什么**！

② "孩子，跟上你哥受委屈了。"魏桂枝心疼地拉着傅懋信的手，老泪纵横。

"娘，**没啥**！今天出去游街，我又碰上李县长了。他也和我样，脖子上挂着个牌子，那牌子比我的还大。"

2. 用于对别人感谢自己的回应。如：

① 千代子急急走进来，嘴里喊着妈妈，可一直走向虎子："陆先生，有道先生全告诉我了，谢谢您，真麻烦您了。"

"不，**没什么**！"虎子还是第一次受到别人用尊称叫他，有点惶恐。

② "可是……您送花，也不要我付钱。怎么成呢？哪能叫您白送。"

老花农摇着一双又厚又黑、短粗的手，说："**没啥**，**没啥**。俺就一个儿子，他做事，不要我的钱。我的钱用不了，没嗜好，也没处花，连烟叶子也是自己种的……您干啥要提钱呢！"

3. 用于别人表达歉疚时的回应。如：

① "你要去哪一家商店？还远吗？"

"还要再拐两个弯,真抱歉……"

"**没什么**,没关系。"

② 当一个老太太从她身旁过去,要去前边坐位子的时候,她扶了老太太一把,轻轻说声:"您老慢点。"……那老太太落了座,向她道谢,她又顺手撩了一下头发,说:"**没啥**。"

4. 用来安慰别人。如:

① 她又说:"别害怕。**没什么**。我见过几回了,真的没什么。"口气就像我小时候,先打预防针的女孩对后面的女孩说。

② 队长正在伺弄炭火,这时却若无其事地说:"大雪封山了,起码三两天是出不去了。"他看了看大家焦急的神情,又伸出手用力地摇了摇,"**没啥**!再缺吃的,也不能让你们学生娃饿着。"

5. 不想正面回答对方问题时,作为托词。如:

① 待了一会儿,他又问我:"上哪里去?"我告诉了他,也顺口问了他。他又迟疑了半天,笑了笑,定了会儿眼睛:"**没什么**!"这不像句话。我看出来这家伙处处有谱儿,一身都是秘密。

② "你跟那老司头啰嗦些啥?"他随口问。

"**没啥**。"

没事(的)

1. 对别人的感谢进行回应。如:

① "谢谢呵,师傅。"在丁小鲁家楼前,马青交完费,最后一个从车里跨出来,回头弯腰冲车内的司机说。司机笑着摆了摆手:"**没事**。"欠身过来关了车门,熄灯发动开走。

② 女:啊,好了。谢谢您啊,您忙着。

牛:诶,**没事儿**。

2. 对别人的关心进行回应。如:

① 杜梅向我跑过来,搀我起来,关切地问:"摔坏没有?"

"**没事**。"我作轻松状,笑着拍了拍那马一下:"跟我调皮。"

② 朱怀镜上前去,见玉琴原来醒着,眼眶子有些陷下去了。"你病了?几天了?吃什么药了吗?"玉琴勉强一笑,说:"**没事的**。我还上着班哩。"

3. 对别人的歉意进行回应。如:

① "大妈,对不住,搅了老爷子了吧?"大立直抱歉。"**没事儿,没事儿!**"杨妈还是客客气气的,"金枝刚出院,别累着她。赶明儿,满月以后,再聊……"

② 低沉的男音填满车厢,又稳又沉,这让她想起了父亲,她在抽泣间说,他最近刚刚去世。"真不好意思,不好意思。"她低声说。"**没事的**。"

4. 用于安慰对方。如:

① 朱雪桥胆子小,原来很害怕,以为可能要枪毙。高大头暗中给他递话:"你是特务吧?""不是。""不是你怕什么?沉住气,**没事**。光棍不吃眼前亏,注意态度。"

② 他转过身,看她抽动的肩膀,看她毛衣上每一针细细的花纹。忽然半跪下来,抚摸着她凉凉的发白的手。那手无知无觉还握着最后一个梯子。"**没事的**。"他漫无边际地安慰她。

没问题

1. 对别人的要求爽快答应。如:

① 陈:诶,我看不必都去啊。这牛大姐和老刘年纪大,就算了。你们年轻人,辛苦一趟!

余:**没问题**!

② "好吧,那我就扮这搞评论的。"丁小鲁说,"不过你得凑钱给我买点洋书看。"

"**没问题**。"我说。

2. 对别人表示谢意或歉意进行回应。如:

① 起明:你去跟他(老板)说一下。我找他。我姓王。是他一

个朋友让我来,办点事。

大李:噢。来里边。

起明:谢谢。

大李:**没问题**。

② 大卫:我要加点油。对不起呀。

郭燕:**没问题**。

3. 表示某事确定无疑。如:

① 我再没见过一个人,能像他那样把猥琐卑劣的作弊提升到阳春白雪的艺术高度。就冲这一点,我也相信他会成为一个出色的流行音乐家的,**没问题**。

② 大哥要找对象?**没问题**。他一表人才,又有文化,很有吸引力,你看他穿一套西装走几步路多有风度,比你神气!

没想(到)

表示其后所说出乎意料。如:

① 母子俩喜气洋洋准备过春节,**没想**,一个个债主上门来了。

② 她从早到晚地干活,照看我的弟妹,她满心指望我在宫里飞黄腾达衣锦还乡,**没想到**我回家身无分文,还带回一张吃饭的嘴。

美的你

对对方的话表示负面评价,认为对方是自想美事。如:

① 你一月二百块钱嫌不够,还想出国,**美的你**!

② 我狡黠地一抿嘴,靠了靠背,手枕着脑袋道:"你一定在想,今晚请我去避风塘好呢还是海底捞。"

"切!**美的你**!"

免不了(总免不了)

表示在上文所说的情况下,自然会发生下文的事情。如:

① 可是，人们到了相当年纪，**免不了**儿女累人，三更儿哭，可以搅你的清梦，一声爸爸，可以动你的心弦。

② 人到了我这个地步，**总免不了**要打自己的主意，想想还能做点什么。

末了 liǎo（到末了 liǎo、末末了 liǎo）

表示事情发展到后来出现的情况。如：

① 这次康伟业说的是真心话，段莉娜感动了他。他与她手执了手，掏心掏肺地絮絮叨叨地说话，正如相依的唇齿。**末了**，段莉娜指着康伟业的心说："康伟业呀康伟业，如果你将来真的发了，千万不许搞女人。如果搞了，我就与你同归于尽。"

② 田平他爸红光满面悠然而出连望都不望一眼田平。这气派令好些人肃然起敬，便纷纷打听来者为谁。**到末了**选协会理事时，田平他爸得票竟进入前五名，比名气赫然的豆儿他爸多出几十票，自然当选成了理事。

③ 你收拾屋子，我做饭，这是咱们事先说好了的，是啊。**末末了**呢，我饭快做得了，你这屋子一点都没收拾。这件事就是你的不对。

嗯

1. 用于对话中，表示应答，同意对方所说。如：

① "二位，您吃好啦？"
"嗯。"

② 郭燕：真高兴看见你。
起明：挺漂亮嘛。
郭燕：谢谢。你也不错，这套衣服很适合你。
起明：嗯。

2. 用于对话,表示与说者互动,提示对方自己听到了或在听。如:

窦文涛:锵锵三人行,我差点说成广告之后见(马未都:嗯。)这哎,广美来了,这个还有马先生。啊最近真是没得聊了,所以其实我现在挺感谢媒体的,真的,就我呢,你别说挑事儿,大家都胡骂,说媒体故意挑事儿是吧?(马未都:嗯。)断章取义但是其实客观来讲,我不能不说,要没这个(马未都:嗯。)锵锵三人行也经常处于找不到话题的,没有聊的状态。

3. 用于上下文的衔接,引出经斟酌而说出的词句。如:
① 过去我还从没有,**嗯**,很少挨这么厉害的批评呢。
② 老大刚想说,不会说!一琢磨——这不像话呀?说一个字吧,说什么呢?**嗯**,就说自己的姓吧。

4. 经过尝试或观察之后做出满意的表示。如:
① 这要饭的从桶里舀了点儿汤,尝了尝:"**嗯**,行,还差不离!"
② 岳父、岳母反复观察熟睡的外孙女。"**嗯**,长得不错。"

哪曾想(哪成想、哪承想)

表示下文所说出乎意料。如:
① 大叶荷从小父母双亡,被一个贫穷人家收养为童养媳。成人后,她为丈夫生了三个儿子,**哪曾想**,丈夫早早就病归西天。
② 小吴鼓起勇气给叶景林写了一封拜师信。**哪成想**,信还没发出,叶景林却匆匆地走了。
③ 1998 年以前,物价高涨,治理通胀是主要任务。**哪承想**我们这边"着陆"未稳,就爆发了亚洲金融危机,接着是一场大洪水。

哪儿跟哪儿呀(这是哪儿跟哪儿呀)

认为对方的说法不着边际,表示埋怨或嘲笑。如:

① "呸!"不等他说完,杨妈就火了,"这老东西信口胡诌! **哪儿跟哪儿呀**? 翠花姑娘进府是解放后,警察抓他是解放前——因为他倒腾大烟土!"

② "不是,你们往下听着。"我笑着说,继续念信,"我觉得您可能误会了。当然这不能怪您,全怪我妈,给我起的这名像女名……"

"噢——"众人翻了天似的起哄,"敢情是一爷们儿,**这是哪跟哪儿呀**?"

哪儿呀

表示对方的说法不正确,引出正确的说法。如:

① "请你喝汽水儿?"

"**哪儿呀**,喝酒!"真要命,这人缺点儿幽默感。

② 于观笑着转脸对杨重说:"你们就在这儿耗了一上午? 没进去看电影?"

"看了,《奥比多斯驴在行动》。"

"外国片?"

"**哪儿呀**,国产片,你不知道现在国产片都起洋名儿?"

哪里

1. 表示情况不是对方所说的那样。如:

① "其实,应该是我谢谢您,演了这么精彩的《双阳公主》。"

"徐经理也喜欢戏? 我还以为是王喜这家伙死乞白赖拉朋友来给我捧场呢。""**哪里哪里**。"

徐伯贤谦和地摆手。

② 李大夫见康伟业这样,善解人意地接过了他的话,开了一

个玩笑,说:"李大夫说话太胆大了,是不是? 李大夫说话很流氓,是不是?"

康伟业说:"**哪里**。哪里能够这么说。"

2. 表示自谦。用于别人夸奖自己时。如:

① "你懂得真多。"

"**哪里**,还是你懂得多。"

② 人们自然接口说:"也搭帮老书记费心培养啦……"

"**哪里**,**哪里**……"盘金贵摆着手,沉醉地笑了。

哪料(哪料想、哪料到)

表示下文所说出乎意料。如:

① 当工程师的父亲常以堂姑邹竞的奋斗经历教育女儿,希望邹家第三代再出一位院士。**哪料**,女儿喜欢芭蕾,父母越反对她越着迷,最后父母让步了。

② 30 年前,年仅 10 岁的宁生不幸患了骨结核,虽保住了性命,但一条腿却永远落下了残疾。**哪料想**,祸不单行,16 年后,厄运又一次降临到他的家庭。

③ 在这之前,间或偶闻他们小两口婚后有些磕磕碰碰,**哪料到**竟会恶化到今天这地步。

哪天

所在句子表示一种假设的条件,下句代表这个条件下的结果。如:

① 你也不用忙着明儿就找老曹去说。**哪天**我们合计好了,我再求你,你再去说。

② **哪天**卢叔赚钱多了,她便使出一位堪称优秀的厨房夫人的浑身解数,做上七盘八碗,全家香香美美饱吃一顿。

哪想(到)

表示其后所说出乎意料。如：

① 小牛。他姥姥家那地方的,他认识,说给问问,我寻思说着玩,**哪想**他当事办了!

② 金秀见全义和杨妈回来了,悄声问去后院察看的结果。杨妈朝她摆手,生怕惊动了金一趟,**哪想到**闭目打盹儿的金一趟来了一句:"怎么样啊?"把杨妈吓了一跳。

哪知(道)

表示其后所说出乎意料。如：

① 他对三姑娘原有几分畏惧,正不知该怎样应付,**哪知**三姑娘却一反常态,对他十分和蔼,并邀他将就在这里吃午饭。

② 等步兵的机枪把敌人火力吸引开去,麻皮就接上燃料管开始瞄准。敌人地堡在三十多米外,从我们演练的效果看,应该万无一失。**哪知道**麻皮刚刚扣动扳机就出事了,只听他惨叫一声倒在地上乱滚。

那还用说

对别人的说法和问话做出肯定的回应。如：

① 好几次三人一起出门时,邻居都用羡慕的口气说:"你们每天都有那么多高兴事。"那时父亲总是得意洋洋地回答:"**那还用说**。"

② "除了可乐,还想要别的吗?"
"当然,**那还用说**吗?"

那家伙(那家)

当比较夸张地描述一件事时表示感叹,有调侃和嘲笑意味。如：

① 地方台好,别搁小崔那儿播,不靠谱。那天自打搁他那栏目一回来,**那家伙**一路背的,干啥啥赔呀!
② (你小舅子)那天上俺家去啦,**那家**一进门就说:"那谁那个老蔫巴和那个老高婆子在家没,给我弄俩王八。"

那可不(那可不是)

① 表示赞成对方的说法。如:
"能坐那车的人都到共产主义了。"
"**那可不**,人家天天吃用油炒的菜。"
② 余:是是是。这要是再过几十年,不定能搞出什么东西来呢!
李:一定是应有尽有。
莫:**那可不是**。哎,我跟你说啊,今后你们不定怎么吃惊呢。

那可是

表示赞成对方的说法。如:
① "不!这会儿我一点醉意也没有了,清醒极了,不信你让我来开车试试……"
"把车交给你我可不放心,在巴黎你恐怕连左右都分不清……"
"**那可是**……我不得不承认这一点。"
② "年纪轻轻,要务正。今后可要吸取教训,老实守法……嗯?"
"**那可是**……荒荒不敢了!"荒荒说。

那么(那、那个)

1. 提起或改变一个话题。如:
① 何舟:刚才你讲的友好关系啊,世界上友好关系是有的。你比如美国和英国这个友好关系,他有他——
阎洪:也吵啊!
何舟:——不,他吵是吵,但是他基本上是处于一种友好关系。

第一,他这个种族语言都是一脉相承的。第二,在所有的重大国际问题上,他们基本上是一致的,就是全世界的其他国家反对,他们两国也出兵伊拉克,对吧? 这是一种友好关系。**那么**中国和日本能不能做到这种友好关系? 那么就从文化的接近,从语言的相通,到国际利益的一致,到意识形态的这个这个接近等等啊,你就很难做到这一点。

② "会玩牌吗? 咱俩玩牌吧?"于观提议。

"没劲。"汉子摇摇头。

"**那**下象棋?"

"更没劲。"

"去公园? 划船? 看电影?"

"越说越没劲。"汉子来了气,"你也就是这些俗套儿。"

③ 丁四嫂:你要说什么呀?

大春妈:哦,**那个**,那什么,嘎子妈,我——是想啊,想请您给我们大春保个媒。

2. 当词句不连贯时,用来占位,以保持自己话语的延续。如:

① "萌萌,站起来你别又问我萌萌是谁。"

"好吧……**那么**……萌萌是谁?"

② 这个东西本来很好,但是你不能光吃这个东西,毛主席也讲普及跟提高嘛,你不能只普及呀,只普及**那,那那那**李泽厚呵,就评于丹,一篇文章,我觉得他讲得非常到点的……

③ 白景琦:唉,你是因为什么被抓进去的,啊?

白敬业:那什么——**那**——**那个**,我是给您送药去了。后来犯了夜了。

那么的 di(我看那么的 di)

引出对某事的最终意见。如:

① 我们要的就是这个条么,啊,你要不这样,我们还不来呢,

呵呵,答应了吧。**那么的**,孩子到你这呢,也得给你添麻烦,我也知道你困难,给你三百块钱。

② 给你爹治病的钱要都让你一个人拿,也不公平。**我看那么的**,你拿六成,你弟拿四成。行不?

那什么(那啥、那个啥)

1. 用来提起或延续一个话题。如:

① "瞧我,光顾着高兴,忘了外头还有东西呢!"姑妈忙说,"**那什么**,劳您驾给搬进来,先搁南房吧,慢慢再归置。"

② 班长:你的手机是哪来的?

大周:对象给的,说是联络感情用。**那啥**,今儿托人捎回去。

③ **那个啥**,你们这十人干吗呢?

2. 表示说话略有迟疑。如:

① 祥子似乎连怎样笑都忘了,用小毛巾不住地擦脸。"先生,我几儿上工呢?"

"**那什么**",曹先生想了想,"后天吧。"

② **那啥**——不太好说啊!哪天去亡旭,给我爆点猛的哈!

③ 大庄:你来干什么?

大庄妻:**那个啥**,家里缺点钱,跟你要点钱。

3. 招呼别人,随后提出自己的要求。如:

① 孩子,来吧,给姥爷表示表示。**那什么**,服务员,来拿麦克,卡拉OK的麦克给我拿来。

② 帅锅**那啥**,问一下——凤图腾共多少集?

③ **那个啥**,哥,好好学习,天天向上。我也像您老人家学习学习,有点正事儿。

那是

表示肯定对方的说法。如:

① 牛：还有好多人媳妇儿都娶不上呢。想跪搓板儿都没地儿跪去。

张：**那是**。我也算是比上不足，比下有余了。

② 站长：你要是成了军统的家属，还愁什么呀！

穆连成：**那是**。军统的家属有面子。

(也)难怪

由于上文或下文所说的某一原因，使得发生的相关情况可以理解。如：

① 年轻人呐，你们是真不懂历史，**难怪**你们容易见异思迁。

② 我问许多人文化部在什么地方，都说不知道。**也难怪**，我问的多半是外地人。

难免(难免不)

由于上文说到的原因，自然得出下文的结论。如：

① 因为我口直心快，**难免**有得罪人的地方。

② 大学生们乃国家的栋梁。还没成栋成梁的时候便四处碰壁，**难免不**挫伤他们成栋成梁的自信。

脑袋被驴踢了(脑袋给驴踢了、脑袋让驴踢了)

表示对上文相关行为的负面评价，认为其不可理喻。如：

① 你真的不是在看热闹吗？你在落井下石吗？你在践踏别人的伤口吗？你把别人的伤痛当作自己的笑料和玩物吗？**脑袋被驴踢了**吧？

② 撕心裂肺地叫我，完了不说话，这是**脑袋给驴踢了**吗？

③ 大年初一转一个俺们都吃夜宵，不空腹吃喝。咋吃？咋喝？肚子里有食儿还需要吃喝吗？这什么人说的，**脑袋让驴踢了**还是让门夹了？

脑袋被门夹了(脑袋让门夹了)

相当于"脑袋被驴踢了"。如：

① 今天才知道,创业的数据存储是这么做的。一个软件用两个服务器,**脑袋被门夹了**。风险直接被扩大了两倍。

② 机会总是转瞬即逝,刚才遇到"忽闪忽闪"下班,走了个对面,她还主动跟我说拜拜,当时脑袋短路了,竟然说了一句"你刚下班",明明就是刚下班,**脑袋让门夹了**,我当时怎么没说"你住哪？我送你回去吧"！

脑子坏掉了

相当于"脑袋被门夹了"。如：

① 明明穷得快吃不上饭了,还装富翁？**脑子坏掉了**。

② 这个人不知道在干吗,**脑子坏掉了**,叫你们玩你们都不出来！你们都疯了！

脑子进水了

相当于"脑子坏掉了"。如：

① 淘宝商城这是要和京东抢饭碗,可惜用户群定位完全不一样,真要买奢侈品的女人谁会在网上瞎逛买这些,**脑子进水了**……

② 我突然觉得蝎子真的是让人搞不懂,不知道一天在想什么,没事找事的,**脑子进水了**。

闹得(弄得、搞得)

上文的话或事件导致了下文的不好的结果。如：

① 老爷子忽然流出了眼泪,说："说句不好听的,你再来两趟,也没有金丹给您用了……"**闹得**那病人手足无措。

② 表哥进了习艺所,精神抖擞,先去推垃圾车、倒脏土,然后把所有的马蜂垛子全都打掉,**弄得**马蜂飞舞,谁也出不了门,自己也

被螫得像个大木桶。

③ 这场暴雨不像往常那样先稀稀落落地掉下几点来敲打一番,给人以警报,而是直截了当地从天上猝然倾泻下来,**搞得**人们措手不及。

闹了半天(弄了半天、半天)

引出事情的原委。如:

① "我不是不请你,我是问你上哪家餐馆。"

"你说话了,"我惊喜地说,"**闹了半天**你不是没嘴葫芦,我本来都开始习惯和一个哑巴在一起了。"

② 小伙子开始检讨自己态度生硬:"许老师别生气,我们也是例行公事。昨天又有一架飞机被弄到台湾去了……"许还山哭笑不得:"哦,**弄了半天**把我当成劫机嫌疑犯了? 有这么大年龄的劫机犯吗?"

③ 郝童:妈,你看小云她辞职连跟我说都没说一声。

小云:**半天**你是跑来我家告状来啦!

你别说₂(你还别说、也别说)

1. 由对方的话而突然明白了下面的情况或道理。如:

① "哼,给您这大经理当老婆,也得气个半死! 一天到晚点灯熬油的,没个安生日子!"老婆说。

你别说,是这么回事,就连这坐在一块儿拌拌嘴的工夫都难得。这不,没说两句,门铃又响了。老婆起身去开门,来的是吴胖子吴老板。

② 刘:其实挺简单的,你就适当地把节奏放慢了,就像念讣告那个节奏,再加上点儿啊啊啊,那两分钟没问题。

李:**你还别说**,老刘说这个,还真不失为一条妙计。

③ 甲:坐月子我可得盯着!

乙：你不生孩子光坐月子！

甲：您想，那排骨汤，鲫鱼汤，多营养呀！

乙：**也别说**，你这想法还真不错！

2. 表示下面要说的情况，超出自己的预期。如：

① 晚上，我也凑到一堆"盲流"跟前去聊天。**你别说**，出门人都有侠义心肠，在外面跑的"盲流"尽管自己经了三灾八难，对别人的事却都挺热心。

② 我漫无目的地走着，心想要不就拣一个钱包好了，这也算我挣来的钱啊。又一想，不对啊，拣的钱包是要上交的。我暗笑自己，真是让钱迷了心窍了。**你还别说**，我就这么两眼盯着地走，还真就捡到了钱。

③ 阎乃伯们这群滑头，吃我喝我，完事大吉，一点真心没有！**也别说**，到底认识了几个官僚，就算没白花钱！

你别往心里去

安慰语。提示对方不要在意自己或别人的某些不当言语。如：

① 你知道，新民刚走，我心里，还乱得很。我要是说了什么做了什么，**你别往心里去**。

② 刚才他也说了，纯属自言自语。**你别往心里去**。

你别忘了（你可别忘了）

提醒对方在做某事时要考虑下文所说的制约因素。如：

① 你以为你一个村主任做的事别人就管不了了？**你别忘了**，你这个主任是大家选的，大家可以选上你，也可以选下你！

② 透过别人的眼睛仔细瞧瞧吧！他们会对你的妻子作何感想？会怎么看你？你不是靠给冷饮柜台的店员修鸡舍为生的，**你可别忘了**！你必须按照这个世界上的大人物的游戏规则办事。你必须配得上他们。

你不想想(你也不想想)

提示对方,考虑做某事的后果。如:

① 啥"两个人过日子总比一个人好"!**你不想想**,咱们成了家,你就得砍柴禾,你就得挑水,家里啥活你不得干?有了娃娃,你还得洗尿褯子,一天烟熏火燎的,苦得你头上都长草咧!你十八块钱,连自己都顾不住哩,还能再添半个人的吃穿?你还能像现时这样,来了就吃,吃完嘴一抹就念书?你呀,你这狗狗真傻!

② 他找到母亲说:"妈,我要告他们,他们凭什么限制我的人身自由!""娃儿,**你也不想想**,我们一个平头百姓你告得过他们吗?再说,我们还要在这里生活下去啊!"

你不知道(你有所不知)

提出一种对方未知的事实来解释前面的疑问。如:

① 甲:哎哟!怎么还有兔儿粪葡萄?

乙:**你不知道**,我种的葡萄就像兔粪那么大,所以叫兔儿粪葡萄。

② 金太太道:"你们那里有两个老妈子,为什么都不叫,倒要自己去做事?"玉芬笑道:"妈,**你有所不知**。老七一温存体贴起来,比什么人还要仔细。他怕老妈子手脏,捧着东西,有碍卫生,所以自己去动手。"

你猜怎么着(你说怎么着、您瞧怎么着)

表示在上文所说的背景下,出现了下面的新情况。如:

① 人们常说:一芽知春。小时候,立春前后,我就一天三遍地跑到河边去看柳枝。有一天,有个小芽芽钻出来了,娇嫩得好像吹一口气就会把它吹化了,透明得能看见对面的景物,细小得像根线头儿。说是绿叶,其实只有淡淡的鹅黄色,如同雏鸟的嘴边儿。可是**你猜怎么着**?它顶住了春寒,转眼就长大了,变绿了,带来了一

望无尽的碧野。

② 我刚午睡的时候,做了一个有趣的梦。**你说怎么着**,我竟突然梦见了生平只有一面之识的女子,简直像小说上写的故事一样。

③ 哎,哥们,我昨天拉了一个美国大兵,觉得这回呀能多挣俩钱,**您瞧怎么着**,这洋小子猴儿精猴儿精的,多一个子儿都不给。

你等着(你给我等着)

引出威胁语。如:

① 有什么呀有什么呀? 别跟我说这个,我什么都不听什么都不信——我算看透了,想客客气气的,什么都办不成,该恶就得恶! **你等着**,我收拾不了你,我还不姓古了。光你们有哥儿们? 我们也有哥儿们,哥们儿之间也仗义着呢!

② 现在感情破灭而已,还有很多的报应,**你给我等着**。我会让你惊喜的。也会让她贱人给哭死。

你懂的

提示对方,有些话不言自明。如:

① "你只要有钱,在这里什么都可以干。甚至可以做皇帝!"

"做皇帝? 什么意思?"

"无非是三宫六院。**你懂的**!"

② 亲,明天好希望你回来,时间不多了啦,**你懂的**! 剩下我一个独自哭泣,没人心疼,没人安慰。

你给我记住(你给我记着)

1. 表示劝告,并引出劝告语。如:

① 我说最后一次,以后我就不说了,**你给我记住**,伤害你而自己心疼的只有那些爱你的人。

② **你给我记着**! 一个人想通了痛过,哭过,发泄过就好,重新

振作,所有的丢了就丢了。我明白了,有些东西是自己自愿的,不应该怨别人,不用对不起。

2. 表示威胁,引出威胁语。如:

① 你这个妖怪竟敢利用我的朋友!**你给我记住**!只要我不死,就一定要杀了你!

② 黄秋尘啊!黄秋尘,**你给我记着**,我冷月兰终有一日要你在我面前跪着,我要你哀求我饶命。你这个短命鬼,真是太可恶,可恨了!

你就瞧好儿吧

根据上文所说的有利条件,提示对方相信自己或自己的判断。如:

① "赶紧看心理医生吧。包子,这个也是个人物啊,写进剧本里。""我最近为了写这个勾搭了心理医生,**你就瞧好吧**。"

② 呵呵,老子英雄儿好汉。兄弟,儿子准行!**你就瞧好吧**。

你看₂(你看看、看看)

提示听话者注意某一情况,以诱导对方理解支持自己的看法。如:

① 我只是为我自己感到遗憾。**你看**,我尽管有了一点钱,按说可以潇洒一些,但是不行。今天你看见了我弟弟,他竟是这种东西;我还有贫穷的父母,还有失业的姐姐和不懂事的妹妹,还有离了婚的前妻和女儿……

② 李:够了,还不赶紧把咱俩发展了,也好并肩带领群众前进哪,你说是不是?

戈:我是说你够了!你还让不让人写了?**你看看**,全搅乱了!一点灵感都没了。

③ "您瞧,这就是咋儿买的,《浪迹天涯》。我最喜欢《浪迹天

涯》了,您是唱这首歌红的呀。我还喜欢《蒲公英》《云之梦》《吻,是蔚蓝色的》……"

"**看看**,遇见知音了不是!"吴老板拍拍陈玉英的肩膀。

你看着(不信你看着)

提示对方见证下文假设的结果。当这个结果涉及说话者时,有发誓的意思;当涉及其他人时,多为对他人不好的结果,有威胁的意思。如:

① **你看着**吧,我要给你带来一个崭新的生活,那生活会好得我们永远也忘不了这一天!

② **你看着**,多咱他们欺负到我头上来,我叫他们吃不了兜着走!

③ 我决心已定,谁也甭劝我。我怎么不知道舒舒坦坦的,非给自己找罪受?非招人讨厌?我不会享受?**不信你看着**,我折腾起来比你会——玩!

你没看见

提示对方注意下面这个情况,借以说服对方。如:

① 屁股肌肉面积大,吸收好,效果快。**你没看见**医院里,不管男女老幼都是往屁股上打,为了治病嘛。

② "兰兰!"做母亲的厉声说,"都做妈的人了,还嘻皮涎脸,我们说的是正经话。"

"天!我不是正经话吗?**你没看见**自从生了朝阳我就没买过衣服、没上过美容厅?可我有权买奶粉给我女儿吃,我爱她,剜我的肉她吃也不与你们相干!"

你瞧(你瞧瞧、瞧瞧)

提示听话者注意某一情况,以诱导对方理解支持自己的看法。如:

① "你为什么发愣?"她睁大眼睛问,"生气了? 唉,你想想你这是浪费不是? 一个人的好坏不在他的打扮上,在灵魂里!"

"**你瞧**,劝我买帽子也是你,反过来说我也是你!"

② 我再三克制住自己,我不想和父亲就此大吵一顿,惊了别人的好梦。我只能埋怨自己,**你瞧瞧**,我有多可怜,在两个不可改变的意见之间,像个满头大汗的小丑,东跑西奔,上蹿下跳,最后只好放弃我的努力。

③ 我停止和安佳斗嘴,踱上阳台往下看,见吴胖子马青杨重在楼下仰着脸儿。

"下来,"吴胖子说,"开会。"

我回到屋里对安佳说:"**瞧瞧**,这可不怨我吧? 想寂寞点环境还不允许。"

你说(你说说)

1. 引出一个问句,就某事征求对方意见。如:

① 怎么样? 小华,**你说**我们该不该买它一套罗马尼亚家具?

② "法子多呢! 有名就有利。有的人挣了大钱,发了大财,可不一定有名。可是,有名的人只要想想法子就能发大财。……**你说**,是不是?"

"**你说说**我怎么办吧?"

2. 引出一个反问句,就某事质问对方。如:

① 要是他真有啥问题呢,我们让他跟那个德国人接触,不是倒给他提供了一个犯错误的机会,反而害了一个同志么? **你说**,是不是这样?

② "**你说说**,我怎么碍你的事了? 你这么嫌我多余,非要撵出家门……而后快。"

3. 引出对上文的评论。如:

① 余:那上哪儿演去,上灾区?

假何：气我哈？你这不气我嘛。灾区能收上棉袄棉裤来吗？咱们得奔那风调雨顺的省份去。回头好好儿查查。今年哪儿棉花丰收，第一站，咱就扎哪儿。

李：嗯。**你说**这骗子对咱国家着急的事儿吧，还挺门儿清。

② 他一高兴，把一个戏班全"包"下来了，从角儿，到行头，跟包，全"包"下来了，戏码由他一个人定，他爱听哪出，就给他唱哪出，对园子里前三排的座，全由他一个"包"下来了，**你说说**老祖父留下那点财势，能够让他们"遭"几天呀，就是留下半个亚细亚来，也不够他们"遭"的呀！

你说(到)哪儿去了

1. 表示自谦，用于当别人有求自己的时候。如：

① 他说："大叔，你看，整天来麻烦你。"大叔非常高兴，就说："学生，**你说哪儿去了**，你叔是一个收废品的，哪值得你这样？"

② 但老头这两件事都没有说，而是突然笑嘻嘻的，对小林说："小林，我得求你一件事！"小林吃了一惊，说："大爷，**您说到哪儿去了**，都是我有事求您，您哪里会有求我？"

2. 表示否定对方的说法。如：

① 范大妈恍然大悟："敢情她是你的对象？"

"啊呀，**你说哪儿去了**！范大妈！"阿宝埋怨她。

② "真的？你可别哄着我帮你贩毒，我很怕警察。"

"**你说到哪儿去了**。我昨天在一家中国餐馆吃饭，顺便打听他们要不要雇人，他们正好缺人收盘子，我今天去上班，你跟我一块儿去，保证有你的位置。"

你说呢

1. 表示就上文的意见征询对方的看法。如：

① 以后可不能再这样了。出了嫁就要自己生活，就会有许

许多多的事情等着你,怎么可以不想呢?想了才能有准备,才不会把事情做错。所以今后对将来的事,要多想想才行。**你说呢**?

② "听说做生意的人很多,都能赚钱?"

"哪有只赚不赔的生意?有时候赔得精光,裤儿都要脱下来卖了。话又说转来,赚是多数,要不哪个吃饱了没得事干肯出来遭罪?**你说呢**?"

2. 对对方提出的问题进行回应,表示对方是明知故问。如:

① 她知道这时候去叫田国福比叫司机还难,她又来到何顺家,何顺刚睡着又被喊了起来,他不再嘻嘻哈哈,而是一肚子火气:"你又回来干什么?"

"**你说呢**?"解净豁出去了,反而显得镇定了,理直气壮地说……

② 玉琴说:"我怎么慰劳你呢?"朱怀镜就笑了说:"**你说呢**?"玉琴明白他的意思了,就说:"不跟你说了,你好好加班吧。别太晚了,早点休息。"

你说你(你说说你)

提示对方注意自己言行的不当之处,表达责备或嗔怪的态度。如:

① 郭燕:就算我不该离开你,我也已经为此付出了代价。你还要我怎么样?难道非要我跪在地上求你,求你宽恕我吗?

起明:**你说你**都说些什么乱七八糟的。有意思吗?这么着?

② 张倩!**你说说你**啊,在家放假休息什么都不干,你看看这门脏成什么样子了,都不知道擦。

你说是不是(你说是吧)

以征求意见的方式希望对方同意自己上面所说的看法。如:

① 诶,你,你看,这减得也忒猛点儿了。你总得给我个适应过程,**你说是不是**?

② 上课睡觉的话,我当然还是会把她叫醒。但是如果让她罚站,不让她继续上课的话,恐怕我就要花上更多时间教她。**你说是吧**!

你听(你听听、听听)

1. 提示对方或其他人注意某人讲的话,并引出自己的评论。如:

① 我生气地说:"你知不知道,海喜喜是个好人哩!"

"我也没说他坏呀!"停了停,她脸上泛起不悦的表情,"**你听**,你眼里就没有我……"

② 她说,要我等等,也许时间能治好心上的伤口。让我看开点,看远点……**你听听**,这些话多伤人哟!

③ 王艾嘉:凭什么呀? 我长得也不比谁差,就我这长相,你凭什么对我一点想法都没有哇?

潘大庆:咦——**听听,听听**,这是谁骚扰谁呀! 有那么对一个离了婚的男同志强迫人家对自己有想法的么?

你听见了吗(听见了吗、你听见没有)

表示其前面或后面的话是对对方的命令或叮嘱。如:

① 孙师长吗? ……喂喂,我命令你马上停止擅自行动,立即向我靠拢。**你听见了吗**? 新二十二师担任你的接应……我命令你停止后撤,不惜一切代价返回国门!

② 喂完粞,又为他一件件穿好衣服,细细地洗了下脸。最后吻了吻粞说:"为了我,你得坚持,**听见了吗**?"

③ 老工长终于对冷西军发出了命令:"掉过头来吧,向右边开。"他手往李贵煤那边指指。那高大的矿工一动未动。"**你听见**

没有?"老头子又恢复了那威严的口气,在井下,矿长也得听他的。

你听我说(听我跟你说、你听我讲)

提醒对方特别注意下面的话。如:

① 阿春**你听我说**,你还是最好让我按时还你的钱。你得让我独闯一回天下。

② 孙女:啊,你们降低条件了。改吃我做的饭了。行啊,你们是下挂面,还是吃炒饭? 我给你们做去。

余:你看,你看,你看,你看人英子多好! 来来来。不是那意思。**听我跟你说啊**。你除了会做这个,刚才你说的这个,还会,会点儿别的吗?

③ 这下王喜倒慌了手脚似的,推着摩托,紧追着金枝的脚步,一边走,一边说:"金枝,**你听我讲,你听我讲**!……你想啊,你,一个大歌星,我……我,倒儿爷! 再说,你们家老爷子也不会喜欢我的。再说,处长了你就明白了,我这个人啊,当哥们儿肯定挺够意思,当丈夫……可……可差劲儿……"

你听着(你听好了、你给我听着)

1. 引出对对方的警告。如:

① 你过来,你这畜生,怎么不来向我请安了? 畜生**你听着**,当初是怎么娶走家珍的,我今日也怎么接她回去。你看看,这是花轿,这是锣鼓,比你当初娶亲时只多不少。

② 你要是不听我的话,一切后果自负。就这话。**你听好了**。

③ 瘦高个子目露凶光,吼道:"**你给我听着**。晚上不见干草,统统砍脑袋。你这是反革命。"

2. 提示对方重视下面的情况。如:

① 张道士一字一句地说:"全义**你听着**。今天我当着你义父的面儿,当着你母亲的骨灰匣儿,告诉你:翠花就是你的生身母亲!"

② 你既不是很平静,也不是很快活。也许,你也缺了什么东西,或者什么人?嗯?可哪能啊,你能缺什么呢?**你听好了**,我们曾经是那么好的朋友,我至少要对你坦诚相待。

③ 不要难为自己,下次见到我要开心知道吗?不要让我看到你不开心。**你给我听着**,我原谅你吧。知道你心里不平衡才会那么讨厌我。

你想(你想想、你想想看)

根据上文所说的情况,引导听话人接受自己的观点。如:

① 这段时间,她的信是忧郁的,总告诉我一些不吉利的事,什么飞"伊尔-14"门总在空中自行开启;"三叉戟"落在桂林总是冲出跑道。我们言归于好。**你想**,她随时处在危险中,我怎么好意思和她赌气。

② 我领着市局的人来的。明明听见屋里有人嘻嘻哈哈说话,门锁着,叫不开。踹开锁进去,窗帘拉着,人就躺在这张床上,胳膊搭拉在床沿,手腕切的口子肉翻得像小孩嘴唇,脸扭向一边,似乎自己都不敢看。血已经流尽了,遍地殷红,走不进人,**你想想**,几千CC血喷出来是什么劲头。

③ 可是他再不对,也不该是死罪呀。**你想想看**,你爸爸死得多冤哪,咱也不能再赔上一个吧!

你想过没有(你想过吗)

表示替对方设想某事的后果,以说服对方。如:

① 冯小刚走到于观面前,慈祥地看着他说:"我理解你,也够难为你的了。可**你想过没有**,你在这个时刻动摇、退缩会对同志们的士气有多么大的影响?你又会成一个什么人?"

② **你想过吗**?如果你真的赢了的话,她怎么办?她怎么面对她的老公。

你想多了(你可能想多了)

针对对方的说法,表示事情并不像对方说的那样。当涉及男女双方感情问题时,有说对方自作多情的意思。如:

① "少说话了,说的话又不怎么听。"

"哪有啊,你说的我都有在听啊,**你想多了**。"

② 白清明:咱俩虽然不在一起了,但婚姻大事不能置气。

李银萍:置气?跟谁?跟你置气?**你可能想多了**,我现在很幸福!

你像(像)

1. 上文提出概括性的结论,下文举出具体事例来说明。如:

① 现在街上该校过来的字太多!**你像**那个"萍果专卖店",它的商标明明画着个苹果,却偏要写成"萍果"!据说人家就是这么注册的,你还改不了它!

② 其实一个人在一个特定的时空条件下,他很快就过了,**像**现在谁还,有没有人还记得小泉啊,很多人都不记得他了。

2. 提起一个话题。如:

① **你像**我们学城市规划的啊,不学自然地理,不学地质,不学海洋,你搞什么城市规划……

② "我怎么就只能演英俊小生?"徐达非幽怨地说,"**像**我现在这腰身、这横肉,演个土匪杀手不行么?"

你信不信(你别不信)

1. 引出威胁语。如:

① 小瞎子,你要是乱说,我能毒死你,**你信不信**?

② "今天我脑子很乱,说出去心里就好受些。你要是不来,说不定我又割腕自杀啦。**你别不信**,你看看我的胳膊——"她伸出白皙的胳膊。

2. 引出一段话来说服别人相信自己。如：

① 瘸某和刘会元讲起别的,他对刘会元说,那边坐着的一个女的特有戏老往这边看,**你信不信**我一勾搭就能把她勾搭过来。

② 想想人家公子又不是长得不堪入目,随便勾勾手就有成堆的女子等着他挑,**你别不信**,光我这间客栈就有不少女子对他倾心,人家对你这么一心一意、死心塌地,你可别身在福中不知福。

你行不行啊(了)

对对方的行为表示负面评价,认为有违常情或社会公德。如：

① 在社会上闯荡就是要有个一技之长啊,要不要这么醉生梦死啊? 打个电话给你你喝醉了在吐! **你行不行啊**。

② 能不能不在公共场所剪指甲呀! 都崩到我身上了,**你行不行了**嘿!

你要知道(要知道、你可知道)

提示对方,下面这个重要的情况不可忽略。如：

① 大赤包张罗着给菊子梳头打扮："**你要知道**,你是新娘子,非打扮得漂漂亮亮的不可!"

② 怎样才是仁爱地工作呢? 从你的心中抽丝织成布帛,仿佛你的爱者要来穿此衣裳。热情地盖造房屋,仿佛你的爱者要住在其中。温存地播种,欢乐地收刈,仿佛你的爱者要来吃这产物。这就是用你自己灵魂的气息,来充满你所制造的一切。**要知道**一切受福的古人,都在你上头看视着。

③ "我今年七十三了,"金一趟笑一下,"**你可知道**,七十三,八十四,阎王不请自己去! 这是关坎儿。"

你也是(的)

引出对对方的嗔怪或批评。如：

① 那天晚上,我跟我妈叠页子,叠着叠着,就走了神儿,想着一路棋。我妈叹一口气说:"**你也是**,看不上电影儿,也不去公园,就玩儿这么个棋。"

② 老马,**你也是的**——"财不露白",明晓得他这两天逢人就借钱,见了他逃跑还来不及,你倒大把的钞票拿出来馋他!

你以为呢

前面是别人提出一个问题,下面用"你以为呢"接过话头,表示对对方提出的问题做出肯定的回答是理所当然的。如:

① 待他俩走后,丁洁的母亲不解地问丁洁:"电脑又咋的了?"丁洁随口应付道:"出毛病了,我让方雨林拿去帮我修修。"丁母狐疑地问:"让他拿去修? 他还懂电脑?"丁洁说了句:"**你以为呢**?"就上楼去收拾自己的房间去了。

② 肖科平好奇地四周张望:"解放多少年了,这些人还在?"
"嘿,**你以为呢**,这就是咱们民族精神带文化的根儿!"

你知道(的)

引出对方已知的情况来解释某事的原因或做某事的理由,如:

① "他还在倒腾买卖? 他那个人挺逗。"
"他不太干了。嗯,**你知道**他能写几笔,正在写小说呢。"

② 电话通了,玉琴平淡地喂了一声,听出是他,语气高兴起来,说:"你今天是不是很忙? 一天都没给我电话。"朱怀镜今晚也不便过去,就说:"出了那么大的事,**你知道的**。我正在办公室加班。"

你知道吗(你知道吧、知道吗)

1. 用于句末,表示前面是个希望对方了解的情况,以作为某事的理由。如:

① 有些东西是不能标价的! **你知道吗**? 这紫砂茶壶是我老伴

年轻时送给我的,五十多年来,它一直陪伴着我。捧起它,我就想起去世的老伴,想起过去的好时光……

② 我跟你说是这样,我们俩结婚了十几年,十几年**你知道吧**。我要不是在走投无路的情况下,我不会让她离开我嫁给别人的,也就是说这是我出的一个价钱。

③ 对不起大家,对不起啊,来晚了,昨天晚上没睡好觉**知道吗**。

2. 在谈话中间用来与听者互动,可读得很轻,读得快时甚至发生音节合并,如"你知道吗"读作"nzhaom"。如:

① 大家好,我是杨笠。对,我又来了**你知道吗**,跟去年一样,我还是单身。我也单身太久了吧,我觉得自从做了这一行后,对我的感情生活可以说是雪上加霜**你知道吧**。

② 我真的喜欢永久,所以只要我办得到的,我一定努力去做。**知道吗**? 虽然有点不好意思,可是明生还是把自己的想法完全传达给永久。

弄到后来(搞到后来、闹到后来)

引出上文所述事件后来发展的情况,多为不好的情况。如:

① 小鲁动不动就将他暴打一顿,起初还发一声警告,**弄到后来**连警告也没有了。

② 看来起初的一些作者还怀有反讽的动机,一面捧腹大笑,一面胡写乱写;**搞到后来**就开始变得没滋没味,把性都写到了荒诞不经的程度。

③ 约瑟打人的时候,母亲就阻止他,他就要非打不可,**闹到后来**,就是打不到那对象,也要躺在地上打滚的,或是气疯了,竟打起母亲来。

弄到最后(闹到最后、搞到最后)

引出上文所说事件的后果。如:

① 我们过去一直讲乡土的爱,讲得多了,反而听不懂。没有多少在乎这句话的人,**弄到最后**人的情感很空泛,很漂浮,没有了扎实的东西。

② 这位女士先前穿这双鞋挺合适,前一段因病脚肿了,于是便称这双鞋不合适,要换。售货员刚说时间太长又不是质量问题不能换,这位女士就开始大吵大闹:"大3·15的,你们还敢这么说话?!我跟你们没完!"闹到最后,又是商家委曲求全了事。

③ 我曾目睹一位同行从一个女奴的怀中抢走她的孩子并强行卖给别人,那女人从此一直疯疯癫癫,又哭又闹,这种做生意的方法是下下之选,把货物也给毁了,**搞到最后**有些女奴根本卖不出去了。

碰巧(赶巧)

表示在上文所述事件的条件下,发生了下文所述的偶然事件,而且这个偶然事件正是当事人或说话者所希望发生的。如:

① 乌世保回到牢房,把寿明的话告诉两位难友,两人都给他道贺。**碰巧**这晚上又有人给库兵送了酒来,三人尽兴喝了一场。

② 老汉说他后来又生了两个孩儿,女儿现在新疆,小儿子在家搞大棚,银行里有万元存款。最后老汉还幽了一"默",说是"猴背人,是贵人",没想这小子福大命大,**赶巧**碰上彭书记,混了个七品!

譬如(譬如说、譬如讲、你譬如)

上文提出一种观点,下文举具体事例进行说明。如:

① "祖宗有灵"是劳改农场里遇到好运道时的惯用语。**譬如**,打的一份饭里有一块没有溶化的面疙瘩;领的稗子面馍馍比别人的稍大;分配到一个比较轻松而又能捞点野食的工作;或是碰着医生的情绪好,开了一张全休或半休的假条……人们都会摇头晃脑地哼唧:"祖宗有灵啊——"

② 世界是那么日新月异地发展。**譬如说**,一周前,我做梦也没

想到会遇到你,现在我们却在一起吃晚饭,推心置腹地谈话。

③ 为了要迅速提高我省工业产品就近配套的能力,逐步建立地方独立的工业体系,各个厂矿就必须胸怀全局,搞好协作。社会总是有分工的。**譬如讲**,一个乐队要有吹的、弹的、拉的、打的,各尽所长,互相配合,才能奏出雄伟的乐章。

④ 确实如此,有的时候儿就是因为一些鸡毛蒜皮的小事儿往往就会影响夫妻间的感情。有的时候还是无意的。**你譬如**我来说吧,年轻的时候儿那是才貌双全哪,我老伴儿对我没挑啊。哈哈。可是结婚以后,露馅儿了。我老伴儿没想到我睡觉打呼噜。她最烦的就是这个睡觉打呼噜。诶,你说,我是有意的吗?

凭什么(凭啥)

1. 因对某事不满而表达抱怨的情绪。如:

① 明明知道我会想你,会难过,还不来找我,害得我老失眠,**凭什么**。

② 拆了我家旧房,给你腾出了地,虽然你补我40万元,可我还得花十几万元。**凭啥**?

2. 因对某事满意而表达得意的神情。如:

① 哥贱贱,有你我不知道有多幸福。贴心鬼,自恋鬼,流氓鬼,好爱好爱你,晚安!就三个字:**凭什么,凭——什——么**!

② 到家到家了亲们,哈哈我做得不错吧!我要做粽子了啊,真讨厌真讨厌真讨厌!**凭啥凭啥凭啥**?

凭心而论(平心而论)

引出对某人某事客观公正的评价。如:

① 这时政委说,像王二、陈清扬这样的人,就是要斗争,要不大家都会跑到山上去,农场还办不办。**凭心而论**,政委说得也有道理。

② 范蔚宗学问有家传,他能看不起当时一般作家与文风,**平心而论**,《后汉书》也确不失为一部极好的史书。

喊

1. 表示轻蔑的口气。如:

① 老谢"嘿嘿"笑道:"别问那么多啦兄弟们,等哪天高兴我给你们讲讲我的故事,保证精彩。今儿我没那心情。"刘斌"**喊**"了一声说:"装什么大尾巴狼啊,我们哥儿几个什么没见过?"

② 走了几步,他对我说:"不爱回家,没劲,看着我哥他们就烦。""你哥结婚了?""孩子都三岁了,**喊**,没出息!什么呀?小日子过得还挺来劲。"

2. 表示自鸣得意的口气。如:

① 看见过这种事儿没有?我进来坐狱,一共只挨过两个嘴巴,猛孤丁的,大变戏法,我当上了特务!我,**喊**,嗯,有点福分!等着瞧吧,从这儿一出去,腰里揿着手枪,喝,钞票塞满了口袋哟!

② "你还别觉得离了你不成。"她丝毫没察觉我的异样,反而洋洋得意。"追我的人多了。今天我跟你离了,明天我就能找个比你强百倍的。"

"那你找去呀。"

"找怎么啦?不新鲜,明儿我就给你领一打回来。我这样儿的,**喊**,别人找都找不着,恨不得把我供起来,顶在头上怕掉了,含在嘴里怕化了。"

其实

1. 表示下面要说的是个实际情况或者自己的感受,与上文所说的情况或看法形成对比。如:

① 韩冬生的同事里,有的经常泡病号。**其实**没有什么病。

② "玩玩呗。"张燕生嬉皮笑脸地说,"你们都走了,我一个人呆

着也没劲。我还没去过那个地方呢。"

"**其实**那儿也没什么可玩的。"

2. 从别人那里接过话头,开始表达自己的看法。如:

① "要是遇见合适的,还是应该结婚。我说的是合适的!"

"恐怕没有什么合适的!"

"有还是有,不过难一点。因为世界是这么大,我担心的是你会不会遇上就是了!"她并不关心我嫁得出去还是嫁不出去,她关心的倒是婚姻的实质。

"**其实**,您一个人过得不是挺好吗?"

② 主持人:……你真的强,就像您说的,还是得靠咱这人强。各方面强,但是怎么强起来? 我觉得说到你们对今天这个年轻人,其实好像说这个今天这个高考呀,好像到处听到的是压力极大呀,你你你还到大学演讲呢,你放放炮。

谢启大:**其实**我一直觉得这就是我们中国一向所谓的,你说我们走文追文的,这个路线。所以造成我们是靠着考试,我们就认为鲤鱼跃龙门,这个跃上去的。所以我们大家,所有的父母,不管是农村是都市在任何地方,即使最基层的人,大多很清楚我们读书读书读书,我们就那个出头,然后其他方面。万般皆下品,唯有读书高。

岂料(岂不料)

表示下文所说出乎意料。如:

① 八舅祖上原先是我们那儿有名的财主。到他这辈时,日子仍然红火,只是人丁不旺,两顷多地只守着他这棵独苗。为使独木成材,八舅小小年纪就被送入私塾,以后又进了城上洋学堂。**岂料**,和父母期待相反,八舅正是从洋学堂开始了二流子生涯的。

② 至于雕塑,更是莫名其妙:有的是几个废钢管横七竖八焊接在一起;有的干脆就是一块奇形怪状的树根或者打掉几个豁口

的破碗,我自己尽管看不懂,但为了投她所好,也就跟她瞎说一通。**岂不料**贺敏对我的瞎说评价颇高,说我不愧是个诗人,见解极其精辟。

岂知(岂不知)

表示下文所说出乎意料。如:

① 论文是肖济东两年前写的,东审西审并交去了几百元版面费,然后便泥牛入海。**岂知**在肖济东当司机佬儿后竟突然而出。纵是早不做指望,可肖济东还是很兴奋,毕竟是国家级学术期刊,况且也是自己近十年的努力成果。

② 辣辣再度醒来已是第二天中午。趁满屋人一片忙乱办丧事,她偷偷溜出后门,爬上襄河大堤,闲逛一般踱到码头上,待四周无人,便掀起衣襟蒙住脸,一头扎进了襄河。

岂不知辣辣的三女儿冬儿是个极有心窍的女孩子,她始终暗中注视着母亲的行动。当辣辣爬襄河大堤时,冬儿赶紧告诉了叔叔王贤良。

前面(边)说过

表示下文将回述上文所说过的内容。如:

① 另外,让舅伤心的是老二不争气。**前面说过**,八舅的老二为人忠厚老实。但老实仿佛和无能成正比。

② 朱小芬有个孩子——**前边说过**,她生了孩子。婚是离了,孩子她可得要,目前十个月的孩子放在娘家。她很爱她的孩子,离了婚就更爱。

请问

1. 礼貌用语,用于对人提问时。如:

① **请问**,顾客要接受你们服务,是不是要预约?

② **请问**,您是她的什么人? 关于她您能不能告诉我一些什么呢?

2. 引出质问。如:

① 他假装这是一部希腊手稿的译文,而把发现这部手稿的经过说得那么活灵活现,引诱他的读者把他自己编造的故事信以为真。如果这不是明摆着的谎言,**请问**什么才叫谎言?

② 这样朴实的,心灵纯洁的,毫无罪恶的姑娘,而居然有这种遭遇,**请问**向什么地方说理呢?

去你的

表示不同意对方有关自己的说法。如:

① "她呀,还在想'北京话'哪!"有人开起了凤娇的玩笑。
"**去你的**,谁说谁就想。"凤娇说着捏了一下香雪的手,意思是叫香雪帮腔。

② 甲:对呀,他一翻过信一看,就瞧见我画的那个自画像啦。
乙:这回他说什么?
甲:哎呀! 兄弟,这画的是我儿子不学好,叼上烟卷啦!
乙:啊! **去你的**吧!

然后

用于句子之间,增加语句的连贯性,保持讲话的延续。如:

① 国学妹妹是什么,是有个小女孩,总是穿着那种很暴露的三点式的衣服,很性感,**然后**跑到北京国子监,在里面跳舞,跳热舞,**然后**把整个过程拍下来。那么她自己也填一些律诗,**然后呢**就在网上弄,那么天天搔首弄姿,最喜欢抱着个孔子像来做某些很大胆的动作。

② 阎洪:……台海如果打起来,倒霉的就是日本。**然后**还有,还有就是,朝鲜那一块,搞起来受害的也是中日两国。中日两国在

东南亚这一块,哪儿发生事儿,共同都是受害者——

江素惠:——你这样的讲法呢是站在你的思维来讲的。但事实上并不如此!

饶着

引入一个事实,下一句表示与此事实相矛盾的结果。如:

① 我二叔跟我大叔一个心思,也怕瞧不清楚:**饶着**请人吃了饭,还落个话把儿。

② 本来说好了,一人一期的版面,我现在弄两期了。啊,**饶着**帮了你忙,不说哄着点儿,还弄得像我欠你什么似的。

弱智(真是弱智)

表示对某人行为的负面评价,认为其幼稚可笑。如:

①"亲爱的,你在自毁形象吗?"

"哈哈萌不?纯素颜。"

"**弱智**。"

② 你真是想不开,用上二十节电池才几个钱,下岗的损失是多少?**真是弱智!**

啥也别说了(什么也别说了)

1. 上文别人向说话者表达了对其某事的关心,下句引出说话者对这件事不如意的感慨,或用来表示有诸多不如意的事情难以言说。如:

① 二嫂:你那老师不干得挺好的么,咋就不干了呢,啊?

大学:咳,**啥也别说了**,一言难尽哪。二哥呀,我这民办教师呀,往少里说也有二十多年了,为党的教育事业是起早贪黑,含辛茹苦哇。你瞅瞅,我这头发都白了。还是个民办。

② 昔日的恋人如今坐在一起,都有了沧桑之感。我问他这些

年过得咋样？他摇摇头说："**什么也别说了！**"然后就是沉默。

2. 针对别人对自己赞扬或感谢的话作出回应。如：

① 马丫：你这蔫巴人，还挺懂人心思呢。

老蔫：**啥也别说了**，理解万岁吧。

② 今儿个我算是遇见好人了。足足用了七八分钟，他才帮我把车推到辅路上去，只见他满头是汗。"真是太谢谢您了！""**什么也别说了**，这路边就有一个加油站，赶紧弄点儿油加上，免得影响其他车辆。"

啥也不说了(我什么也不说了)

表示与某人的关系或某事的结果不言自明。如：

① 老兄啊，真不知该咋感谢你啦！就咱俩这关系，我**啥也不说了**。

② 我老耿决不图他日后回报，总觉得他的队员能拼命，大伙儿帮，他没准儿真能打上去，我就是想让中国人也能在田径场上扬眉吐气！……后来的事，我**什么也不说了**！

(你)傻不傻

表示对某人行为的负面评价，认为其奇怪、可笑。如：

① 元宵过后的一个夜间，在阴寒潮湿的街头候车。猛然发现有两个高高大大的男子在放鞭炮，不觉越发好笑起来，又没有红白喜事，又不是过节，街上也空空无人，两个大人，**傻不傻**么？

② "好好查查。"董延平端着碗大口扒着饭对我和石静说："该擦的擦，该换的换，一慢二看三通过，创他个百日行车无事故的记录。"

众人哄堂大笑。石静红着脸说延平："**你傻不傻**呀！"

伤不起(真的伤不起)

表示对上文所说事件的负面评价，觉得受了刺激。如：

① 陪女朋友逛到潘多拉的店,服务员一看到我是个中国人的脸,立马围过来了。随便一个金制的东西就要1 000刀,女朋友立马拉着我走了。**伤不起**!算了,停车先逛会吧。

② 我发现每天起床之后可以吐掉起码几百毫升的口水,我体内是有多少水分,睡觉就流口水。**真的伤不起**!

谁承想(谁成想、谁曾想)

表示下文所说出乎意料。如:

① 有一位病人服用了金丹,心满意足地对老先生说:"冲您这名儿我就知道,这金丹一吃下去,我就不用来二趟啦!"**谁承想**老爷子忽然流出来了眼泪,说:"说句不好听的,你再来二趟,也没有金丹给您用了……"

② 家里穷成这样,爱人也生命难卜,她虽说是半个盲人,总得出去奔点嚼谷呀,朋友帮忙趸来点小百货让她卖,**谁成想**她这个热心肠的人不是做买卖的料,碰上个熟人,什么钱不钱的,把东西白送给了人家。

③ 刘东是老姑娘,没办法只好由着她。这些年家里的钱都贴在老姑娘身上啦。**谁曾想**她还真的跑出了名,前些日子(七运会)电视上有刘东跑,我们老两口都到邻居家看电视,看到刘东800米又拿第一名,高兴得直掉眼泪,谁知1 500米这孩子没跑完就下来了。

谁说不是(呢)

肯定对方的说法。如:

①"这么教育孩子不见得对她好,总有捂不住的那一天。"

"**谁说不是**?我也为难,让她老在梦里吧,她老长不大;叫醒她吧,又怕她伤心;等她慢慢自个醒呢,又怕冷不丁一睁眼吓坏了。"

②"你们很满意?"

"爹娘满意。"

"你自己呢?"

"爹娘满意,俺也就满意呗。"

"你们要过一辈子呢。"

"**谁说**不是呢?"

谁想(谁想到、谁料想)

表示下文所说出乎意料。如:

① 说出来臊死人,我跟人合伙做买卖,把衣裳全当了作本钱,本想货出了手,手下富裕点,买点什么拿着来看您,**谁想**这笔买卖赔了……

② 我知道有些姑娘,特别是一些姿色出众者,是非常善于使用反语的。**谁想到**我的这位朋友听了,一双眼瞪得像鹰那么圆,直盯着我,半天发出一声长叹:"你真是胡闹!"

③ 小刘是个文学爱好者,我刚来时,想去基层和战士们吹吹牛,他自告奋勇带队。**谁料想**兵找了一大批,都一个个面色严峻。

谁知(道)

表示下文所说出乎意料。如:

① 他在学校里进进出出,一向像马二先生逛西湖:他不看女人,女人也不看他。**谁知**天缘凑巧,金昌焕先生竟有了一段风流韵事。

② 有一位君子从这里路过,走过大门口时,为提防门里飞出的冷弹,头上顶了一个铁锅。走过了门口,觉得危险已过,就把铁锅拿下来了。**谁知道**无双会在墙上发弹,所以脑袋上就被打出了一到两个窟窿,鲜血淋漓。

什么(你说什么)

听到意外的信息后做出的惊讶表示。如:

① 金秀望望丈夫，泪水在眼里直打转儿："我上妇产医院检查来着，我……真的怀孕啦！"张全义大惊，双手扳住她的肩："**什么**？真的？"

② 两个女人一起把我抬到床上，我躺到床上就口吐白沫，一副要死的样子，可把她们吓坏了，又是捶肩又是摇我的脑袋，我伸手把她们推开，对她们说：

"我把家产输光啦。"

我娘听了这话先是一愣，她使劲看看我后说："你说**什么**？"

什么话（这是什么话、这叫什么话）

听了对方的话后，认为对方不该那样说，用来表达嗔怪或不满，并可引出相应的理由。如：

① 小姑娘随后又思考了一会儿才说："那娃娃会没有母亲呀！"

"**什么话**？"老太太吓得叫起来，吃力地从箱子上站起，"那孩子怎么竟没有母亲！"

② 杭九斋却一本正经地笑着说："岐黄兄你给我做个证人，日后茶清死在我后头，棺材要从我家正门抬出去。"

"**这是什么话**？"

③ 万老头一见宝柱妈的惨状，心里挺着急，忙催儿子："快，快背你大娘到杨大娘家去，把我这雨衣披上。"

"爸，**这叫什么话**？咱家就在旁边，该背咱家去。"

什么时候（多咱）

所在的句子表示假设的条件，下文的句子表示结果。如：

① 你爹是个畜生。**什么时候**我碰到他，我就把他也阉了，看他疼不疼。

② 多多地吃，多多地吃，伙计！**多咱**你吃够了，我也就行了！

什么呀

对别人的说法或做法表示不以为然。如：

① 星子面对水香和栖的爱情，很长一段时间表现得镇定自若。在人前，谁也看不出她受了什么伤害。有人问她，星子你怎么同栖吹了？星子总是落落大方地答说："**什么呀**，我从来没有跟栖好过。我们只是一般的朋友。你不信问栖。"

② 使他奇怪甚或有些不解的是，平素那么重感情，人家来时也是欢呼雀跃手拉手地迎进门的父亲在人家走时却完全无动于衷，那一幕幕动人的场面非但不能使他与天下苍生共哭一腔，反倒连连冷笑时而还对画面上的缠绵表演露出不以为然，嘴里念叨："**什么呀什么呀**……"

生怕

1. 上文表示某人处在紧张不安的心理状态之中，下文表示这种心理状态产生的原因。如：

① 我坐一回飞机都有点提心吊胆，**生怕**那家伙摔下来。

② 看见别人用自行车、三轮车、大筐往家里弄大白菜，留下一路菜帮子，他很焦急，**生怕**大白菜一下卖完，他拉了空，冬天里没有菜吃。

2. 所在句子表示希望避免的不良后果，前一句表示为避免这一后果而采取的相应措施。如：

① 人们都轻手轻脚，不断好言安慰着她，**生怕**一不小心加重她的伤势。

② 整整一个晚上我都在听你说话，我使劲地听着你说的每一句话，**生怕**漏掉一句。

实不相瞒

提示对方，自己下面说的是实情。如：

① 各位，**实不相瞒**，为这碗儿珍珠翡翠白玉汤，从昨天早上我

就开始绝食啦!

② 哈哈……**实不相瞒**哪,我也不知不觉地喜欢上他们了。一上这小楼啊,嗬,就特别地兴奋。嘿,觉着这上班儿啊,还真有个乐儿。

实话告诉你(实话说、实话实说)

提示对方,下面是据实相告一个对方未知的信息。如:

① 女孩一下不笑了,悻悻地白了我一眼:"我不说你,你也别说我了。**实话告诉你**,我已经谈了一年多恋爱了。"

② 我很在乎保持一己清静之地,不会让那些庸俗、势利的女人去玷污。**实话说**,向往艺术的女孩子没有几个不是低级浅薄、俗不可耐的。

③ 田福贤跑上前来堵住说:"嘉轩,**实话实说**吧!有人向县府告密,说你是起事的头儿。"

实际上(事实上)

1. 上文表示说话人或当事人的看法,下文表示与上文相反的实际情况。如:

① 他没有受过多少父亲的教诲,父亲一回家,脸就是阴沉的、懊丧的、厌倦的,然后就和母亲开始无休无止的争吵。父亲说他要是再大一点就好了,就能懂得……**实际上**,十一岁的他已经模模糊糊地懂得了一些;他母亲最需要的是他父亲的温情,而父亲最需要的却是摆脱这个脾气古怪的妻子。

② 我们并不认为艺术家必须表达他们对战争的态度。**事实上**,他们最好忽视这个话题,把精力放在其他话题上面。

2. 表示下文说到上文所述事情的实质。如:

① 过去搞平均主义,吃"大锅饭",**实际上**是共同落后,共同贫穷,我们就是吃了这个亏。

② 我们形容某某先生全无收入而过得舒服,**事实上**"全无收入"的意思就是"来路不明的收入"。

是啊

1. 用于对话中,表示肯定对方的说法。如:
① 斋主插言说:"那少爷可就是文明开通、从不拿大!"
"**是啊**!我这高邻可再三介绍,说您不摆架子,最开通不过!"
② 晶晶想了半天仍这样说:"我说不上来,就是喜欢呗。你很爱钱?"
"**是啊**,"我说,"这有什么不好?"

2. 用于一个人的连续话语中,用来肯定上文,并引出下文的进一步阐述。如:
① 李老三这么那么一讲两讲,本来不觉悟的村民们擦亮了眼睛,如同大梦初醒恍然大悟了。**是啊**,老早就看他俩积极得不像个人样,人嘛,谁能没一点私心,看着没一点私心的人私心才最大哩。
② 原来金一趟是个十分念旧、知恩图报的人。常说,杯水之恩当涌泉相报!悲夫,树欲静而风不止,子欲养而亲不待!这些文绉绉的话儿,倒是只有杨妈才听得懂,她最能体谅金一趟的心思。**是啊**,每逢阴历初一、十五,金一趟都要闭门谢客,斋戒沐浴,只由杨妈陪着来到这秘密的制药小作坊,亲手配制再造金丹之前,都要给堂屋里的太师像上香礼拜,虔诚祝祷,口中念念有词。

3. 用于谈话中间主动跟听话者互动,以表示对听话者的关注和尊重。读音较轻,常将两个音节合并为 sha。如:
① 到了坟地,啊,回民的这个,嗯,坟坑儿你们看见过吗?回民的坟就是直接挖下去,**是啊**,有六尺长吧,就是两米吧,一米宽,**是啊**,有,那就看地上怎么样啦,有挖到三米的,有挖到两米的。
② 可是生活习惯哪,反正一般的人认为北京人就是讲究吃,**是啊**,讲究吃啊,这个礼节挺多的,**是啊**,这也,这也不见得都是那样

儿,不见得都是那样儿。

是吧(是不是)

1. 上文是自己就某事发表的想法,"是吧"用于句末,表示期待对方做出确认。如:

① 起明:听你这意思这婚是不结了,**是吧**。

阿春:如果结婚是为了跟谁赌气的话,不结也罢。

② 咱不能老眼光看人,就算是你说的那样儿,那这么些年不见了,也得允许人家进步啊,**是不是**?

2. 用于谈话中间主动跟听话者互动,以表示对听话者的关注和尊重。如:

① 高淑贞同志,我动手打你是不对的。这个,不管是犯了多么严重的错误,**是吧**,都应该本着批评教育的原则,**是吧**,对你进行帮助,**是吧**。

② 啊,你爷爷做菜那么棒,他没有言传身教,教过你点什么?你比如他将来老了,**是不是**,别人儿都不会,他想吃可口儿的,断团儿了。

是觉得(觉着)

引出上句所述事件的原因。如:

① 我要急着把一切告诉你,**是觉得**你该安慰安慰她,你也该及时知道她家的情况。

② 家福自从和义兰好了以后,内心里总是对建华有一种歉疚感,**觉着**是自己夺了建华的女朋友,便常去杨大娘家看望,也常在建华和杨大娘之间充当通讯员,传个口信,捎点吃的。

是考虑到(是想着)

引出上句所述事件的原因。如:

① 你当初所以未将"杜"字单独标出,**是考虑到**自己所处的地

位而不得不表现得谦虚一点,甚至什么也不用说。

② 我莫非哄你不成?这些日子没有对你说过,**是想着**也不是什么有面子的事,说出来白让你笑话。

是这么回事

引出事情的原委。如:

① 两人正在客客气气地互不相让,门外走进一个年轻人,笑着问:"老金同志,怎么回事啊?"掌柜的一见来了人,放了手。老金把圣旨抢在怀里,抬头一看,原来是顶头上司康孝纯,一下脸也红了,口也吃了。"没事您哪,我们在谈生意您哪,**是这么回事**,我要买这件东西,可早上出来得急,一换衣裳,把钱忘在家里了……"

② 当着人别抓脑袋,别剔指甲,别打嗝儿;喝!规矩多啦!有些留学的名士满不管这一套,可是外国人本来就看不起我们,何必再非讨人家的厌烦不可呢!我本来也不注意这些事,有一回可真碰了钉子啦!**是这么回事**:有一回跟一个朋友到人家里去吃饭,我是吃饱了气足,仰着脖儿来了个深长的嗝儿;喝!可坏了!旁边站着的一位姑娘,登时把脸子一摆,扭过头去跟我的朋友说:"不懂得规矩礼道的人,顶好不出来交际!"

是这样(的)₁

1. 引出事情的原委。如:

① 起明:请等一下。您是老板娘吗?我可不可以见一下你们老板。

阿春:这里的事情我做主。

起明:**是这样**。孙先生让我来找您一下,带封信给您,说这儿有一份工作。

② 你朱处长都需要接受捐献了,我们不都得去要饭?**是这样的**,我们手下这些人帮袁先生策划了一下,认为今后的捐献活动,

要搞就搞引人注意的项目,能上新闻,引起轰动。

2.了解了事情的原委后作出回应,表明自己已经释疑解惑。也可以说成"**原来是这样**"。如:

①"我们不过是一群俗人,只知饮食的男女。"

"不能这么说,我不赞成管现在的年轻人叫'垮掉的一代'的说法,你也是有追求的,人没有没追求的,没追求还怎么活? 当然也许你追求的和别人追求的不一样罢了。人这个东西是很有意思的,总是靠希望生活,不管是生活得好还是不好,都希望自己的环境变化,变得新一点,不可捉摸一点,否则便会觉得平淡、空虚,你也一样。"

"噢,**是这样**,怪不得。"

②他高声说,"那么我就把所有的实情告诉您,就像我应该把实情告诉任何一个有兴趣知道这件事的人一样。您去告诉您的哥哥,这个事件造成的后果,让他安排一下……您理解了吧。"

"**是这样的**……一次决斗,即使在今天,国王也并不喜欢。"

③她从我身边走开,说:"你这都是故意的。"我问:"为什么呢?"她说:"你想试试我到底是不是你老婆。"这就是说,我故意颠三倒四。假如她不是我老婆,就会感到不耐烦;假如是我老婆,就不会这样。所以,结论是:她是我老婆,虽然我自己想不起来了……她想得是有道理的。我说:"**原来是这样**,我明白了。"

是这样(的)₂

肯定对方的说法。如:

①"你是说她一定要死了?"厂长逼问。

"**是这样**。"当医生的并不避讳死这个字眼,也许是刚从郁容秋那儿回来,谈到一个目前还活着的女人的死期,毕竟令人不安。

②"她爱的是那个叱咤海疆、栉风沐雨的水兵,不是沉溺于京杭温柔富贵乡的我。"

"**是这样的**,你很明白。"

试想一下

通过想象和假设的后果来说明上文的结论。如：

① 这样的纪念碑带给人们的当然不可能是自豪感。**试想一下**，来来往往的行人天天看到自己民族和国家的耻辱，而且还要子子孙孙地传下去，心头绝不会有轻松愉快之感。

② 现在的学生太娇气了，**试想一下**，如果一个读了十多年书的高三学生在高考中连44岁的多年不受学校正统复习指导的胡先生都争不过，那他将来还能干什么？

事情是这样的

引出事情的原委。如：

① 他只是极其严肃地考虑了一分钟左右，便断然回答说："好吧！我愿意认识认识他……"

事情是这样的：前些日子，公安局从拘留所把小流氓宋宝琦放出来……

② 但是，信不信由你，就是这么娇嫩、纤弱的一种花，却曾给人们带来了极大的灾害。**事情是这样的**：一些旅行者从巴西带回了一些美丽的水风信子种子，把它们播种在刚果的花园里……

事儿事儿的

表示对某人行为的负面评价，觉得某人此举是无端生事。如：

① 找替课的嫌贵你别找啊，我这负责的态度和专业的替课技术上哪找这么好的人啊！**事事的**！

② 今天下午怎么就不能安生地学会习呢？**事事的**！

受累（您受累、叫您受累了）

请别人做事时的客气话。如：

① 二位头儿**受累**，您给管管吧，那边儿打起来啦。

② 顾止庵对打鱼的说:"您二位到派出所报案。我们仨在这儿看着。"

"您受累!"

③ 杨妈迎上前:"老道长,真叫您受累了! 又赶上个下雨天儿……"

恕我直言

提示听话者,下面将对某事说出自己可能有违对方期望的想法。如:

① 我是个俗人,不懂文玩古器。可到底是住在万岁爷的一亩三分地上,没吃过猪肉还没见过猪跑吗? 知道这不是个等闲之物。**恕我直言**,按您现在这穿着打扮,这东西带在身边准给您招祸。

② 以后在各种场合,我听到很多歌唱家演唱这首歌,但**恕我直言**,没一个人唱得比关牧村的好。

顺便说一句(顺便讲一句)

表示补充一个问题或意见。如:

① 他突兀地站住了,像是忽然想起什么,说——"**顺便说一句**——通融十镑可以吗? ——有个特别的用场。"

② "现在我都还在想,如果当时有能力救了它,会不会它就不会死了? 然后又反问自己,现在遇到了当时的情况会怎么样? 然后悲哀地发现,也许我就只会看一眼,然后心里说句阿弥陀佛,就此忘记了。你说是不是越长大人性就越冷淡?"

"说明你理智了,你的爱应该留给该付出的地方。"

"**顺便讲一句**,我觉得我们不矮哈。"

顺便说一下(顺便讲一下)

表示补充一个问题或意见。如:

① 法国与世界上大多数国家一样,车辆为右侧行驶,而且在乡

间公路上超车亦需从左边超越,但车辆一旦进入市区,就必须要从右边超车,最右边的车道是快行道。你若问法国司机这是为什么?他们会耸耸肩回答你:不为什么,因为这是法国,法国就喜欢与众不同。

顺便说一下,法国人开车与欧共体其他国家的人开车也不大一样——爱抢行而不礼让。

② 篮球还是简简单单的最好!打到抽筋!打到灭灯!喜欢全力以赴的感觉!和吴悠一天没吃饭,中远投一点没谱的情况下,拼尽全力突抢,打到球场灭灯的感觉,实在太爽了!那个**顺便讲一下**家养是右下角那个妹妹!

说罢

表示由说话的行为向其他行为转变。如:

① 二狗立刻摆出宽大与漂亮:"谁教你赔?赔得起!"**说罢**,疾步往里走,希望追上梦莲。

②"逢时,你还不离开这儿呀?没你的事儿啦!"
说罢,她缩身进屋,把门关严,还插上了门闩。

说白了(说穿了)

表示下面的话是一种更直白更透彻的说法。如:

① 我近来写小说挺不顺手。**说白了**就是有点落伍,我可不甘心落伍。

② 我之所以不敢告诉你实情,**说穿了**——是因为我的确是懦夫,我的害怕与脆弱是因为担心会失去你的信任及爱,我太在乎你的感觉了。

说不上是

引出几个可能的原因。如:

① 看着看着,我突然觉得胸口那儿塞得难受,但**说不上**是疼痛还是怎么——我被这突来的感受弄得站也站不稳,不知为什么只想向着北方奔跑……

② **说不上**是没有来得及还是一时忘记了,他没有向赵兴旺提及多年以前他们共同在山上的烽火台下埋钱的事,赵兴旺的话题也压根就没说到那么远。

说到

由上文的某个词句引出一个话题。如:

① 胡子说:"这也要归功酒厂,他们能把白干烧得又酸又苦,也不容易。"**说到**酒,可触到了老管的伤疤上。他一连摇了几下头说:"说不得。"

② 他说他之所以要关心我家的膳食改革,完全出自一种无私的奉献精神,出自对传统的人民主义的珍视和对每一个人的泛爱。**说到**爱他眼角里渗出了黄豆大的泪珠。

说到底

引出上文所说某一问题的关键因素。如:

① 要是我们人到了你家大门外,将一箱箱金银财宝从墙头扔进院里,扔了就走,或者将成群骡马拴在你家外的拴牲柱上,拴了就走,你也会这般恨我?**说到底**,只因伤的是你的公爹男人,你就决计恨我到底。

② 要选人,人选好了,帮助培养,让更多的年轻人成长起来。他们成长起来,我们就放心了。现在还不放心啊!**说到底**,关键是我们内部要搞好,不出事,就可以放心睡大觉。

说到家

表示下文所说涉及了前述事件的根本和实质。如:

① 撤也好,打也好,走也好,留也好,也就是个对事物的认识,**说到家**也不过是个"能力""水平"问题。

② 这件事不管中间经过了多少波折,**说到家**他还是帮你了,得感谢人家。

(我)说到哪了

表示重接前面的话题。如:

① 本来,即使是好人也爱众人的吹拜;但话归正题吧。想想看,**说到哪了**?哦,不错……我们正写到了第三章:一对情侣、恋爱、宴会、房子、衣饰和他们在孤岛上的生活。

② 他停顿咳嗽一下,接着说下去,"今天早上老爷很早出门,买了几根油条当早餐。小姐还在睡觉。少爷您若不见怪,我可要说现在的小姐可真能睡,太阳已经高高挂在西厢的屋顶上……"

"快说!"

"我不是正在说吗?**我说到哪了**……小姐还在睡,后来她起床,我端热水给她梳洗,所以我知道有什么事不对劲。"

说到头儿

引出影响上文所说事件的根本因素。如:

① 可她心里越来越明白,这样的处境,**说到头**,还不是因为老祖宗他们,把自己当作了个天大的赌注吗?

② 他说您妹妹是个尊贵的人,金枝玉叶,怎么能嫁个戏子呢?实在是高攀不上。再者呢,他儿子老大都二十好几啦。咳,**说到头**吧,他太太也不会答应这码事儿。

说到这里(儿)

用来转换叙事角度,主要有以下不同的角度转换:

1. 表示由说话的行为向其他行为转换。如:

① "漆黑的羽毛啊,我的漆黑的羽毛啊!"

说到这里,记者从胸袋中掏出票夹,从票夹中抽出一个小包。这是用包照相胶卷的黑衬金色铝箔包的。

② "老石这人偷是不会偷的,可捡到了值钱的东西,他也知道包严实了存起来,可见在商品社会里,就连最俭朴的人,也难免有一双好财的眼睛……"**说到这儿**,他便眯着眼,纵声笑了起来。

2. 由自己讲述向关照听话者转换。如:

① 像一阵怪异的风,早就吹过去了,却让整个大地保留着对它的惊恐和记忆。连历代语言学家赠送给它的词汇都少不了一个"风"字:风流、风度、风神、风情、风姿……确实,那是一阵怪异的风。

说到这里读者已经明白,我是在讲魏晋。

② 在他开枪的同时,越南人也开了枪并且打中了他的右臂。伤本来不很重,但发炎化脓,他就被送进后方医院。他就住在小王的疗区。**说到这里**你也许猜到了,他和小王发生了些事情,说得明确些,两个人产生了感情。更通俗些:爱上了。

3. 由一个话题向另一个话题转换。如:

① 其实世界上凡事都有学问,做匠人有做匠人的学问,当官的有当官的学问,当兵的有当兵的学问。我们干黑道的自然也有干黑道的学问。三百六十行,行行出状元。……**说到这儿**,二爷我自以为倒是可以吹吹牛皮的了,状元里头我当算得一个……

② 徐伯贤说:"您犯嘀咕也很正常。我每次往剧场里一坐,也觉得有点不好意思呢。周围坐的,净是老头儿老太太,中年人都少,哪有我这模样的?"

……

"**说到这儿**,有句话不知该说不该说。"徐伯贤瞥了金枝一眼,"……我不好意思倒没啥,倒是有点为你们这行当伤心。您说,论嗓子,论扮相,您哪点比那些歌星差?论下的功夫呢,更甭比了!

结果……"

4. 由一个人说话向另一个人说话转换。如：

① "那有什么了不起？我们是军队，又不是棋盘上的小卒，只许进不许退。防线丢了再拿回来就是，那算个屁事！我今天来，就是知道你们会拿回来的。"

说到这里，一个苏北口音的战士，不好意思地问："什么时候我们能打出去呢？"

② 德纳第妈妈说："我可以每月付六个法郎。"**说到这里**，一个男子的声音从那客店的底里叫出来："非得七个法郎不成。并且要先付六个月。"

说的什么话（你说的什么话、你这是说的什么话）

听了对方的话后，认为对方不该那样说，用来表达嗔怪或不满，并可引出相应的理由。如：

① 席仲轩摇头笑道："好啦，好啦，省省你的力气吧！反正我就是争不过你，行了吧？"

"**说的什么话**？活像我多可怕，欺负你似的！"

② 老温说："不要你接济。我就是饿死在大道边上，也不会再登你家的门限儿！"

"老温，**你说的什么话**？"

③ 小天怔了怔道："兄弟，你这是干嘛？"小仙道："算茶钱或救命钱都可以，反正我不喜欢欠人家人情。"小天正色道："兄弟，**你这是说的什么话**？咱们的交情，是能够以金钱来估计的？再说，你的命只值一千两银子，也未免太便宜了，又不是跳楼大拍卖。"

说得好听(一)点（说得好听些）

表示对其后语句的正面评价。常与"说得难听(一)点""说得难听些"相配用在上下文中，表示两种说法评价相反。如：

① 记得去那儿之前,武汉的一些朋友纷纷来劝阻,理由是著名的赤壁之战并不是在那里打的,苏东坡怀古怀错了地方,现在我们再跑去认真凭吊,**说得好听一点**是将错就错,说得难听一点是错上加错,天那么热,路那么远,何苦呢?

② 朱怀镜没想到还要写个报告,心里不太情愿,也只好接受了。**说得好听些**是写报告,其实就是写交代反省材料。

说得难听点(说得难听些)

表示对其后语句的负面评价。常与"说得好听点""说得好听些"相配用在上下文中,表示两种说法评价相反。如:

① 张纯如这类美籍华裔大部分都有个很显著的特点,说得好听点儿叫天真,**说得难听点儿**叫傻缺。

② 这种放荡式的男人最不甘寂寞,他们需要借由女人的认同而提高自我身价。**说得难听些**,他们就是那种见一个爱一个、一头才热、一头又冷的男人。

说得是

表示肯定对方的说法。如:

① "我爹让我从这两样人中挑一种。"

"你挑啦?"

"我没应,我连鸡都不敢杀又怎能去杀人?再说自古官匪无良善,我决不做他们门中人。"

"**说得是**。"

② 丁四:家家连窝头都混不上呢,还交得起捐!

巡长:**说得是**啊!可是上边交派下来,您教我怎么办?

(我)说句不该说的话

引出一句批评别人的话。如:

① 在看够了以嗓高音大,彪悍勇猛取胜的戏以后,不免会有一种审美疲劳。而且**说句不该说的话**,当今诸多享受着"艺术家"称号的人,有一部分是名不副实的。

② 吴永正:**我说句不该说的话**,吴英她走错了一步。作为我们老百姓只要把日子过好,不要管这个社会强不强大,繁不繁荣,那任何人找不到头上来。

说句不好听的(说句不好听的话、说句不中听的话)

提示对方,下面要说的可能是某人不希望听到的话。如:

① 闺女,**说句不好听的**,你当年闹疯病那会儿,又是革命啦,又是食堂啦,整天舞枪弄棒,大婶看了,心里不是滋味……

② 破风筝:我既没故意地要挨着你,也没意思跟你打对仗!你干你的,我干我的,咱们是八仙过海,各显其能!

白花蛇:好吧!您不用想约到相声啦!**说句不好听的话**,没有我的吩咐,北平的说相声的谁也不敢搭班!

③ 大哥,在家里,你就别板着面孔说官话了。**说句不中听的话**,你现在已经在站最后一班岗了。

说(句)公道话

引出说话者自认为公正的评价。如:

① 啊对潘总,没理由不支持您!**说公道话**,这警察不错了,换个彪悍野蛮的警察,这光头会被当场打残废的。

② 我相信市民们今天一定安排了各种演出,举行盛装的游行,以及种种喜庆活动,充分表现他们忠于皇上的心意。**说句公道话**,他们总是热情的。

说(句)心里话

表示下面要说的话带有私密性质。如:

① 承伟,这回你决心要到前台演出了,绯闻太多总不是个好事。**说句心里话**,乔妮今天去了南方,我挺高兴的,这种身份的人,沾不得了。

② 他们都已二十多岁了,还能像过去那样无拘无束地交往吗?**说心里话**,他很愿意和亚萍交谈。他们都已经成了干部,又都到了一个惹人注目的年龄。

说句真心话(说句掏心窝子的话)

表示下面要说的是真诚的话。如:

① "夏大伯,难道您不生我的气吗?"董书记劈头就问。夏老汉说:"**说句真心话**,当初不恨你那是假话。以前,总认为你们当官的眼红,生怕咱们老百姓富了,干什么事都想要耍威风……"

② 村支书这个位子让我给得着了,我得了便宜又卖乖。可**说句掏心窝子的话**,咱们这个官,又算个啥官呢?在人家领导眼里,还不如一个芝麻粒。

说来说去

1. 表示在上面的谈话过程中谈到或漏掉了下文的内容。如:

① 他问马老太太近来可硬朗?他们的生活怎样,还过得去?他也问到孙七和丁约翰。程长顺虽然颇以成人自居,可是到底年轻,心眼简单,所以一五一十地回答,并没觉出亦陀只是没话找话的闲扯。

说来说去,亦陀提到了小崔太太。

② "文革"十年,只看八个样板戏不也活过来了嘛。我可不像年轻人,声、光、电、影一样都少不了。我有本书看看就行了。**说来说去**,我把流行音乐漏掉了。这种乌七八糟的东西,应该首先禁掉。

2. 总结上文得出下面的结论,相当于"归根结底"。如:

① 改革开放迈不开步子,不敢闯,**说来说去**就是怕资本主义的东西多了,走了资本主义道路。

② 于是两人都请假,带孩子去医院检查。但检查是好检查的?**说来说去**还是一个字:钱。

说了半天

归结对方或上文的话得出最终结论。如:

① 杜逢时和小王出去之后,杨妈把金府的为难事儿有选择地说了几件,留了几件。说出来的,主要是张全义的事儿——她认为张道士能帮得上的。至于金丹被盗这样的大事,她对"老神仙"也守口如瓶。

"**说了半天**,还不都是为了小辈儿的事儿!唉……"杨妈深深地叹了口气。

② 付明:我跟他们讲啊,现在生活水平都提高了,各家各户按人头算,每人交3块钱。到时候楼道里亮堂堂,居民心里喜洋洋。

志国:**说了半天**还是自己交钱。

说了归齐

总结上文的话,指出问题的实质。如:

① 哼,老怕丢了饭碗!**说了归齐**,还是有人老觉着是给经理干活,吃经理的饭!

② 居家过日子,都不容易。就说全义吧,抱回那孩子,莽撞了点儿,可他不也是冲咱爸来的?**说了归齐**,今儿我去……不也一样的心思?咱们谁能生谁的气啊……

说(句)良心话

针对上文所说的事情,得出下文客观公正的看法。如:

① 开会的时候,这个给她搬椅子,那个给她递茶水。休息时,

这个约她去散步,那个请她去打球。她一天到晚兴高采烈地,一会儿把她的快乐传染给这个,一会儿又传染给那个。我自然不会像那些单身汉似的去献殷勤,不过,**说良心话**,我也挺欣赏她的相貌和风度,很愿和她一起散散步,谈谈心。

② 我知道我自己做的事,其实是在帮你们建立攻守同盟。我无意中就成了你们的同党了。这事与我无干,我何苦呢?**说句良心话**,乌县好不容易出了张天奇这么一位有前途的领导,我们都得维护。

说哪里话[哪里(儿)的话、说哪儿的话]

1. 当对方提出问题时作为回应,并可引出解释或慰勉的话。如:

① "晓郊,你看我这病没关系吗?"
"**说哪里话**!一点感冒,躺几天还怕不会好么?"

② "最聪明的办法是不谈明天,也不谈今天发生过的事。我们在这里不谈伤亡的事儿。明天非干不可的事,到时候干就是了。你不觉得害怕?"

"**哪里的话**!"她说,"我老是害怕。可现在我尽替你害怕,所以想不到自己了。"

③ 李石清:我跟你是亲戚?是朋友?还是我欠你的?

黄省三:(苦笑,很凄凉地)您**说哪儿的话**,我都配不上。

2. 当对方就某事说出客气话时作为回应,并可引出自谦或解释的话。如:

① "如果阁下允许,我愿意陪你。这样做,大概不算冒昧吧?"
"**说哪里话**!说哪里话!"

② 鸿渐恍然大悟道:"我该好好地谢你,为我找到饭碗。"辛楣道:"**哪里的话**!应当同舟共济。"

③ 顾客听后大喜,连忙又是递烟,又是握手:"我可真有运气,

那就拜托了。"那人一摆手说:"老乡,看你**说哪儿的话**。走,我领你去一家看看。保证你买的是质量最好、价格最公道的。谁让我们是老乡呢?"

说你什么好(让我说你什么好)

引出对某人抱怨的话。如:

① 受不了你这样的,真真的没事还显摆上了!**说你什么好**,挺大个人的。

② 死老面!臭老面!你快把我气死了都!**让我说你什么好**,没出息的孩子!

说巧不巧(好巧不巧、无巧不巧)

表示在上文所述事件的条件下,发生了下文所述的偶然事件,而且这个偶然事件并不是当事人或说话者所希望发生的。如:

① 由于其中一辆车漏油,而他们有一根冲天炮算计偏差了些,**说巧不巧**火星屑刚好落在油上,然后是爆炸声隆隆形成一道火墙。

② 就在郢荷那个"你"字要出口时,她才看清自己所撞到的人,**好巧不巧**,正好就是刚刚自己所想到,且又不屑的男人——高苏志。

③ 她从后头踢他一脚,让他的腿跟着往前踢出,**无巧不巧**正踢在逃犯的要害,痛得那卢臣午然放开了他,直捧着命根子哇哇大叫。

说起来(说来、讲起来、讲来)

引出对前面某一话题的表述。如:

① 红花也得绿叶扶,您自个站在台上难道不寂寞?该找几个凑趣的。我想给您发奖的同时也给一些著名作家发奖,这样我们这个奖也就显得是那么回事,您也可以跻身著名作家之列。和著名作家同台领奖,**说起来**多么令人羡慕。

② 对于平牧乾,**说来**也更奇怪,她简直始终没想到过。虽然在分别的时候,是那样的难割难舍。

③ 圆月形的纱窗漏进一些光亮,这半暗的小花厅便显得荫凉可喜……**讲起来**这小花厅原是昔日一个谈机密话的地方……

④ 他去世后三十多年来中华大地天翻地覆的变化,先生未能目睹亲临,而他平生英雄豪荡,慷慨仗义,晚年却贫病交加,**讲来**更令人慨叹。

说起来了

由前面的话或别人的话联想到一个相关的话题。如:

① "我没叫他给我买票呀!我给他钱,他不要!**说起来了**,妈!你还该我六个铜子呢,对不对,妈?"

② 她向哥哥说了儿子小峰找工作的事,希望他能帮帮忙。哥哥听后说:"**说起来了**,小峰的身体现在怎么样了?"

说什么呢(说啥呢)

在对方说了有关自己的话后作出回应,表示不赞成对方的说法,并带有责怪意味。如:

① 阿春:你现在也是有钱的男人了。就是别变成有钱的美国男人。

起明:**说什么呢**?你这不是骂我吗?

② 韩老实:老闺女呀,爸想跟你唠会嗑儿,你咋这样说呢?那是客人重要还是你老爸重要呀?

二琴:**说啥呢**爸?啥客人重要还是你重要呀?谁也没有老爸重要呀!

说(句)实话(说句实在话)

提示对方,下文的话代表一种不得不承认的实情。如:

① 见我陡然进来,他们倏地站起来。小伙子一脸惊慌失措的样子,她倒显得很镇静,一步跨到我跟小伙子中间,与其说她用她的身子挡住小伙子,倒不如说她用她脸上的表情向我表示:"你看着办吧!要打要骂都冲着我来!"

说实话,尽管我脑子乱哄哄的时候,也有把他们抓住狠狠地揍一顿的想法,但到了关键时刻,我只气得浑身发抖。

② 处里工作能否做好,我看主要还是看同志们的积极性调动得怎么样。**说句实话**,在荆都,靠我们工资册上那几百块钱是过不下去的。干部的福利问题,我们得认真研究。

③ 至于我,每天都在写小说。**说句实在话**,我不知道自己写的到底是什么。

说实在的

表示后面说的是真实情况或真实看法。如:

① 再穷也穷不到狗身上!**说实在的**,咱庄户人的狗谁喂过,还不是满滩找野食。我的狗是养定了!

② 原来是一位大伯!**说实在的**,还真看不出您有七十岁上下的年纪!您真是养身有术!

说是

1. 表示后面是引用别人的话。如:

① 只有李老三一直不美,骂比别人挨得多,分钱偏偏没给他分,这还不说,还叫他腾房子,**说是**他的房子已经拍卖了,限他三天搬走,要是不搬,要是不搬,就叫法院强制执行。

② 您不知道,那个前些日子也来过一个导演。**说是呢**,相中了双双,要给她拍电视剧。

2. 作为讲故事的开头语。如:

① 说来有意思,我们搞的这次爆破,不知怎么被当地老百姓编

成一个故事流传开来,**说是**日本人在松山修了一座秘密军火库,藏有大批飞机、坦克、枪炮、汽车,还有许多金银财宝。日本人眼看要完蛋,就将松山炸坍埋起来。

② 我给你们讲个笑话:**说是**呢从前有一个穷秀才,看上了一个富人家的小姐……

说也奇怪(说来也怪)

表示下面所说的情况或者感觉是不合常理常情的。如:

① 这样,我以为即使佛生在北平,佛也得发怒,也得去抗敌,假若佛的父母兄弟被敌人都杀害了的话。明月和尚不这样看,他以为这侵略、战争,只是劫数,是全部人间的兽性未退,而不是任何一个人的罪过。**说也奇怪**,我们两个人的见解是这么不同,而居然成了好朋友。

② 我进去了。他桌上摊着书、本、资料,显然正在备课。**说来也怪**,他的屋子那么小,而我环顾之后,却有一种空旷的感觉。

说一千道一万

概括对方或上文所说内容,得出下文的结论。如:

① 尹建国说:"书发得这么好,这我也没想到,可能是这名字比较吸引人吧?"主编说:"**说一千道一万**,是现在的科幻作品太少,少年儿童们处于严重的饥渴状态,这本书缓解了这种状态。"

② 引发汽车火灾的因素多种多样。其中油路漏油是引发汽车火灾的首要原因……电源线路故障是引发汽车火灾的又一重要因素……另外,违反汽车安全操作规程,如水箱没水照样行驶、没有切断电瓶线使用金属工具清理和刷洗车辆、使用明火查看油箱油量、携带易燃易爆化学危险品、车内吸烟等都有可能引发汽车火灾。**说一千道一万**,归根结底,引发汽车火灾的根本原因还是要归因于人……

说着(说着说着)

表示由说话的行为向其他行为转变。如：

① "当然,你想啊,他能不被吓坏么? 啪地就是一个敬礼。还不能是那种一般的举手礼,得是个浑身使劲五指直扎太阳穴恨不得把大盖帽扎歪自个气躺下的——礼!"**说着**,大汉啪地给冯小刚敬了个礼。

② 后来,她又说起她母亲。她母亲年轻的时候是老家有名的民歌手——当然她用的不是"民歌手"这个词,曾赶过河州的什么"太子山花儿会",人称"赛牡丹"。**说着说着**,她幽幽地唱起来了。

说真话(说真的)

1. 表示后面说的是真实情况或真实想法。如：

① 她一只手打吊针,一只手写,写着写着就有些昏迷了。**说真话**,那时候我们的生活确实有点苦,每天我们两人吃一份饭。稿纸也困难,写的时候就用医院的草纸和病历纸,大夫看见了不让她写,把她的稿子也收了。

② 我俩挨着斜靠着一垛衣被躺着,默默地啜着酒。大车老板自言自语地说起来:"唉,兄弟! **说真的**,那个时候你不该不在哟……那些事,实在不能甩给一个女人家呀! 噢,快十年啰……"

2. 表示询问对方的真实想法。如：

① 他挽住卡洛斯的胳膊,一起回到客厅。"**说真话**,卡洛斯,你觉得巴尔扎克别墅怎么样?"

② 马锐看着爸爸,有些猜不透他的用意:"那……聊吧。"

"**说真的**,马锐,你是不是对爸爸有意见?"

"没有。"马锐顿时紧张起来。

说真格的(真格的、说正格的)

表示下面要说的事希望对方认真对待。如：

① **"说真格的,"** 农民企业家说,"出多少钱我倒不在乎,大不了就是这几年白干了,你们要看我能卖个好价钱把我卖了也成。条件也有一个,你们真得把事办成。"

② 白景琦:不是,这小子又从哪钻出来的这是?

武贝勒:这好人不长命,坏人活千年。**真格的**,你得拿出点银子来打发他。

③ 老嫂子,我一个人好混,不在乎几块钱上。那边老太爷从收了我,没几年就走了。除去他,我这辈子没叫人疼过。想疼疼别人,也没人叫我疼。**说正格的**,我给您端个汤倒个水,自己反觉着比光疼自己活得有精神。您叫我伺候着,就是疼了我了。这比给我钱强!

说正经 jīng 的

表示下面转入认真严肃的话题,希望引起听话人的重视。如:

① 杜逢时冷笑,"老爷子熬到这份儿上,也够惨的了。金哥儿短命,金枝玉叶呢,好,也成烂菜帮子了。"

"你这张嘴呀,越来越损啦……**说正经的**,只当是帮妈一个忙!我不能让老爷子成天跟闺女怄气,那不等于折他的寿嘛!"

② 跟你逗着玩呢,这又不是差额选举,选上了扬眉吐气,选不上丢人。**说正经的**,我也特同意你的观点,过去的事就让它过去,当时没逮着咱们过后逮着了咱也不认账,我跟别人也都这么说。

似乎

表示下文的话是对上文的比喻。如:

① 我跑得很快,燕郎不停地劝我跑慢点,他怕我摔倒。可我仍然提着灯笼跑得飞快,我不知道我害怕什么,**似乎**后面的钟鼓声在追逐我,似乎是害怕那场可怕的婚典在追逐我。

② 小树林中的一棵棵树历历可数,全部向上伸展挣扎,又**似乎**是月光将它们拔高了。

所幸(所幸的是)

上文指出不利的情况,下文表示在不利的情况下存在的有利因素。如:

① 猛然间她睁开了眼睛,眼睛又大又圆,这使薛嵩为之一愣。然后她就突出水面,挥起藏在身后的右手,那手里握了一把锋利的刀,白若霜雪,朝薛嵩的头上挥来,**所幸**他还有几分明白,及时地躲了一下,只把半只耳朵砍掉了。

② 伙房很小,看起来没有几个人在伙房搭伙。这使我有点担心:搭伙的人越少,每个人被炊事员剥削的量就越大。不过**所幸的是**,我们现在是工人了,我们可以进入伙房里面去打饭了。

所以(所以说)

1. 肯定对方所说的情况,引出自己的看法。如:

① 白度微笑地说:"我们俩身上拢共包圆也不过十来块钱。"

"十来块钱您就敢坐我这车?"小伙子瞪大眼睛,难以置信地说。"胆儿够大的。"

"**所以**我说你还是管管你那车,为我们让您白跑路不值当。"

② 寿明又说:"我不是怪你自己卖货少了我的回扣,我是不愿叫你卖倒了行市。这一行里门道太多,怕您吃了亏。您知道我拿去的那个烟壶卖了多少钱吗? 五十五两!"

"真的?"

"**所以说**不叫您自己胡闯呢!"

2. 在偏离一段后,重新回到原来的话题。如:

① 梁文道:……你知道有一个经济学家啊,他说政府是什么呢?

主持人:噢噢噢。

梁文道:政府是这样。就是你假设有这么一帮强盗,当然这是一个经济学的假设啊。有一帮强盗,到了一个地方,哎这地方不错。兄弟们,上。锵锵锵都拔光,这个强盗,他有什么理由要把东西还留下来一点点给当地老百姓呢？就是一个,就是为了明年还能再来抢。所以强盗打劫一个村庄啊不会全抢光,对,我得留——

主持人：对对对对对,这叫盗亦有道嘛。

梁文道：——点东西,你还得种庄稼,明年我还来。那么后来他这地方真不错,我就住下来了。这住下来以前,我是抢,我现在不抢,我现在抽税、征税。就是这样子的一个假设。**所以**呢,一个很贪污、很腐败的这么一个地方的这么一个机构啊,黑腐的机构,什么机构也好,它不可能黑过头的。

② 生命是时间最优雅的表现形式,怀念那个拖着鼻涕跑的年代,成熟的感觉真不好。小时候,女孩们都喜欢玩过家家的游戏,过家家需要玩具和一个男孩,玩具真的很贵,于是男孩们为了讨喜欢的女孩欢心就回家求父母花钱给买,买不起玩具的男孩,就只能自己玩了。**所以说**,我们从未长大,人生就是游戏,人或事,都没有永远。所以更要珍惜。

3. 当词句不连贯时,用来占位,以保持谈话的延续性。如：

① 主持人：我们这种在第一线工作的人哪,这现在的这个时代变化,你比如说,二十年前电视上不能说的话,现在在电、电视上已经变得司空见惯。就是说,你说的这个啊,都在理（张天蔚：嗯。）但是这个理论哪,到我们每天干这个节目剪辑的工作的这个人的身上啊,我们有时候确实会碰到很多迷惑。就很多犹豫的现象,有时候就犯了规了。**所以**啊,这个,我觉得这是挺好聊的一个事儿,哎,尹老师谈谈你的看法。

② 挑准时间吃水果,得记好了,不管那么多。**所以说**,你管他呢！呀,哈哈,你看,恁妞,早安,要好好吃饭哈,我在早自习了。

坦白地说（坦白讲）

表示不隐瞒地说出真实情况或真实想法。如：

① 名人有两派,一派是解放区来的,如李伯钊、赵树理、马烽等

等,刚从解放区进城,生气勃勃,风华正茂,是革命文化的主流,当然引人注目;另一派是北京原有的大家名流或刚从国外归来的文人学者,如老舍、梅兰芳,名高望重,根深位显,是团结统战的对象,格外受到尊重。**坦白地说**,有些后来被尊为"宗师""泰斗"的人物那时都还站不到最前排。

② **坦白讲**我在情感上是一个脆弱的女人,我是害怕孤独的。人嘛,毕竟是一种群居动物,要合群的。我们可以夸口说不怕贫困,不怕年老,不怕疾病,甚至不怕死亡,但我们都怕孤独。

坦率地说(坦率地讲)

表示没有顾虑地说出真实情况或真实看法。如:

① 在我们的校园里,能在课上和老师争辩得面红耳赤,课下追着老师问个没完没了的好学的同学大有人在。**坦率地说**,同学们的求知欲有时的确令老师非常紧张,但我由衷地喜欢这样的课堂,因为它富有勃勃生机。

② 关于主权问题,中国在这个问题上没有回旋余地。**坦率地讲**,主权问题不是一个可以讨论的问题。现在时机已经成熟了,应该明确肯定:一九九七年中国将收回香港。

挑明了说吧(我把话跟你挑明了说吧)

就某事亮明态度,希望对方理解。如:

① 你呀,还说是挺开放的人呢,整个儿也是一个拿不起、放不下! 这有什么呀,咱俩好,关你们家什么事啊! **挑明了说吧**,要依我,咱们连登记都甭去。好就好呗,还用别人承认、批准,扯淡!

② 姐夫,**我把话跟你挑明了说吧**! 现在我可搞着对象呢! 我三十多了搞这么个对象不容易,明儿他一查词典,说我这情况不算美人,这对象要是跟我吹喽你赔我呀?

听到没有(听见没有)

敦促对方按自己如上的要求去做。如：

① 你们用自己的谷粒播种的作物，夏天可以来收割。现在滚开！别再让我看见你们！**听到没有**？

② 给我去打鱼吧，把胡子剃了。我每次到这边来，你得给我供鱼吃，**听见没有**？

同样(的)

表示下一句所说的事情与上句在某一点上类同。如：

① 我们都是头脑简单的人，就算将来我们会和你争吵、得罪你，你也不要往心里去。**同样**你什么时候出言不慎冒犯了我们也不会计较，你想怎么对待我们就按你心里想的去干。

② 他怀疑，现在若回到家中，是否一见面便认识她，因为他在婚后一个月，就离家从军。算起来已有九年半了。**同样的**，他有几双袜子，几套军衣，和多少钱，他都说不清。

退而求其次

引出一个降格的追求或打算，前一句表示最理想的追求或打算。如：

① 译事三难"信达雅"，三者兼得，未免过奢了，**退而求其次**，起码要信，尽量能达，至于雅则姑且不提。

② 大家都想抢直接出线权，**退而求其次**也要争小组第二打附加赛的资格。

退一步说(退一步讲)

引出一种表示让步妥协的意见，后面常有"就是、即使"等连接词，如：

① 甘书记沉默一下，望了望赵三锁，摁灭了烟头儿说："老赵，

问题就在这儿！群众想闹事儿,他们就可以说没说！**退一步说**,就是老高提前没打招呼,毁了点儿庄稼又不是什么大不了的问题,答应包产量就行了嘛!"

② 等了一个星期,没有回电或快信。他冒了火。在他想,他向秀华求婚,拿句老话来说,可以算作门当户对。他想不出她会有什么不愿意的理由。**退一步讲**,即使她不愿接受他,也该快点回封信;一声不响算什么办法呢?

外带着

引出一个补充性的说法,相当于"另外"。如:

① 祥子,和别的车夫一样,最讨厌自行车。汽车可恶,但是它的声响大,老远的便可躲开。自行车是见缝子就钻,而且东摇西摆,看着就眼晕。**外带着**还是别出错儿,出了错儿总是洋车夫不对,巡警们心中的算盘是无论如何洋车夫总比骑车的好对付,所以先派洋车夫的不是。

② 诸葛亮首先是个政治家,"未出茅庐先定三分天下",对当时魏、蜀、吴三国鼎立的政治形势,分析得非常精辟。**外带着**是军事家。怎么?他辅佐刘备,头一个战役"火烧博望坡"就大获全胜。后来,"六出祁山""七擒孟获",不懂军事行吗?

完后

连接先后发生的两件事,相当于"然后"。如:

① 豆儿如期到达,依次采访了导演编剧主要男女演员。**完后**,李亚说:"怎么样？我的阵容如何?"

② 他边说边脱下长裤,递与蒙面人,蒙面人二话没说,挂在路边的树枝上,又"砰"的开了一枪,打了一个洞。阿滑喜欢得了不得,热情地说:"谢谢。"并还鞠了一躬。**完后**随势穿好裤子,脱下上衣:"朋友,如果这里再打一枪,我想我回去就平安无事了。"

完了 le

1. 在对话中,当词句不连贯时,用来保持谈话的延续性。如:

① 年青时候,咱俩老上临村看电影去,有时候回来,走到柳树趟子你说不敢走,**完了**咱俩,你跟我说那些话,你那能耐呢?

② 你是不是觉得孩子出了点事,**完了**你心里没底呀?

2. 表示事情出现了不好的结果。一般用重复形式。如:

① 老梁家几世忠厚传家,这种伤人丢脸的事儿,还是头一遭儿遇着。梁大伯心里的火苗子冒老高:说媳妇吧,才过门不好开口;说儿子吧,儿子没错,又舍不得。他搓着手掌,急得团团转,嘴里嘟囔着:"**完了完了**,这一回全村人都让她伤透了。"

② 李:诶诶,这怎么回事儿?怎么回事儿,这个?

余:**完了**,**完了**,**完了**。赶紧把那个盖了章的合同收回来。啊,撤销合同,不能跟他们干。这里头肯定有猫儿腻。

完了 liǎo

引出上文所说事件的最终结果。如:

① 你先跳哇。噢,前脚我跳下去了,后脚你跟这儿撒丫子了,是不是?找个主呢再嫁一回,**完了完了**我来顶绿帽子戴上了,凭什么呀!

② 开始你可以大吵大闹,让他觉着这日子没法儿过了,**完了**,甚至让他连死的心都有了。这个时候儿你再软下来。

完事(儿)

1. 连接先后发生的两件事,相当于"然后"。如:

① 老大一看,可真急了,旁边正好有一扇磨,一个猛劲儿,端起来给盖上啦,大小还正合适。**完事儿**,老大找酒迷媳妇去了。

② 霍二虎说:"村长,这年头绑人可是犯法呀!"

"犯法就犯法!**完事**把我毙了,我也不能叫她毁了咱莲花村的事。你们去！责任我担着！"老孔头叫喊着。

2. 用于两个小句或句子中间,增加语句的连贯性。如:

① 书记乡长都在那儿排队等你哪,雇一个大厅,**完事**弄一个大房间,给你弄一个大照片挂中间,周围全是花呀。

② 那不是吗？领导来了,亲戚朋友也来了,**完事**还有不少其他的人,都来看我,弄得我挺不好意思的。

往好里(了)说

表示对其后语句的正面评价。常与"往坏里(了)说"在上下文相配,表示两种说法之间评价相反。如:

① 相片上的青燕是个大脑袋,长头发,龙睛鱼眼,哈巴狗鼻子；**往好里说**,颇像苏格拉底。

② 北京有的"的哥"似乎从来没有统一着装的习惯,穿着随随便便,**往好了说**,是生活态度潇洒随意；<u>往坏了说</u>,是过于邋遢,更谈不上企业形象。

往坏里(了)说

表示对其后语句的负面评价。常与"往好里(了)说"在上下文相配,表示两种说法之间评价相反。如:

① 瑞丰太太,<u>往好里说</u>,是长得很富态；**往坏里说**呢,干脆是一块肉。

② 他们不爱着急,所以也不好讲理想。胖子不是一口吃起来的,乌托邦也不是一步就走到的。**往坏了说**,他们只顾眼前；<u>往好里说</u>,他们不乌烟瘴气。

往下

引出下面要说的内容。如:

① 杨妈关了堂屋的门,举灯引路,领金一趟走进西耳房,将这

盏青花罩黄铜座儿的煤油灯放在硬木大案子上,金一趟坐在了案子前边的方凳上。

往下便是"七月二十八日"的主要内容了,既简单又复杂,其实就是金一趟无言的忏悔、怀念和心祭。

② 人的思维活动,有若干个层次。最表面的一层,是感官和知觉对外界事物的肤浅判断与朦胧的好恶;**往下**,是以具体功利为核心的一些算计。

喂

用于句首,招呼对方,以提醒对方注意。如:

① 我已经流了会儿泪,使劲把它们擦去:"**喂**,你还在吗?"

"嗯。"

"……咱们见面再说吧。"

② "**喂**,小伙子,你发什么愣? 打电话去!"胖护士大声提醒赵胜天,口气挺冲。

"好的。"赵胜天毕恭毕敬地回答……

未免

根据上文所说的情况,得出下文的结论。如:

① 两人在一起讨论起来,都说没有保姆好处多,接着说了用保姆的一连串毛病。但现在人家已经走了,两人还边啃烧鸡边声讨人家,**未免**显得有些小气。

② 成都的地方大,人又多,若把半个多月的旅记都抄写下来,**未免**太麻烦了。

为的是

引入上文所述事件的目的。如:

① 我承认,是我预先给算命先生塞了钱,设了个局。**为的是**让

老爷子相信这是命中注定的……

② 就在这躁动中,每天来自四面八方的人流,坐汽车、换渡船,费尽周折来到广州市东郊的长洲岛,**为的是**一睹当年叱咤风云的黄埔军校的真容。

问题是(问题在于、问题)

表示说话者对下面要说的事情的负面评价。提示下面要说的事情是说话者不希望发生的。如:

① 曾卓:我认为文人的悲剧性至少有两种。一种是自己明明知道是错的,却违心地去承认正确,主动地放弃思考和言论的权利;一种是本身将错的认为是对的,完全不会去思考。依我看,后一种是更深刻的悲剧。我们今天如果还不能认识这些悲剧,不积极努力避免,那就不仅仅是文人的悲哀,更是全民族的悲哀了。

记者:**问题是**并非所有人都能认识历史的谬误,走出历史的阴影,更可怕的是像鲁迅所讲的麻木,会不会依然占据文人的灵魂。

② 其实,开始谁也没有想到同农场领导对抗,因为知青的本意并不是闹事,闹事能解决什么问题呢? ……**问题在于**农场领导采取高压手段,不是以理服人,而是准备使用武力强行驱散知青,压制人们的不满情绪。

③ 谁让你帮我撬门了? 我们艾嘉有钥匙,等他回来……可**问题**这孩子到现在还没回来呢!

我把丑话说在前面(我把丑话说在前头、咱可把话说在前头、我把话说在头里)

引出一段威胁的话。如:

① 建设,**我把丑话说在前面**,以前的事,我们一笔抹去:没有! 但从今以后,如果让我抓到了证据,我就对不起你了。

② 辣辣砰地顿下饭碗,说:"都听着,这家里出了家贼,**我把丑话说在前头**,谁要再干窝里偷的事,我砍断她的手!"

③ "咱可**把话说在前头**。"白度双手拿包一步从车下来,仰脸看着小伙子。"你要把我们扔在这儿,那十块钱我们也不给了。"

④ 好啊,你是说不想见我这个穷寡妇吗!你是说希望我不要再踏进你家的门槛吗!**我把话说在头里**,哦,转告你父亲:我也不会再踏进这种人家的门槛了!

我把话还搁这儿(我把话说在这儿、我把话撂在这儿)

提示对方注意,下文所假设的事情如果发生会产生怎样的结果,当是不好的结果时,就有威胁的意思。如:

① 嘿,**我把话还搁这儿**,正常交谈来往,我不管。要想横插一杠子破坏我家庭,我不管她是谁,干什么的……照样儿打他个烂茄子。

② 我告诉您,我早就瞧着郎世宁的画法上心了!怎么就没人把他的画法用到内画上去呢?您可别听那些画画的扒得它一子儿不值,**我把话说在这儿**,要有人学了他的要领用到内画上,那就叫拔了份了!

③ 今年广州计划推出商品住宅用地共52宗,除了越秀区外,各区都有宅地计划推出。在中心城区中,像荔湾区的广钢地块,就计划推出30万平方米的用地供应市场。**我把话撂在这**……呵呵!

我不管

表示忽略上文或对方所说的某一情况,以凸显下文说者所关注的问题。如:

① 他是他,你们是你们。**我不管**顾客是什么操行,但我要求我的工作人员遵守职业道德。

② "哪能啊,哪能啊……"张全义结结巴巴地开脱自己,"只不

过……只不过……"

"**我不管**你'只不过'什么,反正你马上把儿子给我抱来,不然我跟你没完!"

③ 司机说:"不在这里停?"

叶桑反问道:"凭什么要停那里?"

……

司机便很不悦了,说:"你去哪里**我不管**,可是你要告诉我我得朝哪边开。"

我承认

表示语意转折前的让步,往往在下句有转折连词共现。如:

① **我承认**,你比我年轻,身体比我棒,可能你比我需要的更多一些,但是也绝对不会多到你以为的那种地步,你再想一想。

② **我承认**,应该有基本的道德准则和通用的是非观念,但对大人和孩子能同样要求么?

③ **我承认**白杨种在墟墓间的确很好看,然而种在斋前又何尝不好,它那瑟瑟的响声就第一有意思。

我的妈呀

对所见所闻或所感表示非常惊讶,引出自己的感受。如:

① 我帮人修电视去了。我以为二十吋电视嘛,扛起来就走呗。一进门,**我的妈呀**,那么大一电视,足足有八十吋哪,比棺材还大!

② 老虎一听:哎呀,**我的妈呀**!噌噌噌,赶紧就跑,一边儿跑一边儿心说:可了不得啦,两只老虎四只狼,我也没那么大饭量啊。真要叫它逮着不够它一顿点心的,快跑吧。

③ 尽管姑娘们对香雪的发现总是不感兴趣,但她们还是围了上来。

"哟,**我的妈呀**!你踩着我脚啦!"凤娇一声尖叫,埋怨着挤上来的一位姑娘。她老是爱一惊一乍的。

我的天

对所见所闻表示非常惊讶,引出自己的感受。如:

① 我回头望去。那个贼娃子捂着头,痛苦地抽搐着,好像受了重伤。

"**我的天**!不会出了人命吧?"我害怕起来。

② 牛:报上没细说。只说了十里八乡到处都是一望无际的喜人的绿油油的萝卜缨,估计怎么也得一百多万亩啊。

戈:啊?**我的天**哪!一百多万乘以一万八、一万九,两百个亿哪。诶,咱们全市人民一人合着得两千多斤萝卜,怎么吃啊?

我跟你说(你听我跟你说、我跟你讲)

提示对方注意下面的话。如:

① 你跟这种人怄气,实在犯不着!**我跟你说**,他们都是卑鄙龌龊的家伙!别再想他们了……我很喜欢你。别再哭了,看在你的小亲亲的面子上,别哭了。

② 小柿子忽然顿悟,叫道:"我有办法了。"

"什么办法?"

"**你听我跟你说**。"小柿子把她的主意说了一遍。

③ 他把许淑宜手上的报纸拿掉,"你也听听。**我跟你讲**,孩子,经常到这里玩的那个文工团的小赵,不怎么好啊!"

我就说嘛(我说嘛、我说吧)

表示眼前的结果或对方所提供的信息和说话人的预想一致。如:

① 刘超云:(搀着井奶奶上,林三嫂随后进来)老奶奶,看看吧,这是一家大团圆!

井奶奶:好啊!好啊!**我就说嘛**,掉眼泪的年月过去了!我说对了吧?

② 交闪在火光上面的眼光,都你望我,我望你,现出不安的神色。

野老鸦向着黑暗的门外,看了一下,仍旧静静地说:"今晚的江水实在吼得太大了!……**我说嘛**……"

③ 钟离春:"孙先生让我救你们……"太子一愣:"钟离姑娘?你怎么来了?"钟离春从暗处走出。一旁的将军喜出望外地:"大将军,**我说吧**,军师不会坐视不管!"

我就知道（我早知道）

表示下面所说的情况在说者的意料之中。如:

① 我正在失望,忽然听见她在背后叫:"陈辉!"我像个傻子一样地转过身去,看见她站在拐角处的阴凉里,满脸堆笑。她说:"**我就知道**你得来找我。"

② 不想看你对我逃避得那么辛苦,**我早知道**会有这样的一天,你不该在我对你断了念想的那一天再来。

我觉得（我觉着）

上文说了一些现象,下文讲对这些现象的认识。如:

① 我们俩日常相处,他常爱说些痴话,说些傻话,然后再加上创造,加上联想,加上夸张,我常能从中体味到《围城》的笔法。**我觉得**《围城》里的人物和情节,都凭他那股子痴气,呵成了真人实事。

② 我是个顾家的男人,对妻儿老小说得上尽心尽力。**我觉着**自己已经做得不错,真主对我是满意的。

我看(依我看、据我看、按我看、照我看)

表示就某人或某事发表自己的看法。如：

① 家霆紧锁双眉懊丧地说："是啊,真倒霉！事儿反正麻烦,**我看**'马猴'一定会报告的。真想象不出会怎么样！"

② 坐上世界最高的宝座也只能靠自己的屁股。**依我看**,最美好的人生是向合情合理的普通样板看齐的人生,这样的人生有序,但无奇迹,也不荒唐。

③ 他不能卖他的女儿,可是老张的债是阎王债,耽搁一天,利钱重一天,所以他决定先还清老张,再和八爷央告,这是他的本意,**据我看**他不是坏人。

④ "过去我们在国内就常打,在红山堡,在二道沟,在大同都打下过。现在敌人飞机一多,好像就成了问题。**按我看**——"他捋捋袖子,"你不打,它越来越凶,它敢许来揪你的头发哩！"

⑤ 人们却为她神魂颠倒哩。**照我看**,说实话,我看不出她哪一点好,简直是装腔作势,叫人恶心。

我们说(我们讲)

1. 引出说话者对上文相关问题的看法。如：

① 为什么有的孩子在受挫时或当自己的需要得不到满足时就大发脾气,有的却显得很冷静,还有的变得胆怯、退缩？**我们说**这些种种不同的反应都是儿童在社会化的过程中习得的。

② 互相监督当然是双向的,但由于共产党在我国处于领导地位,其方针政策正确与否直接关系到人民的利益和国家的前途,所以**我们讲**互相监督,主要的还是各民主党派对共产党的监督。

2. 引出一个话题。如：

① **我们说**爱护公物,指的是爱护公共财物。

② **我们讲**统一思想,提高认识,就是要把反腐败斗争提高到关

系党和国家的生死存亡,关系改革开放和现代化建设成败的高度来考虑。

我去

对某事表示无语或发出感叹。如:

① 好了,我不再相信爱情了,**我去**!

② 婚宴婚宴居然吃鳄鱼!真的是重口啊!**我去**!

③ 完全看不下去看到三分钟就看不下去了。太可怕了**我去**!

④ 大家快抢啊,机会难得!哇,太可爱啦哎呀**我去**!

我是说

说明上文的真实意思,以防别人误解。如:

① 阿眉现在对我不太尊重,总是动手动脚,**我是说**,总是揍我。每次分手时,非占点小便宜,扇我个耳光再走。

② 郭燕:请你送我回家。

大卫:是送你回家。再过两个路口就到了。

郭燕:**我是说**回我自己的家。

我说₁

用于对话,提醒对方自己有话要说。如:

① 刘:诶,他们会不会拉了钱就跑啦?到时候儿晚会也不办了,一屁股的账都扣在咱们头上?

余:诶,**我说**,老刘啊,你怎么把别人都往坏处想呢?

② 刘:那个地方什么人没有啊?戈玲就保险啊?

陈:哎哟,**我说**,你们两个怎么连自己的同志都不相信了?

我说呢(我说₂、我说的呢)

表示通过对方就某事的说明,解除了自己对某事的疑虑。如:

① 于是在老关要求他解释昨天的事时,小林故作天真地一笑,说卖板鸭的是他的同学,他觉得好玩,就穿上同学的围裙坐在那里试了试,喊了两嗓子,纯粹是闹着玩,正好被领导碰上,他并没有真的卖鸭子,给单位丢名誉。老关听到情况是这样,就松了一口气,说:"**我说呢**,堂堂一个国家干部,你也不至于卖鸭子!既然是闹着玩,这事就算了,以后别这么闹就是了!"

② 李云芳:他拿到奖学金了。

张大民:哟,**我说**你乐成那样呢!给你寄美元来了是不是,啊?

③ 白二奶奶:玉婷她整天干什么呢,啊?给她说人家她也不干,三十多了没人要了。我怎么听说她,她迷上个戏子,啊,是真的吗?

白景琦:没有的事吧?您甭尽听他们胡说。

白二奶奶:**我说的呢**,咱们家的姑娘嫁个戏子,这成何体统!

我说什么来着(我说什么了)

表示后面所说的情况在自己的了解或意料之中。如:

① 郭燕:你还想搞设计。

起明:什么话,设计,再往远处想想。大胆点。

郭燕:我没这心思。

起明:**我说什么来着**。你就是一学医的,想象力贫乏。

② 干事:老高,来信了!

老高:**我说什么了**大爷,广告钱不会白花吧。

我寻思(着)

1. 就某事表达自己的看法。如:

① 人家秋玲准备结婚,要把贺子磊的户口迁来。找我帮忙,**我寻思**人家求到咱,不管不好,让办公室打了个报告。

② 不会是这样,老爷子!您别着急,一会儿我再看看去。**我寻**

思着,是您昨儿晚上没睡踏实,眼睛花了,打了眼了! 您别起急,别介,当心身子骨。定定神儿,定定神儿……

2. 引出一个非真实的事件,后面紧跟的句子表示意外发生的真实事件。如:

① 小牛。他姥姥家那地方的,他认识,说给问问,**我寻思说着玩**,哪想他当事办了!

② 城里的虱子叹一口气说:"**我寻思着**乡下比城里能好点,正想去呢,没想到更坏。"

我要说

引出自己对某个问题的独特见解。如:

① 我这个人轻易不说人好,往往大家说好我还偏要挑挑骨头。可是关义,我的老朋友,**我要说**他身上始终保持着我们第一次驾船出海时所共有的那种最强烈、最纯洁的献身精神。

② 我们不能不感到惊喜,一个天真的小男孩竟能写出这首动人的诗。但是,**我要说**,也只有一个天真的少年才能写出这首动人的诗。

我晕(我晕倒)

对某事或某人的行为表示不理解或可笑。如:

① 小家伙很开心,突然冒出一句话:"爸爸,你为什么一会儿对我凶,一会儿对我好?"**我晕**!

② "昨天晚上为了和你视频,《非诚勿扰》我都没看! 足足等了你五分钟你还不上线!"

"**我晕**! 您那叫等人吗?"

③ 今天接宝宝们回家,先给老二洗手,洗到一半他不想洗了。我说:"还没洗完呢。"他轻轻对我说:"不要浪费水。"**我晕倒**。

④ 昨天给我老爸看我的微博头像,我爸说:"咦,你怎么看起来这么恐怖?"**我晕倒**!

我再说一遍

强调后面所说内容的重要性。如：

① 我过去警告过你，不要跟我作对，看来你是把我的警告当耳旁风了，**我再说一遍**，你要再这样四处乱告状，搅得我和村委会不安生，你可能就要倒大霉了！

② 他说："那就过些日子再去。天那么热去杭州不方便。再说，夏收夏种就要开始了。"医生的脸变得十分严肃了："这病不能拖！**我再说一遍**，必须尽快去杭州！"

我知道

表示语意转折前的让步，往往在下句有转折连词共现。如：

① "你不一定非告诉我这件事。"
"**我知道**你对别人的秘密没兴趣，但我想说，这种事我不想和阮琳说，但想和你说。"

② **我知道**，你瞧不起我，心里骂我不是东西。也是，我这个人，走南闯北的命，花点儿，本性难移。可你不知道，这一回，冷不丁知道自己有了个儿子，心里可就乱了套啦……

我直说吧（我直说了吧、我就直说吧）

表示其后所说是对对方不利的信息。如：

① 你只是单纯骁勇善战，可那不是你自己渴望的才能。——**我直说吧**。你并不适合战斗。真正的你应该是连拿起剑都厌恶的。

② 我们总得相互了解了解吧？你知道，我也不能接受那种关系，算了。**我直说了吧**，我不能接受一般人说的情人关系。我认认真真想过了，我潇洒不起来，我一点儿也不羡慕那种同时有四五个性伙伴的美国男人。

③ 庄梦蝶脸色又变了几变，沉吟片刻。苦笑道："这，这事委实不太好说。恭敬不如从命，**我就直说吧**。昨天夜里敝帮设在此处

的一处分舵被人挑了。可有人看见风公子从分舵中出来……"

我醉了（我也是醉了）

表达对上述某种混乱、无知或可笑的人或事的排斥态度。如：

① 更严重的是，拥挤的地铁里还有各种乞讨、贩卖、逃票，还有人高峰时间大包小包，地铁里根本站不了！谁来管管啊？**我醉了**！

② 这个主持人真垃圾，把"石牌"读成"石碑"，**我也是醉了**！

③ 如果不能和喜欢的人在一起，还不如潇洒地单身，你们有家属的人整天总情啦爱啦，**我也是醉了**。

无怪（乎）

由于上文或下文所说的原因，使得出现某一结果理所当然。如：

① 皮带束住了短裤，短裤又束住了T恤衫，**无怪**她拽不掉这件衣服，只能把我拽离地面。

② 我住在一个亲戚家里，妻子住在集体宿舍，孩子住在另一个亲戚家里，仅有的一点破财产放在另外一个亲戚家里。**无怪乎**中国人懂得亲戚关系的重要性。

无奈

1. 引出一个说话者不期望发生但又没有能力改变的情况，下文表示在此情况下出现的结果。如：

① 他明白牛犇在老张家喝酒的目的，他不相信瘸腿能治好，他怀疑牛犇搞名堂。**无奈**老张非常坚决，他只好嘱咐老张：治好治不好都快点回来。

② 下雨时节，大家都慌忙上山去挖笋，又到沟里捉田鸡，**无奈**没有油，常常吃得胃酸。

2. 上文指出一个不期望发生的情况,下文指出在此情况下不得已采取的措施。如:

① 开宴了,一道道风味别具的菜肴川流不息地送了上来。但我这人太不争气,实在憋不住了,想方便一下,主人作难了,问服务员,说是楼内无厕所,得下楼去街上的公厕。**无奈**,一位主人陪我去了,那公厕在这里不再描写吧,我相信每一位中国读者都是极易想象的。

② 父亲的通讯地址是代号信箱,问许多人全不知,到邮局问,答晓得这地方,但属军工单位,保密,不能告诉我。**无奈**按信箱地址给父亲拍了一封电报。

无巧不成书

表示在上文所述事件的条件下,发生了下文所述的偶然事件,而且这个偶然事件正是当事人或说话者所希望发生的。如:

① 街头水果篮包装那么漂亮,为什么装烂水果?此后不久,一位同事也讲了一个水果篮的故事,"秘密"同上,于是,不由得使我想探究水果篮里的秘密。**无巧不成书**。事隔一天,几位朋友来访,从北京金台西路的水果摊买了一个水果篮送给我。

② 我们进了15楼会议室。一会儿,电视台的来了。**无巧不成书**。带队的正是孟空军的叔叔。

(我)无语

表示对某人行为的负面评价,认为莫名其妙,不知该如何应对。如:

① **无语**!13个多小时过去了,那些拼命为蒙牛做广告的媒体呢?一个都没出来说句话,派记者调查去了?静等结果。

② 头痛眼痛胃痛,最近是咋了。为了一点小事何必那样,**我无语**!

瞎说（瞎扯、瞎掰）

表示否定对方或上文的说法，并可引出自己的意见。如：

① 秀秀说："他是叫黑瞎子给吓着啦！"

"**瞎说**，公家人哪有那么胆小的？"

② 甲鱼对老鼠说："我在一家五星级饭店供职！"

"**瞎扯**！"

③ 这事过去说是江青干的，**瞎掰**。所以，李敬原也没有爬上去。

下面（边）

引出接下来要说的内容。如：

① 好吧，把电视机放回去。**下面**该什么词儿了？

② 老四家的，把孩子管管。好了，大家也都别说了。**下边**咱们说正经的。

下一步

引出接下来要做的事情。如：

① ……这时候，我加上一铁锹煤，炉子里像施了魔法一般，腾起一股黑烟，但即刻被烟道吸了进去。火焰仍顽强地从煤的缝隙中往外冒。不到五分钟，火焰的颜色逐渐加深，由淡红变为深红，然后变成带青色的火红，这就是真正的煤火的颜色了。

下一步，就是不能让人家看见我在房子里干什么。我找到办公室，瘸子恰好在里面像泥人儿似的呆坐着……

② 我们在搞二办公楼到四办公楼那段路，要挖掉重新铺水泥。还有三办公楼后面的花园，要把旧栏杆全拆了换新的；花园中间的小路也要重搞，换成卵石拼集的，就像八一公园的那种。**下一步**还有大工程，西门那一排围墙要全部打通，改作门面。

先到这儿(就先到这儿)

表示谈话即将结束。如：

① "领导说我脸色出奇地不好。"

"生病了？**先到这**吧，明天继续说。"

② 我就要你这句话，瞧，没多难嘛，憋宝似的。行啦，今天**就先到这儿**，你回去给我写个材料，把你这趟出来干的这些个事从头到尾写一遍，一件事不许漏，明天交给我。

先是

所在句子代表在较前的时间里发生的事情，一般在下文会出现"后来、然后、后是"等词语与之配合。如：

① 小时候我常做这样的梦，**先是**梦到了洪水猛兽，吓得要命。猛然想起自己是睡着了的，就从梦里惊醒。后来又遇到了洪水猛兽，又吓得要了命。

② 老九和小吕都好像看见：**先是**一个雪亮的大灯，亮得叫人眼睛发胀。大灯好像在拼命地往外冒光，而且冒着气，嗤嗤地响。乌黑的铁，锃黄的铜。然后是绿色的车身，排山倒海地冲过来。车窗蜜黄色的灯光连续地映在果园东边的树墙子上，一方块，一方块，川流不息地追赶着……

先这样(那先这样)

表示谈话即将结束。如：

① 不过，我会写下所需的身体和心理治疗项目，他应该立刻就开始这些治疗。您往后要有些艰难的日子了，您二位都是。我相信您也需要一些心理上的帮助，我们稍后再进一步详谈。**先这样**吧，最好回家休息一下。他出院后，您有很多事要做。

② 族长越发沉着了，他再次喝了一口大麦茶，说："本来一直这样好好的，凭空弄出这么多钱来，又不会花，要出乱子的。到头来，

还不是辜负了你们的一片好心,是吧?"长官张了张嘴巴,没有说什么,一边的下人起来想开口,让他给挡住了。他想了想,拍拍屁股起身说:"那先这样吧。我们先回去了。"

闲的(真是闲的)

表示对某人或某事的负面评价,认为某人的行为是多管闲事或没有意义的。如:

① 你是人爹还是妈啊?你管别人怎么生活呢,**闲的**!

② 香肠嘴主任和某赖都成天纠结,纠结也就算了,还净纠结那些有的没的,唉,**真是闲的**!

想不到

表示其后所说出乎意料。如:

① 自从他离开复旦后,我从未见过他,以为他再也不会到中国来了。**想不到**他竟从天而降,我们彼此的高兴心情,不必赘述。

② 我玩过头了,被锁在宿舍外面。**想不到**2011年最后一晚竟然是这么悲摧的在宾馆度过!

③ 康伟业说:"段莉娜,**想不到**你是这么刁滑!"

想当初(在想当初)

表示回述以前的事情。如:

① **想当初**,金家借金丹以扬威的那个气派,不说九城闻名,在皇城根儿,也算得上够风光够脸面的人家儿了。现如今倒好……喷喷喷!

② **在想当初**,大宋朝有一江湖人,此人姓苗名训字广义,不遇之时,在洒金桥旁,摆下一座卦棚……

想来想去

引出一个经过深思熟虑而做出的决定。如:

①本来这次下乡是要下到村里去的,即乡政府所在地的村里,可居然竟没人容我讲清这个意思。**想来想去**,觉得明天非下去不可了。

②这很使他为难。她是个娇生惯养的小姐。假若不幸因保护她而使公事出了岔子,那可怎么办呢?**想来想去**,他决定只能给她个警告,教她赶快逃避开。

(你)想什么呢

1. 对对方的误解或怀疑表示否定,下文往往是对事情真相的说明。如:

①男:别别,他有没有送你?

女:没有,大家都醉了,只有他没醉。

男:我担心有故事发生。

女:**想什么呢**?我当时头疼欲裂,眼睛也睁不开,就对他说,你别离开我……

②刘功达:(对咱俩的关系)我这儿还没最后决定呢,那我家里头……

周馨馨:你决定什么?**你想什么呢**?我是说我们台这节目办不下去了。

2. 表示对方的想法不切实际。如:

①梦琪又凑了上来:"妈妈,你就让我死一次吧,我今天是摸(电源)定了。"我直愣愣地瞧了她半响,然后说:"那你就摸一下吧。"

"要把电源接上。"梦琪提了要求。

"去、去,**想什么呢**?尽帮倒忙。"

②郭燕:哟,起明,你快来瞧瞧这商店里的东西,一定特贵吧?

起明:燕子,甭羡慕那个。你听我说,等咱以后发了,我把你带到这来,爱买什么买什么,什么贵,咱就买什么。

阿春:你想什么呢?

行了(行啦)

1. 结束某个话题,并引出一个新的话题。如:

① 你这个人太不像话啦!我要偷你吗?我要抢你吗?为病人服务的事,又不是专利,有什么不可说? **行了**,你走吧,快到你的法兰克福或是外国的其他什么地方去吧。

② 你们孩子也动手了,还用了家伙,这性质就变了,成了斗殴了。你们孩子也真傻,拿这么个破玩艺儿管什么用?真想跟这种人干,起码也得使刮刀。**行了**,老马——你是姓马吧——你也别难过,这帮坏小子只要还这么下去,早晚有一天跑不了,我们都拿眼珠儿盯着他们呢。

2. 制止或劝止别人的行为。如:

① 刘:这里的区别可大了啊。一般的老百姓看看电视还行,有几个去得起那卡拉OK?

牛:咳!去得起,你就去吗?

陈:**行了,行了**,别争了。

② 我正听得起劲,妈妈用筷子敲着碗边说:"**行啦行啦**,吃饭的时候还说那么多的话!"爸爸就不再说了。

3. 表示同意对方的请求或建议。如:

① 逗得三婶哈哈一乐:"什么事?说吧!"致秋把事情一说。"就这么点事儿呀?瞎!没什么大不了的!**行了**,等老头子回来,我跟他说说!"

② 甲:可以用你那嘴发音,我这儿打两下子,您那儿就:"当!当!"

乙:可以。

甲:一二三,二二三。

乙:当——当!

甲:不行太慢,快着点。

乙：行了，当当！

笑话(真是笑话)

对对方的说法或某种意见表示不以为然。如：

① "你不要替你的坏朋友掩盖……"

"**笑话**，我掩盖什么？我才没有鬼鬼祟祟地跟踪别人，偷偷翻别人东西，去搞串连，搜集材料……"

② 你怎么送我上岸？背着我吗？我的天，**真是笑话**！你快走吧，我自己游得回去。

哟

因新发现的情况或突然知道某一信息而表示惊叹并引出惊叹的理由。如：

① "谢谢你。"她慌慌地说。

"别客气。"他盯住她，"**哟**，原来是你呀！"

② "这段时间没见你，到哪儿跑买卖去了？"

"哪儿也没有，在家忍着呢。你也不来看我。"

"**哟**，说得多可怜。"

哟喝(呵)

对有关对方的新情况或新变化表示惊讶，并引出惊讶的理由。如：

① （余得利一进门发现李东宝和戈玲在）**哟喝**，早来了？怎么，今儿就剩你们俩了？

② "又来了又来了，反正我可不敢小看蹬板儿车的，你过去少蹬板儿车了？再说，板儿车怎么了，没那辆板儿车，咱们还没有认识的缘分呢！"

"**哟呵哟呵哟呵**，这会儿又不是那会儿的你了。"王喜斜着眼睛,学金枝的腔调。

要不(要不然)

引出下文的建议。如:

① 是,我是不懂。我就知道吧,不经允许拿着人家钱算犯法。**要不**这样得了,你们吧,也不经允许用一回我们的名字。这样儿就两家儿扯平了,就。

② 求医的老头儿央告道:"小大夫,求求你啦,俺爷儿俩是从山东来的呀,刚下火车,没住店,没吃饭就往这儿赶……求求你啦!"

说着,老头儿就要下跪,小王赶紧搀住。金秀姐妹也赶了过来。小王对金秀说:"**要不然**,金大夫您给他看看吧?"

要不说(要不怎么说)

根据对方的或上文的话得出以下的结论,相当于"所以说"。如:

① 李:怎么个意思?没听明白,费用你们全包了?

何:**要不说**你们嫩点儿呢。你们什么时候儿听说过这文化人办文化上的事儿,还自个儿掏钱的?都是要掏别人腰包。

② 这些知识,您都头回听说吧?啊!**要不怎么说**,常跟我在一块儿您长学问哪!

要讲

引出一个话题。如:

① 如果**要讲**风格的话,我们这里本来就应该有一座高大厚实的围墙,墙顶上还须栽着尖角玻璃或铁刺,以防不肖之徒翻墙越户。

② **要讲**人道主义,我们保护最大多数人的安全,这就是最大的人道主义!

要论

引出一个话题。如：

① **要论**我的记忆力,公论是非常之好,无论是电话号码本还是辞典,看过一遍就倒背如流。

② **要论**打架,刘板眼哪儿是陆武桥的对手。陆武桥这种工人家庭长大的孩子,从小靠打架维持自己的统治地位,武汉三镇,龟山蛇山,长江汉水,他哪里没战斗过?

要命的是(更要命的是、最要命的是)

表示下面要说的事是自己不希望发生或不应该发生的事。如：

① 当个"拉包月儿"的"车夫"倒不算什么,**要命的是**昨儿痛苦了,今儿高兴了,明儿误会了,后儿又没事儿了……天哪,他跟哪个妞儿劳过这个神?

② 我搞不清除了我现有的一切以外,我还应该要什么。我是什么?**更要命的是**我不等待什么。

③ 可也不知怎么搞的,我还是改不了跟大人抬杠的劲头。你说东,我偏要说西。你让我往南,我偏要往北——**最要命的是**,我明明知道大人让我往南是有道理的,我也偏要先往北拱一段,然后再悄悄地朝南拐。

要说

1. 引出一个话题。如：

① 其实,你也是鬼迷心窍,你跟我结婚有什么好? **要说**结婚,你还是找韩劲那样的老实小伙子结婚好,一定会对你好一辈子的。我可说不准了,即便现在喜欢你,一旦你老了,十之八九会去另觅新欢。

② **要说**大点儿的馆子,那就有东来顺的爆、烤、涮,砂锅居的一百零八样,同和居的大豆腐,厚德福的糖醋瓦块鱼……各有所专,

各有所长,谁都比不了。

2. 引出对上文某事的推论或评议,相当于"按说、按理说"。如:

① 获得这么多的荣誉,**要说**也该风光八面了吧,可非常遗憾,除了在舞蹈圈里徐刚赫赫有名,在公众心中,知道徐刚的仍然是凤毛麟角。

② 只能忠心耿耿地干。要说得好,可又不能胡说,要尽量搞活,可又不能乱来。**要说**真是难。

要我说(**叫我说**、**依我说**、**按我说**、**照我说**、**据我说**、**我说呀**)

就某事发表自己的看法。如:

① "吃不了就使劲儿塞,咱们这是野餐。"马林生眉飞色舞,口气豪爽,"噢,忘了,水忘带了,快去拿水壶。"

"**要我说**,这些您就甭带了,公园什么没卖的?回头挤车再都挤烂了,拎着也怪沉,何必呢?"

② 指导员你看怎么办,**叫我说**,往后谁再多给特犯窝窝头,就给他处分!

③ 昨儿个饿了一天,今儿个又不吃早点,你到底是跟谁过不去呀?**依我说**,既然撕破了脸,跟金家一刀两断也就算啦!你还有什么想不开的呢?

④ 客人要求要扫描或者打印件,那么就打印啊,还问我"怎么办",你说怎么办。**按我说**可以传真啊,如果可以拨国际长途的话。

⑤ 星子,你自己别太难过就是了。**照我说**,男人们比女人们过这样的关要容易得多。

⑥ 清秋笑道:"打牌当然是事实,但是打牌是些什么人呢?"燕西道:"有什么人呢? 当然是家里人。"清秋笑道:"**据我说**,家里人也有,贵客也有吧?"

⑦ "唉,那出版社不是你给我介绍的嘛!全是他们派来的那个编辑替我编的,他说小说里应该加上这些嘎七马八的玩意儿,这才

叫座呢。唉,袁大哥,你先说说怎么办?"

"怎么办?俯首认错呗。这文章是有来头的!人家因为跟我不错,才给我透个风。"袁恢指指桌上的报纸校样说,"**我说呀**,你也该及早准备,写一篇深刻的检查。"

也好

引出上文所说动作行为的目的。相当于"以便"。如:

① 你是不是让你爸给写个条儿,证明你这两天确实发烧了,**也好**有个交代。

② 练武没有好下场,我死之后,把镖局一收,叫孩子多念几年书,将来得个一官半职的,**也好**改换门庭,不要再吃刀把子这碗饭了。

也就罢了(就罢了)

讲两件或多件不好的事,其所在句子讲的是说话者认为较轻的一件,后面讲的是更为过分的。如:

① 你不买豆腐**也就罢了**,买回来怎么还让它在塑料袋里变馊?

② 学管理理工的人有数学课**就罢了**,为什么学法律的人有数学课啊!

也就算了(就算了)

相当于"也就罢了(就罢了)"。如:

① 同为中国人,一些人已经比另一些人活得潇洒、滋润,虽不能说错,但毕竟是一种事实上的不平等。不去帮忙**也就算了**,去了烦劳人家破费接待不心存感激、加倍回报,还要许下"空头支票",还要拉什么赞助、广告之类,完全忘记了自己去西部是什么"身份"、是去干什么!

② 你们房里那几位也真是的,屋里省成那副样子**就算了**,还到

野地里去捡,也不怕人笑话。

也是(的)

肯定上文或别人的某一说法或做法,引出肯定的理由。如:

① "嗨,好好的不在城里呆着,跑这儿来做甚?"

"工作嘛,哪能由自己。"

"唉,**也是**,有人管着,就不自在。挣你们的钱,也不容易。我常去县里进货,甚时到你那儿窜窜。"

② 惊蛰怕他睡病了,打开房门对他说,出去转转。他说,我的脚走痛了。**也是的**,小城只这么大,大街小巷都被他转遍了。

一般来说(一般来讲)

表示多数的情况下。如:

① 我们研究原始人就像在研究较高级的家禽,其实二者并无大区别。**一般来说**,我们的辛苦总能换来果实。

② 有了正确的理论,不等于就会有正确的行动。**一般来讲**,理论是要求别人的,自己并不执行。

一个个的(这一个个的)

用于句末,表达对某人或某事的不满情绪。如:

① 对对对,你们都这样,经不住一点点的考验,最后都走掉了。早干吗来着?**一个个的**。

② 半夜冷天去北大西门吃西门鸡翅,还要必须喝三鞭酒!酒量真差,看吧,以后不要找我喝酒,要倒的!**这一个个的**。

一句话

引出对上文的总结概括。如:

① "什么人的电话号码才会不注名呢?"老单问小曲。

"容易引起他人注目带来麻烦的;意味着某种不可告人的秘密;极为熟悉、密切、刻骨铭心并达到高度默契的。**一句话**:一个关系特殊又特殊的朋友!"

② 高兴不高兴你林大立都得支应着。调酒员照例以其高雅的姿势、娴熟的动作、敏捷地勾兑鸡尾酒。服务员小姐照样儿涂脂抹粉,端着银盘,黄花鱼一般地扭着腰肢穿梭于桌椅之间。**一句话**,你不高兴,大面儿上也得过得去。

一开始(开始)

所在的句子代表在最初的时候发生的事情,与"后来、然后"等相对。如:

① 队领导**一开始**看她刚疗养回来,就放心排她飞。后来发现不对头,她身体消耗太厉害,也有点看出阿眉情绪上的变化。

② 一觉醒来,史迪威感到有了精神,但是他惊讶地发现头上的帽子不翼而飞,接着又发现了眼镜、怀表和烟斗。**开始**他以为有人同自己捣乱,后来士兵们在一棵树上发现那顶老式战斗帽,他才恍然大悟,原来恶作剧的是那些报复人类的猴群。

一来二去(的)

前面指出一些相关的情况,下文说的是在这些情况的累积下导致的结果。如:

① 慢慢地,他起来了,可还不大吃东西。我们都劝他找点药吃,他说他没有病,一点病没有。你知道,他的脾气多么硬。慢慢地,他又躺下了,便血,便血!我们可是不知道,他不肯告诉我们。**一来二去**,他——多么硬朗的人——成了骨头架子。

② 金家今儿的午饭开得挺晚,因为杨妈和金秀一上午净忙活金枝的事了,待到想起弄午饭的时候,还惦记着炒两个金枝爱吃的菜,**一来二去的**,等到吃完了午饭,已经是下午二点多了。

一码是一码(一码说一码、一码归一码)

上文或对方将两件性质不同的事混在了一起，对此说话人发表了下文的看法，认为应该把两件事分开来。如：

① 老三：他们要是赦不了大哥，那他们老福晋也甭想活，病死活该！

二奶奶：**一码是一码**，乘人之危的事咱们不能做！

② 我可以说你，她也可以说你，是吧，这是两码事。咱们一件事就说一件事，老百姓讲话了，**一码说一码**，你不对就说你不对，她不对是另外一件事。

③ 我常常因为感情的事而感到困惑。但好在难过归难过，却不耽误我正常做事。不买醉，不影响工作，不耽误玩乐。**一码归一码**。

一上来

引出最先发生的事，相当于"一开始"。如：

① 后来日本人走了，紧跟着就闹接收。**一上来**说的也怪好听，什么捉拿汉奸伍的；好，还没三天半，汉奸又做上官了；咱们穷人还是头朝下！

② 与别人唱的不同处是里边增了个角色"桃花童子"，由郭玉昆的徒弟小郭玉昆扮演，这小孩年纪不会比我大，**一上来**就翻几十个小翻，一个高提紧接起旋子，然后盘腿打坐双手合十。

一天天的(这一天天的)

用于句末，表达对某人某事的不满情绪。如：

① 我说我这好好走道呢，你能骑车骑到我脚后跟上，这都什么人啊**一天天的**。

② 唉，做都做了就不要抱怨啦，现在去店里上班到九点，**这一天天的**！

依你看(你看₃、照你看、据你看)

用于征询意见的场合,希望对方就下面的事情发表看法。如:

① 吴所长掌握会议是很有经验的,决不会让某个人随意地不受羁绊,他立即向朱舟提出反问:"**依你看**应该造一堵什么样的围墙?具体点。"

② **你看**,我们把大家找回来参加"五反",应该不应该?

③ **照你看**,少爷当真给甲虫咬了一口?这一咬,才得了病?

④ 既然他没有再好的法子了,我自然要另请一个大夫瞧瞧,**据你看**,是请哪个大夫瞧好?

遗憾的是(令人遗憾的是)

下文指出有关上文所说事件的不如意的方面。如:

① 生活条件变了,环境变了,社会地位不同了,但我还是爱吃羊杂碎。**遗憾的是**,我再也吃不出那种完全沉浸在杂碎汤中的销魂滋味来了。

② 早上,我从医院出来,进了万寿寺,踏着满地枯黄的松针,走进了配殿。我真想把鞋脱下来,用赤脚亲近这些松针。古老的榆树,矮小的冬青丛,都让我感到似曾相识;**令人遗憾的是**,这里有股可疑的气味,与茅厕相似,让人不想多闻。

以上

所在句子概括地回述前面所说的内容。可以和"下面"相照应。如:

① **以上**,我们从几个角度引述了胡风对于创作过程的阐述,他强调实践,强调作家的生活激情,强调作家必须以真诚的态度对待人生、对待艺术,强调创作过程是艰苦的斗争过程……

② **以上**作为小引。下面我愿分段介绍一些内蒙古风光。

应该看到(应当看到)

上文或对方的话指出了事情的一个方面,下文引出说话人认为应该注意到的另外一个方面。如:

① 这不只是我个人面临的困难,几乎所有优秀的作家都处于和现实的紧张关系中,在他们笔下,只有当现实处于遥远状态时,他们作品中的现实才会闪闪发亮。**应该看到**,这过去的现实虽然充满魅力,可它已经蒙上了一层虚幻的色彩,那里面塞满了个人想象和个人理解。

② 要实现整个国家的现代化,就不能离开民族地区的现代化;要实现整个中华民族的振兴,同样离不开少数民族地区的振兴。**应当看到**,少数民族地区所以发展缓慢,除了历史和地域的多种原因外,主要是缺资源、缺资金、缺技术,更多更主要的是缺人才。

应该说(应当说)

1. 上文指出一种事实或自己的经历,下文是据此得出的结论或感慨。如:

① 康伟业在自己的脸上用力地掳了两把,大有成就感和幸福感。尽管黑云压城,他要做的事情他还是做了。**应该说**他是一个比较了不起的男人,不说非常了不起,说比较了不起总是可以的吧?

② 我的麻将教授进行了两个月,准确地说,是两个月的夜;一天二十四小时,我的每个课时属于夜范畴的十二小时,白天当然要"抓革命促生产"。**应当说**,我的"学员"相当刻苦努力,并且对我表示了最大限度的宽容和尊重。

2. 觉得前面的说法不准确,引出另一种说法。如:

① 何大姐走到我跟前,亲手将中华牌香烟及火柴递给我,询问我家庭、爱人工作单位及孩子等情况。片刻后,董老从办公室,不,**应该说**是从书房向客厅健步走来。

② 当孙七把口信捎到的时候,他正吃着晚饭——或者**应当说**

正和孩子们抢着饭吃。

3. 引出一个表示让步的句子,相当于"虽然说",后面是个转折句。如:

① 第二天肖济东没有出车。外面又开始下雪了。看上去还会下大。**应该说**,只要开车出门,就会有颇丰的收入。但是肖济东这天却毫无心情。

② **应当说**机遇是客观存在的,然而机遇从不青睐那些没有头脑的人。

用以(用来)

上文的句子表示方式,下文的句子表示目的。如:

① 前些日子,林西县教育系统的人事制度改革准备实行末位淘汰制,**用以**激励老师们提高自身素质。

② 夏天,她在裙子里缝一个夹层,冬天,在棉袄夹里做一个口袋,**用来**藏重要材料。

有病(真是有病)

表示对某人行为的负面评价,认为其不可理喻。如:

① 我去哪儿你去哪儿?饿坏了吧,说什么呢,我去厕所你也跟?**有病**!

② 发这种东西是有多傻!你怎么不再秀个自己幸福,恩爱什么的?**真是有病**!

有道是

引出一个熟语。如:

① 北京人向来管烧酒叫作"牛皮散",**有道是**:"喝了牛皮散,神仙也不管。"

② 你等我慢慢地去想,别催我,**有道是**忙中有错!

(你)有没有搞错

对对方的话表示费解,并引出自己的不同理解。如:

① "各位,这是我儿子何超,已读小学三年级了,我这别墅就是以他的名义买的,算我给儿子的生日礼物吧。"

"**有没有搞错**呵,老何,我想你儿子怎么着也读大学了,你……你怎么还有这么小的孩子?"

② 康伟业有点控制不住自己了,他说:"你不是不在乎名分吗?你不是可以永远等待我吗?按你说的去做,不要管这件破事,迟早我会把事情搞定的。"

林珠也不控制自己了:"**你有没有搞错**?你以为我关心这件事情就等于在乎自己的名分?我告诉你,我还是我。我没有着急,我不是在催促你离婚,我是认为你的思维方式整个是一个大错误!"

有你好看的

警告对方考虑不听话的后果。如:

① 你和哥儿们"解放"了,找个地方坐下来,敞开了云山雾罩吧。千万留神啊,不要泄密。否则,**有你好看的**。

② 18时左右,汽车行至318国道安徽青阳县境内一家名曰"204饭店"的门前,车未停稳,车门未开,就听见车外有人厉声吆喝:"下车下车,下车吃饭!全部下车,一个不留!谁不吃饭,**有你好看的**!"

有你哭的时候

警示对方做事考虑后果。如:

① 中年人对我说:"你太年轻了,考虑问题太简单了。你以为这样就能顶过去?你就是顶上一年也没有用。你不说出那个人来,那么散布那些话的就是你,你就得认罪!"

我冷笑一下,尽管笑得很勉强。

"笑吧,**有你哭的时候**!"

② "苏群你们也抓了?"
"苏群是什么东西?"
"别跟我装蒜。你这么干,有你哭的时候!"

有钱烧的(真是有钱烧的)
表示对有关行为的负面评价,认为其过于铺张。如:
① 哪家这么没素质,大晚上放什么鞭炮啊,**有钱烧的**!
② 哈哈哈,你也要幸福小丫头。娶媳妇也没这架势吧?**真是有钱烧的**! 20辆豪车近100人组成仪仗队迎接两只藏獒。

有什么说什么(有啥说啥)
表示下面将发表自己的真实想法。如:
① 悲观?——一点不悲观。百足之虫,死而不僵。**有什么说什么**,要说全世界各民族让我挑,我还就挑中华民族,混饭吃再也没比中国更好的地方了。
② 呼县长,我是个直人,**有啥说啥**。我在下边干了十年了,没有功劳也有苦劳,我想动动。

有什么呀
表示把某事看得很轻的态度。如:
① 咱们现在凑凑钱,看有多少,给他。哎,不就是钱吗?**有什么呀**? 拿去吧!
② 不知什么时候,地上出现了两根雪糕棒,关山平的雪糕几乎没吃因而没化成半截,再一看周瑾,显然她吃完雪糕随手无意地把棒丢在脚下。"**有什么呀,有什么呀**,逮着就逮着,您何必那么兴奋。"

有时(候)
1. 下文举出一个典型事例来说明上文的结论。如:

① 阮琳练得十分着迷，十分专注，**有时**上班时间也溜到我们单位旁边一条胡同里的古寺中采"气"。

② 我们分开后，我身边没有内行人在冷眼看我，就更放手了。从此越画越油。**有时候**，我把两张皮纸衬在一起，一画就是两张。

2. 引出一般情况之外偶尔出现的情况。如：

① 他进城没有正经吃过饭，大都是在文林街二十号对面一家小米线铺吃一碗米线。**有时**加一个西红柿，打一个鸡蛋。

② 我们有时候儿也拌嘴。不过，我的处境比你优越。没觉得这是个太大的麻烦。**有时候儿**，还觉得是个乐哪。

有一说一（有一说一，有二说二）

引出对某人或某事的正面评价。如：

① Facebook 的办公室扩容和升级了很多，和几个月前去的时候变化非常大。虽然还是没啥吃的，但**有一说一**，上航在虹桥的 V2 休息室的确是在进步中。

② 这孩子笨是笨点，但**有一说一，有二说二**，他做事认真，不要滑。

有意思吗

对上文所说的行为表示责备。如：

① 突然觉得自己老了，过不起圣诞了，很杯具！那么多个老公老婆在微博打情骂俏，**有意思吗**？

② 每天都不知道有什么好吵的？这样的日子何必去过，分手算了！**有意思吗**？

与此不同（与之不同）

引入一种与上文不同的看法或事实。如：

① 一般说来,工作上的分工带有较大的随机性;**与此不同**,职能的区分由于有质的规定性,就稳定得多,也清晰得多。

② 所有其他事物只是为了维护自我而奋争,都有一个完美的结果。**与之不同**,他们认为运动没有除静止之外的其他终点或目标;与自然界的所有规律不同,运动是心甘情愿地去实现自我毁灭。

与此相反(与之相反)

引入一个与上文相反的看法或事实。如:

① 做自己最想做的事,生活在自己喜爱的环境里,淡泊宁静、与世无争,这难道是糟蹋自己吗? **与此相反**,做一个著名的外科医生,年薪一万镑,娶一位美丽的妻子,就是成功吗?

② 近来,年轻男性越来越不会处理人际关系或表现自己;缺乏主动向女方求爱的气魄。**与之相反**,女性大都积极主动了。

原来

上文指出对某事的疑问,下文讲出事情的原委。如:

① 朱雪桥是个针灸医生,为人老实本分,足迹未出县城一步,他怎么会成了美国特务呢? **原来**他有个哥哥朱雨桥,在美国,也是给人扎针,听说混得很不错。解放后,兄弟俩一直不通音信。但这总是个海外关系。这个县城里有海外关系的不多,凤毛麟角,很是珍贵。**原来**在档案里定的是"特嫌",到了"文化大革命",就直截了当,定成了美国特务。

② 他和赵信书怎么建立起的友谊呢? 现在让我们顺着他的回忆追溯上去。**原来**,他去年冬天被公司派到这个矿务局机械总厂洽谈业务,一下火车,就听到一口很纯正的德国话招呼他。……于是,他像见到了一位多年未见的老朋友,一把把赵信书搂进怀里,两人着实亲热了一番。

怨不得

表示对所说情况表示理解,下一句表示产生这种情况的原因。如:

① **怨不得**人家说男人全是老婆是人家的好——你找个潘佑军那样的老婆试试,就你这样的一天和她也过不下去。

② **怨不得**你棋下得这么好,小时候棋就都在你脑子里呢!

再不然(再不)

1. 表示前后句之间是选择关系,相当于"或者"。如:

① 每天晚上,除去与女孩子出去玩,就是在家里练交谊舞,**再不然**便通宵达旦点着百瓦大灯泡做航模。

② 他总是双手捧着文件,走到老金的桌前站稳,四十五度躬身,笑着小声说:"老金同志,您看把这个文件抄它两份好不好?咱们下午三点用!"**再不**就说:"老金同志,我看这个地方要换个说法更妥当些,干吗要用命令的口气呢?用建议的口气人家也会遵照执行的。我看您就辛苦点,改一下吧。"

2. 上文指出就某事对方不合作的情况,下文是在此情况下向对方提出新的建议。如:

① 我不要你回答,我要求跟她见面。你去告诉她,我要见她,**再不然**就别站在门口,让我自己进去!

② 寿明说:"我送您回去吧。"聂小轩说:"您忙您的。"寿明说:"**再不**雇个脚吧。"

再就是

表示除了前面说到的内容外,另外提到一个情况。如:

① 这时我十分清楚,想让他交出长命锁只有两个办法。一是使用武力,将他揍个半死,不怕他不交。**再就是**向他陈说利害,打动他的心。

② 肖潇除了要安慰老骆和达子嫂,**再就是**一天到晚往廖紫卫家跑,与他们夫妇待在一起,陪他们流泪。

再说(再说了、再讲了、再者说、再者说了)
在上文说过相关的问题后,再追加一点。如:

① 卓云说,大太太你也说得太轻巧了;差一点就把眼睛弄瞎了,孩子细皮嫩肉的受得了吗？**再说**,我倒不怎么怪罪孩子,气的是指使他的那个人。

② 你小看我了。就为地球上这点儿俗事儿,我犯不上跑这么远的路跟您磨牙来,**再说了**,国内外的事儿我一点儿也不比你们知道得多,就是真知道的也不爱跟你们瞎传。

③ 你不要听信小叶的反动宣传！**再讲了**,我和她的主要矛盾不在这里。……主要矛盾是她有第三者插足。

④ 我领着片警到了我家,殷殷勤勤地招待他。片警问我:"你怎么不睡那屋床上,倒睡这屋地上?"
"地上宽绰,在圈里睡惯了,**再者说**,日本人不也全睡地上?"

⑤ 张大民还有一个意思不跟别人说,只在半夜摸着心口跟自己说,戴多少金子也是鼻青脸肿,我们云芳一粒金子没有,我们云芳不鼻青脸肿！**再者说了**,那是金子吗？谁敢保证那是金子？拿几块烂铜充数罢了！

再说吧(再看吧)
搪塞之辞。对对方所说的事或提出的问题不作正面回应。如:

① 他默然片刻,还是笑道:"别那么认真。我这样给你开价吧,一万字两千块,你如果写了十万字,我两万块钱一分不会少你的。我这也算是做点文化慈善事业,积点德。"
我说:"**再说吧**,我得想想。"

② 宁馨儿站起来,"今天晚上,你来不来?"

"再看吧。"

再往下(去)

接着上文的内容向下说。如：

① 我问她是哪儿的,她说是少年宫合唱团的,又问她的名字,来王府井买什么东西。她羞得满脸泛红,眼神一个劲躲闪,却始终面带笑容。在她面前,我觉得自己很老练,可**再往下**就没词儿了,不知该说什么,只是看着她傻笑。

② 头几次去,和不少人哈罗哈罗地招呼了一圈,操着他那几句口音涩重的英文告诉人家自己是物理系的学生,来这儿有多久了,住在哪儿,这儿的热天气和西安有多少不一样。**再往下去**就没什么别的好说似的。几个钟头一晃就过去了,翻来覆去就那么一套话。

再下来

表示接着上文的事情所说到的情况。如：

① 立春前后,卖青萝卜。"棒打萝卜",摔在地下就裂开了。杏子、桃子下来时卖鸡蛋大的香白杏,白得像一团雪,只嘴儿以下有一根红线的"一线红"蜜桃。**再下来**是樱桃,红的像珊瑚,白的像玛瑙。端午前后,枇杷。夏天卖瓜。七八月卖河鲜：鲜菱、鸡头、莲蓬、花下藕。卖马牙枣、卖葡萄。

② 既然李嘉诚已经囤积了东方广场这么大的资产,所以在北京,我认为他不仅要出击东坝,**再下来**还是会瞄上住宅这种资金流动性较快的产品,以使其企业能够保持良好的资金结构,这样对其上市公司的形象也很有好处。

再一个

在上文提到某个问题外,下面补充提到另一个问题。如：

① 起明呀,我跟你讲为什么,因为你起码要招工人,而且大部

分是华人女工。我在华人街有很好的关系,**再一个**你需要律师,需要有人管账。

② 她说:"这种事我们女人去行吗?"朱怀镜说:"怎么不行?这种事女人家出面,话还好说些。我们又不是敲他们竹杠,他们打伤了人就得负责。**再一个**,有老宋做中,依法办事。"

再有

1. 表示顺序在后要说的问题。上文一般要出现"首先、其次"等表示顺序在前的词语。如:

① "是这个理儿,所以说成立组织是首要的。"杨重说,"**再有**,咱们还要和文艺界广为联络,最好有个活动地点。大家到那儿可以吃呀喝呀吹呀,谈谈艺术,交流交流创作信息。"

② 首先,煤矿的各级领导还要转变观念,看准了的就大胆地闯。其次,需要方方面面的理解和支持。**再有**,政府部门要加强对市场的宏观调控,依法规范市场行为,建立健康的市场秩序。

2. 改变话题,提起另一件事。如:

① 刘顺明看看桌上大家都各自开起小会,就站起来拍着手说:"吃完就请大家到客厅去,客厅里有酒,有小姐弹奏钢琴,请大家到那里继续谈。**再有**,我在这里还要说一句,咱们把大家请来,主要是想听听大家谈文学,不要离题太远,当然大家刚才谈得都很好,但咱们时间不多,希望大家抓紧。其他的,如果大家想谈可以会后单独谈或者咱们再开个会专门谈。"

② 记者:今日集团表示过什么抗议吗?

赵瑜:到现在为止,今日集团和他们的北京代表还没有提出任何抗议,可是,几乎所有的记者都在提出这一问题,我感到很奇怪。我写今日集团,那是个表扬稿呀。

记者:**再有**,从你披露的王军霞日记看,从研讨会上披露的王军霞的来信看,她的文化水平、写作水平确实很高,这是真的吗?

我感觉那些日记和书信中有些词汇的使用,不像是长期在田径场上拼搏的运动员写的。

在我看来(照我看来)

表示就某事发表自己的看法。如:

① 我特别对肉感、美丽的米兰起了勃勃杀机。**在我看来**她的妖娆充满了邪恶。她是一个可怕的诱惑;一朵盛开的罪恶之花;她的存在就是对道德、秩序的挑衅;是对所有情操高尚的正派公民的一个威胁!

② 那一瞬间我很幸福,这说明我可以做个诗人,**照我看来**凡是能在这个无休无止的烦恼、仇恨、互相监视的尘世之上感到片刻欢欣的人,都可以算是个诗人。

糟糕的是

表示下文出现了不期望发生的事。如:

① 要是他掉进水里,他还有新棉裤,还有老羊皮袄。**糟糕的是**,湿漉漉的棉衣烤干后,硬得和盔甲一样,不保暖不说,穿在我既无衬衣、又无衬裤的身上,磨得皮肤又疼又痒。

② 有关负责人告诉记者,每年招商时,摊主们提前3天3夜就来排队,而上一届更邪乎,提前10天就来排队拿号了。**糟糕的是**,一些号贩子看到有利可图,纷纷干起了倒号的勾当,一个特级摊位原本8 000元,结果光号就要卖5 000元,且不说其他费用了。

糟了

表示发生了不好的事。如:

① 一个女人急切地说:"陈医生叫你马上去,八床昏迷了,问你昨天怎么给的药。"

"**糟了**,我忘了给药。"

② 康孝纯自己吃了口菜,连连拍着自己脑门儿说:"**糟了**,我把糖精当味精放在菜里了。"

早干嘛去了(早干什么去了)

表示对某种结果的负面评价。如:

① 某人笑起来真的灿烂得有点过了。其实不愿意帮别人弄虚作假,自己不好好干感觉没脸见家人了。**早干嘛去了**!

② 我梦到我未来可能会拥有,现如今却已早早被我放弃了,真作孽,**早干什么去了**。

怎么说(怎么讲)

引出对上文所说情况的具体解释。如:

① 小鲁同意协议离婚。这一次小鲁似乎显得比何莉还要急切。何莉却犹豫了起来。**怎么说**?好比两个对手一早就说好了,而且已经走进了场子里,甚至其中一个已经做出了"下闪"的动作,可另一个却忽然开溜了。

② 有这么句话嘛,叫"说书的嘴,唱戏的腿",**怎么讲**呢?就是说:评书演员嘴快,戏曲演员腿快。

怎么说话呢(你这怎么说话呢)

认为对方的说法不合适,引出纠正的说法。如:

① 佟志:哎哟,大宝啊,你这个,怎么跟你这个姚阿姨搞到一块去了?

大宝:**怎么说话呢**,怎么是搞到一块去呢?我跟爱伦女士是合作伙伴,我们俩一块合作办一服装厂。

② 牛:既然你是个公民,那我就以一个老公民的身份问你,你还有良心吗?你和你们那一伙儿?

莫:哎,我说**你这怎么说话呢**?啊,我告诉你,我儿子那是少先队的中队副。

怎么说呢(怎么讲呢)

1. 用来代替不便说或找不到准确表达方式的话。如：

① "……全义,这几年,过得还好吧?"周仁给全义让了一支烟,那神情倒是十分坦然。……"**怎么说呢**,还可以吧。你跟金秀不是都见过面了吗,她还能不告诉你?"张全义的语气也十分柔和,可周仁还是感觉到了,那柔和里藏着尖刻。

② 对奥丽阿娜的那位表姐,怎么评价都可以,聪明、善良,是个胖子,但就不能说,**怎么讲呢**……不能说她慷慨。

2. 上文提出一种结论,下文指出得出这种结论的依据。如：

① 大概据我这么猜呀,出不去两条道儿:不是教二强子卖给人家当小啊,就是押在了白房子。哼,多半是下了白房子! **怎么说呢**? 小福子既是,像你刚才告诉我的,嫁过人,就不容易再有人要; 人家买姨太太的要整货。那么,大概有八成,她是下了白房子。

② 1991年以后,我毕业了,获得了博士学位,反而不会学习了,**怎么讲呢**? 因为上个世纪90年代我觉得明显有一个中国社会知识经济和信息爆炸的这样一个过程……

(我)招谁惹谁了

对上文所说的自己的遭遇表示不平。如：

① 非得让我说自个是混蛋、寄生虫? 我怎么就那么不顺你眼? 我也没去杀人放火、上街游行,我乖乖的,**招谁惹谁了**?

② 我一看前面的车突然停下了,也紧急刹车,但根本就来不及。**我招谁惹谁了**,这么好的车变成了这副模样!

照说(照理说、照道理、照道理说)

表示所说的事情合乎情理,下一句往往是个转折句。如：

① 这事透着奇怪！干吗他送你这些东西哩？**照说**咱们不怕钱咬了手,可知道他安着什么心眼儿哩?

② 这个齐桓公把齐国整治得也算兴盛,成了春秋首霸,**照理说**也是有为之君了吧?可就是为人不齿。

③ 说起来,他们都是钱谦益的旧交,其中龚鼎孳的交情还更深一些。**照道理**,他们应该来得更早一点才是。不过在此之前,由于考虑到钱谦益是那样一种身份,加上他们对朝廷的意向又不大摸底,怕会招致"勾结罪人"的嫌疑,所以一直不敢贸然来访。

④ 他个人愿意放弃此后权利,也不担负这时义务,一切统由七爷办理,再不过问。**照道理说**,大爷表示放弃权利,对七爷大有好处,七爷应当高兴。可是却毁了他另外一个理想。

这不(这不是)

1. 现场提示对方注意某人或事物。如:

① ……那时,父亲在这个公社当社长。他把我驮在马鞍后面,来到了奶奶家。

"额吉!"他嚷着,"**这不**,我把白音宝力格交给你啦。他住在公社镇子里已经越学越坏了。最近,居然偷武装部的枪玩,把天花板打了一个大洞!我哪有时间管他呢?整天在牧业队跑。"

② "周先生好了些?"见了许先生大家都是这样问的。"还是那样子,"许先生说,随手抓起一个海婴的药瓶来,"**这不是么**,这许多瓶子,每天打针,药瓶也积了一大堆。"

2. 用下文的事实证明或说明上文的结论。如:

① 不管怎么说,全义这事儿办得太唐突,失礼!**这不**,事先没跟您老爷子讨教,也不跟秀儿商量,腾地一下儿就抱回来个孩子!还说是算了个卦,是命中注定的。

② 白巡长一见李四爷就叹了口气,说:"我刚才还在说,乐极必生悲。**这不是**——家家户户都得用黑布蒙窗户了。"

这个

1. 表示谈话开始。如：

① （语境：家人正在客厅看电视，这时父亲傅明拿着小本子走进来。）

傅明：**这个**——咱们先开个会啊。

② "不用紧张，随便谈，"他安慰于观，"发表不发表我还没想好呢。今天只是路过，被刚才那个人死缠硬泡拽了进来。"

"**这个**，成立'三好协会'……"于观双眼茫然，接着稳住了神，口齿也流利了，"成立'三好协会'，主要是我们对目前的社会风气十分反感。嗯，人和人之间不是互相瞧不起就是互相攻击，一点真诚的感情都没有。"

2. 在词句不连贯时，用来占位，以保持谈话的延续。如：

① **这个**——**这个**——啊，**这个**——**这个**——啊，毛主席说了，民族，是啊，资产阶级是啊，有他的两面性，有他软弱的一面，啊，**这个**——**这个**，我觉着啊，毛主席啊，有两下子！

② 如果是你要是一个，特定人群的一个频道，或者一个电视台，那你可能只要满足这部分人群的要求就可以。你比如，**这个**——那个——**这个**我曾经举过这个例子，就是说这个伊波顿，伊波顿到美国去参加金球奖，他说了一句其实还不是，应该不是很脏的话。他说了一句，然后这个美国国会议员就很愤怒。

(你)这话说的

表示不接受对方的说法。如：

① "我以为你么晚打扮要去酒吧呢，哈哈哈买醉呀？"
"**这话说的**，这样去买醉啊！"

② "都在路上走着，人凭啥躲你啊？"
"害怕还不躲远些？"
"路是你一个人的？别人凭什么躲啊？**你这话说的**！"

这回

1. 表示时间关系,和说话以前的时间相对,相当于"现在、这会儿"。如:

① 刚才小二哥挨了打,因为一个人力量小啊!**这回**,咱们都跟小二哥去!

② 平时一天三顿地给他讲道理他还备不住要出点事,**这回**可好,大撒把没人管了,那他还不上房揭瓦?

2. 承接上文或别人的话,引出由于上文事件或别人的话而发生的事件或得出的结论。如:

① 她进屋来刚想大声地说句什么,一眼看见青苗,不由得一愣,就靠在门上,低声说了句:"爸爸吃饭啦。"杜大叔正愁没个事由离开这儿,**这回**可找着了,就立刻站起身。

② "啊,这下好了,你不想和我结婚我就放心了,没什么责任了。"我懒懒地说。

"哈,**这回**露馅了。"她说,"我就知道你是虚情假意,本来还打算嫁你,现在吹了。"

这家伙(这家)

对某人的言语或行为表示调侃,有嘲笑意味。如:

① 当了个破村长,**这家伙**把他美的!整天东跑西颠看不着个影儿。

② 别哭了,哭啥玩意呀,有啥哭的,真要哭出点花样来也行。**这家**——老半天,连二都没有。

这架式(这架、这架式的)

认为对方的言行不当,表示看不惯。如:

① 不是我说你们,**这架式**,有俩钱呀,**这架**把你们嘚瑟的,都不知道咋地了。

② 行啦,别在那儿叭叭了,我知道你啥意思了! **这架式**的,给我老姑杀口猪庆贺庆贺,看把你给难为成这样,哈。刚才拉我老姑去车站接你二哥的时候,你咋那么积极呢? 我拦你都拦不住,**这架**把你嘚瑟的。

这么的₁ di(这么着₁)

引入上文事件的结局,相当于"于是"。如:

① 段莉娜捂住了康伟业的嘴,两人都觉得自己可笑。**这么的**,夫妻俩就好了。

② 他手指上老沾着些五颜六色的东西——不是碘酒就是红药水。原来他是一个护士学校出身。他可喜欢别人叫他大夫。**这么着**他在这里除了教课——还担任上卫生事务。

这么说吧(跟您这么说吧、这么跟你说吧、这么说得了)

下文举出具体的事例来说明上文的观点。如:

① 平顶山是新兴工业城市,大中企业多,又是大煤炭基地,由于过去对"菜篮子"重视不够,曾吃过供应紧张的亏。通过这些年努力,已彻底好转。**这么说吧**,今年市区 40 万人,人均 0.075 亩菜地,15 公斤自产鸡蛋,10 公斤鲜鱼,再加上从外地组织的货源,应该很丰富。

② 过去我们家有家儿街坊就是酒迷。这家儿生活挺富裕,亲哥俩,都有些文化,也都娶了媳妇了。这老大是滴酒不沾,老二就是个酒迷。迷到什么程度呢? **跟您这么说吧**,他是整天酒瓶子不离手,逮哪儿哪儿喝,一天三醉!

③ 阿春:你害怕了,这对于我投资人……

起明:不,我绝对不是害怕。我是因为碰壁碰的,**这么跟你说吧**,我前前后后跑了十几家银行。

④ 李:诶,我说,咱们不是说好了吗? 最远说到太阳。

夏：成成成，哦，**这么说得了**，这星星啊，一般它不老在一地方呆着，一般是乱飞，撞上谁算谁，只要撞上谁，谁都没个好，咱地球就是在这种枪林弹雨的星空里钻了多少亿年？够不易的……

这么着₂（这么着得啦、这么的₂di）

根据上文的情况，提出下面的建议。如：

① 聂小轩说："亏您还倒腾古董买卖，敢情对'古月轩'满不摸门。**这么着**，让柳娘领您看看她的炉子吧。"

② 我不能花钱哪，我比您多瞧见点儿颜色啦，您得请客呀！**这么着得啦**，您拿八成啊，我拿二成，老三白吃！

③ 大学呀，**这么的**，你呢也别往别处寻思，哈，咱今儿个就是商量商量，帮你拿个主意。那老话不是说得好么，三个臭皮匠顶个诸葛亮。

这时（候）

1. 表示当前的时间，与说话以前的时间相对。如：

① 不一会儿人都走净了。刚才还是热火朝天，**这时**变得冷冷清清。

② 他想看看解净是什么态度，她是副队长、共产党员，平时小嘴叭叭的，**这时候**会怎么办？

2. 表示不同事件间的承接关系：后一事件是在前一事件的影响下发生的，相当于"那么"。如：

① 由于大剂量的化疗剂量是普通化疗剂量3倍以上，患者在化疗后处于极其虚弱的状态，**这时**，医生将干细胞注入患者身体，干细胞源源不断地重建骨髓功能，恢复人体的免疫能力，帮助患者渡过感染关。

② 我们这预警系统啊，是这么开始工作的。年轻男性，汉族，满脸堆笑凑过来，红灯就要亮了，提醒我们危险，要是他进一步地表示关心，言词动听，**这时候**危险计数器就要开始计数。

3. 引出前景信息，上文代表背景信息。如：

① 月光斜射进来，在马棚的山墙上划出一条分开光与影的对角线。一匹匹牲口的头垂在马槽边，像对着月亮朝拜似的。**这时**，他陡然感到非常凄怆，整个情景完全象征性地指出了他孤独的处境：人们抛弃了他，使他来和牲口为伍。

② 船虽然很大，但上面却没有多少人。只有一个被立于码头上的稀疏街灯，隐隐约约映照为位于浓雾深处的一个人影。**这时候**，在尖尖船头的甲板上靠近港边一侧的栏杆附近，出现了一个微弱的亮光。那是浊紫色的诡异火焰。

这是后话

表示上文所说是与当前情节有关的后来发生的事。如：

① 其实父亲早在幼年时期就随我爷爷奶奶迁到了北京。后来几十年间从未回过老家，并且他调到军事院校任教已是一九六零年，是从北京国务院一个大部调去的。他之被强行"退休"回乡自然是受极"左"路线的迫害，"四人帮"被粉碎后他才得以平反，**这是后话**。父亲遭难时，七舅舅却依然安安稳稳地住在上海。

② 一时间，辣辣屋里屋外，进进出出的都是些充满爱意的人，再加上得屋绵绵不断地朗诵情诗，这个世界果然是春光明媚，鸟语花香，厨房里都诗情画意，饭香菜美。王贤木的遗腹子四清就在这样的环境里呱呱坠地。婴儿白白胖胖，五官生得和他父亲一样是个虎相。日后性情也与父亲一样看上去似乎平庸，可忽地闹出了个天大的奇迹。**这是后话**了。

这是怎么说的（这是怎么话儿说的）

表示对发生的事情感到突然、不理解。如：

① "嗤——嗤——嗤——"那喷浆的声音继续响着。望过去，那屋里竟是一片黑色。没人听信李大娘的解释，就是李大娘自己，

多朝那边望上几眼,心也不禁更往下沉。

这是怎么说的?喷黑墙!在大家伙住的这个院里!你来邪的,你不怕,可你别带累别的人呀!

② 刘大妈听见屋里动静大了,忙跑进来:"这是怎么话说的?刚才还有说有笑的,怎么冷不丁吵起来,慧芳,顺子是客,可不能这么丧声丧气地对人家。"

这玩艺

表示对下文所说的情况要慎重对待,不敢马虎。如:

① 一个人,死了就死了!**这玩艺**一成家,连大带小,好几口儿,死了也不能闭眼!你说是不是?

② 快点,一会儿就得有人来看我。**这玩艺**,咱虽然是个唱大鼓的,名气可不算小。对不对?

这下(这下子、这一下)

1. 表示时间关系,相当于"现在、这次"。如:

① 原先总抱怨搞学问的,不如作家们出名快。**这下**可全出名了,没想到出名并不难……

② 云霞整年在外头比赛训练,有七个春节就不见回家过,**这下子**也算能过上团圆年了。

③ 我国于2001年12月11日正式成为WTO的第143个成员,喊了多年"狼来了",**这一下**"狼"真的来了。

2. 承接上文,引出上文事件的结局,相当于"于是、那么"。如:

① 金枝不再说什么,甩开王喜,快步朝前走去。**这下**王喜倒慌了手脚似的,推着摩托,紧追着金枝的脚步,一边走,一边说。

② 今天早上传来消息,十日前,你岳家崇义门发现与玉球一般重要的翠杖,这件事居然不小心传出武林,**这下子**三山五岳的高人全部往衡山集中,武当大会自然开不成了。

③ 直到她忍无可忍,宣布说不办这些手续了,自己要去找根绳子吊死算了。**这一下**大家都着了慌,忙着给她四下催办。这样在李卫公死了六个月之后,红拂的殉节手续总算是办妥了。

这样啊(是这样啊)

表示经过对方的说明,了解了事情的原委。如:

① "这件事对你来说或许无关紧要,但对我们而言可是非常重要。"

"哈!**这样啊**!好好好!我已经知道对你们很重要了。那么,我现在希望你们就此赶快离开这里。"

② "不过呢,志贵。那些线可并没有消失哟。只是看不到了而已。摘下这副眼镜的话,又会看到线的。"

"——是,**是这样啊**。"

这样吧

经过权衡提出自己的意见或建议。如:

① 叶民主犹豫了好一会儿,才勉强地往山下走。走到山脚下时,他忽然想了个主意,于是又折回山上。叶民主对科长说:"**这样吧**,下午我陪你。你监视,我睡觉。有事或有什么不舒服就叫我。"

② 秀梅:王先生,我的要求并不高。五个、十个都可以。

起明:**这样吧**。假如是麦卡锡让您过不去,给您小鞋穿,我倒有个建议。您上我这来。经理助理的位置给您留着。我请您过来。

这样子

用于句末,表示上文所说事情和想法是真实可信的。如:

① 脱发日益严重,现在只能靠戴帽子勉强敷衍一下**这样子**,厦门哪里有植发的?

② 记者：想做哪方面的公司？

朴薇：想做教育类的，因为我现在觉得单身女性很多，很多剩女，但是我觉得剩女也能活得很精彩。所以说我想从事一下，看看能不能从事一下这类教育方面的事业，帮助单身女生提升个人魅力**这样子**。

这一来（这样一来、这么一来）

上文提到一件事，或语境中发生了一件事，下文是由这件事引发的后果。如：

① "咳，这是怎么说的！"胡大头赶紧把自己大褂脱下来给那五披上，可他里边也只有一件没有袖儿的汗背心。看看那五，又看看自己说："不行，**这一来**不光您动不了窝，我也没法儿见人了。"

② 去年春天，敌机第一次来此地轰炸。炸坏些房屋，照例死了几个不值一炸的老百姓。**这样一来**，把本市上上下下的居民吓坏了；就是天真未凿的土人也明白飞机投弹并非大母鸡从天空下蛋，不敢再在警报放出后，聚在街头仰面拍手叫嚷。

③ "您……"老花农欢喜得声音都震颤了，"您真的把这么好的烟斗送给俺吗？"

唐先生见老花农如此喜爱，心里也挺满意。**这么一来**，总算还了所欠对方送花的情。

这一天的

表示对某人某事的不满情绪。如：

① 没事儿多读书读好书，瞧你**这一天的**。

② 真跟你操不完的心，**这一天的**！

真的

希望对方相信上文的或下文的话是真实的。如：

① 你别不承认，其实我也不是要责怪你，我只是觉得像你这样天资这么好的女孩子要能够把握自己。你很漂亮、单纯，很多人都会围着你转，很容易就滑下去了。**真的**，我是一片诚意才对你说这番话的。我不忍你到头来落得像有的女孩子的地步：满身疮痍，无其归所。

② ……你走吧！快走吧！我不能再想了。我告诉你，我们的事，不成！没别的原因，**真的**。天大的事我一人承担，我坦然，我乐意。

真的假的

1. 对某人的言语或行为表示疑惑，不敢相信。如：

① 那一日，在聊天室里闲逛，见一论坛老友蹿将上来，寒暄之后，互相开始捧臭脚。一个道："君之文采斐然，乃吾辈万不能及也。"另一个道："君秀外慧中，吾仰慕已久。"由于言辞实在客气，猫猫第六感觉这厮好像不怀好意，试探性问了句："**真的假的**，这话我怎么听了心虚啊？"

② 余水水，我喜欢你。夜里的梦做得我到现在都心有余悸，**真的假的**，还是迫切的希望而促使做了个这样的梦？只想守着安稳简简单单过一生。滋味说不清楚。

2. 对于意外的情况表示惊异。如：

① 这么美干嘛去？当老师那么浪费！天啊天哪，**真的假的**！好几期都有看到她吼，还有很多男的都特意为了她去的！

② **真的假的**，平门古城墙经过一年的修复，护城河边的相门段、平门段和阊门段古城墙已经正式开园，免费开放。每天开放时间是早上 6:00 到晚上 10:00，晚上的亮灯时间是 6:00—8:30。来这样拍夜景也很赞哦！

真怪（真怪了、也怪）

表示对下文将要说的情况感到意外、不理解。如：

① 我和严班长走回我俩合住的"班部"小草房。他点亮煤油

灯,我重新钻进了被窝。他却不睡,坐在板凳上发呆地看着自己的两只大硬手。**真怪**,他一脸懊恼,双手还微微发抖。

② **真怪**了,小高结婚后,好像换了个人,气色也好了,话也多了,没事就搞点编织,还生了个孩子。

③ 在家里,他的规矩才大呢,讲究才多呢。**也怪**,并不见他发脾气骂老婆打孩子,可全家人都敬畏他,他也真有那股"神"劲,能镇住人,能镇住场面。

真是(真是的₁、你真是的)

对别人的行为和言论表示不可理解,有抱怨或嗔怪的意味。如:

① 哎,哎,你别走哇,你别走哇! **真是**,话说那么快,跟鸟叫唤似的,谁听得懂啊。

② 嫂子! 你跟他生气,不值个儿啊,看他那德行! 你找我嫂子这样的算烧了高香啦? 你小子找个镜子照照,哪点儿配? 还觍着脸吵哪? **真是的**,嫂子! 别理他,走,咱俩跳舞去!

③ 香妹叹了口气,说:"唉,没办法,你是大忙人,靠你是靠不住的,只好我去跑了。这钱怎么办?"朱怀镜笑道:"**你真是的**,有钱还不知道怎么办。你数出五千块放在一边,另外八万顺路去银行存了。"

真是的₂(还真是的)

表示同意上文某人的意见,并用下文的事实验证这一看法。如:

① 再说我到五台山找一个高人算过命,他说我正走财运,**真是的**,人家做房地产都亏,我一个乡下老粗,在武汉做一片房子卖一个好价,做一片房子卖一个好价,我自己都赚得吓不过了。

② 陈:李东宝啊,李东宝,你还会什么? 我看,你就会萝卜肉,肉萝卜,你,啊? 你蠢吗? 我们有那么多肉,还种那么多萝卜干吗

呀？你想到的，人家早想到了。你翻翻昨儿的晚报。人家已经推出了十八道肉类萝卜的发明方法。

戈：唉唷诶，**还真是的**。李东宝说的这上都有。

真有你的

1. 在了解了对方的相关情况后，对对方的行为表示赞赏。如：

① 马青停下来笑嘻嘻等赵尧舜。"老赵，我可跟你和人家约好了，明儿下午五点鹫峰，不见不散。"

"**真有你的**，你都和人家说了些什么，那么快就搭上了。"老赵笑着说。

② 一个电话就能让我安心不已。让我知道原来幸福快乐可以这么简单。一个电话我就满足了，就幸福了，就笑得无比灿烂了。**真有你的**。

2. 认为对方的行为有点不合适，表示嗔怪的态度。如：

① 吕正操来到我们工作人员值班室，进门后靠放电话机的二展柜旁坐了下来，他一眼便看见了玻璃橱内那个大橘子。他说着话，站起身来自己拉开橱门拿着橘子剥皮就吃。

哎，我心想，**真有你的**，吕部长，你一点也不客气！真跟到自己家里一样啊。

② 还说去找工作！睡到一点，两点半吃中饭。**真有你的**。

正赶上（正遇上、正碰上）

表示两件事同时发生。如：

① 你看，那天我找他去，**正赶上**孟太太又和他吵呢。

② 慧芳送夏顺开出门，**正遇上**小芳跑得满脸通红，鬼鬼祟祟地进门。

③ 有一次，我们大车回到马号前面装肥，**正碰上**马缨花和谢队长在对骂。

正相反

引出与上文所说相反的情况。如：

① 过了几分钟,她没有得到答话。只看男人解脱衣裳,她知道又要挨骂了! **正相反**,没有骂,金枝感到背后温热一些,男人努力低音向她说话。

② 过去,他端坐在办公室里的时候,劳动从来没有对他引起过这么大的兴趣和激动。**正相反**,在烈日当空或寒风呼啸的时候,远远听到那沉重的劳动号子,常常觉得自己是优越的,幸运的。

之前

表示其后所说的事情发生在上文所说事情之前。如：

① 累计总产值达33亿元的房山城乡集团近日正式组建为房山城建集团公司。**之前**,韩建集团已经组建为北京韩建集团公司,房建集团组建为北京房建建筑公司,建工集团组建为北京龙建集团公司。

② 他们将上台领黄牌,**之前**,县里的招商引资先进集体和先进个人,在欢快的音乐声中戴上了大红花,还领到了奖状和奖金。

知道不(你知道不、你知道不知道)

提醒对方特别注意上文所说的情况,并对对方以前没有注意到这一情况表达埋怨的情绪。如：

① 别什么事都扯到人家方雨林头上去,你们的情报也太差劲了。周老师有妻子,还有个十二三岁的孩子,**知道不**? 你们说你们这是在干吗呀?!

② 你是想要了你妈的命呀! 你妈都快为你急疯了**你知道不**?

③ 你是哪个单位的? 跑这儿来撒野。啊? 这是公共场合,**你知道不知道**? 啊?

值得一提的是

引出特别需要引起注意的情况。如：

① 《大宅门》和《像雾像雨又像风》是近期荧屏表现最为突出的两部戏。**值得一提的是**这两部戏在竞争的同时始终保持着各自良好的发展态势,庞大的中老年观众和众多的追星青少年为这两部电视大片的对决造出少见的"双赢"。

② 据了解,"宝来"轿车有点像跑车,提速快,动力性能好,视野好,驾驶舒适,能给驾驶者带来极大的驾驶乐趣,它将是中国第一辆真正为驾驶者设计的轿车。这款车将配置全新的内饰,现代感强,本身线形流畅,整个汽车时尚而具有活力。

特别值得一提的是,"宝来"轿车名字的来历还有一段故事呢。

值得注意的是

上文指出一个背景,下文引出在此背景下发生的需要格外重视的情况。如：

① 西方经济经历了持续3年多的衰退之后,1994年开始进入新周期的复苏阶段。**值得注意的是**,目前西方经济正从传统工业经济转变为新型的信息经济。

② 这是一片多么富饶的土地啊! 她是中国最具实力的重工业基地。**值得注意的是**,与国内其它省区相比,辽宁有着独特的人口构成,全省人口四千万,她的城市人口和农村人口的比例是1比1,而其它省份则是以农村人口为主。

只听

在上文所述的情景下,引出一段听觉信息,这段听觉信息往往代表一个引发事件,预示其后还有其他的相关事件发生。如：

① 门一开,风一进,**只听**"通"的一声,就像炸了个麻雷子,所有窗纸都鼓破了,火苗从各处带眼带缝的地方喷了出来。

② 老太太正要上床睡觉，**只听**门锁一响，一阵杂沓的脚步声夹着说笑声直进客厅，忙披衣出来。

只消

引出条件句，相当于"只要"。如：

① 这也不需要什么技术准备和借助工具，**只消**你有一身好水性好肺活量，憋足气一个猛子扎下去，潜至目标身下紧紧攥住她的双脚一沉……几分钟就齐了。

② 他**只消**给机器人装上一个程序，让他到处去对别人说：我们机器人是世界上最优越的物种，就和人是一样的了。

(你)至于吗(至于的吗)

认为对方对某事做出的情绪或行为反应有点过火，提示对方注意控制。如：

① 回家的路上，廖红宇突然一阵头晕，把着车把摇晃起来。廖莉莉忙下车来扶廖红宇下车，心疼地嗔责道："**至于吗**？把自己气成这样！"

② 她在我屁股上轻轻打了一下，我立刻尖叫起来："救命呀！打人了！"她马上松了手，拿到一边去，脸上满是不屑之色："**至于的吗**？就打了那么一下。"

③ 戈：反正过几天就发稿，你看着办吧，你。

李：你**至于吗**？都是为了工作，不会好好儿说吗？

重要的是

上文讲到一个事件或提出一个问题，下文引入影响事情发展或问题解决的核心要素。如：

① 像这样的事情，我们要考虑到不要随便引起动荡甚至引起反复，这是从大局来看问题。**重要的是**，鼓励大家动脑筋想办法发

展我们的经济,有开拓的精神,而不要去损害这种积极性,损害了对我们不利。

② 一个人在遭受失败和挫折时,常常能尝到比顺利和胜利时更多的东西。而在人生的顺境和逆境中,又有各种不同的侧面、各种不同的表现,各种不同的遭遇。**重要的是**,人要敢于正视现实,也正视自己。

主要是

引出上文所说事件的主要原因。如:

① 看来周仁这次谈话失败了。**主要是**他不能理解金秀做人的"哲学",又急于求成,采取了"说理"和"辩论"的方式——天下哪有这样谈恋爱的呢!也许这就是许多大龄青年在"情场"一再失意的原因吧?

② 谁也没有撒谎,今天吴桂芬的确闭过气了几分钟。一到仲秋,吴桂芬的枯叶性哮喘就要发作。本来哮喘也不至于那么厉害,**主要是**吴桂芬的肺不行了。

转而

表示下文转向了与上文不同的行为、内容、对象、角度或方式等。如:

① 他质问:"都是为了谁?"然后又自己给予回答:"不正是为了让你生活得更幸福,更无忧无虑?"

转而既是问儿子又是问自己:"我为你做了这么许多换来的又是什么?"

② 南苑飞机场的地勤人员办个业余剧团,请正式的艺人来教戏没人敢去,**转而**找到电台。

③ 待了一会儿,他原谅了自己,**转而**去恨二狗。二狗已经出卖过他一次,这次也当然不会以德报德,二狗天生的是条狼,给狼做事,早晚叫狼吃掉,没错儿。

④ 我奋力挣扎,她上前一把按住我,将菜刀横在我脖子上。我大怒,高叫:"你放开我,放开我!我看你敢杀我!"我的下巴碰到了冰凉锋利的菜刀刀刃,声音顿时低下来,**转而**威胁她:"你要考虑一下法律的后果。"

转回身

连接先后发生的两件事,相当于"然后"。如:

① 他望了望祁连山的积雪,努力使那颗突然热起来的回乡念头,冷却下去。**转回身**,那颗总惦着他人的心,又关心到毕竟两条臃肿的腿上,便说:"老部长,男怕穿靴,女怕戴帽,你要当心你的身体!"

② 这句话,虽然不能让吴玉刚满足,但毕竟存有希望,吴玉刚不好再说什么,只好连连道谢。**转回身**,吴玉刚不放心,又到药房去找王素梅。

转身

连接两个先后发生的动作,相当于"随后"。如:

① 看来我已无法留住陛下,我只有跟着陛下再次上路了。燕郎哀叹一声,**转身**到屋角那里收拾东西。

② 她说游泳可以,别顶着日头去游。我嘴里嗯嗯答应,说明年夏天注意,**转身**就把她给我的衣物撂到一旁。

转头

连接两个先后发生的动作或事件,相当于"随后"。如:

① 在宿舍外面我故意放慢动作,等你跟我说话,可是那时候你却不说,**转头**一声不响地走了,我的心更是酸酸的。

② 我和罗书记跑到省里,找了分管交通的副省长,他答应做厅长的工作。**转头**我们又去找了省人大的江副主任,他当时……

转眼间

上文提出一个事件作为背景,下文引出不经意间发生变化的情况。如:

① 天空还是一片浅蓝,颜色很浅。**转眼间**天边出现了一道红霞,慢慢地在扩大它的范围,加强它的亮光。我知道太阳要从天边升起来了,便不转眼地望着那里。

② 一九五七年,我由于写了篇干预生活的作品,碰上厄运,**转眼间**,好多朋友都成了见面不认识的陌路人一样。

滋

用于一个表示条件关系的小句句首,相当于"只要"。如:

① 王援朝:我这书包带儿折了,该换新的了。
马大姐:想换新的呀,**滋**一入关,马上就给你换。

② 您是长辈,别说您要安热水器,要铺地板,您就是想放把火把这屋子给点了,**滋**公安局不抓人,我们有什么呀?

综上(综上所述)

总结上文,得出以下的结论。如:

① 1999 年 5 月 18 日,侦查机关通过国际刑警组织将周长青从厄瓜多尔抓获押解回国。案发后追回美元 4.6 万多元、日元 46 万多元、人民币 9.8 万多元。**综上**,周长青共贪污公款人民币 4 823.730 5万元、挪用公款人民币 272 万元。

② 第四,采用了生动的感性的方法。解决农民实践中遇到的问题,没有采用讲抽象的道理,讲长远利益和全局利益的方法,而是采用办实事、介绍典型、传授实用技术的办法,用生动具体、可感知的真人真事来引导启发农民,让农民认识如何改进品种技术,提高生产效率,认识当前利益和个人利益之所在,直接提高了农民的技能,增强了农民的致富能力,实现了致富的愿望。在这里,其间

题是生产中提出的,是具体可感知的,解决问题使用的材料也是具体可感知的实用技术、典型事例,而不是抽象的材料,解决问题依靠的主要是农民的直觉感知悟性,而不是逻辑抽象推理。从方法论角度看,正是生动可感知的感性方法。**综上所述**,农村思想政治工作实质上是一种主观见之于客观的主体、主观感性活动。它遵从具体可感知原则,有明显的主观行动性特征。所以说它具有"实践性"特点。

总的来说(总的说来、总的来讲)

对事物从主要的方面来评价或分析。如:

① 陈:写得怎么样?

牛:啊,**总的来说**相当不错。

② 下面的歌词也朦朦胧胧地理解了:是说学校有很多房屋,在城外,是个男女合校,有很多同学。**总的说来**是说这个学校很好。

③ 不同的饭店企业情况可能截然不同。**总的来讲**,高档饭店受冲击较小,中低档饭店受冲击较大。

总的来看(总的看、总的看来)

对事物从主要的方面来概括或评价。如:

① 现在西方国家的百货商场在经过调整后,开始经营一些毛利率比较高的商品,如服装、玻璃器具等,并且减少经营种类,这样也就相应地减少了经营面积。**总的来看**,这是以后商场经营的发展趋势。

② 1978年10月,文化部文学艺术研究院审读了《刘志丹》小说后所作的审核报告中指出:"**总的看**,这部小说的主题思想和基本政治倾向是好的,有意义的;把这部小说定作毒草的四点理由是和小说的实际情况不相符合的。"

③ 高校招生体检标准前几年就修订了一次,今年的修订变化不大,**总的看来**,国家标准是越来越宽松了,为越来越多身体状况不太好的人敞开了大学校门。

总起来说

对上文的话做出总结或概括。如:

① 现在有些男人蓄长发,扎个小尾巴,**总起来说**与"男子汉"是不协调的。

② 普通意义上讲,人类的技能大致分为三类,就是古代兵器、科学、魔法。古代兵器还包括剑术、格斗等几个方面,**总起来说**就是依靠个人内部力量的爆发,通过拳头、刀剑枪矛等武器表现出惊人的破坏力。

总体上讲(总体来说、总体来讲)

对事物从主要方面做出评价。如:

① 这次参加竞标的4个规划设计方案各有千秋,**总体上讲**都不错,而且都有独到之处。

② 2011年转瞬即逝,基本上稳定的时间很少,大多的时间都是在全国出差到处跑,基本上也经历了从打工—创业—打工这样的思路,感慨也是不少,但是**总体来说**,还是收获多一些吧。

③《红楼梦》是写完的,最后一回都有。**总体来讲**《红楼梦》的结构很严密、合理,描写很精细。

总体上看(从总体上看)

对事物从主要方面做出评价。如:

① 他的全部作品,不论哪一章哪一节有多么泼辣,**总体上看**也还是像作家本人一样。这里面没有矫情,没有牵强附会,而是一个真实有力的生命的自然而然。

② 全国公安机关登记在册的吸毒人员中,滥用海洛因的人数已高达74.5万人。**从总体上看**,我国吸食、注射海洛因问题仍呈继续发展势头。

总体上说(从总体上说)

对事物从主要方面做出说明。如:

① 问:义务教育入学政策有无重大调整?

答:**总体上说**,义务教育阶段入学工作要认真执行中央有关文件的精神,坚持免试就近入学原则,保持政策的延续性和稳定性,没有重大改变。

② 北大各硕士专业报名分布并不均衡。报名录取比从最高的民商法学29∶31,MBA 12∶1,到某个别专业无一人问津,差别很大。**从总体上说**,报考文科专业人数普遍高于理工科,文科专业报名录取比平均为8∶31,理科平均则为4.1∶1。

走着瞧(咱走着瞧)

1. 表示对某人的威胁。如:

① 砸什么都可以,但你要敢动爸爸的相片……**走着瞧**!

② 整天不好好工作,心思用在龌龊之处,枉读圣贤书,还做人老师,早晚揭你这层皮,**咱走着瞧**!

2. 表示不计较或不服气当前的结果,寄希望于将来。如:

① 廖红宇便大步向冯祥龙办公室走去,想当面责问他一下。走到冯祥龙办公室门口了,甚至已经伸手抓住门把了,她稍稍冷静下来想了想,对自己说,何必呢,现在要跟他计较的不是这些小小不然的不恭,**走着瞧**吧!

② 毕业时同学们各奔东西,告别时候他对我说了几句话,到现在我印象非常深。他说,别看他们分配得比我强,**咱走着瞧**,我马俊仁将来非干败他们不可。

左不过

表示上文所说事件的原因或实质是不言而喻的。如：

① "你想,我怎么一下子就有了投资能力呢?"

"**左不过**是你那姑父,他就管银行贷款嘛……"

② 作家是人。人跟人一样都有神经,人跟人的神经又都不一样。有的神经像铜丝,纹风不动也管自颤抖,有的神经像牛筋,经拉又经拽,经拽又经踹。谁也不能跟着谁走,其实谁愿意跟谁呀,**左不过**哪里红火,不由得往那儿赶了。这一赶,早晚是个错。

作孽呀(真是作孽呀)

表示对某事的负面评价,认为其不是自己希望发生的。如：

① **作孽呀**！连娃子也不敢来了。盖了一栋楼,怎么就招惹了这么多人呢?

② 住嘴！我黑火焱怎么会养出一个长他人志气、灭自己威风的儿子？**真是作孽呀**！

副词词典

挨门
　　一家挨一家地。如：
　　① 进了那条胡同，家家都是大宅门。不知正骨大夫住哪一号，就**挨门**看匾。
　　② 按古辈传下来的规矩，出殡之前的最后一项活动是"谢庄"，即由死者子孙在哀乐的吹奏下绕着村子**挨门**叩谢，意在谢请人家万勿推辞抬棺椁。

暗着
　　背地里，不公开地。如：
　　① 乌大奶奶明着冲奶妈甩闲话，**暗着**跟乌大爷耍脾气。
　　② 进入10月后，在关于价格、泡沫的讨论声中，房展泡汤、销售减慢、冲突不断，许多项目明着或者**暗着**开始降价脱身。

掰开了揉碎了
　　仔细透彻地（分析谈论）。如：
　　① 这样**掰开了揉碎了**地一咀嚼，方知曹雪芹塑造赵姨娘这一角色，功夫全用在错位上——即该人在心理上、作派上、语言体系上等各个方面。
　　② 几个人还正经找丁洁**掰开了揉碎了**从国内外大好形势一直

分析到弗洛伊德性心理,好好地谈了两三个小时。

摆开了

坦诚地(说)。如：

① 他又亲自找阿眉**摆开了**谈了谈。

② 你有什么想法,**摆开了**说,不要有顾虑。

摆明了

态度公开而明确地。如：

① 他的态度**摆明了**不会让曲颖插手他俩的事。

② 什么整改方案？分明是想踢摊子换班子……现在又要查账,**摆明了**要找茬儿,目标直接对准了何总。

暴

1. 迅速而持续地。如：

① **暴**食无好味,**暴**走无久力。

② 依你说,我只能永远挨女人不歇气儿的**暴**骂而得不到机会和她们交流了?

2. 突然而大幅度地。如：

① 惜乎好景不常在。**暴**涨之后必**暴**跌。

② 九成以上居民梦想通过中奖一夜**暴**富。

3. 表示程度高。如：

① 战火兄弟连！**暴**好玩的游戏！

② 但下面这些雨伞,你却不一定见过。它们可以用七个字形容：**暴**具创意**暴**漂亮！

变着法儿 fār

用各种办法。如：

① 我恨他，咒他，**变着法儿**折腾他！我要叫这忘恩负义的老东西不得好死！

② 过去有钱的主儿就讲究吃喝。家里雇了几个大师傅，专门给他做菜，还要按着食谱做，每天换花样。真是食不厌精，脍不厌细，**变着法儿**地吃。

变着方儿

用各种方法。如：

① 他的老伴不是死了吗，他想把婆婆给儿媳妇的折磨也由他承办。他**变着方儿**挑她的毛病。

② 你是中国人，可吃里爬外，**变着方儿**害自己的人，要苦人的命！

憋着

准备着（做什么）。如：

① 粮店都快被盗空了？这可算是一桩大要案了！正是严打时期，顶风上嘛！我早**憋着**侦破一桩大要案了！

② 我早告诉你过，但凡大街上有人热情诚恳地叫你，千万别停下理他，准都是**憋着**要害你，掏走你点什么。

憋足了劲儿

做好了充分准备。如：

① 这是篇为满足成年人受伤害的自尊心所作的文章，必须谨慎周到、细致入微，才能经得住那些**憋足了劲儿**想要给你难堪的成年人们的百般挑剔，使她们转怒为喜。

② 还有好几个大型的马拉松比赛，俺们和刘丽都**憋足了劲儿**要到国际赛场上拼一场。

不错眼珠

神情专注地(看或听)。如:

① 她对答着,**不错眼珠**地盯着来人,她希望来人对她的注意应该认真些。

② 小铃儿**不错眼珠**地听他母亲说,仿佛听笑话似的。

不得不

不得已地。如:

① 公寓里总是一大堆不认识的人又玩又闹,有几次我都**不得不**睡在地板上。

② 他们出身于最贫寒的阶级,到处**不得不**接受人家的帮助。

不是

用于反问句,表示提醒的语气。如:

① 走吧。你明天,哦,今天**不是**还得拍电影么?

② 我**不是**说柳家大院出了人命吗?死的就是王家那个媳妇。

不算

表示程度不高。如:

① 他的四方脸庞绝不秀气,眉**不算**浓,眼也**不算**大,鼻翅边弯下两道长纹,把阔大结实的嘴唇衬托得分外引人注目。

② 那条街**不算**宽,扫得干干净净。

不停

持续不断地。如:

① 我模仿走索艺人又走了几个来回,秋千板在我的脚下**不停**地晃悠。

② 窗外的原野一片昏黑,雨在**不停**地下着。

不住

持续不断地。如：

① 石耷去接小杨,半天没回来,我等得着急,**不住**出门张望。

② 在他身边站着八只鱼鹰,也在**不住**地摇头。

噌噌

快速地(上升或下降)。如：

① 他发现,凡是刊用了他的童话连载的报刊,发行量就**噌噌**往上涨。

② 人一受到精神折磨呀,体重**噌噌**往下降。

敞开儿(敞开了)

1. 没有顾虑、没有隐瞒地。如：

① 其实,你就是解除他所有的顾忌,让他**敞开儿**说,恐怕他也说不圆。

② 介绍人对她说,有什么条件,**敞开了**给他谈。

2. 对动作所涉及事物的数量或种类等没有限制地。如：

① 那饭菜**敞开儿**吃,能吃多少就吃多少,天天都有肉吃。

② 有时我们自己在饭店里**敞开了**玩,游泳、洗桑拿、打保龄球,甚至在外汇商店买进口巧克力和洋酒,都用朋友的卡签单。

趁早

1. 尽快地。如：

① 行了,魏庄有你姑,你不是更有说道了? 村长,**趁早**换人。

② 如果这人找不着,我看咱们最好也**趁早**收摊子,别瞎耽误工夫。

2. 千万,干脆(不要做什么)。如：

① "非把凯萨林拉回来不可! 我去找她,我去!"伊太太咬着牙说。"我不能再见她的面! **趁早**不用把她弄回来! 妈!"保罗说,态

度也很坚定。

② 如果自以为中国足球落后,来中国混上一两年卷笔钱就走,那就**趁早**甭来!

撑死(了)

对于句子所涉及的数量或层次做出极限的估计,主观上表示数量小或层次低,相当于"顶多"。如:

① 一份小可乐就要17欧,相当于差不多140人民币,在中国**撑死**30块。

② 你现在还在你的保卫科当科员,**撑死了**也就是当个保卫科长!

成年累月

年年月月地(做同样的事或处于同样的状态),多指不好的事或状态,或者是说话者认为不好的事或状态。如:

① 那时生产力还很低下,人们**成年累月**地辛勤劳动,所获得的物品也只能勉强维持生命。

② 当时,阿宝正匆匆忙忙赶往工厂上班,为了节省五分钱公共汽车票钱,**成年累月**这样步行着。

成日(成日价)

每天,经常(做同样的事或处于同样的状态),多指不好的事或状态,或者说话者不认同的事或状态。如:

① 考大学没考上,如今待业在家。一个本该涂脂抹粉的年龄**成日**哭天抹泪,眼瞅着就邪了性。

② 他看守后宫,**成日价**在女人堆里厮混。

成天(成天价)

每天,经常(做同样的事或处于同样的状态),多指不好的事或

状态,或者说话者不认同的事或状态。如:

① 他还是想有所作为,为百姓做一点好事,并不像许多废员,**成天**只是种树养花,读书静坐。

② 她**成天价**不在家,据她的老妈子说,她是出去打牌。

成天到晚

每天,经常(做同样的事或处于同样的状态),多指不好的事或状态,或者是说话者不认同的事或状态。如:

① 他**成天到晚**游手好闲,不思长进!只会鬼混、玩泥巴,没做过一件正经事。

② 你**成天到晚**为了修学校,现在累得都站不起来了,你累死了有谁知道啊?

臭

修饰部分动词和形容词,表示对别人某种表现的厌恶情绪。能修饰的词常见的有"美、贫(话多)、显摆、不要脸、摆谱、拽(zhuǎi)、聊、德性"等。如:

① "买票买票,别等下车补呵。"售票员喊。

"要说售票员大姐也是真辛苦,一样坐车她还得老嚷嚷。换个不负责的也就一边眯着不言语了,谁受损失? 国家受损失。钱也一分不进大姐腰包。要是大姐自己的车肯定就白拉咱们了是么大姐?"冯小刚歪头朝售票员笑。

"别跟我**臭**贫,你们这样的我见多了。"

② 就是你爷爷有的时候,他有没有那种,他显摆,就像你比方逢年哪、过节呀、亲友相聚啊,哈,兴致所致,完了以后,他,反正根据我这人经验吧,他有点儿本事的人,他这时候儿,他就愿意**臭**显,他那一,他只,他因为只有这样儿他才能显出比别人儿强来。

③ 科学技术在突飞猛进,有人把蜗牛的基因植到绿萝里,造出

这种新品种——这不是我这种坐在办公室里**臭**编的人所能知道的事。

打死(了)

无论如何(也做不出以下的动作行为)。如：

① 当时吓得不轻，发誓以后**打死**也不一个人加班。

② 创造社几个头子**打死了**也写不出半个字的。

打着滚儿

迅速地(发展、增加)。如：

① 照这种水平，IT能**打着滚儿**发展可真奇怪。

② 天一下雪，菜价**打着滚儿**地往上涨。

大踏步

1. 迈着大步地。如：

① 罢工指挥部成员之一吴向东困难地站起来，理了理衣襟，**大踏步**朝主席台走去。

② 不待他往外迎，县公安局的人们，已经雄赳赳地**大踏步**闯入了。

2. 比喻迅速地(变化)。如：

① 我们要敢于打破常规，**大踏步**发展。

② 全国重点城市的电视开机率已经**大踏步**下滑。

呆会儿

过一会儿。如：

① 不必忙着走。**呆会儿**在这儿吃晚饭，我们已经安排了。

② 你自己往前走，见到开着门的号子就进去，**呆会儿**我会来锁门的。

单方面

应该涉及双方或多方的共同事务中，一方单独地(做)。如：

① 他是可以**单方面**向法院起诉的。你知道现在有钱,即便他买不通法院,他坚持起诉下去,恐怕最终还是一个离字。

② 十五日,罢工指挥部**单方面**发出通牒,限农场机关干部十二小时内全部撤离场部机关,由罢工指挥部进驻接管。

当场

1. 就在当地。如:

① 我特遣阿部小队于九月二十八日晚在铜鼓镇西北十余里称驼背岭处,伏击了地方游匪莫天良部,击毙击伤数十人,余皆溃逃。匪首莫天良**当场**中弹毙命。

② 画儿韩往那画儿上泼了一杯酒,划了根火,**当场**把画点着。

2. 当时,马上。如:

① 不是我就觉得气愤,对个作家就这份儿德行,将来真见着敌人还不得**当场**跪下?

② 我看这就是人的最大弱点,只能说好的,一说坏的**当场**恨不得吃了对方。

等下(等一下)

过一会儿。如:

① 我有点事找你,**等下**你洗完澡上我这儿来。

② 好,你们先洗洗脸,**等一下**我们再一道谈谈吧。

瞪眼

1. 明知不该做而非(去做)。如:

① 从前,也曾因为一些小事儿,老头子竟然**瞪眼**说瞎话,做儿子的只好不较真儿,给父亲留些面子。

② 我们家这活爹不行啊,那是耳不聋眼不花,他心里明白的,**瞪眼**往死里气我呀,要这样下去呀,真能要我命。

2. 知道某事应该做但无所作为。也可以说成"干瞪眼"。如：

① 暖气管网设计用的是串联式供暖，一家不通，家家不通，而且谁家不想用都不行，用多用少掏一样的钱，谁家若是不想掏钱，供暖单位**干瞪眼**也不敢断他的气。

② 而对一样的政策，你说我们咋就**瞪眼**找不着发财的路子呢？

颠颠儿

急忙而恭顺地。如：

① "胡萝卜"使唤人谱儿可大了，一声吆喝："给我拿酒去！"咱就得**颠颠儿**地赶紧下地窖子。

② 林珠取下了眼镜，看见他们桌子上是一支不太新鲜的红玫瑰。林珠用手指把它拈起来向餐厅领班示意了一下，领班**颠颠儿**地过来，抱歉地换了一支新鲜的，却是黄玫瑰。

顶多

1. 对句子所涉及的事物的数量或层次做出极限的估计，主观上表示数量少或层次不够。如：

① 我问了她的体重，体检时什么也不穿是四十三公斤，现在着了冬装，**顶多**也就是四十八公斤，这不算重。

② 金小姐，你和姐姐、姐夫都是八十年代的青年人，**顶多**算个中年人吧，许多道理不用我讲，一点就透。

2. 对事物的状况做出判断，表示达不到较高的程度。如：

① 华菁等在门外，是宋惠珊的邻居，她们一个住 301，一个住 303，隔着楼梯，门对门，却互不走动，有时在楼梯上碰到，面对面擦身而过，**顶多**点点头，或笑一笑。

② 其实当时要一咬牙冲上去，这功夫不就抖起来了！死不了人，也受不了重伤，**顶多**磕破点皮肉，多神气！

顶好

希望别人(去做或不做某事)。如：

① 这事你**顶好**再去问问,别搞错了。

② 这当中应当又有一段故事,但是你也**顶好**别去打听。

顶天

相当于"顶多"义项1。如：

① 这点油**顶天**跑五十公里,赶紧去加油。

② 我年轻的时候跟我们家那老死鬼打仗,人家急眼了**顶天**咬咬牙拉倒了。

兜底

1. 对某一具体空间中的东西无所遗漏地(翻找)。如：

① 老九在挎包里摸了摸,昨天吃剩的朝阳瓜子还有一把,就**兜底**倒出来,一边喝着高山顶,一边嗑瓜子。

② 这位领导的办公室也"进驻"了各地来的造反派。办公室不知**兜底**翻了多少遍,连电话机零件都被拆走。

2. 全部地、彻底地。如：

① 我两个碎娃没分上责任地,我**兜底儿**交了(公粮),婆娘娃娃喝风呀屙屁呀。

② 后来汪精卫在香港发表《举一个例》,把抗战初德国大使陶德曼暗中诱和的事**兜底**亮出来,弄得蒋介石很尴尬,只好由吴稚晖出面替他"进一解",这场风波才平息下去。

断不了 liǎo

经常地(发生某事)。如：

① 我们厂离街区远,买电影票是困难事,因此**断不了**要买飞票。

② 母亲虚弱不堪,婴儿娇小又陌生。赵胜天差点给压垮。过早地起床操持家务,李小兰真落下了病,全身骨头酸痛。后来又没有了奶水。小两口**断不了**争争吵吵。

翻过来掉过去(翻过来调过去)

1. 不停转换侧面地。如:

① 她从锦匣里取出一个玉石戒指似的东西来,**翻过来掉过去**地看,最后又小心翼翼地放了回去。

② 加林躺在炕上,辗转反侧,睡不着觉。巧珍也**翻过来调过去**睡不着。

2. 反复地。也可说成"**反过来调过去**""**反过来掉过去**"。如:

① 马威**翻过来掉过去**地想,问题很多,可是结论只有一个:"等着吧,瞧!"

② 他近来常拿着本书到瑞贞公园去。找个清静没人的地方一坐,把书打开——不一定念。有时候试着念几行,皱着眉头,咬着大拇指头,**翻过来掉过去**地念;念得眼睛都有点起金花儿了,不知道念的是什么。

③ 她在鲜肉柜台逗留了一会儿,把塑料袋包装的牛肉**反过来调过去**——细看,看着里面流动的血水。

④ 买稿子这玩意不能像买黄瓜,**反过来掉过去**看,再掐一口尝尝。

反过来

1. 以与正常相反的侧面(穿衣服)。如:

① 有时要去参加 party,没有一件洁白的衬衫,灵机一动:有了!把衬衫**反过来**穿!打一条领带,把纽扣遮住,这样就看不出反正了。

② 帽子**反过来**戴,鸭舌朝后;内衣外穿;裤子顶在头上当帽子;

2. 以相同的方式(对待或影响另一方)。如:

① 我知道老头儿伤害过你。因为他,你没能和金秀好下去。就算咱们让人伤过,也不能**反过来**伤人呀!

② 他们都是藏族人,个个都是酒中豪杰。他们喝罢之后立刻**反过来**敬我的酒。

③ 但风气如果坏下去,经济搞成功又有什么意义?会在另一方面变质,**反过来**影响整个经济变质,发展下去会形成贪污、盗窃、贿赂横行的世界。

放开(了)

1. 坦率而没有顾虑地。如:

① 中国不能乱,这个道理要反复讲,**放开**讲。

② **放开了**说,马家军的诞生和发展,同样是东北民族文化与中华文化融合统一的结果。

2. 充分发挥出技术和水平地。如:

① 明天与天津队的比赛更加重要,所以教练组正在与队员们谈心,**放开**打,就能击败对手。

② 她不想这些,只管**放开了**去演,尽情地舞,投入地吟。

放手

解除顾虑或限制地。如:

① 你**放手**干吧,凭你的聪明才智,凭你工作这么多年的社会关系和我们两家的社会关系,还做不过那些没有文化没有关系的个体户?

② 对那些真正有本事的人,要**放手**提拔,在工资级别上破格提高。

疯

急切而不顾后果地。如:

① 商场最欢迎的是那些容易情绪化的女人。因为这样的女人一般高兴时去商场大肆购物，以张扬自己的快乐，不高兴时也去商场，以发泄自己的郁闷。至于买的东西实用不实用，或是家里能有多少钱可提供在此"**疯**买"，都不在考虑之内。

② 大家迎着那声音跑去。越来越近，真的看到了大青。它也看到了我们，**疯**扑过来，跳跃着哀嚎着赶在前边，领我们飞跑。

赶着

1. 主动而巴结地。如：

① 我扭脸一看，见许立宇傍着一位正当红的英语歌星小姐赫然立于门口。他含笑步入餐间，环顾摇手致意。

那些傲然踞座的贤士名流纷纷起立躬身相迎，拱手**赶着**一迭声叫："许爷，许爷，您这边请。"

② 辣辣家的大门向社员和咬金的朋友敞开后，辣辣获得一个亲切的尊称：胖姆妈。年轻人们前前后后**赶着**叫胖姆妈促使辣辣仔细照了镜子，找出箱底一件十年前的衣服比试了一下。她不觉失声大笑，是胖了，她是一个胖女人了。

2. 抓紧时间地，急忙地。如：

① 今天是星期六。升平早晨**赶着**念了一阵书，心里就荡悠悠地凝不住神。

② 他喜欢准时，喜欢从容，喜欢看到别人匆匆忙忙慌里慌张地**赶着**来看他，而他自己却万事俱备从容不迫地在那儿洒脱地等着。

个顶个

主语所指的事物中没有例外地。如：

① 男人**个顶个**好女人。

② 看到北京女子垒球队的名单，就会让人吃惊不小，18 名队员在不同时期都进入过国家队，**个顶个**的都是垒球好手。

各种

表示程度,相当于"很"。如:

① 整整还有一个礼拜就过年咯,为什么**各种**不开心,**各种**没气氛?

② 手腕不会戴东西,头发**各种**凌乱。

给我

用于祈使句中表示强烈的语气。如:

① 哪个用你来献殷勤——你**给我**外边站着去!

② 从今天开始,你**给我**换成干活的衣服。

跟着

1. 因为前面所述的某种情况而盲目地做出反应。如:

① 我们的喜剧还是不行,无休止地卖弄噱头,尽管我也**跟着**笑,可每回笑完都有被人笑了一场的感觉。

② 断了我们的水源,硬要把一地好烟棵给旱死!这就是肖万昌使出的第一个毒招。村里那些人呢,倒糊里糊涂**跟着**起哄、感到快意!

2. 因上文提到的某人或某事而得到好处或受到牵连。如:

① 集体的油坊、粉坊、豆腐坊,都跟你姓李的家产一样,你明里暗里吃着拿着,你那七妗子八大姨都**跟着**吃香。

② 他一天到晚在家里画他的那些怪画,几天就要买一刀宣纸。为了买纸,当掉了大衣,卖掉了手表,全家人**跟着**挨饿。

光知道

只是、一味地。如:

① 日本人听不懂她用的那些字眼儿,**光知道**冲她傻笑。

② 科长**光知道**讲大道理,让他来过两天这样的生活看!

好模样儿 yāngr 的

平白无故地。如：

① 二嫂：你就叫我马大姐，行不行？

喜奎：你跟我二哥离婚啦？……**好模样儿的**，你咋不让我管你叫二嫂呢？

② 丁四嫂：嘎子，你马上给我家去，家去你！（边说边踢嘎子）

嘎子：**好模样的**，您踢我干吗呀！

好说歹说

采取各种说法（说服别人）。如：

① 天佑太太和韵梅并没有给瑞丰说好话，而只过来劝慰老人，怕老人气出病来。她们**好说歹说**地把老人劝住，老人坐在阶石上，落下泪来。

② 老师上门去家访，**好说歹说**，周立莲才答应送女儿来读书，但直到开庭这天也不见其女返校。

好容易（好不容易）

1. 经过困难或周折（而达到某种结果）。如：

① 我差点没死在外头，**好容易**挣命奔回来，我知道是怎么档子事？

② 我**好不容易**买到这两张音乐会的票。

2. 经过一段时间的期待（而出现了某种结果）。如：

① 你这人怎么这样，人家演出那么辛苦，**好容易**晾了杯水，你还给喝了，什么人呀。

② 我**好不容易**盼到了门铃响，三步并作两步去开门。

狠劲

1. 用力地。如：

① 雪花像一群惊慌的蜜蜂在旋动,树枝上那条肥鱼**狠劲**拍打着树干。

② 两只手攥着窗口的木栅架**狠劲**摇了摇,木头咯吱地响,磨破血肉的手掌火烧火燎地炙痛。

2. 费尽心力地。如:

① 你最喜欢干的事就是**狠劲**地折磨自己,然后再折磨你最爱的也是最爱你的人。

② 我要**狠劲**地学习,争取考上大学。

3. 猛烈地。如:

① 风呼呼地吹,雪**狠劲**地下。

② 杨子居只觉脑子里面一阵阵发热发紧,太阳穴上的血管**狠劲**地跳。

恨不得

接近某一较高的程度,相当于"几乎"。如:

① 很快,我就不笑了,这两汉子各抽出一把垫在屁股底下的刀,那刀**恨不得**比他们俩个儿都高,那是日本兵在二次世界大战时步枪上用的"三八"刺刀,一把顶住我腰眼一把顶住刘会元。

② 穗珠又怕刺激穆青脆弱的神经,只好不化妆,穿最家常的衣服,尼桑车停在**恨不得**离大院十里以外,每晚尽量回家吃饭,坚持亲自下厨。

恨不能

接近某一较高的程度,相当于"几乎"。如:

① 当孩子们在那种弱肉强食的本性驱使下,为多得到一口奶或一口小小的动物**恨不能**争得你死我活时,贝蒂就会把其中的一个狠狠地叼住。

② 吴教授说来说去总算让人弄清他离婚之故乃是因为他与老

婆的价值观念不同。审判长对"价值观念"一词理解不透，便晃着二郎腿请吴教授说具体点。一具体便全是琐事。惹听众们高声武气地**恨不能**笑掉大牙。

横不能

达不到某种程度，相当于"总不至于"。如：

① 几十万上百万地下了，您**横不能**逼我跳楼吧！

② 你刚才不是说占线了吗？**横不能**打不通电话连饭也不吃吧？

厚着脸皮

不怕难为情地。如：

① 梁大伯见此光景，可就架不住劲儿了。他**厚着脸皮**，跟大伙左赔情，右赔礼，好话说了上千万，怎么拦也拦不住。

② 他于绝境中想到了他当年的恩人那位导演。他**厚着脸皮**去找人家。

话里话外

说话中若明若暗地（透露出某个意思）。如：

① 打小儿你就喜欢金枝，是不是？忘了几年前我怎么**话里话外**地敲打你啦？

② 可是您跟我说的坏事儿既不是国外的也不是国内的，**话里话外**又透着地球上的事儿俗，我就不明白了。您是不是想跟我说月球上的事儿？

慌着

急忙地。如：

① 车门开开了，下来的并不是玛力，是个大巡警！马威**慌着**跑出来，还没说话，那个大巡警向他一点头。

② "上帝！快给我些光明罢，让我好向前跑！"
上帝**慌**着说，"光明？我没处给你找！你要光明，你自己去造！"

回过头来

1. 对过去的事情进行（重新审视）。如：

① 学生作文他先眉批一道，指出好处和不好处，发下去由学生自己改一遍，或同学间互相改；交上来，他再改一遍，加总批，再发给学生，让学生自己誊一遍，留起来；要学生随时**回过头来**看看自己的文章。

② 马林生本来是随口那么一说，意在使夏太太对马锐的看法不要那么偏激，儿子再不好，也是自己的，让人家说成流氓，做父母的也不见得光彩。但**回过头来**仔细一想，似乎确有迹象，越想越觉得像。

2. 从另一个角度或相反的顺序，相当于"反过来"。如：

① 有福气的人可以由爱情的满足而达到他的志愿，履行他的责任，成全他的事业。没福气的人只好承认自己的恶运，**回过头来**看看自己的志愿、责任、事业。

② 社会化的过程是双向的，因为儿童本身的行为也**回过头来**影响着那些使其社会化的人，使他们改变对儿童进行社会化的方法。

活活

1. 非常生动地。如：

① "探马报道"，寥寥四个字里，**活活**绘出了一片马蹄声中那营帐里的忙乱与紧急，百万军中，出生入死，不也是凭了征马战马才能斩将搴旗的么？

② 记罢龙驹寨的山川地形人物，县城街市的民俗风情又在他心里**活活**地显了生机，他不及呵气，不及调整一下蹲乏了的腿脚，

只顾一气写下去。

2. 整整地。和数量词搭配用，主观上嫌这一数量多。如：

① 潘大庆：你看看吧，补充协议十项。

王艾嘉：啊？**活活**十大项呀！

② 我不由地将她全身打量一遍。果然，见她**活活**的一身肥肉，看上去很热。

伙着

一起，共同。如：

① 让我坐在那儿不动一动，我可受不了，咱们娘俩**伙着**做吧，快做快吃，吃了好玩。

② 现在朱小芬离婚了，尽管朱小芬不是寡妇，可她也成了单个儿的女人。这使邹大姐觉得忽然之间本人不那么孤苦了。"真不容易"这句话她可以跟朱小芬**伙着**用了。

急着

1. 急忙地。如：

① 你们**急着**赶回去有要紧事吗？

② 中午，他请她到宾馆餐厅吃饭，要菜的时候，她**急着**向服务员递钱。

2. 马上，立即。如：

① 信封里头还有我借给你们的五百块钱。加上房租四百块，一共是九百块钱。先不用**急着**还，你们先安定下来。过几天再说吧。

② 半个小时后，电话铃准时响了。他不**急着**接，等电话响了好几声，才从容地拿起了话筒。

见天（见天价、见天见）

每天，经常（做同样的事或处于同样的状态），多指不好的事或状态，或者说话者不认同的事或状态。如：

① 我说无貌，你干吗老跟它过不去？**见天**一顿毒打。

② 这孩子**见天价**胡说乱道的，你别理他。

③ 这丫头虽说生于"乱世"，自幼失母，但总还是在金府大宅院里娇惯着长大的，又入了戏校，当了明星，**见天见儿**的有千百双巴掌使劲儿捧，那还有好儿？

接长不短

经常地。如：

① 老陈，你说这话真让我伤心，还别说你平常啊，**接长不短**地还帮助我，就算没有，我自个儿就不能提高觉悟吗？

② 近来不仅是二姨那边发起了攻势，自己心里也**接长不短**地翻腾起这件事来。

接着

一个动作停止一段后再继续进行。如：

① 于观走了，我们四个**接着**玩，一直玩到天亮。

② 她边干边冲厨房外喊："**接着**讲啊，我听着呢！"

结伴

几个人约定一起（做某事）。如：

① 当夜，我和汪若海**结伴**下山回家。

② 这地方很少有人来。只有孩子们**结伴**来放风筝，掏蟋蟀。

借机

趁着某一时机。如：

① 因为腿坐麻了，我就下了车，想**借机**溜达溜达。

② 那些平日里对张天奇有意见的，说不定就**借机**落井下石，

索性再举报他些事情,再有哪位领导批示立案查一查张天奇的问题。

紧着

1. 尽快地。如:

① 一定是前几年城里猪肉存得太多了,再不**紧着**吃就臭啦。

② 自打受处分后,方雨林一直憋着没机会吐这口冤气,这会儿听马凤山这么一说,什么也不顾了,便敞开口子**紧着**往外倒。

2. 不停地。如:

① 一会儿冷盘儿跟酒全来了,摆好了出去,老得门口儿盯着,里边儿**紧着**让酒,又划拳,准得添酒菜儿。

② 玉妈见这后生担了小山似的两捆山柴进了院,喜得不知说啥好。**紧着**递烟、倒茶、打洗脸水。

尽可能

达到最大限度地,尽量。如:

① 这里又牵扯到一个王喜欢讲的词儿,那就是趣味。人应该**尽可能**地聪明和有趣。

② 啊,**尽可能**把该办的事儿都办了,在这最后的日子里多一点儿满足,少一点儿遗憾。

尽力

1. 用力地。如:

① 红线**尽力**挣扎了一下,感觉好像是撞上了一堵墙。

② 他冲到她的身边,**尽力**排开拥挤的人群,让她能挤上汽车。

2. 努力地。如:

① 不知是我身上哪根神经起了一点怪不拉叽的作用,我**尽力**朝别的地方看,可还总是看见她。

② 我知道他心里难免有疙瘩,就尽量给予理解,即使是让我难堪,我也**尽力**团结他。

就地

1. 就在当地。如:

① 死的人多,运不回,**就地**埋在朝鲜了。

② 如果大家都往北京跑,北京岂不是乱了套?同志们,你们还是要相信各级组织,相信省委,有问题**就地**解决嘛。

2. 立即。如:

① 工兵团李树正团长没有得到将功补过的机会,他被军法处判处枪决,**就地**执行。

② 是**就地**停火?还是继续攻击?战前动员时讲,过了13日午夜,谁再打谁负政治责任。

就知道

只是、一味地。如:

① 她整天**就知道**默默干活,捋草籽、挖野菜、扫碱土,虽然她还算不上一个劳动力,但实际上一年的收入决不比大人少。

② 克南一进来,兴冲冲地说:"中午到我家吃鱼去!刚从水库打出来的鲜鱼⋯⋯"

亚萍生气地说:"你**就知道**个吃!吃!"

巨

表示程度高。主要在青年学生中使用。如:

① 我的女朋友长得**巨**漂亮。

② 高二一同学**巨**喜欢孙燕姿,把其名写于练习册上,竟忘了写自己的名。

可劲

尽可能多地,不停地。如:

① 你**可劲**吃,让舌头永远记着这些菜的味。

② 最惨的是崔永元的《不过如此》,据我们估计,盗版本至少有 100 万册,原价 19 块钱,书市和中小书店 5 块钱一本,**可劲**吆喝。

可算

1. 确实是。如:

① 太感谢了,你们**可算**救了我的驾,我会给你们用左右手各写一封感谢信的。

② 咦,我们今儿个**可算**是真开了眼了,大过年的,哪找这么好的一出戏去,都不用花钱打票!……

2. 终于。主观上嫌发生得迟。如:

① 记得宣传《铁梨花》的时候就在拍这个戏,**可算**上映啦,等得花都谢了。

② 小雪说要下雪,没下。这都快大雪了,**可算**下了点毛毛雪。

可以说

表示可以用下文的词句来描述某种状况或程度。如:

① 复员后,我们**可以说**分道扬镳了。他迅速转到另一条战线。而我,我也不知道这一年多究竟干了什么。

② 小伙子的话刚说罢,她哭得更厉害了,**可以说**是嚎啕大哭起来。

吭吃憋肚

做事很不顺畅的样子。如:

① 上月小区走失了一个孩子,找到社区,指望他们危急之处显身手。社区**吭吃憋肚**拖了一天,才发动人马去找。

② 让他发个言,他**吭吃憋肚**地说不了几句话。

吭吭哧哧(吭哧吭哧)

1. 做事吃力的样子。如：

① 作家月工资才六十几元,**吭吭哧哧**写一两个月小说,一个三万字中篇也只能拿到五百块而田平原先以为至少可以拿三千的。

② 有啥了不起,你以为大学生就好哪个? 莫么么稀奇,其实他们穷惨了。哪有我们几个来大钱? 跑一趟就进一把,够他**吭哧吭哧**挣半年,你信不信?

2. 慢吞吞不顺畅的样子。如：

① 那同学眉毛结成两团疙瘩,**吭哧吭哧**硬是下不去笔。

② "事儿倒不大。"他**吭哧吭哧**吞吞吐吐地对那两口子说,"其实要说都不算个事儿。"

哭着喊着

极力地要(达到某一目的)。如：

① 我觉得东宝说得对,诶,像这《大众生活》这样儿的大刊物都**哭着喊着**要跟咱们一块儿联合搞活动,诶,咱乐得占占他的光。

② 我倒是想去,可人家**哭着喊着**点着名要的是方雨林。人家那儿不缺行政干部,只缺破案能手。

快

帮助表达否定的祈使语气。如：

① 楚姑娘,冷姑娘,这都是虚言恐吓,你们**快**别上他的当!

② 帮主要我们带你出去的,我们怎么可以私个做主,你**快**不要为难我们。跟我们走罢。

狂

1. 不停而大量地。如：

① 过了一会儿,他止住哆嗦,**狂**吸着香烟,差不多是失了常态。

② 她的到来引起席面上一阵忙乱的互相介绍和**狂**递名片。

2. 表示程度高。主要在青年中使用。如：

① 他和第二个女朋友见面的第一晚就去了离我们学校**狂**远的长江大桥。

② 真是的，**狂**没风度，但看来理由是蛮充分的。

来不来

很轻易地做出(某种过度反应)。如：

① 我还烦有的女同志，一点儿温柔劲儿都没有，**来不来**一叉腰，母老虎似的。

② 莫非罗家的娃儿才算得是人养的？捡了任老大家娃儿的东西，不但说不还，别人问他一句，他还一凶二恶的，**来不来**就开口骂！

累死累活

付出极大辛苦地。如：

① 我看到这头老牛哭得那么伤心，心里怪难受的。想想做牛真是可怜。**累死累活**替人干了一辈子，老了，力气小了，就要被人宰了吃掉。

② 阿英说没孩子有没孩子的好处，有孩子情况就大不一样了，我这成天**累死累活**地忙，都是为了孩子，好像日子也有了意义，如果没有孩子，日子会是个什么样子？

里三层外三层

在外围层层叠叠地。如：

① 后来一直打到松山主峰，**里三层外三层**包围起来，还是没有捉到一个日本俘虏。

② **里三层外三层**站在人行道上看热闹的市民，为"潘二嫂"大

鼓其掌。

里外(里里外外)

1. (动作涉及)某一空间范围的内外。如：

① 我大声干笑着走进屋里一屁股坐在沙发上,随即又跳起来**里外**奔跑着找茶杯、茶叶、开水、沏茶拆烟拿糖拿瓜子,不停地寒暄说笑话把更舒服的地方让警察。

② 杨妈**里里外外**地安顿好了一切,眼巴巴儿地等金枝回来。

2. 在对立双方那里都(没有得到好处)。如：

① 美国已对中国光伏产品征收高额反倾销、反补贴税,如今又要再征高税,既打击中国企业,也伤害美国相关行业,更不利于世界经济复苏,其结果是**里外**不讨好。

② 怎么老当猪八戒呢,**里里外外**不是人啊不是人啊。

3. 全面地。如：

① 他要求住在厂里。"神菱"答应了,却不配翻译,使他成了个"聋子"。但他有眼睛,可以"眼观六路"。他在"神菱"一个多月,**里外**看了个透。

② 老舍,落生在这么一个被**里里外外**"艺术化"了的民族。

里外里

1. 收支相抵。如：

① 他承包的好几家公司,都在赚着,至少也是有赔有赚,**里外里**一算,都维持下来了,这年头就不容易。

② 上级有规定,不能坚持正常生产的孩子妈妈放长假,百分之七十开支。一个月少挣十来块钱算什么,雇保姆看孩子,一个月连工钱加情礼,三十多块。细算一下,**里外里**自己还多赚十来块,合算!

2. 累计在一起。如：

① 他结婚时我吃他一顿,到离婚时我再吃他一顿,**里外里**我就

赚了两顿了。

② 加上机票费用和她须带足至少半年的在美国的生活费,除了自家倾囊而出,还背了 30 000 元人民币的债务,**里外里**动用了 50 000 多元人民币。

3. 不论从哪个角度来看。如:

① 因为有了这条保留两年的要求,有问题的时候,你拿出了单子,这是你按要求做了,理所应当。如果你没拿出来,就是你的不是了。**里外里**,人家永远全对。

② 马小燕:(白薯)味道怎么样啊?

王援朝:还味道?什么味道哇?**里外里**白薯味呗。

了 liǎo 不得

最坏的情况也不过如此。如:

① **了不得**十几个人,怕他什么!

② 如果索恩真心娶娅,娅也就什么也不怕了。**了不得**两人一起上别处去。

了 liǎo 不起

不会高于某个数量或层次,相当于"顶多"。如:

① 你是一碗清水,干干净净一个人,打了一回架,**了不起**拘个十天八天,放出来站里也不计较。

② 想不到她偏偏爱上一个对中国文学有兴趣的毛头小子,其前途**了不起**是一个中文教习或一个穷作家而已。

溜溜

1. 多次地(转动)。如:

① 老皮的一双眼珠**溜溜**乱转,好像已在准备夺路而逃。

② 就在这一瞬间,陆小凤已突然出手,只见他的身子**溜溜**一

转,手掌已托住了那青衣道人的右肘,轻轻一带。

2. 表示某一动作行为连续进行了一段时间。相当于"整整地",主观上认为时间长。如:

① 快坐下吧!**溜溜**地站一天,够受的!

② 唉,我的命太苦啦,怎么嫁了个精神病啊?! 越想越难过,**溜溜**儿哭了一宿。

抡 lūn 圆了

1. 伸开手臂或腿,使出最大力气(打或踢)。如:

① 这时,我脑袋忽地一热,像什么成块成吨的东西忽然迸碎了,衬衣的扣子也绷掉了,站起转身**抡圆了**就是一个大耳光结结实实贴在杜梅脸蛋上。

② 刘军后场一脚高吊球传向海狮队腹地,曲波心领神会,突然从对方后卫身后杀将出来,抢先一步将球控制住,然后带球一路"撒欢"冲入禁区,稍做调整,**抡圆了**就是一脚。

2. 作认真努力状。如:

① 就他那两笔狗爬似的字儿啊,还要**抡圆了**写,我闭着眼写得比他强。

② 您这还看不出来,这些人都,都是**抡圆了**在拍您马屁,指望您在占元面前多美言两句。

埋头

1. 低着头。如:

① 许爷,今天又碰上什么好玩的事了? 说给我们听听——别光**埋头**吃。

② 我骑着马哗哗地蹚着流水,马儿自顾自地停下来,在清澈的中流**埋头**长饮。

2. 专心而努力地。如:

① 她在工厂,不苟言笑,**埋头**干活。

② 前几年他一直在**埋头**从事研究鲁迅的工作。

满打满算

把所有的都算上,表示嫌量小。如:

① 是该查一查。今天挂牌停诊谢客,**满打满算**也没有来过几个客人。

② 可掐指一算,他那么个岁数,插队八年回来的,工龄归里包齐**满打满算**也就七年挂零儿,能挣多少钱,能享受哪种待遇,提供不了多少可供猜测的乐趣。

满街

到处(走或跑)。如:

① 老寡妇只守着一个傻女过活。傻女疯起来的时候就**满街**乱跑,老寡妇就不吃不喝地跟上她。

② 你这花花公子一个,就会抄着手**满街**打转,再找两个老百姓吼上两吼,能一年半载破下案来,我倒真要谢你了。

满世界

到处。如:

① 他明白老者的话很实在,可是不愿意**满世界**去卖骆驼——卖不出去,也许还出了别的毛病。

② 妈买俩茄子,丢了一个,正**满世界**找呢。

忙着

1. 为某件事情而奔忙。如:

① 转眼到了年关,往年这时节村里到处喜气洋洋,都杀猪宰羊,都**忙着**准备年货。

② 这一阵,妈妈的腰子病发了。**爸爸忙着**去吴庄的舅舅家借钱,张罗着请医生。

2. 慌忙而小心地。如:

① 杨重戴了顶美国宪兵的白钢盔,**忙着**给路口的交通警递烟:"帮帮忙师傅,我就替您一小会儿。"

② 萤火虫闪过之后,传来喜音。一双年轻男女跌跌撞撞折入殿堂,和尚**忙着**迎出,问罢饭问宿,亲自牵入佛座后的小房,殷殷地提去开水。

3. 急于,马上。如:

① 他决定搞一篇题为《湟水流域的人文地理考察》的文章,但他没有**忙着**动笔。

② 青苗用手一摸,真是,不知啥时候两件衣服都给汗水浸湿,傻笑一下就**忙着**脱掉了。

铆劲儿

尽最大努力地。如:

① 七天没割草啦,从明天起得**铆劲**补上。

② 现在咱家都富啦,农民生活和过去不一样了,你就**铆劲儿**吃能吃多少钱呀!

没好气

态度不好地。如:

① 妻子也醒了,不安地问他出了什么事?他**没好气**地吼了一句:"少问!睡你的!……"

② 见爱人抱着警察的衣服,他**没好气**地皱了一下眉头。

没脸

自感在人前没有尊严地,不好意思地。如:

① "你别讲我把你揍得青一块,紫一块的,不行吗?"阿宝求她,"我都**没脸**进厂,一上街人家就指指戳戳!"

② 这时,他老伴给林慧、吴老拴端上来两碗玉米糁。赵镢头拦住老伴,受惊似的睁圆眼睛说:"不能叫老林他们吃这,我**没脸**叫他们吃这。"

没命

1. 不停地。如:

① 只记得我在街上**没命**地跑,路边一些面相凶恶的赤膊大汉瞪着我。

② 她**没命**地唠唠叨叨。两边的人安慰她道:万事开头难,以后就快了。

2. 不由自主地。如:

① 大弟一车一车地拉,拉到后来上眼皮儿**没命**向下坠,板车的栏板没关好,把黄沙和石灰撒在巷子里。

② 这使她感到恶心难忍,接着就**没命**地呕吐起来。

闷 mēn 头

冷不防地。如:

① 林净像是毫无预警地被狠狠**闷头**一棍,痛得泪花四转。

② 我刚冒出来的一点喜悦还没来得及咧嘴,就遭**闷头**一盆冷水,浑身重又蜷缩起来。

猛劲儿

1. 使出较大力气。如:

① 她神经质地把一沓子钱**猛劲儿**摔到墙上,散了捆儿,飘落一床。

② 他两眼喷着怒火,顾不得躲闪,伸出铁掌,用力抓住铁锁,**猛劲**一拧,卡嚓一声扭断了锁。

2. 大量地。如：

① 从昨天开始,省里市里好多家新闻单位突然**猛劲**宣传九天集团公司,宣传冯祥龙。

② 住在冬暖夏凉的节能住宅里,自然不用冬天**猛劲儿**采暖,夏天也不用呼呼地开着空调吹冷风了。

明摆着

很明显地。如：

① 把这种人放出去,**明摆着**要找麻烦。

② 你和大人撒野,你不是**明摆着**吃亏吗？

明打明

公开地。如：

① 老三,我今儿**明打明**地告诉你,一百七十张秘方都在我手里,你休想拿走！

② 我从领奖台上走下来,一边数钱一边就上了主席台,我分出一千块钱来走到老马跟前,当着领导们和记者们的面,我**明打明**举着钱就当面给了他。

明着

1. 不隐藏地。如：

① 乌大奶奶**明着**冲奶妈甩闲话,暗着跟乌大爷耍脾气。

② 还说是他老爸的意思。这不是**明着**要卖我吗?！

2. 表现出来的一面,与暗藏的一面相对。如：

① 朱怀镜听得出,方明远**明着**是为皮市长卖人情,其实也是在为自己表功。

② 只是不喜欢你**明着**一副正经八百的样子,却暗地里偷偷地干,这样很不光明正大耶！

那叫

用在形容词前,表示赞叹。如:

① 他更是流连忘返,细细揣摩,一步三回头墨迹已逝无自恋恋不舍。玩得**那叫**有滋有味儿**那叫**热闹忽喜忽惊忽嗔忽叹,每每还要将自己的得趣之处与马锐分享。

② 下过大雨,你来看看葡萄园吧,**那叫**好看! 白的像白玛瑙,红的像红宝石,紫的像紫水晶,黑的像黑玉。一串一串,饱满、磁棒、挺括,璀璨琳琅。

扭头就

在发现了对自己不利的情况后,很快地(离开某地)。如:

① "你出门照镜子了么?头上那缕头发用火筷子烫的吧?哪垃圾箱拣的这条黑网眼的连裤袜?再在肩上钉点亮片脖子上挂串玻璃珠子耳朵上挂俩钥匙环你就齐——你去哪儿?"

她**扭头就**走,我追上去:"你到底想去哪儿啊?"

② 这一刻,方雨林觉得这世界好闷啊! 一切都要爆炸,一切都该爆炸! 一切都是那样的无情……

他突然推开郭强,**扭头就**向外跑去。

劈头盖脸

猛烈地。如:

① 晨雾在散,在飘,没响声地奔跑着,朝一个方向**劈头盖脸**倒去。

② 片刻后雨水放肆起来,**劈头盖脸**朝柳生打来。

屁颠儿屁颠儿

很高兴、很主动地。含有轻蔑的意味。如:

① 雇阿波,对对对,雇他! 一月给他三千,他还不干? 还愿**屁颠儿屁颠儿**跟在老梅身后讨点残羹剩饭?

② 当系主任要肖济东帮正在忙忙乎乎地解决家庭纠纷的大钱带三周课时,肖济东想也没想,就**屁颠儿屁颠儿**地答应下来了。

拼命

1. 不顾一切地,尽力地。如:

① 于观走在遍洒阳光的街上,一辆载满客的公共汽车从他身后驶过,他**拼命**跑步追上去,挤入车站混乱的人群。

② 他**拼命**地工作,到处跑到处看,重新了解、理解和熟悉社会及工作。

2. 大量地。如:

① 抢大饼比抢大米还难,按说国军每天都在**拼命**地死人,可当飞机从天那边飞过来时,人全从地里冒了出来。

② 他**拼命**地向嘴里塞着食物。

3. 剧烈地。如:

① 我的两条腿**拼命**哆嗦,心想他这次就是两只眼睛全闭错,也会一枪把我送上西天。

② 山峰朝妻子的臀部蹬去一脚,妻子摔向一旁然后跪起来**拼命**地呕吐了。

奇

非常地。如:

① 这双手! **奇**瘦,瘦到露骨,都是筋。

② 它的毒液毒性**奇**强,咬人一口,若无特效蛇药,不出半袋烟工夫,人必死无疑。

抢着

争先恐后地。如:

① 过了不久,刘三姐发现大姐、二姐比往日勤快多了,每顿饭

后总是**抢着**洗碗。

② 这么好的条件当然吸引了成群的媒人**抢着**为他作媒。

全程

在某一活动的整个过程中。如：

① 拉齐奥俱乐部从去年开始就渗入中国足坛,去年9月与广东超能集团合作组建了超能拉齐奥足球学校,并委派俱乐部的青少年足球训练专家**全程**执教。

② 前一阵儿美国就有一位魔术师把自己冻在冰里3天,电视**全程**直播,好不热闹。

绕 ráo 世界

到处。如：

① 我给你炒下的菜,你不回来吃,**绕世界**胡塞去舒服?

② 瞧您这记性儿。都是您给我的呀,您腿脚不方便,每回都叫我**绕世界**抓药,把缺的药配齐不是?

撒开了

不受约束地。如：

① 上了楼,进了房间,夏志远**撒开了**叫道:"黄江北,我俩的缘分到头了。听到了没有? 你别再跟我说什么。"黄江北笑道:"吼,吼得好,我今天就是来听你吼叫的。"

② 你**撒开了**变,反正你这二十年之内呀,怎么也变不成像你妈那么唠叨!

上赶着

主动地。如：

① 似这等冤家,躲还来不及,**上赶着**巴结他干什么?

② 看来这个人是**上赶着**找你了？这么积极,别不是,这里有什么交易吧?

上下(上上下下)
1. 纵向重复地(运动)。如:
① 老头几步抢了过来,并不握手,而是抓住甘子千的手腕子**上下**摇晃。
② 翠英拉着新媳妇的手,**上上下下**,端详了好半天。
2. 或上或下地(变换侧面或方位)。如:
① 它们谁也挣脱不开了,**上下**翻滚着扭成了一团。
② 牛大姐给陈主编汇报事情始末时,陈主编一直在**上上下下**找他的一支圆珠笔。

捎带手
附带着,顺便。如:
① 不就是这点儿地吗,我**捎带手**就给你种了。
② 谁也没想到,一部《重案六组》竟然**捎带手**地让通州公安分局刑侦支队的副支队长许春兰"红"了起来。

捎带着
顺便。如:
① 我们上镇上去总要**捎带着**办事。
② 小塘村并不富裕,陈怀明一家种了3亩多地,还**捎带着**砸石子,打点短工,一年也不过挣个2千块钱。

少说
1. 对数量做出压低的估计,主观上认为数量多。如:
① 那会儿这两小孩真要把这南字拿出去卖呀,**少说**得值一

万两。

② 出红薯时没过秤，一棵**少说**结半斤红薯吧，也有五千多斤。

2. 对事物的层次或程度做出压低的估计，主观上认为层次或程度高。如：

① 他刚入门时还不错，一边学习一边在行政上兼职，**少说**也是部级待遇。

② 这日来到剑门，雨细日黯，淋在身上，本来舒服，但一路淋着来，**少说**也全身湿透了。

生生

与时间词连用，相当于"整整"，表示主观上嫌时间长。如：

① 那咱们中国当年万里长城那项目，活活码了一万里的砖头，**生生**干了两千多年！

② 你说强扭的瓜不甜？我跟你大爷**生生**地这么强扭了四十多年啦！

使劲

1. 集中精力地。如：

① 他把车支到老槐树背后黑糊糊的地方，吸支香烟**使劲**儿想，总算想出了一点"理由"。

② 孟明听得入神了，他细细地听着，**使劲**地听着。

2. 不停地，尽可能多地。如：

① 把水旱两寨的弓箭手全调出来山，朝声音传来的方向**使劲**儿放箭。

② 同行的男生中，一个浙江籍的小白脸对星子发生了兴趣，一路**使劲**地给星子拍照。

甩开膀子

全力地。如：

① 我拿出点钱来，为你设一个研究基金，让咱们伊大教授**甩开膀子**琢磨哲学。

② 从此兄弟俩各干各的，弟弟依然打工，哥哥就**甩开膀子**混迹股市。

说话（说着话）

1. 与"就"搭配，表示随着正在说的话（而发生某种动作行为）。如：

① "今天众位亲友到这里赏光，我要献献丑，我把袜子扒了，用两个脚趾头夹着笔，写几个篆字请众位给指正指正。烟儿煤，取文房四宝，找纸！"

说话就解腿带儿，要扒袜子！

② 老马指着一大摞层层叠叠的纸箱子说：暂时压在这儿！人家告诉我说最少要压五层塔，就这么重重地压着，再用太阳暴晒它！——老马**说着话**就一层层地搬箱子。

2. 马上，很快地。如：

① 她可**说话**就要来了，再不当机立断生米可就自个熟了。

② 他偶尔回家，疲乏得**说着话**就在沙发上睡着了。

说什么（说啥）

无论如何。如：

① 文嫂也是这里的住户。她不搬。**说什么**也不搬。她说她在这里住惯了。

② 去年，我和妹妹都毕了业，爸爸第一次过生日，弟弟结了婚，都是该庆贺的事。春节时，爸爸**说啥**也要让姐姐来一趟，还让我专门回去接姐姐。

说着说着

很轻易地就(发生了某事)。如：

① 现在大概是夜里三点钟,大老张告诉他,这几天月亮都是这时候落。**说着说着**,月亮落了,好像是嗖噜一下子掉下去似的。立刻,眼前一片昏黑。

② 头上长角,身上长刺。动不动就"造反",**说着说着**就吵架。老师说一句,他顶十句,说错了一点,让他逮着,那是七个不依,八个不饶,三十六个不答应,一百二十个不讲理。

死

一直,不停地。如：

① 蔷色一见有人,总是笑脸迎之。然后,关入房门,**死**做功课。

② 瞧那院长,一进门就盯着玫瑰花**死**看,定是觉出了破绽。

死乞白赖(死乞白咧)

不停地央求、纠缠别人的样子。如：

① 厂里管计划生育的老吴不敢得罪钟科长,就**死乞白赖**地跟吕建国求情,把车借出去了。

② 咳,她非要**死乞白咧**地跑湖南找何洛浦去,让我怎么说呀。

四处

1. 向周围各处。如：

① 他用眼睛**四处**搜寻着,最后确认了那呜咽声的方位,是从荆榛长到窗台上的西房中传来的。

② 他仍像个瞎子般地**四处**"张望"。

2. 到处。如：

① 我躺在雪白的被单下微笑,我想我一辈子**四处**忙忙碌碌地寻找死亡的地方,最后总算找着了。

② 这女人**四处**周游,定然认识很多厂长。

四下(四下里)

1. 四周。如:

① 只剩一头毛驴拴在树上,主人跑了,它在那里没命地**四下**乱踢,弄得尘土飞扬。

② 随便清出一块地,人们**四下里**一围,便形成一个"舞台"。

2. 到处。如:

① 他们仔细查验了我丢下的长命锁,确认我就是他们丢失的儿子,悔恨无比,派人**四下**打听我的下落。我爹乘船沿江盘问每一条过往船只,来来往往找了好几个月……

② 下午,你的岳母带了女儿**四下里**去拜访朋友,尤其是你的同事们。

太过

用于双音节形容词前,表示程度高,超过了合理的限度。如:

① 秦干事觉得王景的想法很丰富很全面,就是**太过**浪漫。

② 这个故事**太过**神奇,但很有意思。

摊开了

坦诚地(说)。如:

① 菊吟,这些天咱们赌过气,也似乎**摊开了**谈过,我说我绝对没干过对不起你的事,你说你要干过丢人的事你立刻死掉,但那其实还不是开诚布公。

② 大家有话都**摊开了**说说,别憋在心里。

团团

1. 在周围。如:

① 大家守护着他,围着火堆**团团**而坐。

② 春天到来,树身上居然透出许多绿叶,**团团**附着树端,看去好像一棵棕榈树。

2. 表示做圆周运动,比喻忙乱无序的样子。如：

① 公共汽车拼命地鸣喇叭,自行车铃声响成一片。警察在十字路口的岗亭上**团团乱转**。

② 林如是推开他冲进后台。后台**团团乱**,林维心又哭又笑地闹个不停。

玩儿命

极力地。如：

① 我们这一辈儿让"文革"耽误了青春,所以把一天掰成好几天地**玩儿命**找补。

② 两年前墨非曾**玩命**追求过她,穷追不舍一年零两个月之久。

往死里(了)

1. 以导致人身心受到严重摧残为目的。如：

① 多个朋友多条路。何苦非要把人**往死里**整?

② "打! **往死了**打! 打!"老王在一旁嚷,脚踢起许多土来。

2. 超过合理限度地。如：

① 当着面别哭,背地里**往死里**哭。

② 身材好体格棒,**往死了**吃都不胖。

3. 表示程度高。如：

① 我要是有了小孩,一定把她打扮得**往死里**可爱!

② 你就**往死了**好看吧,我真无力招架啊!

往下

接着前面做的(继续下去)。如：

① 段莉娜还准备他**往下**说,他却没有话说了。

② 甲:你别听这儿迷信,后头就不迷信啦。

乙:好,你继续**往下**唱。

未必

加强反问语气,相当于"难道"。如:

① 我有两年没有回家了,你**未必**看也不看我一眼?

② 哎!这话就老外了。**未必**不晓得路上不好走?又是风又是雨的。

宣告

表示句子所代表的事件已成事实。如:

① 上午七时,日军占领火车站,九时占领飞机场,又过了三个小时,一面太阳旗高高升起在市政府大楼顶上。密支那**宣告**陷落。

② 王军霞悲痛欲绝。多少天以来人们严守秘密的种种工作**宣告**无效。

严重

表示程度高,相当于"非常"。如:

① 亿万国人特别关注,并**严重**期待,承载着华夏子孙新梦想的刘翔……

② 一下飞机我就感觉**严重**郁闷,天下了雨,而且雨量很大。

眼瞅着

1. 表示某一时间即将到来或某一情况即将发生。如:

① 叫声小亲亲哪,**眼瞅着**到五更,五更打过哥哥就起身哪!

② 是啊,要不然我也不敢惊动您老道长了。金府哇,**眼瞅着**就要散摊子啦!

2. 表示明显地(发生了某种变化)。如:

① 不过半夜功夫,他**眼瞅着**憔悴了许多。

② 一个本该涂脂抹粉的年龄成日哭天抹泪,**眼瞅着**就邪了性。

眼见着

表示明显地(发生了某种变化)。如:

① 昏黄的路灯下,妈妈头上的几缕白发被寒风吹起,缓缓飘拂。这两年来,她**眼见着**衰老了。

② 他们拼上劲儿泼水。**眼见着**水潭里的水一分分减少。

眼看着

1. 某一时间即将到来或某一情况即将发生。如:

① 最近本地出了一件杀人案,老爷限我三天之内将凶犯拿到,**眼看着**三天期满了,连一点线索还没有,这……这……便如何是好?

② **眼看着**小麦黄熟了,这两天就要开镰,难道说到了嘴边儿的超产粮就叫你咳嗽一声给吓跑了么!

2. 表示明显地(发生了某种变化)。如:

① 部队非常不团结,上下不团结,官兵不团结,军民不团结,许多干部因此要离开部队,战斗力**眼看着**下降。

② 掌声是无法统计的,但是观众的上座率却**眼看着**一天比一天上涨。

眼睁睁

任由不好的事情发生而无所作为的样子。如:

① 士兵两手空空,**眼睁睁**看着猎物被抢走,自然不肯罢休。

② 我沮丧地望着她的背影,想骂她几句,可离学校门口太近,路上又人来人往的,怕惹起一场是非,也未必能占到便宜。就这么**眼睁睁**地放她走了?我知道如果这次放了她,下回再

碰见我也不会有勇气跟她搭讪了。

咬牙(咬咬牙、一咬牙)

1. 下狠心(做某事)。如：

① 爱情价更高,党纪军纪更严厉。他想好了,只要林彪说出个"不"字,就决心**咬牙**吹了。

② 后来你在一个山梁上看见一个老汉在毛棚下卖西瓜,你**咬咬牙**掏出五毛钱买了一个。

③ "可我根本就不爱你。"马林生**一咬牙**嚷出来。

2. 在困难的情况下坚持着(做某事)。如：

① 我说英子啊,**咬牙**挺住。咱不能开这个口,有一就有二。

② 打洞当然辛苦极了,不过想想阵亡的弟兄,想想敌人就要飞上天去,**咬咬牙**也就干下去了。

③ 你这么琢磨,天大的难事,咱**一咬牙**也就过去了。

咬着牙(咬着牙关)

1. 强忍着痛苦地。如：

① 像他这样自尊心极强的人,今天,能**咬着牙**受一个女孩子的挖苦,不知下了多大的决心！

② 风真大啊,简直就不像秋风,寒冷直扎到他的心里去。他**咬着牙关**往前走去,尽量不让身子打战。

2. 恶狠狠地(说)。如：

① 我饶不了施放暗箭的人。我**咬着牙**说。

② 四哥**咬着牙关**,蹦出一句:"那就试试吧,谁敢糟蹋我们园子,我就用这杆枪把他的肚肠打出来……"

一蹦子

一下子,一口气。如：

① 看来你爸是不想再回来了，弄不好**一蹦子**跟那卡秋莎奔了莫斯科郊外了。

② 听说他小时候在寺上当过满拉，可不好好学，**一蹦子**窜了好些地方。

一闭眼

下定决心地。如：

① 选来选去，他从中选了一件年代较近的清代玉器，便是那件乾隆翠珮，在手中玩摩再三，最后还是**一闭眼**递给了妻子：给你，你拿去吧！

② 在老兵的鼓励下，你**一闭眼**，一咬牙，抱着死也不怕的决心，猛地将整个身体浸到热水中。

一不留神

1. 不小心（导致了不好的结果）。如：

① 谁见我都知道我是个骗子，我还骗谁去？**一不留神**还得让人骗了。

② 昨天下午他在交警中队又跟中队长闹了一档子不大不小的事儿，**一不留神**还把手弄流血了。

2. 没有刻意追求地，不经意间（就取得了好的结果）。如：

① 诶，回头你也回去练练，**一不留神**哪，说不定混出一反派大腕儿来。

② 他喜欢跑步，**一不留神**，竟拿了个全市伤残人运动会男子 60 米短跑冠军。

3. 不知不觉间，很快地。如：

① 不是我不明白，这世界变化快。**一不留神**，竟到了 21 世纪。

② 每天，负责在亚运村销售 201 电话卡的服务人员都要巡视两遍才放心，因为 300 张卡**一不留神**就卖完了。

一不小心

1. 由于不注意不谨慎而（导致了不好的结果）。如：

① 大车上，车轴以前属于"软席"车厢，坐在车轴后面那部分，一不小心就会颠下来，比"硬席"还硬。

② 干搬运这活，一不小心就磕破碰伤。

2. 没有刻意追求地，不经意间（就取得了好的结果）。如：

① 余：早就瞧出你不是个省油儿灯。怎么样？到了混出来了。
费：心里特不是滋味儿吧。我也是一不小心就红了。

② 我说爸爸，一不小心，我们已经跟踪追击到她们的老窝来了。

一跺脚

下定决心地。如：

① 我为他深深地叹息。我要是他那么个男人，我或者一跺脚走人，或者一举臂在这里招呼一番。总之，干一桩真正的事业。

② 宋玉珂原来是个教员，日本军队把小学校烧了，他一跺脚参加了游击队。

一骨 gū 碌

1. 迅速改变身体状态的样子。如：

① 张大民一骨碌爬起来，三步两步跑到院子里，一摸便摸到了垃圾桶，埋头就吐。

② 申涛听得心烦意乱，可是外面冰天雪地，他哪儿也去不了。这时门板呀地一声，他一骨碌坐了起来。

③ 这时他们累得连吃夜餐的力气都没有了，可是当上级告知又一处电缆中断时，他们一骨碌地跳起来，再次冲进茫茫雨夜……

2. 很快地（移动）。如：

① 陆武丽定定地盯着陆武桥。陆武桥说："听大哥的话好吗？"

陆武丽的眼泪**一骨碌**滚了出来,说:"好。"

② 我觉得轻松、舒服了,高高兴兴地乘坐"滑梯"**一骨碌**滑到煮糖工段。

一狠心

下定决心地。如:

① 小栓子他爸没出息,动不动就打我,我**一狠心**就出来当奶妈自己挣钱!

② 我就叫着自己的名字说:"小徐芳呀小徐芳,你看战士们多勇敢哪!你不是要锻炼吗,你是怎么锻炼的呀?"我这么**一狠心**,一咬牙就踏上了桥板,你说呢,也就过来了。

一门心思

神情专注地。如:

① 他表情不变,**一门心思**地烤着火。

② 想是想到了这些,她却无心跟小王理论,仍然**一门心思**搓她的衣物。

一年到头

整年地(做同样的事或处于同样的状态),多指不好的事或状态,或者说话者不认同的事或状态。如:

① 受气的媳妇啊,**一年到头**,心里身上挂满了伤,挂满了伤!

② 侉奶奶吃得真是苦。她**一年到头**喝粥。

一气之下

在生气状态下。如:

① 他这瞅瞅,那瞧瞧,我就知道他想摔样东西,我看出他心里是气极了。怕他**一气之下**,失去理智,捧起样大东西摔,赶紧把烟

灰缸拿起来给了父亲。

② 兰妃误用了民间的美容秘方,结果落下个有苦难言的下场,兰妃**一气之下**,将那个替她涂醋的宫女打了三记耳光。

一天(一天价)

每天,经常地(做同样的事或处于同样的状态),多指不好的事或状态,或者说话者不认同的事或状态。如:

① 又给谁打电话? **一天**就见你忙。

② 来,这就是你爹,**一天价**看见人家有爹,自己没爹,这不现在回来了。

一天到晚

1. 每天,经常(做同样的事或处于同样的状态),多指不好的事或状态,或者说话者不认同的事或状态。如:

① 我是在练气功,你不用跟屁虫似的**一天到晚**总忧心忡忡地跟着我。

② 哼,我们家大小姐大概在害相思病了,**一天到晚**地唉声叹气!

2. 前面加"这",后加"的",说成"**这一天到晚的**"独立成句,表达对某事的不满情绪。如:

① 为参加元旦马拉松热身赛的未成年人体查,购买PM2.5检测设备。滨河路平沙落雁一带,已经姹紫嫣红。**这一天到晚的**,忒吓人了。

② 怀念啊,你们玩过么? 真有意思,**这一天到晚的**,是人过的日子么。真想骂街。

一五一十

1. 逐一逐个地。如:

① 每逢香期,到了晚上,李三就把收香钱的柜子打开,把香钱

倒出来,一五一十地数一数。

② 韩丽婷端着(饺子)碗自己坐到一边沙发上**一五一十**地吃起来,边吃还边跟肖科平聊天。

2. 详详细细地(诉说)。如:

① 想到这里,他老老实实,**一五一十**把十分钟前发生的一切,告诉了郭大娘——他的母亲。

② 晚上,闻家男的回来了,刚进屋,闻家女主人便**一五一十**把发生过的事讲给了他听。

一眼

很快就(认识到或产生某种感情)。如:

① 你真油,**一眼**就看穿了我的花招。

② 她受母亲影响,立志做个园艺师,并在大学时代的一次远游中看到了登州海角这片园林,**一眼**就喜欢上了,毕业时坚决要求来这儿工作。

一转眼

(时间)很快地。如:

① 有时我们站在上风头,那就跟着火头跑;有时故意站在下风,看着烈焰像潮水样涌过来,涌过来,于是我们大声笑着嚷着在火焰中间跳。**一转眼**,那火焰的波浪已经上前去了,于是我们就又追上送它。

② 我开始怀念那座城市,它给予我的全部痛苦和幸福,这会儿都倍加珍惜。**一转眼**白发生出来,人苍老了。

硬撑着

强迫自己(做某事)。如:

① 食物的变质可以使我们心安理得地倒掉它,不必勉强**硬撑**

着吃下去以免担上了个浪费的罪名。

② 黛二本想起身走掉,但已经跟缪一的公公约好,就**硬撑着**坐下来,神情冷冷地不再说什么。

硬性

不经协商而强行地。如:

① 十年前我写过一篇东西叫《太行山断裂》,里边专谈要从山西上党古城**硬性**调动一批干部到一百公里外的新晋城去安家,遭到长期抵制。

② 桐城市民政局决定将彩票**硬性**摊派给其下属的有关单位。

硬着头皮

1. 在特定的情势下,不得不(做某事)。如:

① 第二天晚上,我和方方从"丽华"饭店的一个房间刚出来,看到服务台前站着几个警察和饭店保卫人员。跑是没处跑了,我们只好**硬着头皮**迎着他们走过去。他们注视我们,我们注视他们。

② 平时大家都忙难得有闲坐在一起,说这种动感情的话也不大好意思,一家人谁不明白谁?还用说什么?但今天我要**硬着头皮**说一通。

2. 坚定信心地(做某事)。如:

① 先把经济搞上去,一切都好办。现在就是要**硬着头皮**把经济搞上去,就这么一个大局,一切都要服从这个大局。

② 他记得一个朋友说过:吴宝除过杀人、抢人的"本职工作"外,"业余"喜好刚好和他一样,也是一个鹁鸽迷。遂**硬着头皮**,狠下心,甚至未告诉八妗子,就带着那对最心爱的"金眼皮"去拜访吴宝了。

用力

1. 使劲地。如:

① 我**用力**地推开她,猛地翻身坐起,拧亮台灯。

② 他的双脚**用力**一蹬,一阵钻心的疼痛,他赶紧捂住腿,咕噜沉了下去。

2. 努力地。如:

① 我**用力**地想着父亲。略过一个个细节,简单些说他是大山里的一个穷娃娃,因为跟上一个大官僚资本家——他的叔伯爷爷——才得以走出大山。

② 她还从来没有这样肉挨肉地和小伙子挤在一堆过,她厌恶,她紧张,但又不能表露出来,**用力**镇定住自己。

有

1. 用在动词性词组前,表示确认某种情况存在。如:

① 他先骗了你,再让你骗别人,你**有**意识到吗?

② 丁南:要好好提高文字水平。

司机:我一直**有**练。

2. 放在形容词为中心的词组前,确认一种经比较得出的结果。如:

① 小张**有**小王漂亮了。

② 他的学习成绩**有**那么好吗?

有没有

询问某种情况是否存在。如:

① 你**有没有**觉得我和一般不一样?

② 在听到他们俩撤职的消息后,城里人**有没有**放鞭炮呢?

③ 他**有没有**你这么高?

有所

一般用于双音节动词前,表示这个动作或状态已经发生,但量不大。和"有所"搭配的动词都是能作"有"的宾语的动词。如：

① 不过什么事到了他们手里，就都还**有所**发明，**有所**创造，**有所**前进，就都带上了京剧团的特点，也更加闹剧化。

② 我的所有事情都告诉你了，但是你对我还是**有所**保留。

有一搭没一搭(有一搭无一搭)

话题不集中地(说)。如：

① 他嘴里谈的，远不如他给我寄来的信上写得那么丰富、生动，他基本上是**有一搭没一搭**地问我这个那个。

② 我们俩**有一搭无一搭**地说了些前后毫不连贯的话。

越来越

随着时间的变化，某种性质或状态的程度不断加深。如：

① 时间变得**越来越**金贵，感情却变得越滞销。

② 张大民耷拉着脑袋，拎着菜刀，盯着被剁成肉酱的王八，喘气**越来越**粗，**越来越**急。

怎么说(咋说)

毕竟。如：

① 炮弹在外面爆炸时常震得我们耳朵里嗡嗡乱叫，春生**怎么说**也只是个孩子，他迷迷糊糊睡着时，一颗炮弹飞到近处一炸，把他的身体都弹了起来。

② 他已经年过六十了，比王师傅**咋说**也要大两三岁，王师傅固然体魄魁伟，但浑厚的肌肉已多少有点松弛，而石大爷那厚实的大胸肌还绷得紧紧的。

怎么着(怎么、咋的 di)

无论如何。如：

① 妈死的时候,嘱咐了,**怎么着**也要供你念完初中再挣钱。
② "百分之百可不行。"老太太说,"**怎么**也得百分之二百。这么沉的东西我才花六万就买回去我先生又该埋怨我不会买东西了。"
③ 没想到,被多年的政治运动搞怕了的农民,**咋的**也不信这个新来的汪书记能整出个啥道道。

照

情况不同但结果不变。如:
① 人家得罪了顾客,仨月不开张也工资**照**拿,咱这饭碗可是泥捏的,一碰就破。
② 这头驴忠实、记道,黑天、白天、雨天、雪天都能**照**走不误,不用人管。

这就

马上。如:
① 往后得把你弄得像个人样儿。**这就**动手吧:先从头上开始。
② 这天儿,说冷**这就**冷了! 回到屋里,赶紧熄了手电,钻进被窝睡了。

真叫

确认某种感觉的真实性,相当于"确实"。如:
① 这茶的味道像墨水,**真叫**难喝。
② 毛主席还邀请他来中国访问呢,他也可愿意来啦,可是**真叫**遗憾——他没来成,就逝世了。

真心

表示程度,相当于"非常"。如:

① **真心**不喜欢这种性格的人!

② 好像每次跟你吃东西都是**真心**一般般的。

镇日(镇日价)

每天,经常(做同样的事或处于同样的状态),多指不好的事或状态,或者说话者不认同的事或状态。如:

① 母亲又回到了以前的老态龙钟,又回到以往的**镇日**不语,也不再勤快地干活了。

② 贾宝玉是个多愁多病身,据我想象起来,"多愁"似乎不会有什么趣味,虽然诗词中常常有愁的赞美,然而一个人如果真是**镇日价**摆着一副忧愁眉眼,也反而觉得滑稽了。

争着

争先恐后地。如:

① 忽然有人敲门,两个人同时从沙发上跳了起来,**争着**去开。

② 六七年前,我们中文系毕业的,分到大报社、大出版社、文化单位**争着**要。

整日(整日价)

每天,经常(做同样的事或处于同样的状态),多指不好的事或状态,或者是说话人不认同的事或状态。如:

① 这种引而不发的处罚,使国庆**整日**提心吊胆。

② 她**整日价**穿着一条蓝色长裙,因为按照西西里岛的习俗,女孩子只能穿裙子。

整天(整天价)

每天,经常(做同样的事或处于同样的状态),多指不好的事或状态,或者是说话人不认同的事或状态。如:

① 他**整天**无所事事，一起来就到处乱走。

② 他**整天价**唱啊，吹口哨啊，叫啊，疯啊，笑啊。——真是疯疯癫癫、吵吵嚷嚷，叫人受不了。

正经 jǐng

1. 按常规。如：

① 我饿得厉害。好几天没**正经**吃饭了，忙得头昏脑涨。

② 她一边飞针走线一边劝小叔子别鬼迷心窍，**正经**地尽快找个姑娘结婚。

2. 强调下面的情况是真实的。如：

① "昨晚偷的——这些坛子？"杨重小声问马青。"哪里，"马青说，"**正经**是我们胡同口副食店赞助的。"

② 赵大爷可是当初四季屯有名的八大柜之一，德强木器厂的工匠头，手底下管着百十来号人呢，**正经**盖过不少大宅子。

正眼

1. 大方而正面地（看）。如：

① 你倒**正眼**看看我，吓不着你。

② 我看到你眼睛里挂着笑意，我心里咚咚直跳，不敢**正眼**看你。

2. 用好眼神（看），表示重视或尊重。多用于否定句中。如：

① 我现在这已经改了不少了，过去，我连我妈都不**正眼**瞧一下。

② 我从生下来，母亲就去世，父亲从来不**正眼**看我一眼，不当我是他的女儿。

直劲

不停地。如：

① 记者在采访中了解到，"疯狂购物"使各商场的销售额**直劲**

往上蹿。

② 对喽，您快去救吧，老爷子那都等急啦，还**直劲儿**念叨呢：哎呀，杨九红怎么不来救我呀，我可指望着她啦。

直眉瞪眼

1. 神情呆滞地。如：

① 老公公**直眉瞪眼**地瞅着对面墙上的"儿媳妇"。

② 走着走着，夏顺开便走偏了路线，**直眉瞪眼**地冲路边的电线杆子走了，小雨或慧芳便忙一把将他拉回正确路线上。

2. 自顾自地。如：

① 一个小伙子**直眉瞪眼**地冲她走来，路医生赶忙扶住路旁的树干，让出道来。

② 今天上午 10 时，外地来京办事的杨海先生在什刹海体校门前登上 107 公交电车，打算到西直门内，没成想车经过平安里一站时没有像车站地图上标明的那样右转弯奔新街口，而是**直眉瞪眼**地朝西开去。

只知（道）

只是、不停地。如：

① 那群人立即四散奔逃，炸药滚入了一个小孩的脚下，正"哧哧"地冒着白烟，小孩已吓呆了，**只知**"哇哇"大哭。

② 水庄的冬天**只知道**一个劲地落冰雨，打得人脸手生疼不说，还把一个水庄搅得稀泥遍地。

终日

每天，经常（做同样的事或处于同样的状态），多指不好的事或状态，或者说话人不认同的事或状态。如：

① 马林生**终日**喝得醉醺醺的，有的时候是越喝越沉闷，一连好

几天不说一句话。

② 他不得离开这座大而寂落的宅院,黑漆大门**终日**紧闭,高高的围墙,密结的藤蔓如同罗网。

终天

每天,经常(做同样的事或处于同样的状态),多指不好的事或状态,或者说话人不认同的事或状态。如:

① 传到他父亲,一味地只知道买花置妾,**终天**和朋友讲究些诗酒风流的事,把家产败了大半,年纪很轻便死了。

② 天老下着雨。因为不能出去,除吃饭外,我就只能**终天**地伴着一盏小洋油灯过日子。

抓紧

尽快。如:

① 我出院了就可以帮你了,祝福我**抓紧**痊愈吧。

② 正经事就是别赖在电脑前,出去找男朋友约会,赶紧找人嫁了,快点生个孩子,**抓紧**买栋房子。

转脸

很快地(发生变化)。如:

① 不成不成。这亏我不是没吃过,两口子打架我去主持正义,**转脸**人家好了,剩我没法见人了,不成不成。

② 复员后,汤沐海回到上海,在锻压二厂当工人。结果得到去上海音乐学院当"工农兵"学员的机会,**转脸儿**成大学生了。

着力

(在某方面)下大力。如:

① 在描绘、创新的基础上三菱汽车公司**着力**"培育"着自己的

产品。

② 《钟山》明年创刊二十周年,他们把这一年定为"读者年",不搞大的庆祝活动,而是**着力**与广大读者沟通联系。

吱溜(滋溜)

1. 模拟声响。如:

① 乌黑的枪口所指之处,人们纷纷溃退,大几十号人在眨眼间顿作鸟兽散。出租车司机也吓得**吱溜**一声将车开走。

② 酒杯一端,政策放宽,筷子一举,可以可以,**吱溜**一响,有话好讲,香烟一衔,各事好谈。

2. 很快地(离开某地)。如:

① 奶奶给他做了两双鞋。做得了,说:"来试试!""等会儿!"**吱溜**,他跑了。

② 耗子到晚上要出洞啦,先抬起前爪儿来,一琢磨,嗯,别出去,外边儿有猫。算计得挺好,可它把爪儿一撒就忘了,**滋溜**出去啦,嗷!让猫逮住吃啦!

总不成

多用于反问句中,表示所说的事情是不合情理的,因而是不会或不该发生的。如:

① 不过,你只有一条命,**总不成**一身又是女人,又是男子,又是墨鱼,又是白兔子呀!

② 她唠叨说来,好像还怪着我不知人家辛苦艰难似的,**总不成**刚碰面就同她吵嘴,只得笑着拦住。

足足

说话人认为相关的数量足够大。如:

① 那次婚礼孙光明**足足**吃了一百五十来颗蚕豆。

② 闻家女主人那一年那一天站在五斗橱前**足足**思忖了一刻来钟。

最好

1. 表示后面是希望发生的事情。如：

① 我们俩就像埋在春光中的一对爱人，**最好**能永远不动，直到宇宙崩毁的时候。

② 他还说他想早点开始工作，**最好**是下午就工作。

2. 表示后面是说话者对他人的建议。如：

① **最好**星期天你们上我家去做客吧！

② 你见过我女儿吗？你**最好**是见见我女儿。

坐地

1. 就在当地。如：

① 几十年一贯制，**坐地**经营，等客上门。

② 你一个人漫游的时候，你就会在青草里**坐地**仰卧，甚至有时打滚。

2. 当时，马上。如：

① 报告一送上去，领导**坐地**就批复了。

② 这股票果然很牛，眼看着就从 12.9 元涨到了 40 多元。刘浩没喘一口大气，**坐地**就赚了一个亿！

介词词典

挨

引入加害者。如:
① 你有没有**挨**他咬过?
② 长这么大他只听别人指挥,按别人意思办事,**挨**别人打骂。

伴随着

引入与运动或变化主体相伴随的事物或现象。如:
① 投向舞台的彩灯**伴随着**伴奏的节拍明灭闪动,在金枝那明澈的双眸里反射出兴奋却又带有几分羞怯的光。
② 赵镢头背着手,向村巷里走去。不多时他那苍凉而雄浑的嗓音,**伴随着**清脆的敲打铜盆声,在每一条村巷里传扬着。

伴着

引入与运动或变化主体相伴随的事物或现象。如:
① 我神情黯然地**伴着**月亮走,饥寒交迫,感到非常悲凉。
② 我忍了,连同辱骂、暴力和奚落一起,**伴着**一股气,吞回肚里。

帮(着)

1. 引入受助者。如:
① 要是今天借不到钱,量不到米,明天阿四也**帮**她们摇船去。

② 吴胖子抢着斟酒,徐太太**帮着**小保姆上菜。

2. 引入受益者。如:

① 你**帮**我数着点儿,别超过三百六十个字儿,啊。

② 整整七年了,少先队员**帮着**丁奶奶挑水、扫地、烧火,风雨无阻。

参照

引入参考或依据的对象。如:

① 各地**参照**"三资"企业进行经营机制改革。

② 我们**参照**"国际标准"按照病人的年龄和骨折分类来分级治疗。

搭

1. 引入交通工具。相当于"乘"。如:

① 余维汉不**搭**汽车回公社,自有他的道理。

② 勉勉强强**搭**电梯到了二十三层的彩云西餐厅,也无非是自助餐。

2. 引入工具,相当于"用"。如:

① **搭**眼去看那两个生意人。牛仔裤趴在茶桌上大睡,遮阳帽在看一本杂志。

② 大家打量几遭,走出屋,**搭**梯子爬屋顶,有人已开始揭瓦了。

搭乘

引入交通工具。如:

① 何莲芝同志外出访客,我就**搭乘**她的汽车逛大街。

② 他**搭乘**一条运煤的船,回到烽火硝烟的大陆。

顶着

1. 引入行为进行中的不利天气。如:

① 游泳可以，别**顶着**日头去游。

② 万一我要生了女孩，大冬天的，**顶着**西北风让我坐一个平板三轮车回家，多惨哪！

2. 引入做某事的压力或危险。如：

① 自己**顶着**压力却来京专程找辛欣组稿。

② 他总是冒险地**顶着**枪子儿去到大街上探听消息。

赶上

引入动作发生的时机。如：

① 记着，**赶上**孩子哭的时候，甭心疼，每天都得让他嚎两遍儿，吊嗓子嘛！

② **赶上**集日，四里八村的人都汇聚到这里，小镇就更热闹了。

搁

1. 引入动作的地点或时间。如：

① **搁**我们这儿，这没办不到的事，我还敢跟您放这大话。

② 我这人一向是实事求是的，您就是活脱一神仙啊！**搁**我文盲那会儿，见了您我得磕头。

2. 引入认识问题的角度。如：

① 您客气了。就刚才牛大姐问的那串儿话，**搁**我都得晕菜。

② 可**搁**我们这些浅薄的人看来，您不是空前绝后也是难得一见，在您可能不算什么，习以为常，但您不能不让我们激动万分——因为我们有了您。

给

引入言说的对象。如：

① 哎呀，爸爸，我不是**给**你说过了嘛！家里这会儿怎么能离得开。

② 正像一个饥寒交迫者，如果是一个"小康"殷实者向他进行最先进时髦的思想教育，**给**他讲所谓温饱其实只是一个神话。

伙同

引入做坏事的共犯对象。如：

① 啊，你经常跟他抬杠，还**伙同**其他仨人儿做了很多伤害他感情的事情。

② 被告郑斌于1997年3月5日晚在东兴区临江街**伙同**他人抢劫出租车司机，抢得人民币205元。

架

引入工具。如：

① 小皮球**架**脚踢，马莲开花二十一。

② **架**高射炮打蚊子，大材小用。

结合

1. 引入相关背景。如：

① 全党**结合**"三讲"教育，认真贯彻"三个代表"的重要思想，进一步加强了领导干部廉洁自律工作。

② 在加强企业思想政治工作的同时，要**结合**人事、劳动、分配三项制度改革，建立适应社会主义市场经济的激励机制。

2. 引入做某事需要参考的因素。如：

① 国奥队要求全体队员从比赛和实战需要出发，**结合**中国足球存在的弱点，严格训练，严格管理。

② 中央和国家机关86个部门**结合**工作实际和业务特点，分别制定了司（局）级以上干部配偶、子女从业的具体规定。

3. 运用（技术、方法、规则等）。如：

① 还利用大量的地面调查，**结合**卫星遥感技术分析了大熊猫

的栖息地和空间结构。

② 自1990年以来,土线虫病实施集体、全民或个人选择性服药虫,**结合**健康教育的综合性防治措施,已经收到了显著成效。

③ 应该在深入调查研究的基础上,**结合**有关世界贸易组织的有关规则和当前我国各级政府机构改革以及政府职能转换的要求,积极探讨有条件的特许经营模式,按市场经济规律和法制化原则进行规范管理。

借着

引入动作凭借的有利条件。如:

① 这时,一阵微风贴着地表吹来,我在一刹那间**借着**风力盘旋而上了,一点没惊动任何人。

② 柳生昨日黄昏离开那城,**借着**月光一直走到三更时候,才在一破亭里歇脚。

借助(于)

引入做某事所利用的条件。如:

① 6位名主持都表示希望在这样一个欢乐祥和的日子里,**借助**《开心辞典》,把自己的梦想与老区孩子们的梦想交织在一起。

② 爱国主义是千百年来形成的人们对自己祖国最忠诚最深厚最持久的一种民族感情。在我国,这种崇高、伟大的感情**借助于**传统诗词这一特殊艺术形式,得到了最充分的体现。

就

引入得出结论所根据的某方面情况,整个句子有轻蔑不信任意味。如:

① **就**你这样缚鸡无力之徒,能在和平时代像个人一样过完自己的一生也就不错了。

② **就**你们这么做买卖,买卖好不了。

就说(你就说)

引入话题或举例。如:

① **就说**1959年西花厅修房子的事吧,我既受教育,也受感动。
② 现在有些干部办事没有前些年那样认真了。**你就说**交提留款吧,给大家讲清亮,都不会有意见。

距

引入空间或时间长度的参照点。如:

① 芒市**距**惠通桥不到一百公里。
② 黄水河边那场撤离**距**今两千多年了。

距离

引入空间或时间长度的参照点。如:

① 围墙**距离**房子必须有两人通过的宽度。
② 我忽然发现那信上的落款日期,**距离**这天已有半年多之久。

靠(着)

引入动作所依凭的有利条件。如:

① 他是**靠**卖画吃饭的。
② **靠着**2 000多万银行贷款,韩龙盘下了海口扶贫开发区的一块地。

可(着)

1. 引入动作状态涉及的范围。如:

① 文三桥呀,**可着**全中国,你能找出几块?
② 金枝,倒是歌星的嗓子亮啊,**可**院子就听你一个人的了。

2. 引入尽最大限度利用的条件。如：

① 我们带上妞儿，一起乘车出去，找了个饭馆，**可**着二百块钱点了一桌子菜。

② 两个人实在是太能唠了，以至于分开的时候还在**可**嗓子喊呢！

考虑(到)

引入决定某一问题或做某事时需要联系或照顾到的相关因素。如：

① 国家重点实验室在建设过程中，结合我国国情，**考虑**国际科技发展趋势，统筹规划、精心选点、严格择优、重点推动、分步实施，对一批已有优势的实验室，进一步强化支持，使这些实验室达到国家基础性研究基地的要求。

② 解放后，民族事务委员会和政协，**考虑到**他的民族和家族关系，决定给他安排工作。

离

引入时间或空间长度的参照点。如：

① **离**上客时间还早，她在我邻厢的沙发圈里坐下。

② 那个流动的杂耍戏班已经越过国境进入了封国，他们**离**我越来越远了。

立足(于)

引入做某事所依靠的基础性条件。如：

① 全市各行各业、各条战线的干部职工，要**立足**本职岗位，创造一流的工作成绩，树立一流的城市形象，展现一流的精神风貌。

② 中国已达 14 亿人口，不能不主要**立足于**自己资源来生存和发展。

临到

1. 引入动作进行的时间或机会。如:

① 我**临到**进贵厂大门之前,先跟厂里的工人聊了聊,知道您厂子里虽说困难,可并没有到揭不开锅的地步。

② **临到**他们难得在机关大院里碰了面,他们又在竭力地躲避着对方,匆匆地点个头便赶紧地走开去。

轮到

1. 引入按次序涉及的事物。如:

① 睡在最东面的,是设计院下来的一位技术员,是个挺善谈的人。**轮到**他说的时候,他却沉默了许久也不开始。

② 那女兵返身拿出一瓶四川糟酒,用牙咬开盖,摆了几个茶缸,为我们斟酒,**轮到**张霁,她用手捂住缸子说她下午还要上班不能喝。

2. 引入两个对立的人或事的某一方。如:

① 人都是这样,说人都容易得很,**轮到**自己头上,很难,很难。

② 我算是看透了,平日里我像护着儿子一样护着你们,**轮到**我倒霉了,谁也不来救我。

满

引入动作状态涉及的范围,表示运动状态涉及特定空间的全部。如:

① 今天**满**园子都在传我跟大太太吵架的事。

② 那二百五十六个公差像发了疯一样**满**城找李靖,却总找不到。

冒着

1. 引入某种不利的气候条件。如:

① 马林生与其说是忐忑不安不如说是怀着腻歪的心情**冒着**正

午的骄阳赶到了学校。

② 康伟业**冒着**风雪,从武昌步行走过长江大桥和汉水桥回到汉口,走了整整大半天。

2. 引入不利的条件。如:

① 有人还**冒着**回家挨骂的风险,换回花色繁多的纱巾和能松能紧的尼龙袜。

② 他们**冒着**空中敌机轰炸扫射和地面日军围追堵截,以决死的勇气和破釜沉舟的决心迅猛突围。

撇开

引入讨论分析问题时需排除的因素。如:

① **撇开**写得好坏不论,小说无所谓真伪。

② 我们**撇开**别的不说,仅就个人品质来说,我丈夫的确是个非常大度的头脑清醒的男人。

凭借(着)

引进做某事的有利条件。如:

① 刘铁华**凭借**新观念的力量,坚决推行改革,终于赢得所有科技人员的理解和支持。

② 1949年冬,不到16岁的高中毕业生罗念一,**凭借着**出色的音乐天赋,参加人民解放军,成了一名文艺兵。

适应

引进做某事所依据的形势或任务的需求。如:

① **适应**公安、水利等行业配备专用车的需要,他们开发出6451型系列专用车、6460型轻型客车,使产品发展到两个系列、131个品种。

② **适应**建立社会主义市场经济体制的要求,进一步健全党员

领导干部从政准则。

随着

1. 引入与动作主体共同运动的对象。如：

① 大街犹如一条快速流动的明晃晃的河。我**随着**密集的人流急急走着。

② 瞎子不知听懂没听懂，却不住地点头，挂在他脖子上的"彩头"盒子也**随着**头不停地晃动。

2. 引入运动或变化的影响因素。如：

① 那声音又响又咽，又粗又浑，而且还**随着**他用力技巧的变换，描绘出许多深远的意境。

② **随着**家庭人口的减少，经济也就相对宽裕了一些。

围绕(着)

1. 引入圆周运动的中心。如：

① 各花瓣**围绕**旗面中心点顺时针平均排列，在每片花瓣中均有一颗红色五角星及一条红色花蕊，紫荆花中心点位于旗面中心，旗杆套为白色。

② 海鸥**围绕**着我上下飞旋。

2. 引入谈论或工作的中心问题。如：

① **围绕**这些，理论界做了许多研究、论证和宣传工作，发挥了积极的作用。

② 这些学者们一直**围绕**着国家的经济形势谈个没完。

依托

1. 引入做某事的有利条件。如：

① 该校**依托**北京农大、南京农大、西北农大、上海水产大学等16所重点农业院校，创立了16所分院，形成了一个覆盖全国农、

牧、渔、农机四大系统的培训网络。

② 贵阳市黔灵公园**依托**地处群山茂林的优势，不断加强生态建设，目前已拥有猕猴 500 多只，成为真正的猕猴乐园。

倚仗(着)

引入做某事的有利条件。如：

① 他只恨建侯**倚仗**有钱，牺牲青年人的时间和精力来替他写无意义的东西。

② 他**倚仗着**年轻，硬抢走我一根屋梁！

应 yìng

按照、接受。如：

① 货物由承运人接收或者装船后，**应**托运人的要求，承运人应当签发提单。

② 台湾某著名实业家**应**四川省及武汉市的邀请，率团入川进汉考察。

运用

引入做某事的手段。如：

① 国家将主要**运用**经济手段，保持汇率的相对稳定。

② 中国农业大学、中国农科院、市农林科院等十几个科研单位的专家联手，**运用**卫星定位系统等现代科技，开发了大田作物、果树、蔬菜、草坪、花卉、规模养猪、水产养殖等 15 个领域的农业专家决策系统。

仗着

引入做某事的有利条件。如：

① 易风是个贫家出身，**仗着**几个朋友的供给，才能在大学读书。

② 你们妞儿们都这个德行，**仗**着小脸蛋儿有点儿模样，撒欢儿使性儿的，咱老爷们儿不跟你们计较得了！

找

1. 引入说话或表达某种情感的对象。如：

① "算了，你先吃饭去吧。"我灰心地对她说，"吃完我再**找**你说句话。"

② 叶民主拼命抵制瞌睡的侵袭，心说你老头不见了，**找**我哭，我女朋友吹了，我还恨不得哭一场哩。

2. 引入合作的对象。如：

① 我是愿意你来，一天来看我一眼，尽尽朋友义务就行了。多**找**那些健康的朋友玩玩。

② 自从年初以来，我们的副主任就脸红脖子粗地**找**人干仗，真是可怕极了。

3. 引入求借的对象。如：

① 辣辣**找**邻居借了一只收音机一只座钟摆在堂屋里。

② 二爷，这怎么算骗您哪，我**找**您要十万块钱，您非给五万块钱？

针对

引入某种言论或行为所指向的事物。如：

① 我得感谢双下巴主人，毕竟他还**针对**我的冲动作出了正式的反应。

② 所有的喊叫都**针对**孙广才而去。

走

1. 引入到达的地方，相当于"到"。如：

① 您这号我见得多了。国内是个香饽饽，老拿自己当根葱，**走**

哪儿都想当爷。

② 特别爱好摄影的方雨林,**走**哪儿都带着照相机。

2. 引入经由的地方,相当于"从"。如:

① 所有国内航班过站和到站客机的机组人员,都要**走**这个口出来去三楼餐厅吃饭。

② 她们只晓得她们应该形影不离,上课放学都要结伴同路,你邀我,我邀她;今天**走**这条小路穿插,明天往那儿进老屋迂回,麻石板路有意思透了,一路有说不完的知心话。

着眼(于)

引入做某一工作需要重点考虑的方面。如:

① 反腐倡廉,要**着眼**治本,打牢拒腐防变的思想基础。

② 必须**着眼**于首都发展的全局,动员全市各族人民的力量,坚决落实各项方针政策和任务,推动首都经济、社会发展再上新台阶。

情态词词典

爱谁谁

表示排除干扰下决心做某事的坚决态度。如:

① 临进入决赛前,山山的手又出了问题。他感觉右手酸痛,过了不久,右手不疼了,可左手又突然肿胀起来,触到琴键就疼。音乐学院的朋友们意见不一:有人主张放弃第二场,有人希望拼到最后。作为父亲的我,心中惶惑不安:我疼儿子,**爱谁谁**,不弹了。

② 我以为中国的女权意识在亚洲范围内已经不错了,反正如果我能靠自己过个中上等的日子,谁还结婚啊!活到老,开心到老,**爱谁谁**。要是实在混得不行,那就只能牺牲青春给柴米油盐换点物质保障了。

爱咋咋地

相当于"爱谁谁"。如:

① 夏河和洛洛都分手了,还能相信爱情吗?我已经选择后者,就是不求上进了,**爱咋咋地**。

② 不是人民币,没法做到人人都喜欢。做自己认为对的,**爱谁谁**,**爱咋咋地**。

板板的

肯定是某种情况。如:

① 这回唐大爷后半生有靠了。怎么也得享受离休待遇了,**板板的**四九年以前参加革命工作的。

② 他那叫非法集资,纯属骗局。咱们家那些钱**板板的**回不来了,一分钱都甭打算回来。

保不定(也保不定)

1. 不确定是某种情况。如:

① 但我觉得穆平这里边肯定有很大说道,开始那样义愤、积极,这几天突然下落不明,活不见人死不见尸,**保不定**背后有什么阴谋。

② 打仗总是要死人的,炮弹在天空中飞着,谁**也保不定**会落在哪一个人的头上。

2. 推测可能是某种情况。如:

① 人家平素不相识,既说得出口,**保不定**也有点道理呢。

② 我现在明白了,婚姻总是要好的配好的,丑的配丑的,若是配的不相称,头发白了,**也保不定**会变心的。

保不齐(也保不齐)

1. 不确定是某种情况。如:

① 这楼又有南北两个出口,实在**保不齐**哪个坏家伙就从我眼皮子底下溜走。

② 现在是女老生、女花脸和男旦受到了"偏见",以后**也保不齐**会涉及哪些别的行当。

2. 推测可能是某种情况。如:

① 我得多几条路子呢,我打算跟人家去学学唱歌,**保不齐**就当了个歌星吓吓您!

② 我对演员中间有点儿那种事儿倒能理解——年轻、漂亮、能歌善舞,小伙子们能不蜜蜂似的围着打转吗? 一时看花了眼,办了错事儿,**也保不齐**的。

保不住(也保不住)

1. 不确定是某种情况。如：

① 它们每天晚上七点才放出来，如果有什么人想进我的房间，或者想从我的房间跑出去，我可**保不住**会发生什么不幸的事。

② 我哥哥虽是做了知县，他的行为，只怕**也保不住**怎么样呢。

2. 推测可能是某种情况。如：

① 我们要是去报告，或者管上一管，**保不住**这些混账东西就会想方设法把做小买卖的抓起来。

② 从昨天到今天真不走运，高尔夫球赛得了个倒数第三名，律子和真弓两边又都有怨言。照这样下去昨夜的事**也保不住**要暴露，佑太郎的心情沉重起来了。

保不准(也保不准)

1. 不确定是某种情况。如：

① 总是打喷嚏和流鼻涕，暂时没有别的症状，所以我也有点**保不准**到底是感冒还是鼻炎。

② 如果他触到了那强烈诱惑着他的丝一般光洁的皮肤，连他**也保不准**下一步自己会做出什么事来。

2. 推测可能是某种情况。如：

① 下雨，下雨，好像是要把地球漂起来才甘心。闷死了，再下一天，不能出门，我们**保不准**要喝敌敌畏。

② 即便让他当了书记，也不一定能怎么着。或许反而招来大祸，落个不明不白的免职**也保不准**。

保管

1. 承诺做某事或使某种结果出现。如：

① 不忙！那点病，我手到擒来，**保管**治好！

② 莫来头，我有回生咒，**保管**他娃马上就爬起来。

2. 确信某事会发生。如:

① 拿点邓丽君、李谷一唱的流行歌曲多来劲！叫他们开开洋荤,买卖**保管**兴隆。

② 总共一上午才六个人,怎么会记不住？再说这人的长相,就是在大街上扫一眼,**保管**也会记一年。

保险

1. 承诺做某事或使某种结果出现。如:

① 只要你肯下工夫,我**保险**你成功!

② 你跟着我好好干,沈迟早要上去,他那个位子我会让你去的,你再苦几个月,我**保险**让你出头。

2. 确信某事会发生。如:

① 他一句话也没讲,他从那警察的眼神中看出,只要一分辩,自行车**保险**被扣。

② 飞波哼哼鼻子道:"让我看你们这地方没什么孬的,山清水秀,鱼米之乡。即便有点小困难,还不能发扬艰苦奋斗的精神吗？"

"大道理是这么说。"支书点着头,"可要让你亲自来试试,**保险**比我们还难受!"

保证

1. 承诺做某事或使某种结果出现。如:

① 我们**保证**,以后做的活儿要比今天您看见的更加强,更好!

② 你能向我**保证**永远以诚相待吗？

2. 确信某事会发生。如:

① 叶民主不悦地说:"其实这些天狗屁事都没有发生,要不你也回去休息一夜？"

科长苦笑一下,说:"只要你一回去,**保证**就有事了。"

② 你放一千二百个心,我妈半年后**保证**会站起来,**保证**会比你

走得更好。

保准

1. 承诺做某事或使某种结果出现。如：

① 老耿你放心,今天**保准**不给你吃红高粱!

② 陈：好好,我明白,我明白。既然大家这么有兴致,那咱们就留几个月,试试。看看好使不好使。

孙：**保准**您满意。

2. 确信某事会发生。如：

① 山根下,他还有个姑妈在那达儿,**保准**他跑去过年了。

② 一个采煤队有李贵待上三年,**保准**全得变成一群野兽。

别是（别不是）

推测可能是某种情况。如：

① 这小子向来下雨天不出门,**别是**今晚不来了。

②"哎!他还有个怪事,每天一清早,天还没大亮,就往河沿上跑,也不知他干啥去。"

"**别不是**想跑吧?"

别提（甭提）

肯定某种高量级事件的存在,后面有表示程度的"多"与之搭配。如：

① 刘思佳在这一刹那间**别提**有多后悔了,他咒骂自己是混蛋,千不该万不该,有这么多大小伙子,不该让解净去开车,她是二把刀,说不定把命搭上还得误了大事。

② 我们院是一片房子,除了一些老房子,都是不加掩饰的四方体,**甭提**有多难看。

别说

相当于"别提"。如:

① 我从没干过农活,学着村里人的样子干活,**别说**有多慢了。

② 过去我们只能在电视里看到这些演员,现在这些真人就在我们面前演出,**别说**多高兴了。

别做梦了

提示对方,上文所说的某个想法不可能实现。如:

① 常先生,你是大画家,你的前程,就是画画。你还想着你的婆娘吗?**别做梦了**。你就是追到法国,追到她,她也不会再回来了。

② 国内联赛成了这样子,还梦想着到世界杯上抢巴西人的戏?**别做梦了**!中国足球还远没到成为主角的时候呢。

不错

肯定某种情况的存在。如:

① **不错**,高妈的确有办法:自从她守了寡,她就把月间所能剩下的一点钱放出去,一块也是一笔,两块也是一笔,放给作仆人的,当二三等巡警的,和做小买卖的,利钱至少是三分。

② **不错**,就是在这个院里,就在那大楼。

不带

1. 主观上不允许。如:

① 你管管他们,咱们有什么说什么,**不带**上刑的。

② 今儿个咱们可是公平竞争,**不带**耍赖的,**不带**自我批评的。

2. 客观条件不允许。如:

① 即便这样,他的字,也还是寥寥无几,所剩不多,实在是因为时间搁得太久了,很难找到什么纸,放上千年,都**不带**坏的。

② 但是,纸尿裤时间短了还行,一天两天可以维持,如果时间长了,像国际空间站,在上头一待就是几个月半年,你让宇航员穿纸尿裤,几个月**不带**换的,门儿也没有啊。

3. 断言不会发生某种情况。如:

① 我爸爸梁老六是这镇上有名的钉鞋匠,老人谁不知道有个梁老记老字号呀,拿胡琴上的老弦勒鞋帮子缝,抹上四川桐油**不带**透水的,那叫结实。

② 你看我琴没有,挂着呢。我连碰都**不带**碰的。

4. 推测不会是某种情况。如:

① 这事儿原以为也就是在电影里才有,我要光拿嘴跟您讲,估计您都**不带**信的。

② 日本现在寄希望于年底的日俄首脑会谈,这个俄罗斯在争议岛屿上好像真的是一点**不带**让步的。

5. 表示惊讶的语气。如:

① 嗯,我看这个大学生也不错,翻的话也挺快,都**不带**打嗝的。

② 人家牛啊……更牛的事,生完孩子之后,都**不带**坐月子的,第五天就上班去了。

不定

1. 不能确定是什么情况。如:

① 这要是再过几十年,**不定**能搞出什么东西来呢!

② 有些人总夸奖我们,但其实他那是嘴不对着心,心里**不定**怎么想。

2. 推测可能是某种情况。如:

① 告诉你,我**不定**哪天就冻死,我算是明白了,干苦活儿的打算独自一个人混好,比登天还难。

② 马锐又拿了个苹果削皮,边削边笑着说:"我就觉得铁军家干净,布置得特有情调,像人住的地方。""哼,俗不可耐,住着**不定**

多别扭呢。"

不妨(也不妨)

说话人认为情理上或客观条件允许发生某一动作行为。如：

① 当鞋确实伤害了脚,我们**不妨**赤脚赶路!

② 既然你对我推心置腹,我**也不妨**对人实话实说。

③ 芦花要是没有别处可去,就到我的未婚妻家去,带我一封信,去住一年两年**也不妨**。

不好说(也不好说)

1. 不能确定是什么情况。如：

① 有些事例如感情也**不好说**用哪个方法好。

② 可能收入会好一点,但春节接单量会不会多,**也不好说**。

2. 推测可能是某种情况,只能用"也不好说",位于句末。如：

① 张某虽然是害我,也是救了我,要不一直这么下去,**也不好说**。

② 医生说要做四五个小时的手术,动完手术,偏瘫**也不好说**。

不见得(也不见得)

不能确定是某种情况。如：

① 食物**不见得**"有机"才健康。

② 他知道了**也不见得**有办法。

不外(乎)

根据经验或常理判断最有可能出现某一情况。如：

① 街上满是旅馆和铺子;铺子**不外**卖些纪念品、咖啡、酒饭等等,都是为游客预备的。

② 平日我们父女也常交谈,现在我想不起具体都谈些什么,**不外乎**是对某一篇文章、一出戏、一些事物的看法。

不消说

引出一个根据观察或想象得出的断言。如：

① 他一边从内衣兜里掏出柄小梳子梳他那被风刮得乱蓬蓬的花白的头发，一边环视着公共洗脸池四周。**不消说**，那是我们那幢筒子楼最有碍观瞻的地方。垃圾触目皆是，水池子里沉淀了一层油腻腻黏糊糊的污浊。

② 我们只好从小严序的形象上推想严晓强的面容风姿。**不消说**，我们想象中的他都有着一个精干聪慧的形象。

不一定（也不一定）

1. 不确定是某种情况。如：

① 人多**不一定**"好办事"，人少也不一定办不好事。

② 即使有上、下水道，是否一定要在郊区的职工住宅中安抽水马桶呢？**也不一定**。

2. 推测可能是某种情况，只能用"也不一定"，放在句尾。如：

① 重要的是这些钱土匪兄弟们会替你好好使用，好好投资，甚至为世界产生出更多的财富**也不一定**。

② 道歉的话反而会让远坂更生气**也不一定**，但是不讲话的话似乎也不怎么好。

不用说（不用讲）

肯定是某种情况。如：

① 这部电影不用多说，冲着美国好莱坞这两位大导演就值得一看，**不用说**，一定是很完美、很精彩的电影佳作。

② 庄股的充分表演，**不用讲**肯定有价格操纵行为。

不用问

肯定是某种情况。如：

① 吃晚饭时才知道彩虹不回家吃饭，立德有点失望，**不用问**，一定又在蔡家吃饭。

② 匕首有三寸长，较窄，明晃晃的，上面有三个字：中律门。**不用问**，中律门下的手。

不知(道)

推测可能存在某种情况。如：

① 上游**不知**什么地方下雨，河水一个劲儿地猛涨，倒使这个荒凉的渡口热闹了些。

② 我是要听听，否则我真蒙在鼓里，**不知道**人家在背后怎么糟踏我呢？

大不了 liǎo

表示对上文所说某事最坏结果的推测。如：

① "你不劝我我也得回去，不冲你的如意算盘，我得冲我妈的病。"杜逢时又沉默了一会儿，在想什么。少顷，他冷冷一笑："**大不了**找金老爷子赔个不是，装装孙子呗。"

② 李：有理。听着长见识。那你们现在怎么办呢？让我们逮着了，这回傻了吧。

假何：傻什么呀？我才不傻那。逮着就逮着吧。**大不了**我们晚会不搞了，一点其他的事儿没有。

担保

1. 承诺做某事或使某种结果出现。如：

① 日本人向他**担保**，决不会伤害钱先生。

② 楼只搁着一张竹梯子，李先生的铁箱无论如何运不上去，店主拍胸**担保**说放在楼下就行。

2. 肯定会是某种情况。如：

① 你看看这本书,**担保**你喜欢!
② 你**担保**人家没有相好的?

定然

1. 许诺一定做某事。如:

① 主任说完后,同室人纷纷恭喜豆儿,说这回豆儿的中级职称绝对是没问题了。豆儿说:"若这样,加了工资**定然**请诸位喝酒。"

② 他在信中请父母放心,**定然**不辜负二老的希望,干出一番事业来。

2. 推测必定是某种情况。如:

① 这女人四处周游,**定然**认识很多厂长。

② 这帮土匪奸淫烧杀,无恶不作。今晚芦家**定然**在劫难逃了。

非

1. 有做某事的强烈意愿。如:

① 陈子强也很得意,说,这是个全才,字也写得蛮漂亮呢。这领导就很感兴趣,**非**请李文娟写几个字看看。

② 主公,我正在盯着,门口出来一小丫头,**非**和我聊天。

2. 推测必定会发生某事。如:

① 我爸要活着,知道我当了作家,**非**打死我。

② 若不是杨重眼疾手快,一把托住于观,他**非**摔个头破血流。

非得 děi

1. 有做某事的强烈意愿。如:

① 我们不愿意让人家当傻瓜耍,这事**非得**搞个水落石出。

② 什么样子?你们怎么敢这样?**非得**给你们反映反映!

2. 推测某种情况必定出现。如:

① 要是我现在离开他,他一天也活不下去,**非得**想疯了。

② 只有身处我这个位置,才能体会到,把这事挑破,意味着什么。……我们家**非得**乱了套。

非要

有做某事的强烈意愿。如:

① 这位是刘美萍,我的一个同事的女儿,也是您的影迷,听说我今天来采访您,**非要**跟来。

② 老太太翻出一条烟**非要**送给我。

该不是

推测可能出现不好的情况。如:

① 一个垂垂老矣的病叟,80多岁的年纪,居然要听什么情歌!**该不是**他的神经有什么毛病?

② 你**该不是**舍不得钱给我买衣服吧。

敢

1. 有勇气有能力做某事。如:

① 我要有枪,我就**敢**过去!

② 咱们还是一起混吧,人多力量大,**敢**教日月换新天。

2. 推测可能会是某种情况。如:

① 因为他是查水表的,你还不能得罪他。他一不高兴,就**敢**给你整个门洞停水。

② 贾芸道:"王哥**敢**还是在贩马?"倪二道:"早贩不动了。如今当着狱卒。"

搞不好

推测可能出现不好的情况。如:

① 你不知道她多爱我,要是听到我不跟她好的消息那无异是晴天霹雳,**搞不好**会出人命的。
② 我认为你的心不累,你的肾太累了,**搞不好**已经累坏了。

估摸着

推测会是某种情况。如:
① 她**估摸着**老爷子的确是该从后跨院回来了。
② 后来我想着她可怜,**估摸着**她准有冤情,就偷偷买了一双袜子,半夜里搁在那天遇上她的地方了。

管保

1. 承诺做某事或使某种结果出现。如:
① 冯祥龙挺了挺胸脯:"好了好了,这事您就甭管了。让我来收拾她,**管保**她老实。"
② 送油送了十多年,北京城我都跑遍了,哪儿要油只要打个电话不论多远我们**管保**送。

2. 推测必定是某种情况。如:
① 膏药上确实打着苏家的印,但不是我看的那家。邻居还是那句话:"哪个苏家的都一样,**管保**灵。"
② 咦!装什么假正经?小二黑一来**管保**你就软了!

好 hǎo

1. 表示较易做成某事。如:
① 只要你同意了,孩子**好**说服。
② 孩子太小不**好**带。

2. 表示应该做某事。如:
① 时候不早了,我**好**回去做饭了。
② 对待老人,不**好**这样说话。

3. 推测可能是某种情况。如：

① 想想看，日本是那么小的国，有多少人**好**来送死呢！

② 范大妈才不在乎这些，或者也可能**好**根本不曾察觉邻居们异样的眼光，追出大门外，在 J 巷里继续拦截乔老爷，不让他走。

何至于（不至于、哪至于）

表示在某种情况下就不会发生某种结果。如：

① 曹先生要是没看出点危险来，**何至于**弃家逃走？

② 他的身体使他相信，即使不幸赶到"点儿"上，他必定有办法，**不至于**吃很大的亏。

③ 要不是你拖我后腿，我**哪至于**混到现在倒成了个门房。

很明显（很显然）

根据上文所讲情况，做出下文的推断。如：

① 一位大学三年级的女同学，在几个月前与自己的男友吹了，后来就经常去想这件事情，上课学习也不能集中注意力，变得情绪低落。这种情况严重地影响了她的学习成绩。她对自己的现状也极为不满，甚至埋怨当初父母应该阻止自己谈恋爱，也就不会出现这样的后果。

很明显，失恋使她产生了严重的抑郁情绪，不仅影响了学习的兴趣和成绩，而且产生了怨天尤人的消极想法，对自己的能力和表现失去了信心。

② 这种八股取士制度也使得广大读书人热衷于科举功名，只讲举业而看不起自然科学。**很显然**，这种科举制度是最终造成中国近代自然科学技术落后于西方的重要原因。

决定

1. 常与否定词"不、无、没"等连用，共同表示承诺不做某事或不允许发生某种情况。如：

① 他对自己起誓，他**决定**不能在战争未完的时候去讲恋爱。

② 等一年之后，你进了学堂，我或者可以多买些书，偶尔添点衣裳。像现今这样，是**决定**不成的。

2. 肯定会是某种情况。如：

① 菩萨出现在人间，**决定**不会有三灾八难。

② 我相信那个说咬得菜根百事可做的老祖宗，要是看见了这样的一顿早饭，**决定**会摇他那白发之头的。

看得出来

表示句子所说是根据语境中的相关情况推测出来的。如：

① 他和几个同伴在岸上来回逡巡，只要我在某处露头，他们便把我踹下去。**看得出来**，这游戏使他们很开心，很兴奋。

② 他推开西厢房门看见金秀默默地坐在单人沙发上。**看得出来**，她就这样坐了一晚上，直到现在。

看起来（这样看起来、这么看起来）

根据上文所说的情况，做出下文的推断。如：

① 如果不是那几年跳跃一下，整个经济上了一个台阶，后来三年治理整顿不可能顺利进行。**看起来**我们的发展，总是要在某一个阶段，抓住时机，加速搞几年，发现问题及时加以治理，尔后继续前进。

② 饮食以吃饱为目的，而美食是吃饱之后的淫欲。因为吃饱已不成问题，已绰绰有余了，就想着吃好。吃着碗里的，想着锅里的。**这样看起来**美食基本上像是一种不道德的品质，老心猿意马地，想找情人，想找小姐。也就是说，饮食是婚姻，美食是婚外恋，最起码也是调情吧。

③ 我发现我喜欢照顾比我小的，顺带享受比我大的人照顾我。

宿舍吃火锅,聚餐什么的,有时候我都不用动筷子啊!这是什么概念啊!不过我旁边有比我小的人,关系好的我还愿意照顾,关系一般不认识的我就直接无视了。**这么看起来**我真是不讲理啊。

看上去

根据某种表象或外观推测。如:

① 他上身穿了足足有四五件衣服,都不系扣子,敞着怀,每一件衣服都像一扇大门一样敞开着,**看上去**觉得很费劲。

② 教堂里面也简单空廓,没有什么东西。但中间那八十根花岗石的柱子,和尽头处那六根蜡石的柱子,纵横地排着,**看上去**仿佛到了人迹罕至的远古的森林里。

看样子

根据情况推断可能发生或已经发生某事。如:

① 炮兵都朝我来了,拉了个"预备——放!"的架式,像是我犯了忤逆罪。这是怎么了,方兰是他们什么人?**看样子**,真想揍我一顿。

② 海喜喜抱着两肘蹲在门口,紧绷着薄薄的嘴唇,目光阴沉,一脸不高兴的表情。屋外,和好了一摊泥;房里,炕面子完整地掀起来了,土坯也准备好了。**看样子**就等着我来干。

看这意思(看你这意思、瞅这意思、瞧这意思)

根据对方或上文所讲情况,做出下文的推断。如:

① 昨晚刮了一夜的风,今天比昨天还要冷好多,早上出来的时候,我都快要冻僵了。本来以为今年会是个暖冬,**看这意思**,没准又是"千年寒冬"了,呵呵。

② 张凤姑:你二叔招的服务员,素质怎么都这么差呀?

杰子:**我看你这意思**,是要把他们俩给辞喽?

③ 你们可以让做点家务了,这样她会聪明,哈哈。

瞅这意思你最近是准备奔着上得厅堂入得厨房那路数去的。

④ 北海公园很安静,适合谈恋爱!夏天盼着下雨,冬天盼着下雪。**瞧**这意思今年冬天雪肯定很多。

可见(由此可见)

根据对方或上文所说情况,做出下文的推断。如:

① "可我一点不觉得耻辱,任她那么一说,我还是我。"

"**可见**你恬不知耻!"牛大姐吼道。

② 企业现代化大生产要求有高度集中统一的领导和指挥,而作为同现代化大生产过程必不可分的污染防治,也必须实行集中统一的管理。**由此可见**,行政方法是实现企业环境管理职能的一个重要手段。

可以想见

根据上文所说情况,做出下文的推断。如:

① 这叫声像它乍起时那样蓦地消逝了。这意味着米兰披着上衣下楼来了,同她一起下来的还有她父亲,那位儒雅可敬的先生显然是不请自来。

可以想见,在这种情形下,高晋和米兰不可能再说什么。

② 霍沧粟兴奋不已。他跟着父母亲参加过一些婚礼,深知结婚是好事,婚礼很好玩。所以他纠集了一队小孩子,在初春正午的温暖阳光之下,在宿舍区的坝子里,排着队,吹着喇叭摇着旗,像被检阅的士兵那样有节奏地高呼"我爸爸妈妈要结婚了"。

可以想见此事成为笑柄。

可知(由此可知、可想而知)

根据上文所说情况,做出下文的推断。如:

① 小站出美人，远近闻名。这条古驿道上流传的那些风流韵事，有许多都和这里有关。据说前清的时候，有时京里的朝官和奉天府的将军贝勒们向这个方向当差，那些二品三品的诰命夫人还会特意关照一下随行的跟从："看住老爷，不许在那个小地方停留！"**可知**小站的魅力，远达省府京城。

② 为什么只看窗户不看门呢？门在院中看不见，用屏风挡住了。所以林姑娘进院之后，是先看到一个"紫檀架子的大理石的大插屏"，"转过插屏"才看到"小小的三间厅，厅后就是后面的正房大院"。**由此可知**，厅房拦门都要放一架屏风。

③ 办公室的气氛就像公安局的预审室，七八个老师表情严厉地胡乱坐在桌前，几个女的鬓发凌乱如同刚进行过一场厮打，脸色在如此强烈的阳光下仍然显得灰暗。

可想而知这里曾经发生过一场什么样的混乱。

貌似

有迹象表明。如：

① 这东东**貌似**10年前就在学校见到过，需要这么大惊小怪吗？

② **貌似**11日开始降温，大伙要注意做好防寒保暖工作。

没说的（没的说、没话说、没话讲）

1. 表示要做某事或让别人做某事的坚决态度。如：

① 出了这事，**没说的**，先救人，先把人家小伙子的伤病治好。

② 他把搬迁政策说道明白，村民动了心。再实地一看房，**没的说**，"搬！"

③ 二爷说："大哥，您放心，我跟老五最投缘，老五的心思非我猜不行！老五，哥要是猜对了呢？""**没话说**，吃我一辈子！"

④ 最懂我的人，就是她，爱她，**没话讲**。

2. 表示肯定的判断。如：

① 为首者穿陆军冬季迷彩服，肩扛上校军衔。**没说的**，带路人肯定就是郭宪法。

② 家中装修完之后，总是会闻到刺鼻的气味。**没的说**，这一定是甲醛在作怪了。

③ 对我来说，我确实满意，**没话说**。

④ 于展航你最难得是品学兼优，**没话讲**。

没准儿（也没准儿）

推测可能发生某事。如：

① 快到节日了，**没准儿**要来查户口。

② 假如是在战斗中牺牲，那回来你就不止是个三等功，授你个光荣称号**也没准**。

那么说

根据别人或上文所说，做出下文的推断。如：

① 现在再也没必要隐瞒了，我说了实情："这是我给在劳改营服刑的丈夫带的。""什么？你的意思是他在里边？""嗯。""**那么说**你不是警察的老婆？"

② 你家里难道一个妇女也没有？可是你有房子的吧。他们说你有一栋房子，还有一个挺好的农场。**那么说**你一个人住在那里，自己管自己，是吗？

难说（也难说）

1. 不确定是某种情况。如：

① 一旦球队战绩不佳，或是更换主帅，**难说**不会生出什么变故。

② 九十年代的团长他能不能当好**也难说**。

2. 推测可能是某种情况,只用"也难说",置于句末。如:

① 年轻,充满活力,头脑虽不是哲学家的头脑,但也不是乡村教师的头脑。不过,到底年轻,一时冲动犯出错来**也难说**。

② 要她那组多做贡献的话,我担心她不会有李坤那么卖力,藏一点实力**也难说**。

闹不好

推测最有可能是某种情况。如:

① 哼,等着吧,不是您老眼昏花了才怪!您这一套现在还有谁信?**闹不好**,全北京独一份。

② 你真幼稚!还追查呢?**闹不好**就是他们内部人整的!

闹好了

推测在某种条件下可能出现有利的结果。如:

① 不过咱们不是有拖拉机么,再买上一台制砖机,建上两孔烧窑,也就行了。我算了算,**闹好了**,一年弄个数万块没问题。

② 大弟现在很走红,许多的厂家都要用大弟的名字做商标,纷纷来接洽生意,**闹好了**,能赚一大笔生意……

你的意思是(你的意思是说)

根据对方所说情况,做出下面的推断。如:

① 织敏甜甜一笑,打开车厢后门让屈之介将那一大箱黏土塞进车子。"还有很多,你慢慢搬吧!"

"**你的意思是**——要我一个人搬完这十几箱东西?"

② 稍顿片刻,阿奇接道:"他的儿子既然在中原和伏神帮勾结,必定是阴谋不轨!"常来和逗妞从来不想这种事情,但自阿奇的口述中,可知事情的严重性。常来耸耸肩道:"**你的意思是说**——他们想害人?"

弄不好

推测可能出现某种不好的结果。如：

① 我想说她轻浮、贱，又觉得这么说太重了，**弄不好**会把她得罪了。

② 老柳树死去的干枝条还在往下撒落。"**弄不好**，它挨不过这个秋天去……"李芒抬头看一眼老树密密的枝桠。

弄好了

推测可能出现有利的结果。如：

① 要不说得感谢咱人民政府呢，有政府给咱撑腰作主，那坏人能不马上坦白交待么，**弄好了**还来个宽大处理少判几年呢。

② 能开车送你回家，又能给你加薪，**弄好了**还能把那船式的大house送给你。

怕不是

推测可能是某种情况。如：

① 她想，看不出李文娟倒是有些运气的。转而又想，**怕不是**陈子强对文娟有意思吧？

② 刚才，趁着屋里只剩下父女二人，金一趟问女儿，**怕不是**全义抱来那孩子，还欠点什么礼数，结果被怪罪下来，才闹出了今天这么一场？

认准（了）

肯定是某种情况。如：

① 我们从旁分析，可以**认准**他是要把窝在心里的浊气，找个渠道发泄。可滑志明自己没有这样一种自觉意识。

② 张全义并不迷信，不会像金一趟那样认为是什么"天意"，因此，他已经**认准了**在这些怪事的背后，有一只黑手。

谁知道呢

1. 不确定是什么情况。如：

① **谁知道呢**是初恋？是得不到的？还是现在陪在旁边的人？

② 重庆没有她的亲人，她在重庆是怎样谋生的？**谁知道呢**！

2. 推测可能是某种情况。如：

① 哎，**谁知道呢**你跟她在一起很开心很幸福吧？

② 只要不是太笨的人都会被训练出相当自制的性格。**谁知道呢**！

谁晓得呢

1. 不确定是什么情况。如：

① **谁晓得呢**，那样会不会给诚实的人民开始一个更好的时期呢？

② 但想起来也晚了，于是她自己感到大概要白白地烧了个替身，灵不灵**谁晓得呢**！

2. 推测可能是某种情况。如：

① **谁晓得呢**？或许真有这样的"天赐良机"。

② 如果那个方法能够结束这种不确定，说不定她真的会再把他关起来。**谁晓得呢**？

说不定（也说不定）

1. 不确定是什么情况。如：

① 天哪，如果打开这锦匣的是老爷子，**说不定**会是个什么样呢！

② 他现在也无心接受记者采访。再说，什么时候回来**也说不定**。

2. 推测可能是某种情况。如：

① 征兵的消息已经传开，**说不定**场子里明天就接到通知。

② 现在还很年轻,哪天自己消失了,无所牵挂的妈妈就可以去找爸爸,展开全新的生活**也说不定**。

说不好(也说不好)

1. 不确定是什么情况。如:

① 人生真是充满变数。**说不好**下一秒我升至天堂或你坠入地狱。

② 没点关系的人基本要熬半年以上,**也说不好**能不能拿上驾照、太坑了。

2. 推测可能是某种情况。如:

① 桃花瓣儿随着风飘呀飘的,**说不好**就会飘到这里来,我会在这里等。

② 有些东西可以自学成才,毛毛虫学习能力还强,一旦转基因**也说不好**。

说不准(也说不准)

1. 不确定是什么情况。如:

① 我当时的心情十分古怪,**说不准**是悲哀,还是不安。

② 我们两个,是死是活**也说不准**的。

2. 推测可能是某种情况。如:

① 其实,她的内心,**说不准**也在不满意着一切人呢,只不过她以随和的形式应付着罢了。

② 更糟的是如果就这样把这个女孩放在这里置之不顾的话,被群众去报警**也说不准**。

铁

肯定后面的结果一定会发生。如:

① 营业执照说话就下来,滋一开张,**铁**赚。

② 这场球他要一上场,**铁**输。

听你这话茬儿(听你这话)

根据对方所说情况,做出下文的推断。如:

① 大立感到,从吴胖子嘴里,或者王喜身上,可能探听出金枝的去向,便一边招呼服务员小姐上酒,一边询问:"王喜上个月不是回来过一趟吗? 怎么,刚去海南岛,又齐回来啦?"

"……哎,**听你这话茬儿**,他小子这回就没在你这儿露面儿?"

② "别装蒜! 好歹我也是厂办主任,或去,或留,你总得和那位接收大员研究研究吧? 我没功劳还有苦劳吧?"

"功劳也罢,苦劳也罢,都是算在前一本账上的了。人家根本不看前一本账。人家是重打锣鼓另开张,对一切人都重新认识,重新衡量……"

"妈的! ……**听你这话**,已经没我的戏了? ……"

听你这意思(听这意思)

根据对方或上文所讲情况,做出下文的推断。如:

① 简方宁叮咛道,如果你真的想了解我现在干的这一行,你得看些书。这是冷门,一般的医学书里涉及甚少。最重要的一点是,请你抓紧去办,恐夜长梦多。沈若鱼说,**听你这意思**,你这个院长似乎宝座不稳,所以要我加快行动步伐?

② 今儿下午单位同事来电转达领导要求我按时上班的提醒,**听这意思**产后休完7个月的假,想再继续休病假至哺乳期结束,肯定没戏!

听起来(这样听起来、这么听起来)

根据对方或上文所讲情况,做出下文的推断。如:

① 装铁门、封窗户、门口安了监视探头、天花板上开天窗、设悬

梯……如此壁垒森严,**听起来**倒颇有些像影视中那些特工的神秘居所。

② "乱讲,大伯就赞美我将来会比老爸有出息,还有莎莎伯母好疼我,妈咪也爱我,就是我那老爸不好,他嫉妒我的才华,每天以揍我为乐!"小瑟不平地说着。"**这样听起来**你大伯眼睛八成不好,才会觉得你有出息,你老爸可不简单了,才会这么大义灭亲地每天狠扁你一顿!"

③ "孤儿院是慈善事业,阿姨牺牲自己的终身幸福,盼能给那些孤苦无依的孩子一个遮风避雨的家。如果你一定要收回那块地,孤儿院势必得拆除,那么孩子们就要流离失所顿失依靠,你也不忍心造成这种结果吧?"

"**这么听起来**的确值得同情。"

听上去

根据上文所说情况,做出下文的推断。如:

① 章霖立刻来接电话,她说他们刚忙停当,此刻洗完澡正坐在床上看报,**听上去**章霖比白天要从容得多。

② 这事儿虽小,影响范围可不小。怎么个区别法?有被采访者建议:为了白天和夜里都适用,可以在出租车顶灯的形状上作文章,比如1.6元以上的车都换成圆形灯,而1.2元的保持长方形不变;也有人建议1.6元以上的车挂红色顶灯,而1.2元的车挂绿色顶灯……**听上去**,好像还都不难办。

未见得(也未见得)

1. 不能确定是某种情况。如:

① 金盆银匙、锦衣美食的人,**未见得**幸福;粗衣布履、粗茶淡饭的人,**未见得**不幸。

② 你给他十封信,他**也未见得**答复一次。

2. 推测可能是某种情况。如：

① 又虑王氏溺爱，又想自己也离不得这儿子，万一请他令兄出来，放他出门，**也未见得**。

② 若要有人包办时，连大院里，学院里，都包揽了，仗着脸熟，门路正，各下里都省些，**也未见得**。

未准

1. 不确定是什么情况。如：

① 以后出成果成大家得大奖真对国家有贡献的，**未准**是阔五类还是穷小工呢！

② 你对他一百个好，他**未准**能念你一个好儿。

2. 推测可能发生某事。如：

① 你闹不清楚，因为你是他闺女！我也闹不清楚，因为我是养子，又是姑爷！灯下黑！社会上，**未准**早就沸沸扬扬的啦！

② 我们是反复检查过的，可删可不删的地方——删！删得肉疼，也自觉用心良苦。可百密一疏，**未准**仍有一句半句尚嫌造次，但请各位眼中容情，跳过去不看也罢。

我不管（我管你）

表示不顾条件而要做某事或让人做某事的坚决态度。如：

① "既然来了，就不能空手回去。"老邱往沙发上一坐，"**我不管**，你给我想办法去搞车，搞彩电。"

② "珏珏，你不可以这样。"水独行忍不住叫屈。"**我管你**！"月珏拍开他又伸过来的手，"走开啦，我不想再见到你！"

我敢说（我敢讲）

肯定会是某种情况。如：

① 我们单位也有一个像你这样的歌迷，**我敢说**，比你这歌迷还

歌迷。

② 或许你们的成绩是比我们好,但**我敢讲**你们的综合能力绝对没有我们强,你们只是一群每天埋在书里的呆子。

我敢断言(我敢断定)

提示对方相信说者的判断。如:

① 只要他不那么锋芒毕露的话,**我敢断言**,今天的总统是他而不是李登辉。

② 我可爱的蚕儿,太不可思议了,长得是那么肥硕! 快过来看! 看过之后,你们会嫉妒得发疯,**我敢断定**。

我就知道

根据前面看到或听到的情况做出以下的判断。如:

① 前天早上我上地去,才上到岭上,碰上个骑驴媳妇,穿了一身孝,**我就知道**坏了。

② 父亲的来访总是让我猝不及防。听到那重重的敲门声,**我就知道**是谁来了。

我琢磨(我捉摸、我琢磨着)

根据上文所说的情况,做出下文的推测。如:

① 别的全卖了发送老头了。就剩下这两架书,他的几个徒弟拦着不让卖,说要卖的话他们买,省得值仨不值俩地便宜了打鼓的。他们这一说,**我琢磨**兴许有值钱的书,就说等你来了再定。

② 清脆的铃声把我从回忆中拽了出来。这是主席召唤小封。我看看手表,已经过了一个多小时了,**我捉摸**,也许谈得不错吧,要不怎么这么久呢?

③ 你这石头既然是镶鞋上的,**我琢磨着**应该是一对,要是一对就好了,更有说服力。

无非

根据经验或常理判断最有可能出现的情况。如：

① 人们造反夺权,像动物园猢狲那样抢来夺去,**无非**想捞点好处。

② 大学生们和一位作家有什么过不去的呢？**无非**是提出几个使我为难的问题。

无疑(毫无疑问)

根据上文的分析,表示下文的结论是可信的。如：

① 儿童掌握语言是在社会交往过程中,在儿童自身的活动中实现的。**无疑**,儿童言语的发展也是和儿童言语器官和言语分析器的发展密切相关的。

② 他将几个房间仔细观察一下,在父母卧室的沙发上,他看到一只尼龙手提袋。**毫无疑问**,父母确已回来过了。

下不为例

表示不允许自己或对方同样的事件再次发生。如：

① 我这么做是极端错误的,是助长你自由散漫,无故旷课的行为,**下不为例**。

② 大卫：等一下,离开机器以前,你应该首先切断电源。

郭燕：对不起,我不是故意的。

大卫：我已经关了。**下不为例**。

显而易见

表示下文的结论是由上文的情况很容易推测出来的。如：

① 一个星期下来,案件的侦破毫无进展。作为凶器的柴刀,也没有下落。幺四婆婆家中的一把柴刀没有了,**显而易见**凶手很可能就是用这把柴刀的。

② 他是一个好人,一个不折不扣的好人。他热爱小动物,与植物也互通心语,**显而易见**,他将老成一个可爱的善良的老人。

显见(得)

表示下文的结论是由上文的情况很容易推测出来的。如:

① 想不到的是,聚餐会后不久,陈毅便给他来了信,信中对他的诗词大加赞赏,并指出尤其对哪几首最为喜欢。**显见**,陈毅已把那本诗词仔细看过了。

② 他们回来了。大家都是默无一语地悄然睡下,**显见得**这件事的结局,是不得已的,谁也不高兴做的。

想是

肯定是某种情况。如:

① 宝珠放下灯,急忙跟她说:"你快上楼叫醒蓉大奶奶,太太一会儿就到!"

瑞珠还没醒透,顺口驳:"放什么香屁!再没有过这样的事!都几更了!**想是**你挺尸梦游哩!"

② 这回王全不愿喂牲口了,不知怎么就想到他了。**想是**因为他是老闷,不需要跟人说话,白天睡觉,夜里整夜守着哑巴牲口,有这个耐性。

想想

表示下文是对某事的推测或评价。如:

① 自己现在住的房子又旧又小,**想想**最多也就值个十五六万。

② 这面上的漆打得还可以,里边活儿有点糙。我没太挑,**想想**这也可以了,能面上光看得过去就算可以了。

许是

推测可能是某种情况。如：

① 谁知道,**许是**找寻什么东西吧？也不知丢了什么？

② 他一眨眼工夫就来了。**许是**因为赶得急促,他目光炯炯,气壮如牛,满面红光。

也不可知

1. 不确定是什么情况。如：

① 村民会怎么看待他们的归来**也不可知**。

② 江苏消协所提起的诉讼,胜败未卜,是不是走向和解**也不可知**。

2. 推测可能是某种情况。如：

① 若认真和窑姐儿谈起爱情来,那么,你前途的危险,那就无可言喻。说重一点,就是有性命之虞,**也不可知**。

② 我听说他要到南边去了,将来他做起督军省长来,**也不可知**呢。

也未可知

1. 不确定是什么情况。如：

① 眼下,纽约股票交易所是不是故技重演**也未可知**。

② 在规范国家网络行为问题上,各国能否迈出新步伐**也未可知**。

2. 推测可能是某种情况。如：

① 江东子弟人才济济,豪杰甚多,重新拉起一支队伍,东山再起,**也未可知**啊。

② 出了事故,不但找不到"乐",丢了性命**也未可知**。

一准儿

1. 承诺做某事。如：

① 我**一准儿**把话捎到就是了。

② 放心吧,我**一准儿**把她"带"来。

2. 推测某事必定发生。如:

① 你看见你背后那棵君子兰没有?这就是我昨天从一个东北老客手里花了五十块钱买的。明天给他送去,他**一准儿**喜欢!

② 很简单,像他这样的自称好人的人,**一准儿**是坏人。

用不着

不需要,不必。如:

① 好戏是**用不着**"包装"的,它需要导演的深入开掘,需要演员的细致体现,也需要观众的耐心品味。

② 敦煌古物价值老少皆知,**用不着**一件件地去花费笔墨进行详细的考证。

怎么着(怎么、咋说)

根据对方的话或眼前的情景,得出有关对方的推断,或猜测出与对方有关的情况。如:

① 阿春:所以我请你吃早餐啊。早晨起来头脑可以清醒一点,说真的。你工厂的事情办得怎么样了?

起明:差不多了。

阿春:什么叫差不多了。我想让你跟我谈谈具体的情况。

起明:**怎么着**,才这两天就想找我逼债呀。

② 我抖了抖身上的水,拐弯往楼后门里走,正碰见拎着竹椅去乘凉的吴胖子他妈。老太太一见我愣了一下,瞅天:"**怎么**,落雨了?"

③ 大家都坐下来喘口气。李红钢摸了摸我的枪管,咧开干裂的嘴唇笑道:"有点热乎了啊?**咋说**,王老师——开头不习惯吧?钢铁就是这样炼成的!"

这么看来(这样看来、如此看来、由此看来)

根据对方或上文所说情况做出下文的推断。如:

① 章霖心平气和地辩解,"东北人是博士留在大学教书,一表人才,清华嫁他也不亏,只是住在她家很受压抑,你知道她家就是规矩多,比方说,吃饭时嚼东西不能有响声,长辈筷未动过的菜就不能碰,住了三个月便搬出来借了一间农民房,清华不会家务,这种生活就变得特别苦,两人的生活习惯、趣味又这么不同……"

"**这么看来**,她当年说这种话时对自己的未来已经有预感。"晓卉接口道。

② "我是来玩的,因为认识老蒋就住到了他们这里。那张住宿单是胡填的。"

"**这样看来**,应该住在这儿的人都不在,住这儿的是两个来'玩'的。"

③ 你说要请周边的朋友都支持我,真是谢谢你了。**如此看来**你朋友挺多,怎会说自己人缘差呢? 要对自己有信心喔!

④ 经过短短的十几年时间,儿童已成长为掌握了一定的知识经验和劳动技能,形成了自己独特的个性、思想观点和道德信念,可以独立生活的社会成员。**由此看来**,儿童时期是人一生中发展变化最迅速,也是可塑性最大的时期。

这么说(这么说来、照这么说、如此说来、这样说来、由此说来)

根据对方或上文所说情况,做出下文的推断。如:

① 党委书记替他回答:"首长,他是厂办主任。姓章,文章的章,章华勋。他父亲是解放前咱们兵工厂的有功之臣,四七年牺牲了。那时他刚一岁多。"

首长仍不动声色地相着他脸问:"**这么说**你是烈士子弟啰?"

② 宁克说:"你能承受罪恶,也能承受痛苦。你只是……"宁克不说了。

叶桑说:"说下去。"

宁克说:"你无法承受诱惑。"

叶桑说:"**这么说来**你是嘲笑我禁不住你的诱惑了?"

③ 金枝问陈玉英,金秀知道不知道。玉英告诉她,那天夜里,金秀留下伺候她,她们俩都已经谈过了。不过,金秀希望玉英永远瞒下去,无论是对老爷子,还是将来对孩子,都不要把"干妈"这一层捅破。

金枝点点头,问陈玉英:"**照这么说**,在认识我以前,你已经认识张全义了?"

④ 有的学者根据一个陶碗上所刻的驯良的野猪图形,判断当时的河姆渡人不仅烧食猪肉,而且极有可能正是由霉干菜烧成。难道故乡的生态模式,早在七千年前就已经大致形成?**如此说来**,七千年过得何其迅速又何其缓慢。

⑤ 你看,快乐的引诱,不仅像电兔子和方糖,使我们忍受了人生,而且仿佛钓钩上的鱼饵,竟使我们甘心去死。**这样说来**,人生虽痛苦,却不悲观,因为它终抱着快乐的希望;现在的账,我们预支了将来去付。为了快活,我们甚至于愿意慢死。

⑥ 年轻人爱向前看,年纪大的人爱往后看。有道理,因为后者有了回望的资本。细想想,也不然。经历长与短皆为经历,资本大与小同为资本。**由此说来**,喜前瞻还是爱回望,除了年龄的因素,还有其更深刻的原因。

这么说起来(这样说起来、照这样说起来)

根据别人或上文所说情况,做出下文的推断。如:

① "现在幸好你的摩托车丢了,干脆咱们送你一辆车跑天下,你如果体谅我们的好意,孝顺妈妈只有你这一个宝贝儿子,你就别开快车,处处小心,就行了!"虞颂超对大姐伸伸舌头:"**这么说起来**,这辆车不是帮我买的,是帮妈妈买的!"

② 此一亩五万三千的蚯蚓在一年中将把十吨的泥土悉自肠胃通过,再搬至地面上。在十五年中,此土将遮盖地面厚至三寸,如六十年即积一英尺矣。**这样说起来**,蚯蚓这为物虽微小,其工作实不可不谓伟大!

③ 龙琦君抬起头:"我同意这句话,以前我如果不是年轻不懂事,何至会认识罗继香,引起这许多麻烦!"

谢玉茜道:"**照这样说起来**,女孩子应该是把一辈子关在厨房里了?"

指不定

1. 不确定是什么情况。如:

① 我老记不起他姓什么来;现在就又忘了,**指不定**什么时候才能再想起来。

② 妈是个会过日子的人,买蛋糕都得说咱们是浪费,要知道蛋糕盒是花一块钱买的,那心里还**指不定**怎么别扭呢。

2. 推测可能发生某种不好的结果。如:

① 这回倒保住了,以后可得注意点呀,要再出点什么事呢,生出孩子**指不定**缺胳膊少腿呢。哼!

② 1991年,区房管局下了危房通知,说无论如何不能再住人了,**指不定**什么时候就塌了。

足见

根据对方或上文所说情况,做出下文的推断。如:

① 刚刚步入新千年,手机领域新闻不断。摩托罗拉、爱立信两大巨头纷纷使出"杀手锏",转包手机生产业务,**足见**手机市场竞争之激烈。

② 这年头,出本书不容易,特别是歌曲选一类的集书。但仅今年内冰河除了这部作品选,还出了《外国抒情歌曲选》及续集、《中

国民歌选》共四本。足见他的歌曲人气之旺。

足以

1. 表示有能力做某事。如：

① 他想,只有他**足以**治服她的小嘴;绝对不成问题。

② 她从未怀疑过我和四哥等人拥有的力量,认为我们几个男人**足以**保护它了。

2. 表示完全具备了发生某事的条件。如：

① 他原本出身农家,所以他的样子、举止、言语和气质,都**足以**使老百姓一见便相信他,帮助他,教他成功。

② 可对每月工资只能拿到手一百七十多元二百来元的百分之六十的他们,一个月内赔个一百来元,就**足以**赔得他们胆颤心寒啊！

唯补词词典

一、用于动词后表示情态

不得 de

1. 无能力做某事。如：

① 朱雪桥拿着县人民政府的信，指名索要，谭凌霄抵赖**不得**，只好从柜子里拿出来给他。

② 张道士一字一句地说："全义你听着。今天我当着你义父的面儿，当着你母亲的骨灰匣儿，告诉你：翠花就是你的生身母亲！"
张全义惊呆了，作声**不得**。

2. 不情愿做某事。如：

① 我就是听**不得**肉麻吹捧，听见就起鸡皮疙瘩。

② 夜里，我一个人值班，呆呆地坐着。心想这是个团圆的日子，那五个人却等**不得**了，急急地走了。

3. 无条件做某事。如：

① 车上人太多，挤得我动**不得**。

② 峻山岭又无人家。顾**不得**道崎岖忙催战马。

4. 不宜做某事。如：

① 离了，趁早离了。这样老婆也要**不得**了。还想检举你，这是品质问题啊！

② 盼了多少年的帝国主义侵略，好容易见着了，来的都是笑嘻嘻夹着皮包的，打**不得**骂**不得**。

不掉

1. 没有能力做某事。如：

① 铁证如山，抵赖**不掉**。

② 随便你们怎么样？曾经的一切都改变**不掉**。

2. 没有条件做某事。如：

① 让想走的走**不掉**，来的来**不掉**。

② 几千只纸鹤，你都耐心地，陪着我折，却怎么都折**不掉**。

3. 推测某种结果不会实现。如：

① 听了这话，我都快晕过去了。她还怕我晕**不掉**，从厨房里跑出来说，我给你做家务，你可要养我呀！

② 自身名誉的基点是生命质量的自然外化。这是追求不到、争取不来、包装不出的，同时也是掩盖不住、谦虚**不掉**、毁损不了的。那个叫"代沟"的东西大概是填**不掉**的，还是让它就这么存在着吧。

不动

1. 没有能力做某事。如：

① 再没劲也不至于连筷子都拿**不动**。

② 现在这年头，不管是学历史，学哲学，还是人类学社会学，假如一点数学知识都没有，就会遇到困难。假如连计算机也玩**不动**的话，麻烦就更大了。

2. 没有条件做某事。如：

① "杨重认得很多人民币砸手里的人。"马青说，"急得直哭，恨不得一晚上把钱全撕喽。"

"好呵，他一人花**不动**咱们大家帮他花。这方面在座的都具备很好的基本功。"

② 我爱吃口儿好的,喝两杯儿好的,可是应酬太多,敢情就吃**不动**了!

不开

动作受到限制。如:

① 攻击部队屡屡失利,增援部队堵在峡谷里进退两难;炮火施展**不开**,飞机无法投弹。

② 庙不大,抓来的人不断往里送,不大工夫就挤得坐**不开**了。

不来

1. 没有能力做某事。如:

① 那大姐煤球炉子生不着火,洋铁锅子烧**不来**饭,她们乡下人原是用惯大灶大锅的呀!

② 如今照老路子写的作品没市场了,"革命小说"一时还写**不来**,又没大锅饭吃,生活发生困难。

2. 不屑于做某事。如:

① 知识分子吗,知书达礼,到哪儿都得是文明、进步、现代的代表,跟谁打交道都得是不卑不亢不冷不热,既令人刮目相看又不使人感到气焰逼人,这样才舒服,大家才亲切。弯腰弓背,诚惶诚恐,这样的嘴脸知识分子做**不来**。

② 忘恩负义的事我干**不来**。

不了 liǎo

1. 没能力做某事。如:

① 你要是连这个都干**不了**。那就请你走吧。

② 斗**不了**是一回事,敢斗是另一回事。

2. 没条件做某事。如:

① 由于集体经济薄弱,缺乏必要的经济实力和物质基础,给群

众办**不**了多少实事,解决不了什么实际问题。

② 赶上战备执勤,跑北部湾、西沙、南沙巡逻,就会几个月回**不了**家。

3. 推测某种结果不会实现。如:

① 雪真大,今天停**不**了啦。

② 就算有我的血,也救**不**了你妻子的,这是她的命运,无法改变的!

不起

1. 没有能力做某事。如:

① 她那幼小的心灵经**不起**这人间血缘关系的情感叩动,她哭了。

② 我们倒无所谓,只怕落个毁你的罪名担待**不起**。

2. 没有条件做某事。如:

① 她因拿**不起**饭费才不来住院。

② 再便宜你们也买**不起**。

不上

1. 没有条件做某事。如:

① 人太多了,现在轮**不上**我。

② 昨天离开家四处找您,今儿已经山穷水尽,饭吃**不上**水喝**不上**,兜里一分钱都没了。

2. 没有理由做某事。如:

① 他算**不上**个好丈夫。

② 我是个劳改释放犯,谈**不上**释放,保外就医。

不着 zháo

1. 不值得做某事。如:

① 跟你说不着——你以为你是谁。

② 你要是这样,连我都信不着,我这就走!

2. 没有义务做某事。如:

① 你有你的臭钱,我泥人也有个土性儿;老太太有个伺候不着!

② 我早跟你说过了,你跟我解释不着。

3. 没有理由做某事。如:

① 打不打胎,这事儿他也管不着。

② 杨妈说根本怨不着人家,是她的主意。

不住

1. 没有能力做某事。如:

① "你就成全我吧,就扇两个嘴巴,就两个。"

"不行,我吃不住,我体质弱。"

② 就在这个时候,阿宝好像再也承受不住这有形无形的压力,口齿不清地嗫嚅了几句。

2. 没有条件做某事。如:

① "吴胖子,你开不开门,不开我可卸门板了——于观拿改锥去。"

"不行我得去看看了。"吴胖子坐不住了。

② 只见红色发怒的妇女一次次冲向主持人,毫不停顿,永不疲劳。主持人渐渐支持不住了,反应也慢了。

3. 推测不会发生某种结果。如:

① 水太大了怕渠要吃不住。

② 我这篇幅已经很长了,再写过去,只怕一个长篇也搂不住。

得 de

1. 有能力做某事。如:

① 老人牙齿一颗未掉,肉也吃**得**,酒也喝**得**。

② 愿意娶亲的话,他必定到乡下娶个年轻力壮,吃**得**苦,能洗能作的姑娘。

2. 有条件做某事。如:

① 有了车就足以抵**得**一切。

② 我当时质问他,结了婚而太太没带来的人做**得**做不得女学生的导师?他支吾其词,请我不要误会。

3. 适宜做某事。如:

① 这东西晒**得**晒不得?

② 这"贫富"二字原是市井小人的见识,岂是君子谈**得**的?

得 de 动

1. 有能力做某事。如:

① 只要我这个老头子走**得动**,你们都该走**得动**。

② 十五岁的孩子当什么兵?他拿**得动**步枪吗?

2. 有条件做某事。如:

① 这种烧饼是骨头做的,不大吃**得动**,简直别想咬一口。

② 他知道他的字画在扬州实在不大卖**得动**了,太多了,几乎家家都有。

得 de 过(儿)

1. 值得做某事。如:

① 电影不错,看**得过**儿。

② 这个店的菜又便宜又好,去**得过**儿。

2. 应该做某事。如:

① 你不是已经体验了一百多个,还没够?死**得过**儿了。

② 三个季度完不成定额,辞职**得过**了。

得 de 开

表示动作不受限制。如：

① 我觉得这四年汉语学得很值。将来谁能离**得开**语言呢？

② 妈是这个样子，我怎么走**得开**？

得 de 来

1. 有能力做某事。如：

① 我很佩服敢去"卧底"的记者，没有一定的胆量，没有献身新闻事业的勇气和决心，这件事是很难做**得来**的。

② 有时很怪，你喜欢但不一定就能干**得来**。

2. 适合做某事。如：

① 周迅、陆毅和我都是年轻人，很玩**得来**。

② 我真是诚心诚意夸你。我觉得跟你特说**得来**，特知音。

得 de 了 liǎo

1. 有能力做某事。如：

① 她现在和我一样不顺。我帮**得了**她，只有我帮**得了**她这一把。

② 主任你就这两句话就换**得了**我三周的辛苦劳动？

2. 有条件做某事。如：

① 老道长，您和金老爷子有仙缘啊。论交情，论岁数，只有您能劝**得了**他。

② 您看我这漆，看我这装潢，什么大衣柜比**得了**？

3. 推测能够出现某种结果。如：

① 看你这乏样儿！过**得了**冬过不得春！

② 昨儿晚上给您奔儿媳妇去了，今儿不给您汇报汇报，您饶**得了**我吗？

得 de 起

1. 有能力做某事。如：

① 坚韧不拔,不屈不挠,经**得起**摧残,受得住打击。

② 我养活**得起**自己的孩子,不求任何人!

2. 有条件做某事。如：

① 苋菜、虾、鸭蛋,一定是有的。这三样,在我的家乡,都不贵,多数人家是吃**得起**的。

② 手闲**得起**肚子也闲不起。

得 de 上

1. 有条件做某事。如：

① 他一路都没顾**得上**吸烟。

② 我孩子还没吃饭,哪里管**得上**老师了!

2. 有理由做某事。如：

① 犯人不过二十岁左右,模样儿并不丑,甚至称**得上**英俊。

② 这人够**得上**一典型吧。

得 de 着 zháo

1. 值得做某事。如：

① 哼,他快活,有钱!……老子饿死。看我的,你死我亡。老子七十岁,死**得着**!

② 随便你做什么,我信**得着**你,过去我看过你的戏。

2. 有义务做某事。如：

① 回到办公室,铺开信纸,就欲写。忽而想到,并没指名道姓地批评我,我对他解释**得着**吗?决定不给那位负责人写信,而给他的儿子写信。

② 咱们事事都得留个心眼,人家有个伺候**得着**与伺候不着,不是吗?

3. 有理由做某事。如：
① 你的房子炸了怨**得着**我？
② 你得罪了我，当然骂**得着**你。

得 de 住

1. 有能力做某事。如：
① 拉偏架也得有理有据天衣无缝，那才蒙骗**得住**不明真相的群众。
② 脑子里一转弯，不能不吵；谁还能禁止**得住**脑子转弯？
2. 有意志做某事。如：
① "是呵，今天就不要出去了，歇一天吧。"大家也纷纷劝。"我怎么能躺**得住**？"
② 我受**得住**折磨，不管怎么样也还能念书。

二、用于形容词或某些动词后表示程度

1. 在述语后加"得"或"个"

不成

① 我想去看看信箱里有没有他来的信，可又胆怯得**不成**，好像周围有无数双眼睛在盯着我的一举一动。
② 但不久，我却发现儿子又故态重萌，作品像秋后的草，一日日稀少起来，就是偶有一两件，也是草率得**不成**。

不得了 liǎo

① 他很爱你，爱得**不得了**。
② 她在外贸局只是一般办事员，是最穷的人之一。要是站在一个要害点的位置上，国内国外人都得小心侍候，日子过得精彩得

不得了。

不行(不行不行的)
① 过去她是嬉笑无心的,现在敏感得**不行**,戒备得**不行**。
② 昨个大晚上的熬到三点写完 4 200 字睡下的时候困得**不行不行的**。

不要不要的
① 这个天气洗个冰水,脸真是冷得**不要不要的**。
② 雨花台中学真的远得**不要不要的**。

不亦乐乎
① 十万人往凉风习习的体育场密密麻麻一坐,喝着汽水,吃着雪糕,说喊一齐呐喊,说哄一齐起哄,跺脚吹哨扔瓶子,热闹个**不亦乐乎**,还冠冕堂皇地爱国。
② 他整天迎进送出,开门关门,忙得**不亦乐乎**。

出奇
① 大娘精神得**出奇**。五十岁了,两个眼睛还是清亮亮的。
② 新晴的天,西边红得**出奇**。

多
① 元豹和白度不一样,人忠厚得**多**。
② 按人品说,画儿韩比那五高得**多**。

够劲(儿)
① 忽然三轮车夫张四闯进来,往门上一靠,右手托着左胳膊肘,脑袋瓜淌汗,脖子周围的小褂湿了一圈,显然摔坏胳膊,疼得**够劲**。

② 这个人可是坏得**够劲儿**。

够呛

① 我模模糊糊看见有一点白晃晃的,下面一摸,正是它！小东西！可把爷担心得**够呛**！累得**够呛**！

② 这商店让附近新开的几家大规模连锁超市挤得**够呛**,生意冷清。

够瞧的

① 你先喝碗水吧,也累得**够瞧的**啦！

② 我已经瘦得**够瞧的**了,一米七八的个子,只有四十四公斤重,可以说是皮包骨头。

很

① 柳绿桃红,伉俪游湖。品茶、吃鱼,惬意得**很**呐。

② 我属于半官方人物,可以无所不谈,进退方便,自由度大得**很**。

紧

① 青儿呀,你的头发天然生得多好,又软又稀,真是俗语说的贵人头上无重发哩！可惜你十多岁时常听信同学的话用钢针烫,一绺一绺地焦了断下来,那时我瞧着真舍不得肉痛得**紧**呢。

② 今年的大蒜地倒是争气得**紧**,从冒芽儿开始就顺风顺水的,该采摘了,一根根在和风里炫耀着粗壮的身躯。

可怜

① 羊群一天比着一天多,可是经养它的人,却少得**可怜**。

② 世界太广漠了,我们圆睁两眼,平视正视,视野还是偏狭得**可怜**。

可以
① 关于武器的这一节想象,虽然英雄得**可以**壮烈得**可以**,悲剧味儿也十足,但分明地是只能想象一番,根本无法实现。
② 人家现在也红得**可以**呀,你没听见刚才一出场那片碰头彩?

厉害
① 我和大家一样,目光呆滞,脸色灰暗,模样儿傻得**厉害**。
② 芦苇丛里闷热得**厉害**,风在苇秆顶端游来滑去。底下却无一丝凉意。

了 liǎo 不得
① 李芒一个人回到芦青河边的村子里了。村里人像看到了一位天外来客一样,惊奇得**了不得**。
② 小英子把明海请到家里来,给他磨墨铺纸,小和尚画了几张,大英子喜欢得**了不得**。

没边儿
① 据分析,"洋节"因沿袭传统,商品锁定的范围有限,尽管特定的消费期特定的商品贵得**没边儿**,但总的销售量并无显著上升。
② 你是问高标准还是低标准?这得两说着。高,可就高得**没边儿**。

没法说
① 父亲和母亲能这么对待他这档子事,方雨林心里真是感动得**没法说**。
② "我跳得怎么样?"咬金问母亲。

辣辣说:"好得**没法说**!沔水镇没人比得上你!"

没话讲
① 灯火通明、流光溢彩,美得**没话讲**。
② 我也喜欢女儿,真是小棉袄,很温暖,幸福得**没话讲**。

没话说
① 粉质细腻得**没话说**,完全不飞粉。
② 这两兄弟可真是好得**没话说**。

没治
① "舒服吗?"飞波问。"舒服得**没治**!"法医说。
② 他打牌的手气好得**没治**了。

什么似的
① 金枝兴奋得**什么似的**,肯定一夜也合不上眼了。
② 这天见杜海霞风尘仆仆地从出租车上下来,付了一百好几十元的车资,把老实巴交的姨夫心疼得**什么似的**。

吓人
① 我醒来时觉得阳光耀眼,天蓝得**吓人**。
② 现在这螃蟹贵得**吓人**,再过两年,兴许都吃不起啦。

邪乎
① "四人帮"把国民经济推到"崩溃边缘"的日子里,虽是百业萧条,却也有几处应运而兴,发达得**邪乎**的所在。
② 1953年,上海夏天的天气热得**邪乎**,既不刮风,也不下雨,身上衣服总是汗湿的。

邪行
① 北方春天,十年九旱。今年似乎又旱得**邪行**。
② 北方腊月的天儿,冷得**邪行**。

凶
① 比谁都咋唬得**凶**!
② 延安的冬天比四川冷得**凶**。

要命
① 当初我喜欢他的诗,喜欢得**要命**。
② 多少人仰起头来看天,一天看多少次。然而天蓝得**要命**。天的颜色把人的眼睛都映蓝了。雨呀,你怎么还不下呀!

要死
① 我有好几次到过他的办公室,那儿可真是气派得**要死**。
② 老人家几乎把朱怀镜当成了大恩人,拉着他的手直叫大好人。小伍村里的人听说了,都羡慕得**要死**。

一塌糊涂
① 你们见过这种谦虚得**一塌糊涂**的人么?
② 康伟业的感觉糟糕得**一塌糊涂**。他想他可能做下了一件巨大的后果不堪设想的愚蠢事情。

2. 述语后不加"得"或"个"

不过
一般与"最、再"等副词相搭配。如:
① 你把她们神秘化了。实际上,她们是最普通最普通**不过**的

人,像你我一样。

② 大家都认为青年男女在谈对象的过程中闹一点别扭是再正常**不过**的事情。

惨了

前面的述语一般是指人们不喜欢的性质状态。如：

① 有啥了不起,你以为大学生就好啷个？莫那么稀奇,其实他们穷**惨了**。哪有我们几个来大钱？

② 他蹚着水过来,一个猛子扎到河中心,扛出一个人,又扛出一个人,扛出4个人后,他也累**惨了**,稍微歇了一下,他又下去,把最后一个人捞上来。

大发

① 谴责陈世美吧,是为了让他们重归于好,要是闹**大发**了,不是把陈世美往绝路上推吗？

② 那人是个岁数跟他不相上下的小伙子,两人当即吵了起来,一句比一句难听,可没吵**大发**。

到家了

① 你这个小子,滑头**到家了**！

② 看着大元宝不捡,真是傻**到家了**！

的 de

句中需要有"瞧、看"等与之配合。如：

① 他放声哈哈大笑起来,笑得前仰后合。瞧他美**的**,她气恨地想,他倒自信得很呢。

② 看他得意**的**！看他多么受用的样子啊！我这儿拿你开心玩呢,你当的什么真哇！俗不可耐！

得 de 慌

侧重于人的主观感觉和心理状态。如：
① 就是那狗杂种有钱了烧**得慌**，想再做一次如意新郎。
② 星子的泪水又忍不住往外涌。星子觉得心里委屈**得慌**。

多了

① 这样好，这样合理**多了**。
② 他可是老**多了**，他的脸上刻了很多岁月。

翻了天

① 全家人为这事闹**翻了天**！
② 当卡梅隆发现这部动画片中竟然也有武打情节时，她简直是乐**翻了天**，她苦练的功夫正好派上了用场。

疯了

① 有人故意冤枉了咱们，他们高兴**疯了**，他们想过咱们气不气服不服？
② 刚到家，还要出去，年底真是忙**疯了**。

坏了

① 我过去那个单位，终日无所事事，薪水菲薄，饿不死也吃不饱，难受**坏了**，毁我青春。
② 我花钱请城里的铁匠给他打了一把小镰刀，那天这孩子高兴**坏了**。

极了

① 那天从早到晚我心里乱**极了**，也不知道为什么。
② 我从初中到高中，从县城到省城，那草香总是伴随着我，清

爽**极**了。

了去了

① 您这一说,我的罪过可大**了去了**,不忠不孝,够杀够剐了。

② 有事儿?我的冯大总经理,事儿深**了去了**!

屁了

① 刑警队乱套,老吴刚刚上任,指挥不动。把我们都累**屁了**。

② 听说让他去北京,可把他乐**屁了**。

死了

① 我们一边说一边走,她终于在楼梯拐角处圈住我的脖子吻我一下,说,我想你想**死了**。

② 你怎么弄个这么难看的头哇。难看**死了**。

透顶

① 这个孩子几乎每天都要去一次公安局,向他们要人,他使他们厌烦**透顶**。

② 我知道,我栽了!我惨了!我完蛋了!现在你开心**透顶**了,是不是?

透了

① 这样一个男人,赤身裸体,在家里翻箱倒柜,这样子真是古怪**透了**。

② 没意思,没意思**透了**。什么爱情,都是骗人的。十几年的夫妻,全是假的。

完了 le

① 这可把我急**完了**,我越想越觉得我不来不对劲呀,我寻思你和金贵俩两句话不说不得整起来呀!

② 孩子这一辈子跟爷爷不行,就跟姥爷亲,姥爷临走把她哭**完了**。

稀了

① 不料过了一会,揣队长去村东的工地视察回来,脸蛋子又红了,又嗷嗷地鼓动起来,到收工时把社员都累**稀了**,她反倒没事了。

② 上吐下泻,折腾**稀了**!

语气词词典

不成

1. 与"非"搭配使用,表示强烈的意愿。如:

① 等我苏醒过来后看到下身空荡荡的,一条腿已经没有了,我哭啊!闹啊!非要回我那条**不成**。

② 而好的影片则"折腾"人,"闹心",让你看了就放不下,像是和谁谈恋爱似的,特有表达的欲望,非想拉个人说说心里话**不成**。

2. 与"非"搭配使用,表示情理上客观上要求必须如何。如:

① 反正这项任务,非得我去**不成**。

② 这事难办,非领导去**不成**。

3. 与"非"搭配使用,表示对必定发生某事的推测。如:

① 算了算了,不跟你争了,再争,非打起来**不成**!

② 要在小学,我非给这招吓哭**不成**。

不迟(也不迟)

与"再"构成"再……(也)不迟"的格式,用于表达建议的句子末尾,表示希望在具备了某种条件后再做某件事。如:

① 我说:有爱好,这很好。你先挣些钱来把自己养住,再去爱好**不迟**。

② 干活儿主动点儿,多受点儿累,等今后混熟了,情况也摸清了,再偷懒**也不迟**。

不结了

表示做某事的必要性。如：

① 赶明儿您去把定钱退了**不结了**？

② 那有什么难的！我回家查字典**不结了**！

不可

1. 与"非"搭配使用，表示强烈的意愿。如：

① 老子本来不赌博！你不是打吗？偏赌！非赌**不可**！

② 这事非查清楚**不可**！

2. 与"非"搭配作用，表示情理上客观上要求必须如何。如：

① 大势所趋，接力棒非交出去**不可**了。

② 咱们村的那七眼机井，四眼在村东……非用电力抽**不可**。

3. 与"非"搭配使用，表示对必定发生某事的推测。如：

① 西北风一起，大浪头翻上来，把河堤上丈把长的青石都卷了起来。看来，非破堤**不可**。

② 那照你这说法儿，咱是非死**不可**？

不是

用于反问句尾，表示确认某一事实。如：

① 后来我打算不马虎了**不是**，福隆倒连根烂了。

② 咱们呀，还就是原来那个吧，好歹，他不要四居室了**不是**？

不是吗

用于小句末尾，表示下面有话要说，提示对方值得期待。读得很轻很短。如：

① 要依着我说**不是吗**，凡是那个不是杀人偿命的事呀，咱们哪就别经官了，啊。

② 宁宁，你爹我，我多少年都没摸这琴了。可是你爹挣的钱足

够装备一个交响乐团。十块钱**不是吗**？啊。我撅了它。知道吗？不就是钱吗？

不误

多与副词"照"搭配使用，构成"照……不误"的格式，表示仍照原来的方式或原订计划做事的坚决态度。如：

① 给你透点风，那边时兴的就是小管裤，莫看天气恁个热，照穿**不误**。美嘛，不怕勒屁股。好销得很。

② 活儿完了，咱们二友居楼上雅座见面，夜宵是我的。亲兄弟明算账，谢仪我也面呈**不误**！

不行

与"非"一起构成"非……不行"的句式，表达以下意义：

1. 表达做某事的强烈意愿。如：

① "没零钱，明儿再买吧！"

"不，非现在吃**不行**！"

② 我今年秋后不曾走，明年麦后是非走**不行**了。

2. 表达情理上客观上必须如何。如：

① 他晓得人和厂非有她**不行**。

② 要办好工厂，会当资本家，非读《资本论》**不行**。

3. 推测必定发生某种情况。如：

① 倘若爸爸、妈妈那晚上不去大姨家而去看戏，大姨非气疯了**不行**。

② 要是一个劲儿往后看，车非开翻**不行**！我大摇大摆走，他们非派人拦我**不行**，弄不好还要捆我一绳子。

才对

表示某事应该发生。句中常有"该、应、得、要、应该"等词与之配合。如：

① 那个七舅舅就是你吧？你该把这家人的事告诉我们**才对**！
② 我不该无缘无故来到这里，总得有个前因**才对**。
③ 不要再自己折磨自己了，为了她你也要好好地活下去**才对**。

才怪

表示确信，用于以下两种句子末尾：

1. 用于一个假设小句后的结果句末尾，表示确信在这一假设的情况下某事不会发生。如：

① 你们光是握着根小杆，杆上糊着张红纸，拿这张红纸来和大炮碰，老鬼子要笑一笑**才怪**呢！
② 你看不清楚，就像狼赶着，其实还是狼拖羊。它要不咬住它，它跟你走**才怪**哩！

2. 构成"不……才怪（呢）"的句式，表示确信某一事实定会发生。如：

① 在陈呆的边远的小镇，这样的姑娘不被选到文工团去报幕**才怪**。
② 他们想喝酒了，就使唤我下去拿。越是大暑天越想灌啤酒不是？我一天不得下去十来趟**才怪**呢。

才好

表示某事应该发生。句中常有"该、应、得、要、应该、不要、别"等词与之配合。如：

① 这么多年了，我总该有些长进**才好**。
② 这回路费差不多了，我想回广东去，看看孩子……总得回去看看**才好**。
③ 是啊，不装电话耽误事儿，装了电话吵死人。别因为这些杂事儿得罪了客人**才好**。

才是

相当于"才对"。如:

① 你为什么还穿长袖衬衫呢?你该带头换上短袖**才是**,而且,你们女孩子该穿裙子才对啊!

② 没人看重我们,我们就得自己看重自己**才是**。

才行

表示做某事的必要性。句中常有"得、要、必须"与之配合。如:

① 这事没那么简单,又不是你一个人的事,还得我同意**才行**,我不能让你招之即来,挥之即去。

② 想了才能有准备,才不会把事情做错。所以今后对将来的事,要多想想**才行**。

③ 在人群中生活,任何人都应该有一点自控能力。但当政为官者,这方面的能力必须十分强大**才行**。

倒好(可倒好)

用于人称代词或"现在、这回、这"等之后,表示事情不合情理或预期,有责怪抱怨的语气。如:

① 人家把心窝子话掏给了你,你**可倒好**,三天两头儿拿姐姐开涮。

② 和尚为他们坐监,他们**倒好**,没一个人肯去帮帮忙,连头牲口都没人借给。

③ 诶,就说我们这位吧。过去挺好的,任劳任怨,让往东啊,他不敢往西。哼,现在**倒好**,成大爷了。

④ 小南蛮子可不讲仁义,他一出溜就漂洋过海去了爪哇国,你怎么逮他?唉,这回**倒好**,二十万血本打水漂儿,连个响儿也没听见。

⑤ 好好的脸干吗美容啊,这**倒好**,反而美出了一身麻烦。

的 de 好

用于表达自己意见或者对人劝解的场合,表示肯定一种选择。如:

① 于是他又得出一条经验:自己的放羊经验,还是口传实授**的好**。

② 早去掉,主动。晚去掉,被动。晚去掉莫如早去掉**的好**。

的 de 话

用于句中可停顿的地方,表示其前的成分是次要信息。如:

① 既然你不来**的话**,那我就来了。

② 他只要有一分聪明**的话**,那么袁书记也不会给他捉住了。

③ 以前没能出去玩**的话**是因为没钱,后来是没时间。

④ 我想**的话**,中国的消费者,他们的消费力量依然还是非常地强大。

⑤ 看了他的回应,大家应该有所警惕的,因为**的话**这种人可能是要渗透内部的第五纵队,并不简单。

⑥ 你可以去投资一些货币基金,虽然**的话**收益比较低,但是这样的风险相对来说是很低的。

⑦ 已经不记得四年前的今天在干什么了,很多事情开始逐渐被遗忘了,很多记忆也慢慢消失了。总之**的话**,现在比以前好,以后也会比现在好。

还不行吗(还不成吗)

表示做出一个并非出于情愿的决定。如:

① 刘:哎,真是的。乱成这样儿,这怎么工作?哎哟,把椅子也给占了。

戈:得得得,我帮你归置**还不行吗**?哎呀。

② 你别跳闸,千万别,我不言语了**还不成吗**?

好不好(好吧)

强调某一事实。如:

① 想看格林的第一季第一集,结果一开始,你不留神把心都差点吓出来! 我胆子很小的**好不好**,吓死姐姐了!

② 找个妹子来演会不会好一些啊,简直就是糟透了**好吧**!

好了

表示对某一意见或建议的认可。如:

① 你怕受连累不要接近我**好了**。

② 这一盆花得十多斤重,我要是看花,到花房去看**好了**。

就成(就成了)

表示对某一意见或建议的认可。如:

① 不是早劝过您啦,装作没看见**就成**,怎么又堵心啦!

② 孩子的头出来了! 快,用点劲**就成了**。

就够了

表示对某一意见或建议的认可。如:

① 你知道我的意思,是不是? 你知道我的意思**就够了**吧。

② 你呀,把你面前骗人混饭吃的玩艺儿丢了**就够了**!

就结了

表示对某一意见或建议的认可。如:

① 无论怎说,自己是个车夫,给人家好好做事**就结了**,想别的有什么用?

② 五十? 五百也行,老太太有钱! 干脆要钱**就结了**,挂哪门子浪号,你当我的孙子是封信呢!

就齐了

表示对某一意见或建议的认可。如:

① 有您这句话**就齐了**。

② 改名字、改年龄在这里十分容易,花 200 元**就齐了**。

就完了 le(完了 le)

表示对某一意见或建议的认可。如:

① 您好运气,不用现写,抄一段**就完了**。

② 我看这事这样吧,你也不要找警察了,找个小报记者,哭诉一番,让他给你写一篇"她为什么痛不欲生",利用舆论揭露一下,鞭挞一下,搞臭他,你出出气**完了**。

就行了

表示对某一意见或建议的认可。如:

① 行了,这事到这里为止了。以前大家没有偷,就既往不咎了,以后注意不偷**就行了**。

② 行啦,您就搁这儿**就行了**。

就有了

表示对某一意见或建议的认可。如:

① 明天,那好说,明天多卖出几个笼子**就有了**。

② 大哥,拿着! 你家三口人,六只手,一手一个。没啥送,小意思,多喂几口猪**就有了**,圈里几千口,卖不清!

就中

表示对某一意见或建议的认可。如:

① 镢头叔,我给你扛活,我不要工钱,管俺娘儿俩吃个半饱**就中**。

② 这不难,家里有老人吧? 就照那样服侍**就中**。

拉倒

表示希望某种结果发生。如：

① 他根本不愿让县公安局的人来办这桩案子。更进一步说，他根本就不愿这件事成为一桩案子。他想大事化小，小事化了，不张不扬，抹平过去**拉倒**。

② 她把门窗关好又反复检查，然后钻到被窝里，严严地蒙住，就盼着自己能够赶紧睡着**拉倒**。

似 shi 的

与"多"搭配，表示虚拟语气，指明对方的错觉。如：

① "我才没吃醋呢。"她抖着一条腿撇着嘴说，"多爱搭理你**似的**。"

② 行啦，快走吧。别以为我多得意你**似的**。

算了

表示对一种意见或建议的认可。如：

① 咱抓阄**算了**。谁抓着什么就玩什么，也别争也别躲。

② 离婚**算了**，还过什么劲呢？

完事

表示强调某事的虚拟结果。如：

① 他看着桥下的浑水，几乎想纵身一跳**完事**。

② 吃饱了撑的闹他爷爷的民主，最后闹他个拉稀的拉稀，饿肚的饿肚**完事**！

为好

与"还是、还"搭配，用于表达自己的意见或者对人劝解的场合，肯定一种选择。如：

① 建议企业家们还是多积聚些和气,少沾染些霸气**为好**。
② 那些在台湾问题上大做文章的人们,还是放聪明点**为好**。
③ 这件事当时还不如交给他去办**为好**。

咋的 di
1. 表示反问语气。如:
① 玩两下子就行啦!你们是吃饱了**咋的**?!
② 你倒是快点呀,不去了**咋的**?
2. 表示确认语气。如:
① 金贵:小卖部还赔啦?
韩老实:可不是赔了**咋的**。
② "小王,你看看你脸上溅了一个泥点子。"小王照镜子看了看说:"真是**咋的**。"

在
与"自有"相搭配,表示承认某种情况存在。如:
① 人间自有真情**在**。
② 你我虽时有非伦非类之语,只要心有灵犀一点通,听来自有禅意**在**啊!

在里面
与"有、没有"相搭配,构成"有(没有)……在里面"的格式。表示承认某种情况存在或不存在。如:
① 人类受了造物支配,自然而然地发生道德思想,并没有一种目的**在里面**。
② 不做俗人,哪儿会知道这般乐趣?家破人亡,平了头每日荷锄,却自有真人生**在里面**,识到了,即是幸,即是福。

再讲

肯定先做眼前的事情的合理性。如：

① 我不要灰心，我将慢慢熬着，把这一步恶运走过去**再讲**。

② 还是得联合战线，先战败小医生**再讲**。

再看

相当于"再讲"。如：

① 还有的事情用不着急于解决。前些时候那个雇工问题，相当震动呀，大家担心得不得了。我的意见是放两年**再看**。

② 我这么一解释，老王头半信半疑，但仍然坚决地说，好赖先封它一个月**再看**！

再说

相当于"再讲"。如：

① 都八小时没吃饭了，先宰丫一顿饭**再说**。

② 没人答应，祥子下了决心，先跳过去**再说**。

怎么着(是怎么着)

用于反问句末尾，表示对有关对方情况的推测。如：

① 那你倒说话呵，聋了**怎么着**？

② 还好哪？你还想学他**是怎么着**？

这个

用于问句的末尾，表示不满的情绪。如：

① 再过八年，就都国营了，你拿着秘方人家怎么做药哇**这个**？

② 下面，咱们谈谈第二个问题。有人说我这样做，是不是叫剥削**这个**。现在咱们就谈谈这个剥削与被剥削之间的辩证关系。

这是

用于反问句或感叹句末尾,表示对某人行为的不理解。如:

① 我这心里究竟怎么回事你就给我说说呗,老折磨我干啥呀**这是**?

② 就是,说那话做那事就跟不是他似的,一准是中了邪了**这是**!

助词词典

不

用在"几+量词""两+量词""一会儿"等词语的前面,表示主观上认为数量少或时间短。如:

① 根本消化不动满桌的鸡鸭鱼肉。吃**不**几顿以后,落下了一个习惯性腹泻的病根。

② 为了给当局一个下马台阶,彼此不伤和气,他自己主动递了一封辞职书。**不**两天,批复照准。

③ 他厚着脸皮,跟大伙左赔情,右赔礼,好话说了上千万,怎么拦也拦不住。**不**一会儿人都走净了。

不打紧(不要紧)

构成"一……不打紧(不要紧)"的小句,表示通过小句,产生了意想不到的结果。如:

① 但她痛定思痛,想到母亲的病,想到妹妹们还小,不能失去母爱,她决意下嫁,但她必须先了解对方的人品。这一打听**不打紧**,原来对方是个劳改刚释放出来的人。

② 他再翻另外十几本,本本都有同样的前言。他这一翻**不要紧**,就引起了书摊主人的注意。

不论

与"撇开、抛开"等介词相搭配,表示暂且排除某一因素。如:

① 撇开写得好坏**不论**,小说无所谓真伪。如你所知,小说里准许虚构,所以没有什么真正的小说。

② 抛开外部因素**不论**,他对自己的作品还是相当有信心。

不说

与"撇开、抛开"等介词相搭配,表示排除某一因素。如:

① 本来,作为一个庄稼人,这些年来,撇开表面的恭维**不说**,在这乡场上就低人一等,他呢,偏偏又还比谁都更无出息。

② 抛开数额高昂的"人头费"**不说**,这么多的语言专业人才,一时从哪里凑齐呢?

不算

与"刨去、抛开"等介词相搭配,表示排除某一因素。如:

① 一套月租金1 000元的房子,刨去税费、办手续的费用和付给房屋信托中心的佣金**不算**,房主最后只能得到700多元,积极性自然受挫。

② 北京的首要污染物85%是可吸入颗粒物,抛开一年中几个月的采暖期**不算**,4月至10月,北京的主要污染物只有一个:可吸入颗粒物。

不谈

与"撇开、抛开"等介词相搭配,表示排除某一因素。如:

① 撇开文化不文化专长不专长的**不谈**,他四处寄信的事,尤其使一些单位的头头脑脑们对他望而生畏,避之唯恐不及,拒之唯恐不坚。

② 抛开体育的社会凝聚力等功能**不谈**,仅仅就从投资招商的角度来看,没有现代化的体育设施的城市,也缺乏吸引力。

不提

与"撇开、抛开"等介词相搭配,表示排除某一因素。如:

① 撇开请客送礼的庞大开支**不提**,光是安排时间、来回跑腿,就使乡长镇长们伤透脑筋。

② 抛开美丽的雪景**不提**,如果说降雪给北京市带来的麻烦还仅仅是天气比较冷、外出行走时路滑、影响行车速度等无关大事的方面,那其他几个边远地区所受到的困扰就不那么简单了。

大几

用在表示十位数整数的数词后面,表示超过某个整数的年龄,说话人主观上认为这个年龄相对于做某事或某个人生阶段来说偏大了。如:

① 再说那少的,三十**大几**了,还没结婚。

② 冰心是世纪同龄人,那时已六十**大几**。

的 de 时候

表示其前小句为假设的条件,常与"如果、假如"等连接词搭配。如:

① 行车时路遇前方有障碍时,也要顾及周围。如果前方有障碍物**的时候**,在旁侧那条行车线上的车就会并入自己的车线,所以要预先做好准备。

② 假如头上碰得肿了一大块**的时候**,去寻母亲去罢,好的是骂一通,再给擦一点药;坏的是没有药擦,还添几个栗凿和一通骂。

掉

1. 用于动词之后,表示动作的完成。如:

① 他答应母亲 2006 年一定把房子买**掉**,把婚结**掉**,把孩子生**掉**。

② 春雨前有展览后有回程，而我是前有丹麦学弟学妹的旅程要安排**掉**，后有四十页《安徒生传记》要翻译**掉**。

2. 用于某些表示消极意义的不及物动词或形容词之后，表示一种不好的反常的或不如意的状态的出现。如：

① 他不健康，但是他没有瞎**掉**一只眼睛跟失去一条腿，他的面目与四肢都是健全的。

② 他就想了，过生日时收到变质的蛋糕会让你脸绿**掉**，收到爱情是不是一定要让你脸红**掉**呢？

而言

1. 主要是与"指、就"等一起构成"指/就……而言"的构式，表示上文的结论是针对某一具体的事物或方式而得出的。如：

① 你这不叫晒太阳，叫作捂痱子。这是指我舅舅穿着衣服在太阳底下睡觉**而言**。

② 而且我还应该提到我所喜爱的普希金、莱蒙托夫、果戈理、赫尔岑等一大批作家、诗人、戏剧家。这里还只是就俄罗斯**而言**。

③ 他们全家一月吃一斤羊肉，这是笼统**而言**。

2. 与"相对、大体、一般、比较"等词连用，表示观察问题、分析问题的角度。如：

① 农民相对**而言**显得闭塞一点，不容易接受新事物，排他性较强。

② 三个人都来不及有理智的反应，而大体**而言**，是瑞珠用手臂强撑着昏迷的腔子，瞪大双眼，下巴挂下，再收不回去。

3. 用于由"就、对、从、以"等介词标记的话题之后，引出下文的表述。如：

① 其实就一生的总体价值**而言**，我觉得我父亲就远比七舅舅更值得故乡看重，然而我父亲毫无希望进入县志。

② 对我**而言**，知识化的过程是一个被概念化的过程，从一个活

生生的人变成一个机器的过程。

③ 从种系发展**而言**,直立行走是从猿到人转变过程中的极为重要的一环。

④ 以职业**而言**,他们也许是公务人员,也许是中学教师。

个

1. 表示后面的名词代表一个不确定的事物。如:

① 她一边飞针走线一边劝小叔子别鬼迷心窍,正经地尽快找**个**姑娘结婚。

② 下次上山来抢老婆,你不如带**个**麻袋,把她盛在里面。

2. 用在动宾短语之间,一般是几个并列的动宾短语,表示主观上认为做某事是轻松随意的。如:

① 星期天老两口常去逛**个**公园什么的。

② 老李常来这儿吃**个**饭呀喝**个**酒的。

3. 用在动词和概数词之间,表示主观上认为某个数量虽不多,但足够。如:

① 他每天早上总是要锻炼**个**二三十分钟。

② 花**个**千八百块的,图**个**痛快,值得。

4. 用在作补语的动词性结构前,相当于"得"。如:

① 单立人用警车里的对讲机和局里沟通联络,并调来大批刑警队的小伙子,把邢邱林住的这幢楼围了**个**水泄不通。

② 中国人素以爱好和平著称于世界,在那十年间,不知怎么搞的,动辄拳头开路,枪炮说话,打**个**不亦乐乎。

给

用在谓语动词前面,强调事情的发生是由某种外力导致的。如:

① 一旦看见外人把本国人**给**打了,心里不知不觉地就变了卦!

② 我这还是头一回让三轮**给**欺负了。
③ 太便宜了,你能不能**给**往上涨涨?

好

用于"几+量词、一+集合量词、半天"等词语前面,表示主观上认为数量多或时间长。如:
① 只见杨重坐在**好**几桌老姑娘中间,风度翩翩地笑着,一杯接一杯喝着酒。
② **好**一会儿过去了,金秀也没有再把那封信拿出来。
③ 三年高中,四年大学,路费、学费、膳费、宿费,得**好**一笔钱。
④ 张巨要举手,宋玉珂按住了他。**好**半天过去,华工们没一个人说话。

好几

用于表示整数年龄的数词之后,表示较多的零数。说话人主观上认为"X好几"这个年龄相对于某种情况来说偏大了。如:
① 万一哪天轰一声咱都没了,我这三十**好几**呢,媳妇儿也没娶,你能看着我打着光棍儿就告别人生吗?
② 这胡同罚扫街的是当年的格格,如今五十**好几**了,一身都是病,咱们还是替她省把子力气吧!

间

用在动词之后,表示动作状态在过程中。如:
① 演讲**间**,麦克风突然出了点儿小故障。
② 说话**间**,小两口甜蜜的微笑一直挂在脸上。

讲来

用于"严格、一般、大体、具体"等词的后面,表示观察分析问题的角度。如：

① 这些老同志,都是老一辈革命家,严格**讲来**,他们用过的东西都算革命文物,得进博物馆!

② 我过去一个月里会两三次去美术馆转转,一般**讲来**,一些隆重推出的大展水平不低,但这不低的水平却让一些莫名其妙的画展给倒尽了胃口。

③ 大体**讲来**,八十年代的男青年要比女青年实际得多。

④ 那么,思想教育工作怎么搞呢?从何着手呢?具体**讲来**我们做了四个方面的工作。

劲儿

用于动词或形容词后,表示人具有相应的行为或状态的情状。如：

① 到时候你们千万别客气,照死了打棍子,拿出那势不两立深恶痛绝**劲儿**,打棍子我就名扬天下了。

② 这俩小子一听啊,心里的高兴**劲儿**就别提啦。

看来

一般与"在、照、从、据、按、以"等介词相搭配,形成"介词 X 看来"的格式,表示观察分析问题的角度。如：

① 我问过那些妞儿,许立宇在她们**看来**是否缺乏魅力,有些妞儿说不是。

② 他快出来了。我妈就操起心来,但不是为我舅舅操心,是为小舅妈操心。照她**看来**,小舅妈是好女孩,我舅舅配不上她。

③ 因为这个母体里会有一种血统,一种水土,一种创造的力量使活泼健壮的新生婴儿降生于世,病态软弱的呻吟将在他们的欢声叫喊中被淹没。从这种观点**看来**,一切又应当是乐观的。

④ 据刑法**看来**,最要紧的自然是脑袋,所以大辟是上刑。

⑤ 每个作业面约有 100 至 110 人,按目前情形**看来**,已全部遇难。

⑥ 从整体**看来**,能量之和仍然是不变的,也叫能量守恒和转化定律。

来讲

1. 与介词"拿、对、就"等相搭配,形成"介词 X 来讲"的格式,表示提起一个话题。如:

① 翻翻我们学校的毕业分配工作档案吧!八十年代初,就拿你们新闻系**来讲**,分的都是哪些单位?新华社、《人民日报》、《光明日报》、《中国日报》、电台、电视台等等。

② 现在,对我**来讲**,最幸福莫过于飞机出故障,不是在天上,而是落到北京以后停飞。而且机组里还得有个叫王眉的姑娘。

③ 一切有生命的,就都有身世。比如一棵草本的花儿,它春天结骨朵儿了,夏天开放了,秋天凋零了,冬天死了,我们一般就不会替它伤感,因为就它**来讲**,身世挺好的了。

2. 与介词"从"相搭配,形成"从 X 来讲"的格式,或用于"一般、具体"等词的后面,表示观察分析问题的角度。如:

① 有可能的话,请你转告她,从法律上**来讲**我还是她丈夫,有权利知道她的下落。

② 一般**来讲**,运动员的伙食标准每天应达到 16 块钱。

③ 产生这些不良反应的原因实际上是一个重新评价自己的问题。具体**来讲**,也就是一个如何看待自己与别人存在差距的问题。

来看

1. 和介词"从、就"等相搭配,形成"介词 X 来看"的格式,表示提起一个话题。如:

① 从我这一辈子接触的人**来看**,不单单在碱水里泡过的她是

宝贝,凡是吃过苦、喝过碱水的人都是咱们国家的宝贝,都有一颗金子般的心!

② 就目前流传的那个"新日历"**来看**,其优点是简单、整齐、易记,但它的不足也是致命的:20 世纪与 21 世纪之交在星期周期序列中不相衔接。

2. 与介词"从"相搭配,形成"从 X 来看"的构式,表示观察分析问题的角度。如:

① 从法律的角度**来看**这是一场"聚众抢劫",但从另一个角度**来看**,这并不是一场真正的抢劫,相反,是对某些领导滥用职权的武力抗争。

② 从你刚才说的话**来看**,你还是爱我的,对我有感情的,我没说错吧?

来说

1. 和介词"对、拿、按"等相搭配,形成"介词 X 来说"的格式,表示提起一个话题。如:

① 对领导者**来说**,任何以要挟方式提出的要求都是一种冒犯,因而也是非合理的和难以接受的。

② 就拿我这个开车的**来说**吧,早先通商的时候,我还到过苏联、阿富汗,又到过巴基斯坦。尤其是在帮助巴基斯坦修公路那阵子,几次事故都差点把我命送掉。

③ 按车工这一行**来说**,她的年龄太大了些,眼力也不行,再干下去是很容易出事故的。

2. 一般与介词"从"相搭配,形成"从 X 来说"的格式,或用于"一般、大致、大体"等之后,表示观察分析问题的角度。如:

① 客观地看,不论从哪方面**来说**,我都比那陕北小伙子强。可那姑娘偏偏不爱我,偏偏愿意跟那小伙子受苦。

② 从科学的角度**来说**,眼睛隔得远,就会有更好的立体感,并

且能够更好地估计距离。

③ 一般**来说**,没有人会在凌晨一点去洗澡,但我就是个例外。

④ 所谓"中文平台",并没有精当的定义。大致**来说**,它是用以支持中文应用软件,为计算机提供中文环境的软件系统。

⑤ 学历经历皆相当优秀的他,刚接任总经理一职,大体**来说**他的工作表现相当称职,游刃有余。

利索

用于动词之后表示动作的完成。如:

① 她收拾**利索**了,那人还没有走的意思。

② 明德英用哑语告诉他,不是我留你,你还没好**利索**。

没

用于"几+量词、两+量词、一会儿"之前,表示主观上认为数量少或时间短。如:

① 他看我舅舅写的小说,看了**没**几页就大打喷嚏。

② 我是买了一个冰箱到家,**没**两天儿就坏了,老得修。

③ 聊天的地儿超美,可**没**一会儿,海水便涌进来。

什么的(啥的)

1. 用来代替列举未尽的事物,表示列举的结束。如:

① 我们也不干什么,看看武打录像片、玩玩牌**什么的**,要不就睡觉。

② 你要说北京当时有个强奸案**啥的**我倒在现场。

2. 用于引述别人所说内容的后面,表示引述的结束。如:

① 自打你们《人间指南》编辑部报道了我们姐俩的消息以后,每天都能收到好多热心人写来的信,都是给我们俩寻医求治**什么的**。

② 要搁过去,她不管生多大气,还隔三差五来问问我胃还疼不疼啊,吃饭香不香啊,药吃了没**啥的**,现在全没了。

时

用于假设句之后,表示假设关系。如:
① 如果我是个小海贼**时**,早该放弃那个不安分的想头了。
② 从国内战争说,假如红军的力量超过了敌人**时**,那么,一般地就用不着战略防御了。

是

用于句中需要强调的成分前面,帮助表示后面的词语是句子的焦点信息。如:
① 她**是**傍晚时分由四个乡下轿夫抬进花园西侧后门的。
② 我**是**凭直觉感到她有重要的话要对我说。

说来

1. 与介词"对"相搭配表示话题。如:
① 若叫她带着怀念离开我,对她**说来**就更难忍受,对我**说来**,也会加深良心上的自责。
② 对他**说来**,没有什么办不成的事。

2. 与介词"从"或"一般、大体、严格"等词搭配形成短语,表示观察分析问题的角度。如:
① 这些房子同沿河一切房子有个共通相似处,便是从结构上**说来**,处处显出对于木材的浪费。
② 一般**说来**,死者的年事越高,子孙越多,丧仪就办得规格越高、越隆重。
③ 下乡两个月,大体**说来**很快活,唯有一个阴影:那就是与家人离散,经常牵心挂肚。

④ 这下你该明白,这故事之所以近乎荒唐,是因为它就出在那十足荒唐的岁月里。严格**说来**,它是我的一段平凡琐细的经历。

停当

用于动词之后表示动作完成。如:

① 别人磨蹭半天的活儿,她不一会儿就做**停当**了。

② 沙灶的风俗,谁家造了屋,都要摆八桌大菜,请来画匠尊为上首,吃喝**停当**便当众动手描画。

为止

多与"到、直到"等相搭配,构成"到(直到)……为止"的格式,表示时间界限。如:

1. "到"与"为止"之间是名词性成分,表示到某一时间或地点结束。如:

① 其实呀,到现在**为止**,老辈儿之间的疙瘩已经冰消雪化了。

② 苏宇开始送我回家,他总是送到那座通往南门的木桥**为止**。

2. "到(直到)"和"为止"之间是小句或动词性成分,表示某一动作或事件的发展以出现某一特定的结果为终点。如:

① 上船以后,由于寂寞与疲乏,直到开船**为止**我都睡在我的舱位上。

② 一棵树不见了,就会有人到深山里去找一棵相当老的松树来补种上,直到它在石头花园里长到不见了**为止**。

③ 他仍不满意,于是再拼命地磨了一阵,直磨得他大汗淋漓精疲力竭**为止**。

下

与介词"在"搭配构成"在……下",表示条件。如:

① 老太太在杨重的搀扶下边往门外走边唠叨。

② 在自己的促进**下**,女儿才以心相许。

下来

用于表示数量意义的词语之后,表示经历了一个过程。如:

① 他比明眼人亮堂多了。一年**下来**,全队户户都没进账,独他一个光棍汉分红一百多块钱。

② 那种日子,别提有多么艰苦。几个月**下来**,人都变了形状。

③ 在路上,他遇到了一个芦青河边上的老乡。一路**下来**,李芒才知道他的家乡有很多变化。

④ 看锅的小杨师傅说:"这已经是第三锅了。"三锅**下来**,一天他就蒸了 200 斤馒头。

一

用于名词之前,表示该名词代表的事物是不确定的。如:

① 五位英雄正在楼上饮酒,忽听楼梯一响,噔噔噔噔上来**一**人,只吓得五位英雄茶呆呆发愣。

② 董延平对石静说:"这要在过去,说老实话,就得把你奖给我。"

"奖你**一**大嘴巴。"石静笑着说。

一般

用于由"跟、像、似、如、同、和"等组成的介词短语之后,表示比喻。如:

① 他说有一年沽源下了一场大雪,西门外的雪跟城墙**一般**高。

② 一张美元支票在半空中又化为更多的人民币支票,就像魔术**一般**,往下飘呀飘呀。

③ 这小船儿好似海鸥**一般**,随着拍浮。

④ 麦尔根把咬断的皮条给我们看,断茬齐刷刷地如刀切**一般**。

⑤ 卢沟桥的光辉,如同日月**一般**灿烂。
⑥ 母亲和老虎**一般**捕住自己的女儿。

一样

同"一般"。如:
① 黄瓜那么绿,西红柿那么红,跟上了颜色**一样**。
② 老陈的眼睛像马**一样**温驯。
③ 那苍老的忧郁的歌声似幽魂**一样**尾随着我们永远摆脱不掉。
④ 黄昏如晚汐**一样**淹没了草虫的鸣声,野蜂的翅。
⑤ 全村庄就同死了的**一样**。
⑥ 看他的腿呀! 看他的腿呀! 和哈巴狗**一样**呀!

以外

与介词"除、除掉、除去、除了、除开"等相搭配,构成"除……以外"的结构,表示如下的意义:

1. 排除某一因素。如:
① 从科班到戏班,除此**以外**,他哪儿也没去过。
② 三年来的诗,除掉几首被删**以外**,大致都汇在这本小书里。
③ 小岛上除了干枯暗淡的石头**以外**,什么都没有。

2. 把某一因素计算在内外,还有别的。如:
① 整个立面上除三个门**以外**,只有一个大圆窗。
② 但是除开海上的风景**以外**,海还有一种威胁,就是海浪的威胁。
③ 越景深总算起来,输去将近 60 块。除去欠账退清,现钱输光**以外**,还倒欠了人家不少钱!

有

用于某些动词加"的"构成的结构后,表示存在或拥有。如:

① 你不是找《红楼梦》吗？我书架上放的**有**。
② 我不要你的巧克力，我买的**有**。

这

用于名词之前，表示该名词所代表的是确定的事物。如：
① **这**雷锋可不是好当的。
② 我一想，**这**人怎么能吃那东西呀？

之类

用于名词特别是并列的名词之后，表示像这些名词所代表的这类事物。如：
① 对英雄怎么这口气。我不说什么鲜花拥抱**之类**的吧，起码也得敬佩地看上我两眼。
② 唯一能安慰我的是这里是中国，机枪**之类**的东西不容易搞到。

之流

用于指人的名词之后，表示以这个名词所代表的这种人，含贬义。如：
① 我认为我们不必忌讳陆武桥**之流**，完全可以采取巧妙的手段把分配不公的钱赚一点儿过来。
② 老年人对眼下的世态瞧不顺眼，发发牢骚，骂一骂王喜**之流**玩世不恭的年轻人，有何不可呢！

之外

与介词"除、除掉、除去、除了、除开"等相搭配，构成"除……之外"的结构，表示如下的意义：

1. 排除某一因素。如：
① 除了金一趟本人和杨妈**之外**，年轻的，谁也不知道这是什么

日子口儿。

② 过去,天堂公社青年团的活动,除开会**之外**,只有一个内容:劳动。

③ 除掉大弟住厂**之外**,一家三口的生活全靠他那一点微薄的薪水。

2. 把某一因素计算在内外,还有别的。如:

① 除现在的特区**之外**,可以考虑再开放几个港口城市,如大连、青岛。

② 他们除却睡觉吃饭**之外**,把大半的时间都消磨在这个车门底下。

③ 现在想来,我在宣传队的别扭和对愿坚不喜欢,除去我个人毛病**之外**,还由于两个团体作风的不同。

之下

与介词"在"搭配构成"在……之下"的短语,表示条件。如:

① 在这样交谈**之下**,我们便成了朋友。

② 曹雪芹、高尔基、达文西,这都是在大自然的爱护**之下**,而完成了自己的。

中

用于动词后,表示动作在进行。如:

① 演讲**中**为了引起听众的注意,加深听众对所讲内容的印象,就必须重读某些词句。

② 据警方表示,该嫌犯极为凶险,为一号通缉要犯,现正追捕**中**。

状

用于具体名词、动作动词或主谓短语之后,表示事物的形状或状态。如：

① 两岸的群山在月光里如波浪**状**起伏,山峰闪闪烁烁。

② 血液凝固时,纤维蛋白原在凝血酶的作用下形成白色纤维**状**物质。

③ 马青扬头作马嘶**状**。

④ 元豹手抱着书作奋不顾身**状**。

总词表

A

啊(关联语) ……………… 115
哎呀(关联语) …………… 116
哎哟(关联语) …………… 116
哎哟喂(关联语) ………… 118
挨(介词) ………………… 411
挨门(副词) ……………… 351
爱谁谁(情态词) ………… 424
爱咋咋地(情态词) ……… 424
按道理(关联语) ………… 118
按道理说(关联语) ……… 118
按理说(关联语) ………… 118
按说(关联语) …………… 118
按我看(关联语) ………… 295
按我说(关联语) ………… 310
暗着(副词) ……………… 351

B

掰开了揉碎了(副词) …… 351
白痴(关联语) …………… 118
摆开了(副词) …………… 352
摆明了(副词) …………… 352
拜托(关联语) …………… 119
拜托了(关联语) ………… 119
拜托您(关联语) ………… 119
板板的(情态词) ………… 424
半天(关联语) …………… 231
伴随着(介词) …………… 411
伴着(介词) ……………… 411
帮(着)(介词) …………… 411
帮帮忙(关联语) ………… 119
保不定(情态词) ………… 425
保不齐(情态词) ………… 425
保不住(情态词) ………… 426
保不准(情态词) ………… 426
保管(情态词) …………… 426
保险(情态词) …………… 427
保证(情态词) …………… 427
保准(情态词) …………… 428
暴(副词) ………………… 352

本来(关联语) …… 120	别这么讲(关联语) …… 124
本来嘛(关联语) …… 120	别这么说(关联语) …… 124
本来呢(关联语) …… 120	别做梦了(情态词) …… 429
甭提(情态词) …… 428	病得不轻(关联语) …… 125
比方(关联语) …… 120	不(关联语) …… 126
比方说(关联语) …… 120	不(助词) …… 489
比如讲(关联语) …… 121	不曾想(关联语) …… 126
比如说(关联语) …… 121	不成(语气词) …… 477
变着法儿 fār(副词) …… 352	不成(唯补词) …… 467
变着方儿(副词) …… 353	不成想(关联语) …… 126
憋着(副词) …… 353	不承想(关联语) …… 126
憋足了劲儿(副词) …… 353	不迟(语气词) …… 477
别不是(情态词) …… 428	不错(情态词) …… 429
别扯远了(关联语) …… 147	不错(关联语) …… 127
别逗了(关联语) …… 122	不错眼珠(副词) …… 354
别怪我不客气(关联语) …… 122	不打紧(助词) …… 489
别胡扯(关联语) …… 189	不带(情态词) …… 429
别胡说(关联语) …… 189	不得 de(唯补词) …… 459
别看(关联语) …… 122	不得不(副词) …… 354
别闹了(关联语) …… 122	不得了 liǎo(唯补词) …… 467
别(犯)傻了(关联语) …… 123	不掉(唯补词) …… 460
别是(情态词) …… 428	不定(情态词) …… 430
别说(情态词) …… 429	不动(唯补词) …… 460
别说(关联语) …… 123	不对(关联语) …… 127
别说没用的(关联语) …… 123	不妨(情态词) …… 431
别说那没用的(关联语) …… 123	不敢(关联语) …… 128
别提(情态词) …… 428	不敢当(关联语) …… 129
别提了(关联语) …… 124	不敢说(关联语) …… 130

不怪(关联语) ……………	130
不管咋说(关联语) ………	130
不管怎么说(关联语) ……	130
不过(关联语) ……………	131
不过(唯补词) ……………	472
不好了(关联语) …………	132
不好说(情态词) …………	431
不好意思(关联语) ………	132
不假(关联语) ……………	133
不见得(情态词) …………	431
不讲(关联语) ……………	133
不结了(语气词) …………	478
不开(唯补词) ……………	461
不可(语气词) ……………	478
不可否认(关联语) ………	134
不可想象(关联语) ………	134
不来(唯补词) ……………	461
不了 liǎo(唯补词) ………	461
不论(关联语) ……………	135
不论(助词) ………………	490
不瞒你说(关联语) ………	135
不免(关联语) ……………	136
不能不说(关联语) ………	136
不起(唯补词) ……………	462
不巧(关联语) ……………	137
不巧的是(关联语) ………	137
不如(关联语) ……………	137
不上(唯补词) ……………	462
不是(语气词) ……………	478
不是(关联语) ……………	138
不是(副词) ………………	354
不是吗(关联语) …………	139
不是吗(语气词) …………	478
不是说的(关联语) ………	139
不是我说(关联语) ………	139
不是我说你(关联语) ……	140
不是我自吹(关联语) ……	140
不说(助词) ………………	490
不说$_1$(关联语) …………	141
不说$_2$(关联语) …………	141
不说别的(关联语) ………	142
不算(关联语) ……………	142
不算(副词) ………………	354
不算(助词) ………………	490
不谈(助词) ………………	490
不提(助词) ………………	491
不停(副词) ………………	354
不外(乎)(情态词) ………	431
不误(语气词) ……………	479
不想着(关联语) …………	142
不消说(情态词) …………	432
不消说(关联语) …………	143
不信(关联语) ……………	143
不信你看着(关联语) ……	236
不行(唯补词) ……………	468
不行(语气词) ……………	479

不行(关联语)	143	才怪(语气词)	480
不行不行的(唯补词)	468	才好(语气词)	480
不行的话(关联语)	143	才是(语气词)	481
不要不要的(唯补词)	468	才行(语气词)	481
不要紧(助词)	489	参照(介词)	412
不要说(关联语)	144	惨了(唯补词)	473
不一定(情态词)	432	噌噌(副词)	355
不亦乐乎(唯补词)	468	长话短说(关联语)	146
不用讲(情态词)	432	常言道(关联语)	147
不用说(关联语)	144	常言说(关联语)	147
不用说(情态词)	432	常言说得好(关联语)	147
不用问(情态词)	432	敞开儿(副词)	355
不由分说(关联语)	144	敞开了(副词)	355
不着 zháo(唯补词)	462	扯远了(关联语)	147
不知(关联语)	145	趁早(副词)	355
不知(道)(情态词)	433	撑死(了)(副词)	356
不知道₁(关联语)	145	成了吧(关联语)	147
不知道₂(关联语)	145	成年累月(副词)	356
不知道为什么(关联语)	145	成日(副词)	356
不知为什么(关联语)	145	成日价(副词)	356
不知怎么搞的(关联语)	146	成天(副词)	356
不至于(情态词)	437	成天到晚(副词)	357
不中(关联语)	146	成天价(副词)	356
不住(副词)	355	吃饱(了)撑的(关联语)	148
不住(唯补词)	463	吃错药了(关联语)	148
		吃枪药了(关联语)	148
C		瞅瞅(关联语)	149
才对(语气词)	479	瞅瞅你(关联语)	207

瞅这意思(情态词)……… 439
臭(副词)……………… 357
臭德性(关联语)………… 156
初看起来(关联语)……… 208
出奇(唯补词)…………… 468
除(关联语)……………… 149
除了(关联语)…………… 149
从大体上说(关联语)…… 152
从根儿上说(关联语)…… 149
从另一方面讲(关联语)… 150
从另一方面说(关联语)
……………………… 150
从另一个角度讲(关联语)
……………………… 150
从另一个角度说(关联语)
……………………… 150
从总体上看(关联语)…… 348
从总体上说(关联语)…… 349

D

搭(介词)………………… 412
搭乘(介词)……………… 412
打个比方(关联语)……… 150
打个比方说(关联语)…… 150
打根儿上说(关联语)…… 149
打开天窗说亮话(关联语)
……………………… 151
打死(了)(副词)………… 358

打着滚儿(副词)………… 358
打住(关联语)…………… 151
打住吧(关联语)………… 151
大不了 liǎo(情态词)…… 433
大发(唯补词)…………… 473
大几(助词)……………… 491
大家知道(关联语)……… 151
大家知道的(关联语)…… 151
大事不好了(关联语)…… 132
大踏步(副词)…………… 358
大体上说(关联语)……… 152
大体上说来(关联语)…… 152
大致来说(关联语)……… 152
大致说来(关联语)……… 152
单方面(副词)…………… 358
单说(关联语)…………… 153
但见(关联语)…………… 154
呆会儿(副词)…………… 358
呆会儿(关联语)………… 152
担保(情态词)…………… 433
但(关联语)……………… 153
但是(关联语)…………… 153
当场(副词)……………… 359
到家了(唯补词)………… 473
到末了 liǎo(关联语)…… 221
到时候(关联语)………… 154
到头来(关联语)………… 154
到现在(关联语)………… 155

到最后(关联语) …… 155	颠颠儿(副词) …… 360
倒好(语气词) …… 481	掉(助词) …… 491
得 dé(关联语) …… 155	顶多(副词) …… 360
得 de(唯补词) …… 463	顶好(副词) …… 361
得 de 动(唯补词) …… 464	顶天(副词) …… 361
得 de 过儿(唯补词) …… 464	顶着(介词) …… 412
得 de 慌(唯补词) …… 474	定然(情态词) …… 434
得 de 开(唯补词) …… 465	兜底(副词) …… 361
得 de 来(唯补词) …… 465	都说(关联语) …… 158
得 dé 了(关联语) …… 155	断不了 liǎo(副词) …… 361
得 de 了 liǎo(唯补词) …… 465	对(关联语) …… 158
得 de 起(唯补词) …… 466	对吧(关联语) …… 159
得 de 上(唯补词) …… 466	对不(关联语) …… 160
得 de 着 zháo(唯补词) …… 466	对不对(关联语) …… 160
	对了(关联语) …… 160
得 de 住(唯补词) …… 467	多(唯补词) …… 468
德行(关联语) …… 156	多了(唯补词) …… 474
德性(关联语) …… 156	多咱(关联语) …… 257
的 de(唯补词) …… 473	
的 de 好(语气词) …… 482	**E**
的 de 话(语气词) …… 482	
的 de 时候(助词) …… 491	哦(关联语) …… 161
等(关联语) …… 157	而且(关联语) …… 162
等到(关联语) …… 157	而言(助词) …… 492
等下(副词) …… 359	二话不说(关联语) …… 163
等一下(副词) …… 359	
等于说(关联语) …… 158	**F**
瞪眼(副词) …… 359	翻过来掉过去(副词) …… 362
	翻过来调过去(副词) …… 362

翻了天(唯补词)	474
反过来(关联语)	164
反过来(副词)	362
反过来调过去(副词)	362
反过来掉过去(副词)	362
反过来说(关联语)	164
仿佛是(关联语)	164
放开(了)(副词)	363
放手(副词)	363
非(情态词)	434
非得 děi(情态词)	434
非要(情态词)	435
废话(关联语)	164
疯(副词)	363
疯了(唯补词)	474
疯了(关联语)	165

G

该不是(情态词)	435
概括地讲(关联语)	165
概括地说(关联语)	165
概括来说(关联语)	165
概括起来(关联语)	165
干瞪眼(副词)	360
干脆(关联语)	166
敢(情态词)	435
敢是(关联语)	167
敢问(关联语)	167
赶(关联语)	166
赶到(关联语)	166
赶巧(关联语)	247
赶上(关联语)	166
赶上(介词)	413
赶着(副词)	364
刚好(关联语)	168
搞不好(情态词)	435
搞到后来(关联语)	246
搞到最后(关联语)	246
搞得(关联语)	230
(我)告诉你(关联语)	168
搁(介词)	413
搁着你的,放着我的(关联语)	169
个(助词)	493
个顶个(副词)	364
各种(副词)	365
给(介词)	413
给(助词)	493
给我(副词)	365
跟您这么说吧(关联语)	332
跟谁说理去(关联语)	170
跟着(副词)	365
跟着(关联语)	170
更别说(关联语)	170
更不消说(关联语)	170

更不要说(关联语)	170
更不用说(关联语)	170
更可气的是(关联语)	210
更要命的是(关联语)	309
更有甚者(关联语)	171
更糟糕的是(关联语)	171
更重要的是(关联语)	172
公正地讲(关联语)	172
公正地说(关联语)	172
够劲(儿)(唯补词)	468
够了(关联语)	172
够呛(唯补词)	469
够瞧的(唯补词)	469
估摸着(情态词)	436
姑且不论(关联语)	135
怪只怪(关联语)	173
关键(关联语)	173
关键是(关联语)	173
关键在于(关联语)	173
管保(情态词)	436
管他的(关联语)	174
管他呢(关联语)	174
光知道(副词)	365
归根结底(关联语)	174
归结起来(关联语)	174
归了包堆儿(关联语)	175
归里包堆儿(关联语)	175
鬼知道(关联语)	175

H

哈(关联语)	175
还不成吗(语气词)	482
还不如(关联语)	137
还不说(关联语)	177
还不算(关联语)	177
还不行吗(语气词)	482
还得 děi 说(关联语)	178
还好(关联语)	178
还是的(关联语)	178
还是那句话(关联语)	179
还说呢(关联语)	179
还说什么呢(关联语)	180
还有(关联语)	180
还真是的(关联语)	339
害得(关联语)	181
毫不夸张地说(关联语)	181
毫无疑问(情态词)	451
好(关联语)	182
好(情态词)	436
好(助词)	494
好啊(关联语)	182
好吧(关联语)	182
好吧(语气词)	483
好比说(关联语)	182
好比说吧(关联语)	182

好不好(语气词) …… 483
好不容易(副词) …… 366
好几(助词) …… 494
好家伙(关联语) …… 183
好啦(关联语) …… 184
好了(关联语) …… 184
好了(语气词) …… 483
好了吧(关联语) …… 147
好嘛(关联语) …… 185
好么(关联语) …… 185
好模样儿 yàngr 的(副词) …… 366
好巧不巧(关联语) …… 276
好容易(副词) …… 366
好说(关联语) …… 185
好说歹说(副词) …… 366
好像(关联语) …… 186
好在(关联语) …… 186
好自为之(关联语) …… 186
呵呵(关联语) …… 186
合着(关联语) …… 187
何至于(情态词) …… 437
嘿(关联语) …… 188
很(唯补词) …… 469
很不巧(关联语) …… 137
很明显(情态词) …… 437
很显然(情态词) …… 437
很自然(关联语) …… 188

很自然地(关联语) …… 188
狠劲(副词) …… 366
恨不得(副词) …… 367
恨不能(副词) …… 367
横不能(副词) …… 368
后边(关联语) …… 189
后面(关联语) …… 189
后是(关联语) …… 189
厚着脸皮(副词) …… 368
胡扯(关联语) …… 189
胡说(关联语) …… 189
花开两朵,各表一枝(关联语) …… 190
话不能这么说(关联语) …… 190
话不是这么说(关联语) …… 190
话里话外(副词) …… 368
话是这么说(关联语) …… 191
话说(关联语) …… 191
话说到这个地步(关联语) …… 192
话说到这份儿上(关联语) …… 192
话虽这么说(关联语) …… 191
话又说回来(关联语) …… 192
话又说回来了(关联语) …… 192

坏了(关联语) …………… 192
坏了(唯补词) …………… 474
换个方式说(关联语) …… 193
换个角度说(关联语) …… 193
换个说法(关联语) ……… 193
换句话说(关联语) ……… 193
慌着(副词) ……………… 368
回过头来(副词) ………… 369
回来(关联语) …………… 193
回身(关联语) …………… 194
回头(关联语) …………… 194
活活(副词) ……………… 369
伙同(介词) ……………… 414
伙着(副词) ……………… 370

J

极了(唯补词) …………… 474
急着(副词) ……………… 370
加上(关联语) …………… 195
架(介词) ………………… 414
架不住(关联语) ………… 195
间(助词) ………………… 494
简单地说(关联语) ……… 195
简单说(关联语) ………… 195
简而言之(关联语) ……… 196
简言之(关联语) ………… 196
简直了(关联语) ………… 196
见你的鬼(关联语) ……… 197

见天(副词) ……………… 370
见天价(副词) …………… 370
见天见(副词) …………… 370
讲到这儿(关联语) ……… 197
讲到这里(关联语) ……… 197
讲来(关联语) …………… 276
讲来(助词) ……………… 494
讲老实话(关联语) ……… 198
讲起来(关联语) ………… 276
讲真(关联语) …………… 198
讲真的(关联语) ………… 198
叫您受累了(关联语) …… 264
叫什么(关联语) ………… 198
叫我说(关联语) ………… 310
叫我说你什么好(关联语)
   ……………………… 199
叫(教)我说什么好(关联语)
   ……………………… 199
叫我怎么说你好(关联语)
   ……………………… 199
叫我怎么说你呢(关联语)
   ……………………… 200
接长不短(副词) ………… 371
接下来(关联语) ………… 200
接下去(关联语) ………… 200
接着(副词) ……………… 371
接着(关联语) …………… 201
结伴(副词) ……………… 371

结合(介词)	414	就是这样(关联语)	203
借机(副词)	371	就说(关联语)	203
借以(关联语)	201	就说(介词)	416
借着(介词)	415	就说吧(关联语)	203
借助(于)(介词)	415	就说到这儿吧(关联语)	203
紧(唯补词)	469	就算了(关联语)	311
紧跟着(关联语)	170	就完了 le(语气词)	484
紧接着(关联语)	201	就先到这儿(关联语)	303
紧着(副词)	372	就行了(语气词)	484
尽可能(副词)	372	就有了(语气词)	484
尽力(副词)	372	就这么的 di(关联语)	203
进一步讲(关联语)	201	就这么着(关联语)	203
进一步说(关联语)	201	就这样₁(关联语)	203
劲儿(助词)	495	就这样₂(关联语)	205
(你)净说那没用的(关联语)	123	就知道(副词)	373
就(介词)	415	就中(语气词)	484
就罢了(关联语)	311	举个例子(关联语)	205
就成(语气词)	483	举例来讲(关联语)	205
就成了(语气词)	483	举例说(关联语)	205
就到这儿吧(关联语)	203	巨(副词)	373
就等于说(关联语)	158	具体来讲(关联语)	205
就地(副词)	373	具体(地)说(关联语)	205
就够了(语气词)	483	据你看(关联语)	315
就结了(语气词)	483	据我看(关联语)	295
就齐了(语气词)	484	据我说(关联语)	310
就是(关联语)	202	距(介词)	416
就是说(关联语)	202	距离(介词)	416

决定(情态词)	437
觉着(关联语)	261

K

开始(关联语)	313
看(关联语)	206
看把你美的(关联语)	206
看得出来(情态词)	438
看见没有(关联语)	206
看看(关联语)	235
看来(助词)	495
看你(关联语)	207
看你说的(关联语)	208
看你这意思(情态词)	439
看起来(关联语)	208
看起来(情态词)	438
看上去(关联语)	208
看上去(情态词)	439
看样子(情态词)	439
看这意思(情态词)	439
考虑(到)(介词)	417
靠(着)(介词)	416
可(着)(介词)	416
可不(关联语)	209
可不是(关联语)	209
可倒好(语气词)	481
可见(情态词)	440
可劲(副词)	374

可怜(唯补词)	469
可气的是(关联语)	210
可是(关联语)	210
可说呢(关联语)	211
可算(副词)	374
可惜(关联语)	211
可惜的是(关联语)	211
可想而知(情态词)	440
可以(唯补词)	470
可以毫不夸张地说(关联语)	181
可以说(关联语)	212
可以说(副词)	374
可以想见(情态词)	440
可以这么说(关联语)	212
可以这样说(关联语)	212
可知(情态词)	440
吭吃憋肚(副词)	374
吭哧吭哧(副词)	375
吭吭哧哧(副词)	375
哭着喊着(副词)	375
快(副词)	375
狂(副词)	375

L

拉倒(语气词)	485
拉倒吧(关联语)	213
拉倒吧你(关联语)	213

来(关联语)	213
来吧(关联语)	213
来不来(副词)	376
来讲(助词)	496
来看(助词)	496
来说(助词)	497
老实讲(关联语)	214
老实说(关联语)	214
了去了(唯补词)	475
累死累活(副词)	376
冷不防(关联语)	214
离(介词)	417
里里外外(副词)	377
里三层外三层(副词)	376
里外(副词)	377
里外里(副词)	377
厉害(唯补词)	470
利索(助词)	498
立足(于)(介词)	417
连带着(关联语)	214
了 liǎo 不得(副词)	378
了 liǎo 不得(唯补词)	470
了 liǎo 不起(副词)	378
临到(介词)	418
令人遗憾的是(关联语)	315
溜溜(副词)	378
抡 lūn 圆了(副词)	379
轮到(介词)	418

M

埋头(副词)	379
满(介词)	418
满打满算(副词)	380
满街(副词)	380
满世界(副词)	380
忙着(副词)	380
铆劲儿(副词)	381
貌似(情态词)	441
冒着(介词)	418
没(助词)	498
没(有)办法(关联语)	214
没边儿(唯补词)	470
没曾想(关联语)	215
没承想(关联语)	215
没成想(关联语)	215
没错(关联语)	127
没的说(情态词)	441
没地方说理去(关联语)	170
没法说(唯补词)	470
没关系(的)(关联语)	215
没好气(副词)	381
没话讲(情态词)	441
没话讲(唯补词)	471
没话说(情态词)	441

没话说(唯补词) …… 471	哪承想(关联语) …… 222
没脸(副词) …… 381	哪里(关联语) …… 223
没料到(关联语) …… 216	哪里(儿)的话(关联语) …… 275
没料想(关联语) …… 216	
没命(副词) …… 382	哪料(关联语) …… 224
没啥(关联语) …… 217	哪料到(关联语) …… 224
没什么(关联语) …… 217	哪料想(关联语) …… 224
没事(的)(关联语) …… 218	哪儿跟哪儿呀(关联语) …… 223
没说的(情态词) …… 441	
没问题(关联语) …… 219	哪儿呀(关联语) …… 223
没想(到)(关联语) …… 220	哪天(关联语) …… 224
没治(唯补词) …… 471	哪想(到)(关联语) …… 225
没准儿(情态词) …… 442	哪知(道)(关联语) …… 225
美的你(关联语) …… 220	哪至于(情态词) …… 437
闷 mēn 头(副词) …… 382	那(关联语) …… 226
猛劲儿(副词) …… 382	那个(关联语) …… 226
免不了(关联语) …… 220	那个啥(关联语) …… 228
明摆着(副词) …… 383	那还用说(关联语) …… 225
明打明(副词) …… 383	那家(关联语) …… 225
明着(副词) …… 383	那家伙(关联语) …… 225
莫不如(关联语) …… 137	那叫(副词) …… 384
末了 liǎo(关联语) …… 221	那就是说(关联语) …… 202
末末了 liǎo(关联语) …… 221	那可不(关联语) …… 226
	那可不是(关联语) …… 226
N	那可是(关联语) …… 226
嗯(关联语) …… 221	那么(关联语) …… 226
哪曾想(关联语) …… 222	那么的 di(关联语) …… 227
哪成想(关联语) …… 222	那么说(情态词) …… 442

那啥(关联语) …… 228	你比如说(关联语) …… 121
那什么(关联语) …… 228	你别不信(关联语) …… 243
那是(关联语) …… 228	你别看(关联语) …… 122
那先这样(关联语) …… 303	你别说₁(关联语) …… 123
难道不是吗(关联语) …… 139	你别说₂(关联语) …… 231
(也)难怪(关联语) …… 229	你别往心里去(关联语) …… 232
难免(关联语) …… 229	
难免不(关联语) …… 229	你别忘了(关联语) …… 232
难说(情态词) …… 442	你不想想(关联语) …… 233
脑袋被驴踢了(关联语) …… 229	你不知道(关联语) …… 233
	你猜怎么着(关联语) …… 233
脑袋被门夹了(关联语) …… 230	你瞅瞅(关联语) …… 149
	你瞅你(关联语) …… 207
脑袋给驴踢了(关联语) …… 229	你得 dé 了(关联语) …… 155
	你的意思是(情态词) …… 443
脑袋让驴踢了(关联语) …… 229	你的意思是说(情态词) …… 443
脑袋让门夹了(关联语) …… 230	
	你等着(关联语) …… 234
脑子坏掉了(关联语) …… 230	你懂的(关联语) …… 234
脑子进水了(关联语) …… 230	你给我等着(关联语) …… 234
闹不好(情态词) …… 443	你给我记着(关联语) …… 234
闹到后来(关联语) …… 246	你给我记住(关联语) …… 234
闹到最后(关联语) …… 246	你给我听着(关联语) …… 241
闹得(关联语) …… 230	你还别说(关联语) …… 231
闹好了(情态词) …… 443	你还说呢(关联语) …… 179
闹了半天(关联语) …… 231	你就瞧好儿吧(关联语) …… 235
你比方说(关联语) …… 120	你就说(介词) …… 416

你看₁(关联语) ……… 206
你看₂(关联语) ……… 235
你看₃(关联语) ……… 315
你看看(关联语) ……… 235
你看你(关联语) ……… 207
你看着(关联语) ……… 236
你可别忘了(关联语) …… 232
你可能想多了(关联语)
………………………… 243
你可知道(关联语) ……… 244
你拉倒吧(关联语) ……… 213
你没看见(关联语) ……… 236
你譬如(关联语) ………… 247
你瞧(关联语) …………… 236
你瞧你(关联语) ………… 207
你瞧瞧(关联语) ………… 236
您瞧怎么着(关联语) …… 233
你说(关联语) …………… 237
你说(到)哪儿去了(关联语)
………………………… 238
你说的什么话(关联语)
………………………… 270
你说对吧(关联语) ……… 159
你说呢(关联语) ………… 238
你说你(关联语) ………… 239
你说什么(关联语) ……… 256
你说是吧(关联语) ……… 239
你说是不是(关联语) …… 239

你说说(关联语) ………… 237
你说说你(关联语) ……… 239
你说怎么着(关联语) …… 233
你听(关联语) …………… 240
你听好了(关联语) ……… 241
你听见了吗(关联语) …… 240
你听见没有(关联语) …… 240
你听听(关联语) ………… 240
你听我跟你说(关联语)
………………………… 293
你听我讲(关联语) ……… 241
你听我说(关联语) ……… 241
你听着(关联语) ………… 241
你想(关联语) …………… 242
你想多了(关联语) ……… 243
你想过吗(关联语) ……… 242
你想过没有(关联语) …… 242
你想想(关联语) ………… 242
你想想看(关联语) ……… 242
你像(关联语) …………… 243
你信不信(关联语) ……… 243
你行不行啊(了)(关联语)
………………………… 244
你要知道(关联语) ……… 244
你也不想想(关联语) …… 233
你也是(的)(关联语) …… 244
你以为呢(关联语) ……… 245
你有所不知(关联语) …… 233

你这是说的什么话(关联语) …… 270
你这怎么说话呢(关联语) …… 327
你真是的(关联语) …… 339
你知道吧(关联语) …… 245
你知道不(关联语) …… 341
你知道不知道(关联语) …… 341
你知道(的)(关联语) …… 245
你知道吗(关联语) …… 245
您瞧怎么着(关联语) …… 233
您受累(关联语) …… 264
扭头就(副词) …… 384
弄不好(情态词) …… 444
弄到后来(关联语) …… 246
弄到最后(关联语) …… 246
弄得(关联语) …… 230
弄好了(情态词) …… 444
弄了半天(关联语) …… 231

P

怕不是(情态词) …… 444
碰巧(关联语) …… 247
劈头盖脸(副词) …… 384
屁颠儿屁颠儿(副词) …… 384
屁了(唯补词) …… 475
譬如(关联语) …… 247

譬如讲(关联语) …… 247
譬如说(关联语) …… 247
撇开(介词) …… 419
拼命(副词) …… 385
凭借(着)(介词) …… 419
凭啥(关联语) …… 248
凭什么(关联语) …… 248
平心而论(关联语) …… 248
凭心而论(关联语) …… 248

Q

喊(关联语) …… 249
其实(关联语) …… 249
奇(副词) …… 385
岂不料(关联语) …… 250
岂不知(关联语) …… 251
岂料(关联语) …… 250
岂知(关联语) …… 251
恰好(关联语) …… 168
前面(边)说过(关联语) …… 251
抢着(副词) …… 385
瞧把你美的(关联语) …… 206
瞧见没有(关联语) …… 206
瞧你(关联语) …… 207
瞧你说的(关联语) …… 208
瞧瞧(关联语) …… 236

瞧这意思(情态词)……… 439
且不讲(关联语)………… 133
且不论(关联语)………… 135
且不说(关联语)………… 141
请问(关联语)…………… 251
去你的(关联语)………… 252
全程(副词)……………… 386

R

然后(关联语)…………… 252
让我说你什么好(关联语)
 ………………………… 276
让我说什么好(关联语)
 ………………………… 199
让我怎么说你好(关联语)
 ………………………… 199
让我怎么说你呢(关联语)
 ………………………… 200
饶着(关联语)…………… 253
绕 ráo 世界(副词)……… 386
认准(了)(情态词)……… 444
如此看来(情态词)……… 455
如此说来(情态词)……… 455
弱智(关联语)…………… 253

S

撒开了(副词)…………… 386
啥的(助词)……………… 498

啥也别说了(关联语)…… 253
啥也不说了(关联语)…… 254
(你)傻不傻(关联语)…… 254
伤不起(关联语)………… 254
上赶着(副词)…………… 386
上上下下(副词)………… 387
上下(副词)……………… 387
捎带手(副词)…………… 387
捎带着(副词)…………… 387
少说(副词)……………… 387
谁曾想(关联语)………… 255
谁承想(关联语)………… 255
谁成想(关联语)………… 255
谁料想(关联语)………… 256
谁说不是(呢)(关联语)
 ………………………… 255
谁想(关联语)…………… 256
谁想到(关联语)………… 256
谁晓得呢(情态词)……… 445
谁知(道)(关联语)……… 256
谁知道呢(情态词)……… 445
什么(关联语)…………… 256
什么的(助词)…………… 498
什么话(关联语)………… 257
什么时候(关联语)……… 257
什么似的(唯补词)……… 471
什么呀(关联语)………… 258
什么也别说了(关联语)… 253

生怕(关联语) …… 258
生生(副词) …… 388
时(助词) …… 499
实不相瞒(关联语) …… 258
实话告诉你(关联语) …… 259
实话实说(关联语) …… 259
实话说(关联语) …… 259
实际上(关联语) …… 259
使劲(副词) …… 388
是(助词) …… 499
是啊(关联语) …… 260
是吧(关联语) …… 261
是不是(关联语) …… 261
是不是吃错药了(关联语)
…… 148
是觉得(关联语) …… 261
是考虑到(关联语) …… 261
是想着(关联语) …… 261
是怎么着(语气词) …… 487
是这么回事(关联语) …… 262
是这样啊(关联语) …… 336
是这样(的)₁(关联语) …… 262
是这样(的)₂(关联语) …… 263
似 shi 的(语气词) …… 485
事情是这样的(关联语)
…… 264
事实上(关联语) …… 259
事儿事儿的(关联语) …… 264

适应(介词) …… 419
试想一下(关联语) …… 264
受累(关联语) …… 264
殊不知(关联语) …… 145
恕我直言(关联语) …… 265
甩开膀子(副词) …… 389
顺便讲一句(关联语) …… 265
顺便讲一下(关联语) …… 265
顺便说一句(关联语) …… 265
顺便说一下(关联语) …… 265
说罢(关联语) …… 266
说白了(关联语) …… 266
说不定(情态词) …… 445
说不好(情态词) …… 446
说不上是(关联语) …… 266
说不准(情态词) …… 446
说穿了(关联语) …… 266
说到(关联语) …… 267
说到底(关联语) …… 267
说到家(关联语) …… 267
(我)说到哪了(关联语)
…… 268
说到头儿(关联语) …… 268
说到这里(儿)(关联语)
…… 268
说的什么话(关联语) …… 270
说得好听(一)点(关联语)
…… 270

说得好听些(关联语) …… 270
说得难听点(关联语) …… 271
说得难听些(关联语) …… 271
说得是(关联语) …… 271
说话(副词) …… 389
(我)说句不该说的话(关联语)
　…… 271
说句不好听的(关联语)
　…… 272
说句不好听的话(关联语)
　…… 272
说句不中听的话(关联语)
　…… 272
说(句)公道话(关联语)
　…… 272
说(句)良心话(关联语)
　…… 274
说句实在话(关联语) …… 277
说句掏心窝子的话(关联语)
　…… 273
说(句)心里话(关联语) …… 272
说句真心话(关联语) …… 273
说来(关联语) …… 276
说来(助词) …… 499
说来说去(关联语) …… 273
说来也怪(关联语) …… 279
说老实话(关联语) …… 198
说了半天(关联语) …… 274

说了归齐(关联语) …… 274
说哪里话(关联语) …… 275
说哪儿的话(关联语) …… 275
说你什么好(关联语) …… 276
说巧不巧(关联语) …… 276
说起来(关联语) …… 276
说起来了(关联语) …… 277
说啥(副词) …… 389
说啥呢(关联语) …… 277
说什么(副词) …… 389
说什么呢(关联语) …… 277
说(句)实话(关联语) …… 277
说实在的(关联语) …… 278
说是(关联语) …… 278
说是这么说(关联语) …… 191
说也奇怪(关联语) …… 279
说一千道一万(关联语)
　…… 279
说着(关联语) …… 280
说着话(副词) …… 389
说着说着(关联语) …… 280
说着说着(副词) …… 390
说真的(关联语) …… 280
说真格的(关联语) …… 280
说真话(关联语) …… 280
说正格的(关联语) …… 280
说正经 jǐng 的(关联语)
　…… 281

死(副词)	390
死了(唯补词)	475
死乞白赖(副词)	390
死乞白咧(副词)	390
四处(副词)	390
四下(副词)	391
四下里(副词)	391
似乎(关联语)	281
算了(语气词)	485
随着(介词)	420
所幸(关联语)	282
所幸的是(关联语)	282
所以(关联语)	282
所以说(关联语)	282

T

太过(副词)	391
摊开了(副词)	391
坦白地说(关联语)	283
坦白讲(关联语)	283
坦率地讲(关联语)	284
坦率地说(关联语)	284
挑明了说吧(关联语)	284
铁(情态词)	446
听到没有(关联语)	285
听见了吗(关联语)	240
听见没有(关联语)	285
听你这话(情态词)	447
听你这话茬儿(情态词)	447
听你这意思(情态词)	447
听起来(情态词)	447
听上去(情态词)	448
听听(关联语)	240
听我跟你说(关联语)	241
听这意思(情态词)	447
停当(助词)	500
同样(的)(关联语)	285
透顶(唯补词)	475
透了(唯补词)	475
团团(副词)	391
退而求其次(关联语)	285
退一步讲(关联语)	285
退一步说(关联语)	285

W

外带着(关联语)	286
外加上(关联语)	195
完后(关联语)	286
完了 le(关联语)	287
完了 le(语气词)	484
完了 le(唯补词)	476
完了 liǎo(关联语)	287
玩儿命(副词)	392
完事(语气词)	485
完事(关联语)	287

往好里(了)说(关联语)
················· 288
往坏里(了)说(关联语)
················· 288
往死里(了)(副词)······ 392
往下(副词)··········· 392
往下(关联语)········· 288
喂(关联语)··········· 289
为的是(关联语)······· 289
为好(语气词)········· 485
为止(助词)··········· 500
围绕(着)(介词)······ 420
未必(副词)··········· 393
未见得(情态词)······· 448
未免(关联语)········· 289
未准(情态词)········· 449
问题(关联语)········· 290
问题是(关联语)······· 290
问题在于(关联语)····· 290
我把丑话说在前面(关联语)
················· 290
我把丑话说在前头(关联语)
················· 290
我把话还搁这儿(关联语)
················· 290
我把话跟你挑明了说吧(关联语)
················· 284
我把话说在头里(关联语)
················· 290
我把话撂在这儿(关联语)
················· 291
我把话说在这儿(关联语)
················· 291
我不敢说(关联语)····· 130
我不管(关联语)······· 291
我不管(情态词)······· 449
我的妈呀(关联语)····· 292
我的天(关联语)······· 293
我承认(关联语)······· 292
我敢断定(情态词)····· 450
我敢断言(情态词)····· 450
我敢讲(情态词)······· 449
我敢说(情态词)······· 449
我跟你讲(关联语)····· 293
我跟你说(关联语)····· 293
我管你(情态词)······· 449
我还告诉你(关联语)··· 169
我就说嘛(关联语)····· 293
我就知道(关联语)····· 294
我就知道(情态词)····· 450
我就直说吧(关联语)··· 299
我觉得(关联语)······· 294
我觉着(关联语)······· 294
我看(关联语)········· 295
我看那么的 di(关联语)
················· 227

我可告诉你(关联语) …… 168
我们讲(关联语) …… 295
我们说(关联语) …… 295
我去(关联语) …… 296
我什么也不说了(关联语)
　…… 254
我是说(关联语) …… 296
我说₁(关联语) …… 296
我说₂(关联语) …… 296
我说吧(关联语) …… 293
我说的呢(关联语) …… 296
我说嘛(关联语) …… 293
我说呢(关联语) …… 296
我说什么来着(关联语)
　…… 297
我说什么了(关联语) …… 297
我说呀(关联语) …… 310
我寻思(着)(关联语) …… 297
我要说(关联语) …… 298
我也是醉了(关联语) …… 300
我晕(关联语) …… 298
我晕倒(关联语) …… 298
我再说一遍(关联语) …… 299
我早知道(关联语) …… 294
我知道(关联语) …… 299
我直说吧(关联语) …… 299
我直说了吧(关联语) …… 299
我琢磨(情态词) …… 450

我捉摸(情态词) …… 450
我琢磨着(情态词) …… 450
我醉了(关联语) …… 300
无非(情态词) …… 451
无怪(乎)(关联语) …… 300
无奈(关联语) …… 300
无巧不成书(关联语) …… 301
无巧不巧(关联语) …… 276
无疑(情态词) …… 451
(我)无语(关联语) …… 301

X

稀了(唯补词) …… 476
瞎掰(关联语) …… 302
瞎扯(关联语) …… 302
瞎说(关联语) …… 302
下(助词) …… 500
下不为例(情态词) …… 451
下来(助词) …… 501
下面(边)(关联语) …… 302
吓人(唯补词) …… 471
下一步(关联语) …… 302
先不讲(关联语) …… 133
先不说(关联语) …… 141
先到这儿(关联语) …… 303
先是(关联语) …… 303
先这样(关联语) …… 303
闲的(关联语) …… 304

词条	页码	词条	页码
显而易见(情态词)	451	咬牙(副词)	395
显见(得)(情态词)	452	咬咬牙(副词)	395
想不到(关联语)	304	咬着牙(副词)	395
想当初(关联语)	304	咬着牙关(副词)	395
想来想去(关联语)	304	要不(关联语)	308
(你)想什么呢(关联语)	305	要不然(关联语)	308
想是(情态词)	452	要不说(关联语)	308
想想(情态词)	452	要不怎么说(关联语)	308
像(关联语)	243	要讲(关联语)	308
笑话(关联语)	307	要论(关联语)	309
邪乎(唯补词)	471	要命(唯补词)	472
邪行(唯补词)	472	要命的是(关联语)	309
行啦(关联语)	306	要说(关联语)	309
行了(关联语)	306	要死(唯补词)	472
行了吧(关联语)	147	要我说(关联语)	310
凶(唯补词)	472	要知道(关联语)	244
许是(情态词)	453	也保不定(情态词)	425
宣告(副词)	393	也保不齐(情态词)	425
Y		也保不住(情态词)	426
严重(副词)	393	也保不准(情态词)	426
眼瞅着(副词)	393	也别说(关联语)	231
眼见着(副词)	394	也不迟(语气词)	477
眼看着(副词)	394	也不妨(情态词)	431
眼睁睁(副词)	394	也不怪(关联语)	130
哟(关联语)	307	也不好说(情态词)	431
哟喝(呵)(关联语)	307	也不见得(情态词)	431
		也不可知(情态词)	453
		也不是我说(关联语)	139

也不一定(情态词) …… 432	一开始(关联语) …… 313
也怪(关联语) …… 338	一看上去(关联语) …… 208
也好(关联语) …… 311	一来二去(的)(关联语) …… 313
也就罢了(关联语) …… 311	
也就算了(关联语) …… 311	一码归一码(关联语) …… 314
也就是说(关联语) …… 202	一码是一码(关联语) …… 314
也没准儿(情态词) …… 442	一码说一码(关联语) …… 314
也难说(情态词) …… 442	一门心思(副词) …… 398
也是(的)(关联语) …… 312	一年到头(副词) …… 398
也说不定(情态词) …… 445	一气之下(副词) …… 398
也说不好(情态词) …… 446	一上来(关联语) …… 314
也说不准(情态词) …… 446	一塌糊涂(唯补词) …… 472
也未见得(情态词) …… 448	一天到晚(副词) …… 399
也未可知(情态词) …… 453	一天(副词) …… 399
一(助词) …… 501	一天价(副词) …… 399
一般(助词) …… 501	一天天的(关联语) …… 314
一般来讲(关联语) …… 312	一五一十(副词) …… 399
一般来说(关联语) …… 312	一眼(副词) …… 400
一蹦子(副词) …… 395	一样(助词) …… 502
一闭眼(副词) …… 396	一咬牙(副词) …… 395
一不留神(副词) …… 396	一转眼(副词) …… 400
一不小心(副词) …… 397	一准儿(情态词) …… 453
一跺脚(副词) …… 397	依你看(关联语) …… 315
一赶上(关联语) …… 166	依托(介词) …… 420
一个个的(关联语) …… 312	依我看(关联语) …… 295
一骨gū碌(副词) …… 397	依我说(关联语) …… 310
一狠心(副词) …… 398	遗憾的是(关联语) …… 315
一句话(关联语) …… 312	以上(关联语) …… 315

以外(助词) ……	502
倚仗(着)(介词) ……	421
应当看到(关联语) ……	316
应当说(关联语) ……	316
应该看到(关联语) ……	316
应该说(关联语) ……	316
应 yìng(介词) ……	421
硬撑着(副词) ……	400
硬性(副词) ……	401
硬着头皮(副词) ……	401
用不着(情态词) ……	454
用来(关联语) ……	317
用力(副词) ……	401
用以(关联语) ……	317
由此看来(情态词) ……	455
由此可见(情态词) ……	440
由此可知(情态词) ……	440
由此说来(情态词) ……	455
有(副词) ……	402
有(助词) ……	502
有病(关联语) ……	317
有道是(关联语) ……	317
有没有(副词) ……	402
(你)有没有搞错(关联语) ……	318
有你好看的(关联语) ……	318
有你哭的时候(关联语) ……	318
有钱烧的(关联语) ……	319
有啥说啥(关联语) ……	319
有什么说什么(关联语) ……	319
有什么呀(关联语) ……	319
有时(候)(关联语) ……	319
有所(副词) ……	402
有一搭没一搭(副词) ……	403
有一搭无一搭(副词) ……	403
有一说一(关联语) ……	320
有一说一,有二说二(关联语) ……	320
有意思吗(关联语) ……	320
与此不同(关联语) ……	320
与此相反(关联语) ……	321
与之不同(关联语) ……	320
与之相反(关联语) ……	321
原来(关联语) ……	321
原来是这样(关联语) ……	263
怨不得(关联语) ……	322
越来越(副词) ……	403
运用(介词) ……	421

Z

咋的 di(语气词) ……	486
咋的 di(副词) ……	403
咋说(情态词) ……	454
咋说(副词) ……	403

再不(关联语) …… 322	糟了(关联语) …… 326
再不然(关联语) …… 322	早干嘛去了(关联语) …… 327
再不行(关联语) …… 143	早干什么去了(关联语)
再加上(关联语) …… 195	…… 327
再讲(语气词) …… 487	怎么(情态词) …… 454
再讲了(关联语) …… 323	怎么(副词) …… 403
再就是(关联语) …… 322	怎么讲(关联语) …… 327
再看(语气词) …… 487	怎么讲呢(关联语) …… 328
再看吧(关联语) …… 323	怎么说(关联语) …… 327
再说(语气词) …… 487	怎么说(副词) …… 403
再说(关联语) …… 323	怎么说话呢(关联语) …… 327
再说吧(关联语) …… 323	怎么说呢(关联语) …… 328
再说了(关联语) …… 323	怎么着(情态词) …… 454
再往下(去)(关联语) …… 324	怎么着(副词) …… 403
再下来(关联语) …… 324	怎么着(语气词) …… 487
再一个(关联语) …… 324	乍看起来(关联语) …… 208
再有(关联语) …… 325	仗着(介词) …… 421
再者说(关联语) …… 323	(我)招谁惹谁了(关联语)
再者说了(关联语) …… 323	…… 328
在(语气词) …… 486	找(介词) …… 422
在里面(语气词) …… 486	照(副词) …… 404
在我看来(关联语) …… 326	照道理(关联语) …… 328
在想当初(关联语) …… 304	照道理说(关联语) …… 328
咱不是说的(关联语) …… 139	照理说(关联语) …… 328
咱可把话说在前头(关联语)	照你看(关联语) …… 315
…… 290	照说(关联语) …… 328
咱走着瞧(关联语) …… 349	照我看(关联语) …… 295
糟糕的是(关联语) …… 326	照我看来(关联语) …… 326

照我说(关联语) ……… 310
照这么说(情态词) ……… 455
照这样说起来(情态词)
　……… 456
这(助词) ……… 503
这不(关联语) ……… 329
这不是(关联语) ……… 329
这等于说(关联语) … 158
这个(关联语) ……… 330
这个(语气词) ……… 487
这还不说(关联语) … 177
这还不算(关联语) … 177
这好说(关联语) ……… 185
(你)这话说的(关联语)
　……… 330
这回(关联语) ……… 331
这家(关联语) ……… 331
这家伙(关联语) …… 331
这架(关联语) ……… 331
这架式(关联语) …… 331
这架式的(关联语) … 331
这叫什么话(关联语) … 257
这就(副词) ……… 404
这就是说(关联语) ……… 202
这么的$_1$ di(关联语) … 332
这么的$_2$ di(关联语) … 333
这么跟你说吧(关联语)
　……… 332

这么看来(情态词) …… 455
这么看起来(情态词) … 438
这么说(情态词) ……… 455
这么说吧(关联语) …… 332
这么说得了(关联语) … 332
这么说来(情态词) …… 455
这么说起来(情态词) … 456
这么听起来(情态词) … 447
这么一来(关联语) …… 337
这么着$_1$(关联语) …… 332
这么着$_2$(关联语) …… 333
这么着得啦(关联语) … 333
这时(候)(关联语) …… 333
这是(语气词) ……… 488
这是后话(关联语) …… 334
这是哪儿跟哪儿呀(关联语)
　……… 223
这是什么话(关联语) …… 257
这是怎么话儿说的(关联语)
　……… 334
这是怎么说的(关联语)
　……… 334
这玩艺(关联语) …… 335
这下(关联语) ……… 335
这下坏了(关联语) …… 192
这下子(关联语) …… 335
这样啊(关联语) …… 336
这样吧(关联语) …… 336

词条	页码
这样看来(情态词)	455
这样看起来(情态词)	438
这样说来(情态词)	455
这样说起来(情态词)	456
这样听起来(情态词)	447
这样一来(关联语)	337
这样子(关联语)	336
这一来(关联语)	337
这一个个的(关联语)	312
这一天到晚的(副词)	399
这一天的(关联语)	337
这一天天的(关联语)	314
这一下(关联语)	335
针对(介词)	422
真白痴(关联语)	118
真不好意思(关联语)	132
真不可想象(关联语)	134
真的(关联语)	337
真假的(关联语)	338
真的伤不起(关联语)	254
真格的(关联语)	280
真怪(关联语)	338
真怪了(关联语)	338
真叫(副词)	404
真是(关联语)	339
真是病得不轻(关联语)	125
真是的$_1$(关联语)	339
真是的$_2$(关联语)	339
真是吃饱(了)撑的(关联语)	148
真是弱智(关联语)	253
真是闲的(关联语)	304
真是笑话(关联语)	307
真是有病(关联语)	317
真是有钱烧的(关联语)	319
真是作孽呀(关联语)	350
真心(副词)	404
真有你的(关联语)	340
镇日(副词)	405
镇日价(副词)	405
争着(副词)	405
整日(副词)	405
整日价(副词)	405
整天(副词)	405
整天价(副词)	405
正赶上(关联语)	340
正好(关联语)	168
正经 jīng(副词)	406
正碰上(关联语)	340
正相反(关联语)	341
正眼(副词)	406
正遇上(关联语)	340
之类(助词)	503
之流(助词)	503

词条	页码	词条	页码
之前(关联语)	341	转眼间(关联语)	346
之外(助词)	503	状(助词)	504
之下(助词)	504	着力(副词)	408
知道不(关联语)	341	着眼(于)(介词)	423
知道吗(关联语)	245	吱溜(副词)	409
直到现在(关联语)	155	滋(关联语)	346
直劲(副词)	406	滋溜(副词)	409
直眉瞪眼(副词)	407	综上(关联语)	346
值得一提的是(关联语)	342	综上所述(关联语)	346
值得注意的是(关联语)	342	总不成(副词)	409
只见(关联语)	154	总的看(关联语)	347
只听(关联语)	342	总的看来(关联语)	347
只消(关联语)	343	总的来讲(关联语)	347
只知(道)(副词)	407	总的来看(关联语)	347
指不定(情态词)	457	总的来说(关联语)	347
(你)至于吗(关联语)	343	总的说来(关联语)	347
至于的吗(关联语)	343	总免不了(关联语)	220
中(助词)	504	总起来说(关联语)	348
终日(副词)	407	总体来讲(关联语)	348
终天(副词)	408	总体来说(关联语)	348
重要的是(关联语)	343	总体上讲(关联语)	348
主要是(关联语)	344	总体上看(关联语)	348
抓紧(副词)	408	总体上说(关联语)	349
转而(关联语)	344	走(介词)	422
转回身(关联语)	345	走着瞧(关联语)	349
转脸(副词)	408	足见(情态词)	457
转身(关联语)	345	足以(情态词)	458
转头(关联语)	345	足足(副词)	409

最好(副词) …………… 410	左不过(关联语) ………… 350
最要命的是(关联语) …… 309	坐地(副词) …………… 410
最糟糕的是(关联语) …… 171	作孽呀(关联语) ………… 350

图书在版编目（CIP）数据

汉语新虚词 / 李宗江，王慧兰著. —2版. — 上海：上海教育出版社，2023.5
ISBN 978-7-5720-1975-3

Ⅰ.①汉… Ⅱ.①李…②王… Ⅲ.①现代汉语–虚词–研究 Ⅳ.①H146.2

中国国家版本馆CIP数据核字(2023)第073339号

责任编辑　徐川山　殷　可
封面设计　郑　艺

汉语新虚词（第二版）
李宗江　王慧兰　著

出版发行	上海教育出版社有限公司
官　网	www.seph.com.cn
地　址	上海市闵行区号景路159弄C座
邮　编	201101
印　刷	上海叶大印务发展有限公司
开　本	890×1240　1/32　印张 17.25
字　数	432 千字
版　次	2023年5月第1版
印　次	2023年5月第1次印刷
书　号	ISBN 978-7-5720-1975-3/H·0061
定　价	92.00 元

如发现质量问题，读者可向本社调换　　电话：021-64373213